EXCELLENT COURSE

高等院校精品课程系列教材

物流经济学
LOGISTICS ECONOMICS

|第 3 版|

舒辉 主编

U0361975

机械工业出版社
China Machine Press

图书在版编目（CIP）数据

物流经济学 / 舒辉主编 . —3 版 . —北京：机械工业出版社，2019.7（2024.1 重印）
（高等院校精品课程系列教材）

ISBN 978-7-111-63152-1

I. 物… II. 舒… III. 物流经济学 – 高等学校 – 教材 IV. F250

中国版本图书馆 CIP 数据核字（2019）第 134531 号

本书运用经济学相关原理，分析了物流活动过程中的各个环节，将物流现象融入经济学体系进行剖析。全书共 14 章，内容包括物流经济学概论、物流经济分析的基本方法、物流时间效益分析、物流空间效益分析、物流市场的需求与供给、物流效率分析、物流成本分析、采购经济分析、运输经济分析、库存经济分析、物流设备经济分析、物流产业的制度与政策、物流绩效评价和物流经济发展。每章均以引例开篇，从企业个案实践到一般理论，通过对物流经济基础知识和基本理论的介绍，逐步引导学生了解、熟悉和掌握物流经济学的理论、原理、方法及相关工具，分析物流市场的需求与供给、物流效率、物流绩效等，并为物流产业政策制定、制度设计与宏观调控提供一定的理论支持。

本书将物流管理与工程类专业所需的专业知识与经济学相关原理相结合，特别注重实践操作的可行性，对物流作业过程的各个环节进行了有针对性的分析。因此，本书可以作为物流管理、物流工程、采购管理、经济与贸易、电子商务等专业的教学用书，也可以作为物流研究人员、从业人员、制造企业与物流企业经营管理人员的参考用书。

出版发行：机械工业出版社（北京市西城区百万庄大街 22 号 邮政编码：100037）
责任编辑：宋 燕 责任校对：李秋荣
印 刷：北京建宏印刷有限公司 版 次：2024 年 1 月第 3 版第 9 次印刷
开 本：185mm×260mm 1/16 印 张：22.75
书 号：ISBN 978-7-111-63152-1 定 价：49.00 元

客服电话：（010）88361066 68326294

前 言
PREFACE

2009 年 3 月，国务院印发了《物流业调整和振兴规划》。如今从传统物流到高铁快运，再到各地航空枢纽建设，海、陆、空的全面协同，多个核心城市、节点城市的物流大枢纽建设，成为支撑中国经济发展的关键。无论是生产制造服务型物流枢纽，还是贸易流通型、多式联运型、自贸区综合服务型物流枢纽，都具有举足轻重的作用，也为未来的智能制造、智慧物流、智慧消费奠定了坚实的基础。本书以习近平新时代中国特色社会主义思想为指导，融入党的二十大精神，为"着力提升产业链供应链韧性和安全水平"，在内容上进行不断的丰富、迭代和优化。

《物流经济学》第 3 版的修订工作，是基于经济环境已发生巨大的变化，以及我们在教材使用过程中发现有待进一步完善之处而展开的。"为广大学生和教师提供一本令人满意的、有价值的、内容最新和编排得体的物流经济学教材"，依然是本次修订工作的目标与准则。为实现这一目标，我们对第 3 版重新进行了整体规划，包括结构调整、内容篇幅优化等，吸收了大量新鲜的实践案例和一些新的研究成果，同时对第 2 版保留内容逐页进行了修改、更新和完善。在案例上，我们力求使案例更加契合相应理论，对于每个案例还设计了引导性问题，以帮助学生准确理解并有效把握相应章节中需要掌握的知识点和技能。由于本次修订后的教材内容充实，信息充足，兼顾实践性与理论性，因此本书既可以作为经济管理类专业学生的教学用书，也可以作为广大企业管理者、职业经理人的工作参考书。

本书第 3 版对第 2 版进行了全面统一的梳理、校勘，纠正了第 2 版中存在的问题与错误，同时对逻辑结构、章节内容都进行了必要的增加、删减与调整，以求表述更简洁、流畅，内容更充实，编排更合理。新版中有关细小环节的增加、删减与调整在此不再赘述，重要内容的调整主要体现在以下 4 个方面。

第一，第 3 版按"物流经济学概论、物流经济分析的基本方法、物流时间效益分析、物流空间效益分析、物流市场的需求与供给、物流效率分析、物流成本分析、采购经济分析、运输经济分析、库存经济分析、物流设备经济分析、物流产业的制度与政策、物流绩效评价、物流经济发展"的框架结构和逻辑安排进行调整，使教材整体更符合"先理论后实际"的指导关系。

第二，根据教学实践反馈，我们调整了许多章节的内容，以增强教学过程的连续递进性、针对性和可操作性，主要包括以下几个方面。

（1）第 1 章"物流经济学概论"，对"物流经济学"的内涵重新进行了修订。

（2）第 5 章"物流市场的需求与供给"，对"物流市场需求要素分析""物流供给的影响因素"等小节的内容进行了修改和调整。

（3）将之前的"物流成本分析与控制"调整为第 7 章"物流成本分析"，并对其结构、内容进行了修改和调整。删除之前的"现代物流成本概述"，调整修改为"物流成本的内涵"；重新撰写"社会物流成本的构成"；对"物流成本控制的途径"的内容重新进行补充与调整。

（4）第 8 章"采购经济分析"，将之前的"采购的概念"修改为"采购的定义及特点"，增加了新的内容；对"采购的分类"重新调整，补充新的内容。

（5）第 10 章"库存经济分析"，将之前的"库存管理方法"修改为"库存控制的方法"；将之前的"库存控制的任务"调整为"库存控制的目标"，并对它们的内容进行了修改和补充；将之前的"供应商管理用户库存系统"修改为"供应商管理库存"；同时删除"供应链管理环境下库存决策的问题"。

（6）第 3 版各章末"复习思考题"依然采用"名词解释、单选题、多选题、判断题、简答题、论述题、计算题"的题型结构，并根据书中内容的调整进行了更新，同步更新了配套的电子参考答案，以方便读者自学和自我测试。

第三，增加了一些新的内容。本次修订新增内容主要有以下几个方面。

（1）本次修订将之前的 15 章压缩为 14 章。删除了第 2 版中的"第 6 章 物流服务与物流效率""第 8 章 物流创新效益分析"和"第 15 章 全球物流经济"；新增了"第 6 章 物流效率分析"和"第 14 章 物流经济发展"。

（2）对于第 9 章"运输经济分析"，新增了"运输线路分析与运输决策"小节，删除了之前的"运输企业绩效评价"小节。

（3）对于第 13 章"物流绩效评价"，重新撰写了"物流绩效评价概述"小节，增加了"物流绩效评价的相关概念""物流绩效评价的 3 个层面"等内容，对"物流绩效评价的原则"和"物流绩效评价的设计要求"进行了全面的修改与调整；新增了"国家物流绩效指数"小节。

第四，全面更新了引例、阅读材料、案例分析 3 个模块中的内容，增强了它们与相应教材内容的匹配性、针对性和指导性。

经过此次修改、补充与调整，本书第 3 版的结构与内容更加符合物流经济活动的规律，尤其是新增与调整的内容，都是十分必要和有意义的。

本书第 3 版修订工作由舒辉具体组织策划、统筹协调和修改、撰写、审阅定稿。胡毅在案例资料收集整理和第 14 章"物流经济发展"的初稿撰写与整理方面提供了支持，谭睿在阅□材料的收集与整理等方面提供了支持。此外，潘淑清、周熙登、彭媛、高璐的工作成果在第 3 版中仍有体现。

　　本书力求严谨、新颖，突出特色。在修订过程中，我们参阅、汲取并引用了大量国内外有关物流经济方面的书刊资料和业界的研究成果，并尽可能在参考文献中加以引注。在此，对有关专家、学者一并表示感谢，同时对机械工业出版社的大力支持表示感谢。

　　由于编者水平有限，书中难免存在疏漏或不足之处，恳请读者给予批评指正。

舒　辉

教学建议
SUGGESTION

教学目的

　　本课程的教学目的在于通过学习，学生可以了解物流经济学的基本概念、基本原理和方法，学会用经济方法去分析物流市场的供需关系、物流过程中的各个环节，掌握物流运作绩效评价方法，能够合理选择和配置物流资源，进而培养学生自觉运用物流经济知识，解决物流活动中的经济问题，做好经营决策，从而获得提升物流经济效果的能力。

前期需要掌握的知识

　　经济学、管理学、物流学（概论）、供应链管理等课程相关知识。

课时分布建议

教学内容	学习要点	课时安排
第1章　物流经济学概论	1. 了解物流的经济学特征 2. 理解物流经济的概念和物流经济学的含义 3. 熟悉物流研究对象及特点 4. 掌握物流经济学的内容	2
第2章　物流经济分析的基本方法	1. 了解净现值、现值指数、内部收益率和投资回收期的概念 2. 熟悉差量分析法、贡献毛益分析法和本量利分析法 3. 掌握净现值法、现值指数法、内部收益率法、投资回收期法、变异系数法、决策树法和不确定型决策法的计算步骤	4
第3章　物流时间效益分析	1. 了解时间效益的概念，理解资金的时间效益 2. 理解时机效益和时间协调效益的功能 3. 掌握仓储系统与物流时间效益之间的关系	3

（续）

教学内容	学习要点	课时安排
第4章　物流空间效益分析	1. 了解空间效益产生的原因、内涵，理解物流空间效益的度量 2. 理解与物流空间效益相关的收益与成本 3. 掌握空间效益的实现方式及方法	3
第5章　物流市场的需求与供给	1. 了解物流供给价格弹性与物流需求价格弹性 2. 理解物流服务供给与需求均衡的形成及其互动关系 3. 熟悉物流市场需求分析的指标 4. 掌握物流市场的需求与供给的基本概念、影响因素 5. 掌握物流市场需求分析、物流供给分析的内容	3
第6章　物流效率分析	1. 了解物流效率的评价方法 2. 理解物流效率的评价指标体系 3. 熟悉物流效率的基本体系 4. 掌握物流效率的基本内涵，以及提高物流效率的途径	3
第7章　物流成本分析	1. 了解传统的物流成本核算方法 2. 理解物流成本控制的基本框架与层次 3. 熟悉物流成本的含义、类型 4. 熟悉社会物流成本、物流环节成本、企业物流成本的构成 5. 掌握物流成本控制的途径 6. 掌握作业成本法的含义与核算方法	4
第8章　采购经济分析	1. 了解采购的重要性及其分类 2. 了解影响企业采购战略决策的要素及其程序 3. 理解经济订购批量模型、数量折扣模型 4. 熟悉采购的流程、供应商选择的步骤 5. 熟悉供应商评价因素及其指标 6. 掌握定量采购模型和定期采购模型	4
第9章　运输经济分析	1. 了解运输的概念、功能、运输业的特点 2. 理解运输的作用与地位、运输决策的流程 3. 熟悉五种运输方式、运输线路分析 4. 掌握五种运输方式的技术经济分析	4
第10章　库存经济分析	1. 了解库存控制的重要性、供应链中的需求变异放大原理、供应链上的不确定性表现形式及来源 2. 理解库存的概念、作用、弊端、库存控制的目标 3. 熟悉供应链管理库存控制策略 4. 掌握库存成本的构成、库存控制方法及安全库存量的计算	4
第11章　物流设备经济分析	1. 了解物流设备的磨损分类和补偿方式 2. 理解物流设备投资的经济特性曲线 3. 熟悉物流设备更新的原则和技术经济分析方法 4. 熟悉物流设备大修的经济评价方法 5. 掌握物流设备的概念及分类 6. 掌握各类物流设备寿命的概念	4
第12章　物流产业的制度与政策	1. 了解美国、日本和欧洲物流的管理体制与产业政策以及世界物流政策的调整趋势 2. 理解中国物流政策体系的框架内容 3. 熟悉制度在物流产业发展中的作用以及物流产业的重要制度因素 4. 掌握物流产业政策的概念、特点及功能 5. 掌握物流产业政策的主要内容	4

（续）

教学内容	学习要点	课时安排
第13章　物流绩效评价	1. 了解物流绩效评价的原则 2. 理解物流绩效指数的基本内涵及其构成 3. 理解物流绩效评价体系的设计要求 4. 熟悉物流绩效评价的概念和内涵 5. 掌握物流绩效评价的步骤、指标体系构成以及方法	3
第14章　物流经济发展	1. 了解全球物流发展的趋势、绿色物流过程的环境影响评价 2. 理解全球物流发展的影响因素、物流创新的方式 3. 熟悉逆向物流的流程环节、物流创新的内容 4. 掌握全球物流和绿色物流的内涵与特点	3
课时总计		48

说明：

（1）在课时安排上，对于物流管理、物流工程等专业的本科生，既可以安排32课时，也可以安排48课时；对于非物流管理与工程类专业的本科生，建议安排32课时。

（2）每章引例可用于本章课堂讨论，每章末的案例分析则可以作为学生的课后作业，以帮助学生进一步掌握所学内容。

（3）在教学过程中若有条件，建议以教材的基本脉络为线索，根据相关章节内容的需要，组织学生到物流企业参观、体验，从中领会物流经济学的应用价值。

（4）讨论、案例分析等时间已经包括在各章的教学课时中。

（5）在各章"复习思考题"中，按"名词解释、单选题、多选题、判断题、简答题、论述题、计算题"的模块结构提供了大量的复习题，读者可以此为基础进行自我练习。在练习过程中，读者最好不要对照书本做题，以更好地理解与巩固所需掌握的知识要点。为更好地帮助读者提高学习效果，本书配套提供"名词解释、单选题、多选题、判断题、简答题、计算题"的电子参考答案。

目录
CONTENTS

第 1 章
CHAPTER1

物流经济学概论

§ 学习目的与要求

- 了解物流的经济学特征
- 理解物流经济的概念和物流经济学的含义
- 熟悉物流研究对象及特点
- 掌握物流经济学的内容

§ 引例

自营还是外包的困惑

北京逐渐春意盎然的天气让林华觉得心情舒畅，因为气温的回升意味着上街购物的人会增多。林华对自己一手创办起来的"依狼"成衣品牌一直很有信心。他刚走进办公室，一个加盟商的电话却迅速让他的眉头打了个结。

"林总，你们到底这回请的是哪家物流公司呀？货没有送到专卖店就算了，我们自己到托运站取。接到货一看，吓了一跳，外面包装的箱子都破了，有的连里面的编织袋也磨破了。好几件衣服都没法看，脏兮兮的全是褶，叫我们怎么卖呀？我们可是交了钱的，一套好几千呢！"

林华伸手揉了揉眉心，定了定神，用尽可能平和的语调回复："您放心，我们会对每一位加盟商负责的。那些包装破损的衣服，如果您愿意收，我们会给您补偿干洗熨烫费用的。"

挂断电话，林华的怒火终于爆发了。他已经记不清这家物流公司是第几次出这种问题了。态度恶劣不说，取货、送货迟，还缺损严重。过"情人节"那会儿，"依狼"公司搞了一系列的促销活动。但从 2 月 13 日促销活动开始，翘首盼望的情侣们到 2 月 15 日都没看到促销服装的影子，总经理办公室的电话都快被打爆了。后来林华才知道，这家物流公司的线路出了问题，那批促销的服装 2 月 16 日才勉强送到。一向态度温和的林华和那家物流公司的老总大吵了一架，还差点打起官司。

日趋激烈的市场竞争，加之消费的多元化和个性化，都对企业现有的生产经营及管理提出新的挑战，要想扩大利润空间，难度越来越高。提高要货满意率，减少库存量，让产品飞快地转起来，这些都是公司亟待解决的关键问题。林华每次参加国内服装生产商聚会，物流总是不变的话题，几乎每个人都为此头痛不已。物流与销售连为一体，很多过桥过路费、仓库租金、工人工资等都算在销售费用中，加上物流运作不当而支付的赔偿费，销售费用节节攀升。加之，物流人员素质与仓储管理水平不高，货物丢失严重，库存信息与货物型号对不上号，财务更是难以对账。长此以往，企业每年有1/3甚至1/2的利润都可能被侵蚀掉。

林华也曾想过把成衣物流外包出去，但是遍寻市场都找不到一家合适的第三方物流企业。物流公司虽多，但是针对服装这种多批次、小批量、价值高的专业物流公司却没有。更让人头痛的是，成衣单品价值很高，把物流完全分包出去，对林华这样年产量数百万件的企业来说，相当于把数十亿元的资金放入别人手中，风险太大。

于是，自建物流公司的想法便顺理成章地跳入林华脑中。"无论如何，明天得做出最终决定，要不要建立一个独立的物流公司？"林华低头沉思。

资料来源：经多方资料整理而成。

请思考

1. "自营还是外包"，从物流经济学的角度应该如何决策？
2. 针对服装行业的特点，服装企业应该如何发展物流？

1.1 物流经济学的基本概念

物流活动随着人类经济社会的发展而发展。谷种储藏、驿道运输是人类早期的物流活动，对经济发展的影响并不大。当商业从手工业中分离出来，此时的运输业作为经济社会的主要物流活动，对社会经济发展产生了一定的影响。第二次世界大战以后，物流的仓储、运输、装卸搬运、包装、流通加工、信息处理、配送等活动全面成熟，物流对经济增长的作用更加显著。现在，随着跨国经济与信息技术的发展，物流功能愈加完善，物流经济活动带来巨大的经济效益，形成了物流经济这一经济形式。

┃阅读材料┃

中国物流业转型升级发展的三大新趋势

一是物流与运输市场细分不断深化和不可逆转，细分领域融合成为方向。经济高质量发展和物流业规模扩张方式的变革，以及互联网、大数据、云计算、物联网等技术支撑的物流与运输服务将以规模化为路径，不断创新，政府监管理念和方式的变革也将使低水平竞争失去生存基础和市场。

二是物流与运输一体化服务的融合型业态发育成长成为基本方向。以互联网为核心的信息化环境和技术广泛应用，消除了企业之间运输与物流环节间的信息"孤岛"和互联互通"瓶颈"约束，信息引导的物流与运输一体化服务，成为创新业态的重要载体，为物流与制造、商贸等产业融合发展创造了机会和条件。

三是国际国内物流一体化融合和各种多式联运方式发育，将成为物流规模扩张的方向。"一带一路"倡议下的国际产能合作、全面建成小康社会和现代化发展，将加快国际国内物流市场的双向开发，加快物流的国际化发展进程，是中国物流找到基于价值链延伸的规模拓展新路。

资料来源：经多方资料整理而成。

1.1.1 物流经济与物流经济学的含义

1. 物流经济的含义

物流经济是一个综合性的经济概念，是指对原材料、半成品、成品及（或）相关信息从物品的原产地到消费者的高效、经济、安全地流通，进行策划、实施和控制的全过程的经济活动，以求用最低的成本实现客户的最大需求，涵盖运输、仓储、包装、配送、流通加工、信息处理等相关具体活动。物流经济的形成是社会化大生产专业分工和科技在物流发展中不断起作用的结果。随着物流各种价值的显现，物流经济体系也在逐步形成。这个体系是多种传统科学和新科学集成的科学体系，是综合性、系统性和应用性较强的经济一体化的产物。

2. 物流经济学的定义

物流经济学是研究一定的物流系统内，与物流活动有关的经济关系，是综合运用宏观经济学、微观经济学、产业经济学、技术经济学等相关学科理论，研究物流资源优化配置、物流市场的供给与需求、宏观物流产业的发展、物流产业组织形态演变规律、物流产业增长等问题的一门应用科学。它以对宏观经济学、产业经济学和宏观物流问题的关注为基础，以深度分析宏观物流发展趋势及物流产业发展政策为特色，研究物流产业发展政策及其同国家宏观经济政策的关系，从而对物流业发展提出决策建议；同时又以微观经济学、技术经济学等为基础，关注微观物流活动的经济问题，为企业微观物流活动的科学化、合理化、最优化提供理论指导。

物流经济学中的"经济"二字，主要是指节省或节约，也指国民经济总体，或工业经济、农业经济等部门经济。可以说，物流经济学既研究物流活动的节约问题，也研究物流方案的效益问题。物流经济学是物流学与经济学的交叉学科，其本质是经济学，是以物流为研究对象的经济学。它是主要研究物流活动中如何遵循经济规律，依据经济目标而对物流行为进行优化的学科。物流经济学具有一般经济学的特点，即最佳配置有限的经济资源以取得最佳的经济效果。对物流经济学而言，研究的是实施物流活动所必需的物流资源，包括人、财、物的合理配置，从而取得最佳的物流经济效果。该学科的特点就是紧密结合物流业改革和发展的要求，从经济学的角度对宏观和微观的物流问题进行理论探讨。

1.1.2 物流经济学的特点

物流经济学的研究对象，决定了该学科具有以下特点。

1. 综合性

物流经济学的主要内容是从劳动消耗的观点来评价各种物流实践，而劳动消耗是经济学的研究范畴，因此物流经济学是一门经济科学；同时，物流经济学还要在物流技术开发、试验、完善、社会应用等过程中，指导物流前进的方向，使其造福于人类，因此物流经济学又有自然科学的属性。这决定了物流经济学是根据现代物流技术和国民经济发展的需要，逐渐从自然科学技术和社会经济科学的交叉发展过程中形成和发展起来的一门综合性的应用学科，是现代物流学和技术经济学、微观经济学、宏观经济学等经济学理论相融合的交叉性学科。它既要研究与物流有关的各种物流活动的特征，了解相关的物流技术，掌握物流活动的过程，又要从经济的角度来研究物流过程，使物流活动成本最小，收益最大。

2. 系统性

根据物流学的原理，物流系统是由采购、仓储、运输、装卸搬运、包装、配送等若干物流环节有机组成的复杂系统，所以物流经济学的研究对象是由基于相互联系的单元所组成的有机整体，同时在研究过程中要具备系统分析的思想方法和工作方法，着眼于总体，周密分析各个因素和环节，追求总体优化。

3. 应用性

物流经济学不仅要分析物流系统的客观发展规律，还要为解决具体问题进行有针对性的分析研究，做出具体的评价，为将要采取的行动提出经济决策依据。作为应用科学，它是以研究方法论为主的科学。

4. 定量与定性分析相结合

物流经济学采取定量分析方法，把分析的因素定量化，通过数量计算，进行分析比较。但是涉及政治、国防、环保等有关社会因素，定性分析显得更切合实际。

1.2　物流的经济学特征

物流作为一个新兴产业，既是社会专业化分工的结果，又是现代管理与实践在合理组织生产力发展方面的重要体现。物流产业在现代社会经济中之所以能迅速崛起并展示出强大的生命力，正在于它有着传统产业所不可代替的特征和作用。

|阅读材料|

物流的六大效用

- 空间效用表现为通过商品流通过程中的劳动，克服了商品生产和消费在地理空间上的分离。
- 时间效用表现为通过商品流通过程中的劳动，克服了商品生产和消费时间上的不一致。
- 品种效用表现为通过商品流通过程中的劳动，克服了商品生产和消费品种方面的不一致。
- 批量效用表现为通过商品流通过程中的劳动，克服了生产和消费批量的不一致。
- 信息效用表现为专业商品流通企业要收集大量的信息，并对其进行过滤、筛选、整理、分析，从中总结规律，发现问题；同时指导自己的工作，也将这些信息传递给供求双方，形成一种知识学习的作用。

- 风险效用表现在商品流通过程中存在和隐藏着许多风险，由专业商品流通企业来承担这些风险无疑会极大地提高商品流通双方的信心，同时加快流通和再生产的过程。

资料来源：根据相关资料整理而成。

1.2.1 物流的经济价值

1. 物流的市场价值

在商品流通的过程中，商流结束的标志是物流的过程完成。比较而言，商流代表的是法律意义上的实物所有权的转移，物流代表的则是实物控制权的转移。

物流的基本特征是实物的流通，即使用价值的流转，而商流的本质特征是商品价值的流转，即商品所有权的转移。在商品经济的条件下，物流与商流一般是统一的，即商流是物流的前提，物流实现商流。正是物流与商流的辩证统一运动，推动所有商品的交易行为，促成各行各业、不同种类、各个层次和大小不等的市场，并为各市场交易的网络提供了商品交换的供求运动和供求运动渠道。

2. 物流劳动所创造的产品以"物流服务"形式存在

根据我国对第三产业的划分，物流经济属于第三产业，而且是第三产业的重要行业之一，由此决定了物流的经济性质。物流经济作为服务经济的重要组成部分，其劳动创造的产品是物流服务，即物流劳动创造的产品是以提供物流服务的形式存在的。物流劳动同其他产品生产的劳动一样，凝结了人类的劳动。但物流劳动的表现形式与其他劳动的表现形式不同，它不像物质生产和精神生产那样，改变产品的形态和性能，也不需要先形成一定的产品形式，再以产品形式转换成对消费者的某种需求的满足。物流劳动是物流劳动者在实现物品时间和/或空间转移的过程中，通过对物品搬运、保管、包装、装卸、信息处理等活动进行组织、协调，为客户提供服务。物流服务的生产过程与物流服务的消费过程是同时完成的。

3. 物流服务的使用价值表现为"服务物流"

物流服务作为产品，在市场经济的条件下，是可以用来交换的商品，因此物流服务具有商品的属性，即具有使用价值和价值两个因素。物流服务的使用价值表现为"服务物流"。

物流服务的使用价值是无形的，即物流服务是一种特殊商品，它既无外在的自然形态，也无内在的自然属性，只以提供某种服务体现其使用价值。比如运输过程的劳动，不仅不能改变商品的性能，也不能创造新产品，只会因合理运输或不合理运输，延长运输时间或节约运输时间。这就是物流服务的使用价值所在。也就是说，物流劳动创造的产品不是物而是服务，即具有特殊使用价值的商品服务物流。

4. 物流服务的价值表现为客户创造价值

物流服务的价值凝结在无形的劳务产品上，是劳动者在物品从供给者到需求者的物理性运动和时间转换过程中的体力和脑力的支出。对物流服务价值的理解，我们可以从以下 4 个方面进行。

（1）物流服务的价值量由 3 个部分的内容构成。一是物流劳动过程中因劳动设施使用所消耗的各种费用，如库房、货架、车辆、包装机械等设备设施使用所必需的费用；二是物流劳动者为维持自身及家庭生活消费所必需的基本费用；三是物流劳动者为社会和企业创造的、超出必要劳动外的剩余价值。

（2）物流服务的价值实现通过3个途径完成。一是劳动设施消耗引发的物流费用，以生产性流通费用的形式，直接追加到商品（物流对象）的总价值中；二是物流劳动者自身及家庭生活消费所必需的基本费用，形成纯粹流通费用，从商品的差价中扣除；三是为社会和企业创造的价值，以税金和利润的形式从商品的差价中扣除。

（3）凝结在物流服务中的价值量，由不同产业、不同物品消耗的社会必要的物流成本构成。社会必要的物流成本是由社会必要的物流时间决定的。物流企业必须使用低于社会的平均物流时间，根据不同产业、不同物品对社会必要物流时间的要求，在对客观业务情况充分了解的基础上，拟订合理的物流方案，尽可能地为客户创造利润空间，将节约的运输次数或物流费用所带来的利润与客户共同分享。

（4）物流的利润来源于为客户节约物品的流转时间、有效使用库存场地和保管好物品的使用价值、降低物品消耗等。所以物流劳动创造的价值，是时间价值、场所价值或为保管物品自身的使用价值提供的加工价值。为了实现这一价值，不仅需要物流企业对客户的供应链运营提供有效的管理，还需要为客户提供有利于节约物流时间、降低物流成本的快捷且有效的服务。这正是物流服务的核心价值和实现物流利润的重要途径。

1.2.2　物流的财富创造

在市场经济的条件下，物流创造财富和利润。物流的发展不仅促进了物质生产领域和精神领域财富的增加，它本身也创造着财富。

1. 物流对社会财富的创造

一个国家、地区或个人家庭的财富多寡，常用价值形式表示，可以简单地使用人均国民收入的多少来表示。国民收入总量的构成包括企业投资、居民消费、政府消费和出口产值。这4个环节无一例外地涉及物流对价值的贡献，也包括所有物流为生产和流通这些产品所创造的增加值。物流业是通过投入生产要素而运转的，运输需要投入车辆，仓储需要投入库房等。无论哪个物流环节都离不开人的劳动、工作的管理。从市场供求运行角度来看资源配置，物流的所有投入要素都创造了财富。可以说，以时间和空间转移为表征的物流活动影响到供求的市场价值变化，从而影响国民财富的变化和重新分配。

2. 物流的时空特征

物流管理的任务可概括为5个正确（right）：以最少的成本在正确的时间（right time）、正确的地点（right location）、正确的条件下（right condition）将正确的商品（right goods）送到正确的顾客（right customer）手中。物流管理的核心在于创造价值。良好的物流管理要求在供应链上的每项活动都能实现增值，即为顾客创造价值的同时，也为企业和供应商创造价值。因此，物流管理所创造的价值体现在商品的时间和空间效用上。

生产、分配、交换和消费的物质运动过程是时间和空间的统一。商品在不同时间与不同地点具有不同的价格，因此时间差异和场所差异给物流带来了"时间价值"和"场所价值"；物流过程中的不同场所，根据专业化分工和场所优势所从事的补充性的加工作业也会形成附加价值。此外，物流活动的加速一定会缩短商品在流通领域里的时间，这样既能节约流通费用，又能加快资金周转从而带来经济效益。

物流不仅存在时间特征，而且具有向高价值区流动的趋向。在市场经济中，商品总是向价值高的场所流动。无论是从集中生产场所流向分散的需求场所，还是从分散生产场所流向集中的需求场所的物流，追求场所价值是区域与国际物流发展的主要因素之一，也是物流产业链不断延伸的根本所在。

3. 物流：第三利润源

从物流交易费用和物流时空价值分析，不难说明物流业存在着丰厚的利润，这也是当今世界物流蓬勃发展的原因。早在 1970 年，日本早稻田大学教授、权威物流成本研究学者西泽修就提出了"第三利润源"之说，在他的《物流——降低成本的关键》一书中阐明，企业利润源泉随着时代的发展和企业经营重点的转移而变化。20 世纪 50 年代，日本处于工业化大发展时期，企业的经营重点在于降低制造成本，因此产品制造成本的有效降低就构成了企业经营的第一利润。随着科技进步而产生的自动化生产手段制造出来的大量产品增多，企业对大量销售的需求愈加强烈，于是纷纷把增加销售额作为经营重点，通过引进现代市场营销理念、战略和方法，确保企业产品销售成本的下降。这可以看作企业经营的"第二利润源"。

20 世纪 70 年代，降低制造成本已经有限，增加销售额也已走到尽头，在冗长的供应链上，企业寻求着新的利润源泉。企业通过有效地利用物流技术和物流管理方法，提高了企业的运营效率，降低了原材料、能源、人力成本上扬的压力，实现了成本的降低，利润的增长。由此可见，物流成本的降低是"第三利润源"的提法符合企业经营拓展的需要，所以该提法一经提出就备受赞同，并广为流传。

|小故事|

一个车老板和 70 名司机

过去，车老板和司机之间会存在一些矛盾关系。司机偷油，是 99% 以上的老板和司机之间都存在的矛盾。因为司机想在路上多挣点儿自己的钱，而车老板希望控制住司机的这种欲望，他们之间就形成了一种博弈关系。

现在，车老板可以用互联网，具体来说，是使用物流软件中的监控功能来解决这个问题，例如，通过 GPS 定位来实时监控司机在运输途中的具体方位，不再单纯地依靠"良心系统"来管理司机，而是依靠明显更靠谱的"物流系统"来管理，从而解决司机和老板之间信息不对称的问题。老板不但可以改变以往和司机的关系，而且可以通过数据对比，区分好司机和差司机。

思考：

车老板和司机之间的矛盾依靠什么来缓和？能不能得到彻底的解决？

1.2.3 物流的经济效用

1. 物流的宏观经济效用

物流在国民经济中的重要作用主要体现在 3 个方面。

(1) 物流是国民经济的动脉系统，它联结社会生产各个部分使之成为一个有机整体。任何一个社会（或国家）的经济，都是由众多的产业、部门、企业组成的，这些企业又分布在不同的城市和乡村，属于不同的所有者，它们之间相互供应其产品用于对方的生产性消费和人员的生活消费，它们既互相依赖又互相竞争，形成极其错综复杂的关系。物流就是维系这些复杂关系的纽带和血管。

(2) 物流是社会再生产不断进行以创造社会物质财富的前提条件。一个社会不能停止消费，同样也不能停止生产。而连续不断的再生产总是以获得必要的生产原材料并使之与劳动力结合而开始的。一个企业的生产要不间断地进行，一方面必须按生产需要的数量、质量、品种、规格和时间不间断地供给原料、燃料和工具、设备等生产资料；另一方面，又必须及时地将产成品销售出去，即必须保证物质资料不间断地流入企业，经过加工后又不间断地流出企业。同时，在企业内部，各种物质资料也需要在各个生产场所和工序间相继传送，使它们经过一步步的深加工成为价值更高、使用价值更大的新产品。这些厂内物流和厂外物流如果出现故障，生产过程就必然受到影响，甚至导致生产停滞。

(3) 物流支撑着经济生活中的大多数交易行为，是保证商流顺畅进行，实现商品价值和使用价值的物质基础。在商品流通过程中，物流是伴随着商流而产生的，但它又是商流的物质内容和物质基础。商流的目的在于变换商品的所有权，而物流是商品交换过程所要解决的社会物质变换过程的具体体现。正是因为有了物流的保障，交易行为才能在正确的时间和空间内得以实现。同时，物流还创造了货物和服务的时间与地点的效用。

2. 物流的微观经济效用

物流在微观经济方面的效用主要体现在 5 个方面。

(1) 产品生产、流通的保障。物流是连续生产的保障、是生产经济性的保障：一是保障原材料的供应，确保生产的不停顿；二是减少库存。

(2) 商品销售或市场营销的支持。在企业的市场营销中，物流被称之"市场营销的一半"，它担负着将商品送到客户的手中，承担着运输和储存的功能。在营销过程中，产品可能会淋雨受潮、水浸、生锈、破损、丢失等，物流的使命就是防止这些现象的发生，保证产品从生产者到消费者转移过程中的质量和数量，顺利实现商品价值和使用价值的转移。

(3) 降低企业的运营成本。物流成本是构成生产成本和流通成本的重要组成部分，据估算，其可占到商品价值的 30% ~ 50%，甚至更多。一般包括运输费用、库存费用和管理费用 3 个部分，另外还可能有配送网络费用、信息服务开销等。在时间方面，商品的加工时间一般只占到物流时间的 1/20。由此可见，通过加强物流管理，采用先进的物流技术，将能极大地提高物流效率，降低企业物流成本。

(4) 减少流动资金的占用。企业的流动资本对企业的资金状况有很大的影响。物流服务水平和物流效率的提高可以减少物资周转过程中的资金积压，提高库存周转率，增加客户的满意度，由此加速资金流的流动速度，从而减少对流动资金的占用。

（5）提高服务水平，提升企业竞争力。现代企业间的竞争主要表现在价格、质量、功能、款式、服务方面的竞争。在科技如此进步的今天，企业产品在质量、功能、款式、售后服务方面已没有太大的差别，价格竞争已成为企业之间竞争的主要手段之一。但价格竞争的后盾是企业总成本的降低，即功能、质量、款式和售后服务以外的成本降价，也就是降低物流成本。国外的制造企业很早就认识到物流是企业竞争力的法宝，搞好物流可实现零库存、零距离和零流动资金占有，是构筑企业供应链，增加企业竞争力，更好地服务用户的重要途径。

|阅读材料|

　　中国物流与采购网数据显示：2012～2018 年 7 月，全国社会物流费用总额呈现上升趋势，2017 年全国社会物流总费用为 12.1 万亿元，同比上年增长 9.01%；2018 年 1～7 月，社会物流总费用为 7.2 万亿元，同比增长 8.3%，增速比上年同期回落 1.7 个百分点。全国社会物流总费用与社会物流总额的比值、全国社会物流总费用与全国 GDP 的比值。都反映了物流行业整体的运行效率情况。根据数据统计处理，2012～2018 年 7 月，中国社会物流运行质量效益稳步提升，单位产出成本费用逐年下降。2017 年全国社会物流总费用占社会物流总额的 14.63%，同比上年下降 0.3 个百分点；2017 年全国社会物流总费用占 GDP 的比例为 4.79%，同比上年下降 0.04 个百分点。截至 2018 年 7 月，全国物流运行效益持续改善。

1.3　物流经济学的研究对象及内容

　　鉴于物流普遍存在于供应、生产、流通和消费四大环节之中，必然涉及商品在物理性流动中的经济活动问题，如物流资源的优化配置、物流市场的供给与需求、物流产业的发展与增长等，而解决这些问题靠的是经济学理论。所以，物流经济主要围绕着物流产业的经济运行、资源配置等问题进行。

1.3.1　物流经济学的研究对象

　　物流经济学是研究物流领域经济问题的一门综合性的、交叉的经济学科。一方面，随着对物流诸子系统研究的进一步深入，物流领域的经济问题显得越来越突出和重要，需进行专门、系统、细致的研究；另一方面，物流系统运行的最终目的归根结底是提高效率、降低成本，创造新的利润源泉，物流问题本质上是经济问题。物流经济的问题又可以分为宏观经济的问题和微观经济的问题，前者主要研究物流与国民经济和产业发展的关系，后者侧重于研究企业物流管理中的经济决策分析问题。

　　随着科学与技术的发展，一方面，人们所掌握的成熟的物流技术将越来越多，为采用多种不同的物流实践方案提供了充分条件；另一方面，物流系统总成本最低的最终目标决定了有必要对众多的物流实现方案进行比选。所以，物流经济学的研究对象就是物流系统的经济规律以及对各种物流实践的经济效果进行计算、评价和优选的问题。

1.3.2   物流经济学研究的内容

物流经济学研究的内容是发生在物流领域中的各种经济现象所体现的经济与社会的关系，物流经济活动的特征、发展趋势和运动规律，具体包括以下6个方面。

1. 物流市场机制与供求关系分析

物流市场机制与供求关系分析包括物流市场机制、物流市场供给、物流市场需求以及物流市场供给与需求的关系。

2. 物流服务的生产决策分析

物流产品是一种服务产品。物流服务与物流效率的平衡是做好物流服务生产决策的前提。因此，物流产品的生产同样应遵循一般生产规律，遵循生产要素合理组合的决策原则，充分考虑物流服务与物流效率的关系。

3. 物流的效益分析

物流之所以被称为"第三利润源"是由于可从时间和空间角度去挖掘第三利润源，同样通过创新也能有效地实现价值增值：在时间方面，通过减少"物"在流动过程中对资金的占用以及把握最佳市场时机实现价值增值；在空间方面，则是利用供给者和需求者之间处于不同的场所，通过物流相关活动，改变"物"的存在位置，使得"物"高价值地实现增值。

4. 物流成本分析

在众多企业中，物流成本占企业总成本的比重很大，物流成本的高低直接关系到企业利润水平和竞争力的高低，所以物流成本分析是企业物流管理的一个核心内容。对物流活动各个环节的经济分析是有效降低企业物流成本的途径。

5. 物流宏观效果分析

物流不仅对企业具有非常重要的意义，对国民经济的发展也具有非常重要的意义。物流作为一个产业，在国民经济中的地位是非常重要的，它能够起到完善结构，提高国民经济总体质量和抵御危机的作用。一个国家的宏观经济状况、产业制度与政策都会对物流企业的发展产生影响，进而影响到物流产业的健康发展。

6. 物流绩效评价

物流作为一种相对独立的经济活动，其效益如何？对于不同领域的物流，因其功能要求、评价方式和系统能力的不同而不同。因此，从物流系统的投入和产效（产出和效益）角度出发，构建特定的物流绩效评价指标、统一的物流评价标准，采取相同的评价模型和评价计算方法，是做出客观、公正和准确评判的基础。

1.4   研究物流经济学的意义

1. 有助于提高物流企业管理者以"理"来"管"的水平

一般而言，企业经营者的知识体系大体上分为3个层次：①基层的业务知识，如成本会计，应用的重点在于依法决策，照章办事；②中层的方法知识，如成本收益分析方法，应用的重点在于需要与可能、范围与条件之间的平衡；③高层的哲理知识，应用的重点在于把握实质，随机制宜、灵活运用，这就要求在经营决策中能够高瞻远瞩，提高以"理"来"管"的水平。物流经济学作为一门把微观经济学和宏观经济理论与方法应用于物流企业实践的基础性理论课程，学习和掌握物流经济学知识是管理者应具备的基本理论素养。物流经济学是从众多综合性交叉的业务知识、方法知识中升华、提炼出来的，它可以提高企业管理者在制定决策过程中理性思考和理性创新的能力与水平。因此，物流经济学是培养造就运筹帷幄、决胜千里的"智本家"的第一课。

2. 有利于物流产业自身的发展

随着新零售经济的发展，物流产业重新成为众人瞩目的产业，产业价值越来越凸显，成为中国商业发展最重要的基础。物流产业角色也实现从劳工到保姆再到管家的转变，国内外资本重资加码物流，如阿里千亿投资菜鸟、京东组建独立的物流集团等，整个物流产业格局呈现新趋势、新特征。然而，现阶段人们对物流经济运行的客观规律还没有一个科学的、全面的、系统的阐述，在实践中遇到的各种问题和物流经济活动中出现的各种现象，还不能从理论上给予准确的解释；同时从统计的角度来看，还没有把物流作为一个独立的产业来对待，这也在一定程度上影响到人们对物流经济本质的认识。因此，我国物流产业的发展急需现代物流经济理论的指导。

3. 有利于国民经济更加合理、协调地发展

现代物流具有很高的产业关联度和很强的产业联动效应。它不仅涉及水路、公路、铁路、航空、管道五大运输方式的经营企业，还涉及交通、运输、仓储、包装、通信等设备制造商和供应商经营的企业；不仅涉及第一产业、第二产业和第三产业中的所有行业，还涉及国家财政、税收、海关、检疫等管理部门。因此，物流不仅是国民经济的动脉系统，同时对实现资源配置具有重要作用。物流不仅以本身的宏观效益支持国民经济的运行，还可以有效改善国民经济的运行方式和结构，促使其优化。因此，物流经济学科的研究必将有助于我国产业结构的调整和完善，促使国民经济朝着更加合理的、协调的方向发展。

4. 为物流企业管理者提供了经营决策的有效方法

现代经济学的理论提出了很多原理和分析方法，这些原理和方法都可以作为物流经济的基础理论，它的分析方法在物流企业的管理中大有用武之地。例如，供求分析法、单性分析法、均衡分析法、边际分析法等，都可以帮助企业管理者做好经营决策。物流经济学使用的边际分析方法可以为企业管理者提供新的决策思路，能够使原来不可行的方案变得可行，看似亏损的方案变得盈利。

◈ 本章小结

物流经济是一个综合性的经济概念，是指对原材料、半成品、成品及（或）相关信息从物品的原产地到消费者的高效、经济、安全地流通，进行策划、实施和控制的全过程的经济活动，以求用最低的成本实现客户的最大需求，涵盖运输、仓储、包装、配送、流通加工、信息处理等相关具体活动。

物流经济学是研究一定的物流系统内，与物流活动有关的经济关系，是综合运用宏观经济学、微观经济学、产业经济学、技术经济学等相关学科理论，研究物流资源优化配置、物流市场的供给与需求、宏观物流产业的发展、物流产业组织形态演变规律、物流产业增长等问题的一门应用科学。作为研究物流领域经济问题的一门综合性、交叉性的经济学科，物流经济学具有综合性、系统性、应用性、定量与定性分析相结合的特点。研究物流经济学将有助于提高物流企业管理者以"理"来"管"的水平，有利于物流产业自身的发展，有利于国民经济更加合理、协调地发展，同时也为物流企业管理者提供了经营决策的有效方法。

物流的经济学特征主要体现在其经济价值和财富创造上。物流的经济价值主要体现在4个方面：一是物流的市场价值；二是物流劳动所创造的产品；三是物流服务的使用价值——"服务物流"；四是物流服务的价值——为客户创造价值。物流的财富创造主要体现为对社会财富的创造、物流的时空特征、物流作为"第三利润源泉"三方面；物流的经济效用主要表现在宏观经济效用和微观经济效用两个方面。

物流经济学的研究对象就是物流系统的经济规律以及对各种物流实践的经济效果进行计算、评价和优选的问题。物流经济学研究的内容主要有物流市场机制与供求关系分析、物流服务产品的生产决策分析、物流的效益分析、物流成本分析、物流宏观效果分析、物流绩效评价等。

复习思考题

一、名词解释

物流经济　物流经济学　第三利润源　物流劳动

二、单选题

1. 物流经济学是物流学与经济学的交叉学科，其本质是（　　），是以物流为研究对象的经济学。
   A. 管理学　　　　　B. 物流学
   C. 技术学　　　　　D. 经济学

2. 物流服务商品的使用价值是（　　）。
   A. 无形的　　　　　B. 有形的
   C. 固定的　　　　　D. 无价的

3. 物流经济属于（　　）。
   A. 第一产业　　　　B. 第二产业
   C. 第三产业　　　　D. 互联网产业

4. 以下（　　）不是物流经济学的特点。
   A. 综合性　　　　　B. 系统性
   C. 应用性　　　　　D. 创新性

5. "第三利润源"由（　　）提出。
   A. 西泽修　　　　　B. 康帕斯
   C. 德鲁克　　　　　D. 魏杰

三、多选题

1. 国民收入总量的构成包括以下（　　）。
   A. 企业投资　　　　B. 居民消费
   C. 政府消费　　　　D. 出口产值

2. 物流经济学是以（　　）的关注为基础。
   A. 宏观经济学　　　B. 产业经济学
   C. 宏观物流问题　　D. 进出口问题

3. 物流服务的价值实现通过以下（　　）途径完成。
   A. 劳动设施消耗引发的物流费用，直接追加到商品的总价值中
   B. 物流劳动者自身及家庭生活消费所必需的基本费用
   C. 为社会和企业创造的价值，以税金和利润的形式从商品的差价中扣除
   D. 物流劳动者为社会和企业创造的、超出必要劳动之外的剩余价值

4. 物流的经济价值包括（　　）。
   A. 市场经济价值　　B. 国民经济价值

C. 区域经济价值　　D. 企业经济价值

5. 物流经济学的特点包括(　　)。
   A. 综合性　　　　　B. 系统性
   C. 应用性　　　　　D. 定位性

四、 判断题

1. 物流经济学是物流学与经济学的交叉学科，其本质是物流学。(　　)
2. 物流的基本特征是实物的流通，即使用价值的流转。(　　)
3. 有关物流市场机制的研究是物流经济学的主要研究内容之一。(　　)
4. 物流是保证商流顺畅进行，实现商品价值和使用价值的物质基础。(　　)

五、 简答题

1. 研究物流经济学的意义有哪些？
2. 物流的经济价值体现在哪些方面？
3. 如何理解物流对社会财富的创造？
4. 物流经济学研究的对象是什么？
5. 现代物流的 5 个 right 是什么？

六、 论述题

1. 物流作为"第三利润源"让我们从小处看到了什么商机？
2. 结合实际，举例说明物流的经济特征。
3. 结合中国实情，讨论物流在我国的发展过程及推动因素。

◈ 案例分析

顺丰向综合物流服务商转型

在涉足航空、便利店、供应链管理、无人机之后，日前，顺丰低调上线"SFbuy"，试水"跨境寄递 + 海淘"业务。在业内人士看来，顺丰已经不满足于只当一家快递公司，而是向综合物流服务商转变，走上了国际四大快递曾经走过的路。不过，在这条道路上，顺丰并不孤单，申通、圆通等民营快递兄弟们也在争相加入这一行列。

2013 年 8 月 20 日对外宣布融资后，顺丰似乎开启了亢奋模式。9 月初，顺丰在东莞试水"无人机"送快递，不过受政策、成本制约，"无人机"快递模式的可行性还有待考量，但"无人机"成功地吸引了人们的目光。更让消费者兴奋的是，两周后，顺丰低调上线"SFbuy"，试水"跨境寄递 + 海淘"业务。虽然"SFbuy"在费用上远低于四大国际快递，但和国内其他转运公司相比，费用是它们的两倍左右。目前，国内海淘普遍需要经过转运、承运公司周转多次，

顺丰则通过自身的快递网络简化中间环节提供端对端服务。对于不少热衷海淘的消费者而言，如果能保证时效和安全性，这个价格依旧有竞争力。有消息称，在"SFbuy"亮相的第二天，由于注册人数激增，"SFbuy"宕机了。

目前，"SFbuy"只针对美国市场开通转运集货业务，但顺丰方面表示未来会向其他国家发展。而且据《北京商报》记者了解，"SFbuy"还会进一步开通"代支付"业务，解决部分海外 B2C 商城不支持国内信用卡的问题，不过这一消息并未得到顺丰的验证。一个月内，顺丰还接连上线"快时尚"、手机个性化一站式供应链解决方案，提供专业服务。除此之外，在 EMS 刚签订 5 架飞机客改货合同之后一周，顺丰第 30 架和第 31 架全货机投入运营，快递行业"空战"进一步升级。

和"四通一达"[⊖]不同，由于价格偏

⊖　具体是指申通、圆通、中通、汇通和韵达。

高，让不少淘宝卖家对顺丰"又爱又恨"。虽然天猫每次大促都会有顺丰参战的身影，但据相关数据显示，顺丰在淘宝、天猫的快件量大盘中仅占4%，而其中大多数为3C产品的配送。在业界看来，顺丰如果大幅降价杀入淘宝件，短时间内可以获得大量用户，但这也意味着顺丰要杀入价格战，而这并不是顺丰一贯的路数。为了进一步发展，顺丰不再拘泥于快递业务，而是向综合物流服务商转变，以提升自己的供应链管理能力。顺丰要做的是"广义的物流"，综合物流服务商有上万亿的市场，一旦在相应领域取得成功，顺丰最终会涉足供应链管理。

不过在转型综合物流服务商的道路上，顺丰并不孤单。作为国内加盟制快递大佬，申通2019年1月推出仓储业务，涵盖存储、打单、打包、发货、配送。目前，上海、杭州、江苏等地仓储已具备运营条件，但主要服务于普通商品仓配，精品仓及恒温仓等业务尚未展开。紧追顺丰不放的圆通则针对电商上线仓储、代运营等定制化服务，旗下圆通新龙推出香港转运服务，正式登陆天猫平台，为境外消费者提供包裹寄存、检验、退换货、合并包装及国际快递等服务。

快递处于物流行业金字塔顶端的位置，从国际快递发展历史来看，专业的快递企业向综合物流、供应链延伸是行业发展的趋势。国内的快递公司已经向这个方向启动，不少一线快递企业正在向综合物流方向延伸。

资料来源：http://www.chinawuliu.com.cn/xsyj/201310/09/258768.shtml，2019-01-16，有修改。

讨论题

1. 顺丰快运为何要向综合物流服务商转型？

2. 如何理解综合物流服务商有上万亿的市场？

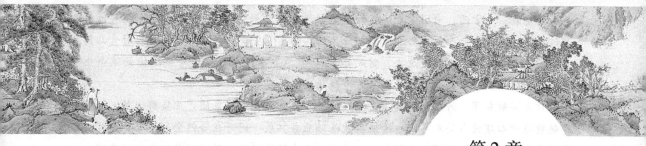

物流经济分析的基本方法

§ **学习目的与要求**

- 了解净现值、现值指数、内部收益率和投资回收期的概念
- 熟悉差量分析法、贡献毛益分析法和本量利分析法
- 掌握净现值法、现值指数法、内部收益率法、投资回收期法、变异系数法、决策树法和不确定型决策法的计算步骤

§ **引例**

海航华日专注冷链物流

海航华日⊖前身为华日飞天物流有限公司,成立于1997年,是国内最早专营冷链物流的企业之一,总部位于北京,在国内设有8家分支机构,管理各式冷藏车超过400辆,业务遍布全国主要城市。2015年公司总资产达5 287.10万元,净资产2 411.40万元。海航华日创业18年来一直专注于冷链专业细分物流领域,是2008年北京奥运会指定物流供应商,屡获中国冷链金链奖等行业殊荣。作为国家食品、药品冷链运输定点、标准试点企业,海航华日长期服务于宜家、麦当劳、百胜、联合利华、通用磨坊、PPG、上药等知名餐饮、食品、化工、医药企业客户。

据相关统计分析,在发达国家,日常物品的冷链物流流通量接近100%,而我国国内才刚刚起步,果蔬类约5%,肉禽类约15%,水产类约40%;若对比冷链工具,2014年我国冷库数总量接近美国,但人均占有率差距很大,且超过一半的冷库已接近淘汰状态;冷藏车仅有8万辆,且其中不少是不具备制冷机的保温车,而日本同期拥有23万辆冷藏车。

海航集团的负责人表示:"中国冷链物流业与世界先进水平存在巨大差距,但巨大差距的背后也蕴含着巨大的机遇和市场。"目前,有两大因素支撑我国冷链物

⊖ 全称为"海航华日飞天物流股份有限公司"。

流业的发展：一方面，中国中产阶级数量迅猛增长，预计 2015 年我国中产阶级人口数量将超过美国，而这部分人群恰恰非常重视食品药品的质量安全；另一方面，政府对食品药品质量安全也日益重视，近日发改委、财政部等 10 部委发布进一步促进冷链运输物流企业健康发展的指导意见，提出大力发展第三方冷链物流。

作为海航集团、海航物流旗下企业，海航华日将依托海航集团产业集群优势，加快全国冷链物流中心建设布局和第三方冷链物流基础业务拓展，同时在冷链金融、冷链商贸、冷链科技等创新增值业务领域加大投入，致力于成为中国冷链行业的温控物流集成服务商。

资料来源：供应链管理网。

请思考

1. 海航物流选择冷链物流是基于什么样的分析法？
2. 海航集团致力于发展冷链物流的着眼点是什么？

2.1   物流经济分析方法概述

任何产业，都由一系列具有一定技术经济特征的经济活动有机组合而成，能否持续、健康地发展取决于经济活动的合理性。物流经济分析。就是对物流业相关各项活动可能产生的经济效益进行系统的分析，从经济上辨别物流活动的合理性。从经济行为的功能上分析，物流主要包括筹资、投资、用资及资金回收等环节。在筹资环节上，物流业并无明显的特殊性，本书不做介绍。

2.1.1   物流业发展理念的延伸

在市场经济条件下，任何经济行为都与供需双方的交易实现相衔接，即经济行为形成的结果（产品或服务）最终必须能被需求者接受。在正常情况下，交易是在互利的基础上实现的。因此，合理的经济行为应该使供需双方都有利可图，至少在出发点上必须如此。在现实中，某些行业可能存在一定"利己至上"的经济行为空间，并且在完全不顾及对方利益的情况下实现交易，但物流业几乎没有这样的可能。因为物流业是在对原有实物的流动过程实施整体优化的基础上逐步发展起来的，它必须得到原来实物的流动过程所涉及的相关利益主体的通力合作才有可能实现自己的发展目标。双赢是建立合作关系的基础，对物流客户来说，物流服务必须能够为其带来新的利益源，而对物流服务提供者来说，提供物流服务必须存在一定的利益空间使其自身可以生存并得到发展，这是物流业发展理念的延伸，也是物流企业在谋求发展过程中必须严格把握的基本原则。由于后续的分析方法介绍主要是从物流服务提供者的角度进行经济分析的，在此不得不专门强调这一基本原则。

2.1.2   物流经济分析方法的类型

经济分析方法的种类繁多，涉及面非常广，分类标志也很多，本书只选择比较常用且比较适合分析物流经济的方法予以介绍。本书在介绍时也不追求所用分类标志的系统性，以适用为准。介绍的经济分析方法主要用于事前分析，根据分析结果决定行为的取舍。从功能上解释，这些分析方法通常称为决策分析方法。

按照决策影响的时间长短对决策进行分类，决策可以分为长期决策和短期决策。长期决策通常是指那些产生报酬的期间超过 1 年，并对较长期间内的收支盈亏产生影响的问题所进行的决策，在财务上通常称为"投资决策"。短期决策通常是指只涉及 1 年以内的一次性专门业务，并仅对该时期内的收支盈亏产生影响的问题而进行的决策。因为一般不涉及新的固定资产投资，所以也称为"经营决策"。企业管理者做出的投资决策和经营决策往往关系到一个企业的兴衰。尤其是投资决策，通常需要相对较多的资金投入，大多数投资都要经过很长时间才能收到效果，在较长时期内对企业都有影响。

按照可靠程度划分，决策可以分为确定型决策、风险型决策和不确定型决策，各类决策都有其相应的分析方法。确定型决策是指决策的因素、环境、条件及前景等比较明确，决策后果基本是确定性的。风险型决策是指决策变量不是很明确，但是大致可以估计出各种可能情况出现的概率。不确定型决策是指决策的因素、环境、条件及前景等处于不确定状态，也无法估计在各种特定情况下的肯定结果和各种可能情况出现的概率，只能凭决策者的经验选择方案。本章将依次介绍投资决策、经营决策和风险决策 3 种分析方法。

2.1.3 注意要点

（1）物流的业务形式千差万别，每一种业务体现出来的经济联系往往都有所不同，全面介绍物流经济分析具体方法显然是不现实的。但正如国际物流界著名专家德国运输经济研究所维纳·爱克斯坦因教授所说的那样，物流业是实践性很强的领域，涉及的高深理论和方法并不多，发展的关键在于按照物流业发展的基本理念，根据具体情况灵活运用常规的分析方法，设计出能使合作各方均能接受的实施方案。

（2）本章介绍的经济分析方法，就方法本身而言并无任何新意，但是，一方面考虑到知识的系统性，本书纳入这部分内容；另一方面为了加强本书的实用性，在介绍经济分析方法时，本书选用物流实践活动中常见的案例以较大的篇幅进一步解析分析方法的具体应用，以利于开拓读者物流经济分析的思路。熟悉本书介绍的常用经济分析方法的读者，不必再费时去阅读介绍经济分析方法的内容，但建议阅读例题分析。

┆小故事┆

农夫和小牛：做投资决策时要冷静

农夫家的母牛生下了一头小牛，几个月后，小牛长大了，十分调皮，给农夫惹了不少麻烦，虽然农夫惩罚了它几次，但小牛仍然劣性不改。

有一天，这头小牛跑到邻居的地里，把地里的庄稼糟蹋得一塌糊涂。这次农夫气坏了，他想，是时候给它点厉害瞧瞧了。

于是，农夫把油浸在麻绳上，绑在小牛的尾巴上，然后点上火。

小牛由于受到了惊吓，四处乱窜，最后竟然跑到了农夫的地里，打起滚来，把地里的庄稼点着了，那时正当收获的季节，农夫一边追赶小牛，一边痛哭，因为田里什么都收获不到了。

资料来源：明志. 每天读个好寓言［M］. 北京：中国华侨出版社，2013.

2.2 物流投资决策分析方法

按照决策影响的时期长短对决策进行分类，决策可分为长期决策和短期决策。长期决策在财务上通常称为"投资决策"。在投资决策的长期实践中，形成了很多专门分析和评价备选方案的方法，按照是否考虑资金的时间价值大体可分为折现的现金流量法与非折现的现金流量法。折现的现金流量法是把现金流出量、现金流入量和时间这3个基本因素相互联系起来进行分析评价，结合资金的时间价值，把不同时点上的现金流量折算成同一时点的现金流量，然后进行比较，是比较科学的。此类方法最常用的有净现值法、现值指数法和内部收益率法3种。

非折现的现金流量法决定方案的取舍不考虑资金的时间价值，又称静态评价方法。这类方法对投资方案进行分析评价时，主要有回收期法等。

2.2.1 净现值法

1. 净现值的内涵

把投资比较的时点确定在原始投资发生的时间，把一项投资方案在未来期间所能获得的各种报酬（现金流入量），按照资金成本折算成总现值，然后把它与原始投资（现金流入量）折成的现值进行比较，其差额就叫**净现值**（net present value，NPV）。

2. 计算步骤

在实际工作中，由于投资方案可能涉及未来很长年限，会出现一些复杂情况，所以这里给出净现值计算的一般步骤：

（1）对投资项目寿命周期内各年的营业净现金流量（NCF）进行预测。

$$各年的\ NCF = 营业收入 - 付现营业成本 - 所得税$$

（2）根据资金成本将未来的各种报酬折算成总现值。①将各年的现金净流量折成现值；②将期末固定资产的残值或中途变现价值，以及期末应回收的流动资产，按普通复利折成现值。将上述①、②两项相加，即可求得未来报酬的总现值。③计算投资方案的净现值（NPV），公式如下：

$$NPV = \left[\frac{NCF_1}{(1+i)} + \frac{NCF_2}{(1+i)^2} + \cdots + \frac{NCF_n}{(1+i)^n} \right] - I_0 = \sum_{t=1}^{n} \frac{NCF_t}{(1+i)^t} - I_0$$

式中，$\sum_{t=1}^{n} \frac{NCF_t}{(1+i)^t}$ 为未来报酬的总现值；$\frac{1}{(1+i)^t}$ 为现值系数；I_0 为原始投资额的现值；i 为资金利率；n 为投资项目的寿命期。

3. 投资决策

净现值法就是根据一项投资方案的净现值是正数还是负数来确定该项方案是否可行的

决策分析方法。若 *NPV* 是正数，即说明该方案的投资报酬额大于原投资额，那么该方案可行；反之，则不可行。净现值越大，说明项目的经济效益越好。

【例2-1】

某物流企业有较完善的运输网络和较先进的运输设施。经调查，在其运输网络覆盖域内的某制造企业未来6年采购原材料和销售产品支付运杂费如表2-1所示。

表2-1　某制造企业运杂费表

年度	2020	2021	2022	2023	2024	2025
运杂费（万元）	150	180	200	240	290	310

在充分考虑本企业运输网络资源利用和运输设施与管理水平优势的基础上，分析出本企业承担该制造企业上述运输任务相应各年发生的相关成本，如表2-2所示。

表2-2　某物流企业物流相关成本表

年度	2020	2021	2022	2023	2024	2025
相关成本（万元）	120	160	170	210	260	290

为承担该项运输任务，物流公司需一次性投入60万元用于购置部分专用设施和信息平台建设。资金利率为8%（其中2%为风险报酬率），试分析该项投资的可行性。

解： 按照双赢的理念，物流企业首先要分析承担制造企业运输任务的可能性。仅从数额上看，制造企业每年支付的运杂费都高于物流企业的相关运输成本，应该存在合作双赢的利益空间。但仅做这样的分析是不够的，还应进一步分析制造企业支付的运杂费的具体构成。为简化分析，现假设制造企业均以付现的方式支付运杂费，且支付运杂费后再无其他关联的交易。这样，只要物流企业的出价低于制造企业支付的运杂费，合作就有可能形成。但究竟要低多少，还取决于制造企业对物流企业的信任程度（实际上制造企业必然会考虑合作的风险报酬问题），而物流企业同样要考虑合作伙伴的信用问题，要设定一定水平的风险报酬（本例设定为2%）。

现假设按表2-3所列价格水平有可能达成交易。

表2-3　某物流企业物流成交价格表

年度	2020	2021	2022	2023	2024	2025
成交价格（万元）	130	170	190	235	275	300

可能达成交易的价格水平，就是物流企业可能获得的收入。

特别强调，在对以合作方式开展物流业务的经济分析时，首先分析的是合作的可能性，分析的主要目标在于确定可能成交的价格，然后根据可能成交的价格分析物流企业进行这一交易经济上的可行性。可能性分析的关键在于正确计量交易存在的、可供交易各方共享的利益空间，必须根据具体的业务内容和相关情况来选择分析方法。可能性分析是物流经济分析的基本环节，也是第一环节。

在进行合作可能性分析后，再以自身为主进行经济上的可行性分析。可行性分析可从3个层面展开：一是现实可行性分析，即完全根据现有的合作内容、合作方式及现有各有关条件分析是否可行；二是互动可行性分析，即通过与合作各方的协商，调整合作内容、合作方式来寻求合作的可行性;三是已动可行性分析,即物流企业自身通过调整服务手段、整合可用资源、挖掘内部潜力来寻求合作的可行性。

根据以上数据计算物流企业的净现值如表2-4所示。

表2-4　某物流企业净现值表　　　　（单位:万元）

项目	初始投资	各年现金流						净现值合计
		2020年	2021年	2022年	2023年	2024年	2025年	
流入量		130	170	190	235	275	300	
流出量		120	160	170	210	260	290	
净流量		10	10	20	25	15	10	
现值系数		0.926	0.857	0.794	0.735	0.681	0.630	
净现值	-60	9.26	8.57	15.88	18.375	10.215	6.30	8.6

从以上项目投资净现值为8.6万元可知,该项投资具有一定的可行性。

2.2.2　现值指数法

1. 现值指数法的内涵

现值指数(present value index,PVI)是指任何一项投资方案的未来报酬按资金成本折算的总现值与原始投资的现值之比。其计算公式为

$$现值指数(PVI) = 未来报酬的总现值 / 原投资额的现值$$

2. 投资决策

现值指数法是根据一项投资方案的现值指数是大于1还是小于等于1来确定该项方案是否可行的决策分析方法。若PVI大于1,说明该方案的投资报酬额大于原投资额,那么该方案可行;反之,则不可行。PVI越大,说明项目的经济效益越好。

【例2-2】

某项目有3个可行方案,经过计算,这3个方案的投资额度分别为:$C_1=150$万元,$C_2=180$万元,$C_3=120$万元,建成后5年累计盈利分别为:$V_1=300$万元,$V_2=396$万元,$V_3=228$万元,试比较这3个方案的优劣。

解: 计算3个方案的现值指数比:

方案1:$V_1/C_1=300/150=2$

方案2:$V_2/C_2=396/180=2.2$

方案3:$V_3/C_3=228/120=1.9$

结论,3个方案从优到劣排序为:方案2,方案1,方案3。

【例2-3】

假设例2-2中的3个可行方案的建设周期分别为3年、4年和2年,其投资均为银行贷款,年利率为15%。这3个方案各年的投资额度以及建成后各年的盈利情况如表2-5所示。用现值指数法比较这3个方案的优劣。

表 2-5　项目各年的投资额度以及盈利情况表　　　　（单位：万元）

年度	方案1		方案2		方案3	
	投资	利润	投资	利润	投资	利润
1	50		60		40	
2	50		40		80	
3	50		40			40
4		60	40			40
5		60		96		40
6		60		75		54
7		60		75		54
8		60		75		
9		60		75		

解：由于投资时间和产生利润的时间不同，在考虑资金利息的前提下，不能直接用效益和成本的比值进行比较。为了进行比较，需要将投资和利润根据利率转化成现值。

投资额现值的计算公式：

$$C = \sum_{j=1}^{m} \frac{c_j}{(1 + r_j)^{j-1}}$$

式中，m 为投资期；c_j 为第 j 年投入的资金额；r_j 为第 j 年年底向银行归还贷款的利息率。

利润现值的计算公式为

$$B = \sum_{j=k}^{n} \frac{b_j}{(1 + r_j)^{j}}$$

式中，n 为方案投入运行最后一年的年度编号；k 为方案投入运行第一年的年度编号；b_j 为第 j 年年底的利润额；r_j 为第 j 年年底向银行归还贷款的利息率。

将各方案的投资与利润换算成现值，计算效益成本比，根据公式可得：

$$C_1 = 50 + \frac{50}{1 + 0.15} + \frac{50}{(1 + 0.15)^2} = 131.29$$

$$B_1 = 60 \times \left[\frac{1}{(1 + 0.15)^4} + \frac{1}{(1 + 0.15)^5} + \cdots + \frac{1}{(1 + 0.15)^9} \right] = 149.30$$

$$E_1 = \frac{B_1}{C_1} = 1.137$$

同理，可得：

$$E_2 = \frac{B_2}{C_2} = 1.019$$

$$E_3 = \frac{B_3}{C_3} = 1.029$$

结论：因为 $E_1 > E_3 > E_2$，所以在考虑项目的建设周期及资金的时间价值的前提下，方案 1 最优，方案 3 次之，方案 2 最差。

2.2.3　内部收益率法

1. 内部收益率的内涵

内部收益率是净现值为零的折现率，按此折现率计算的未来报酬的总现值与投资额的现值相等。

2. 计算步骤

内部收益率的测算步骤如下。

（1）先估计一个折现率，并根据它计算各年净现金流量（NCF）的现值和期末残值的现值，然后加总求得未来报酬的总现值，再与原投资额的现值进行比较。如果净现值（NPV）为正数，表明原先估计的折现率低于该方案的实际投资报酬率，应提高原估计的折现率，再进行测算；如果第一次测试的净现值为负数，即表示原先估计的折现率高于该方案的实际报酬率，应降低原估计的折现率，再进行测算。

经过逐次测算，最终要求找出两个邻近的一个正数的净现值和一个负数的净现值所代表的两个折现率。

（2）根据内部收益率就是使投资方案的净现值等于零的原理，把前面找出的两个邻近的折现率及其相应的净现值采用插值法即可算出该投资方案的内部报酬率的近似值。

3. 投资决策

内部收益率法就是根据投资方案的内部收益率是否高于资金成本来确定投资方案是否可行的决策方法；若内部收益率高于资金成本，则方案可行；反之，则方案不可行。

【例2-4】

在做出可能合作的分析判断后，某第三方物流公司新开发了一个物流客户，负责该客户5年内在新疆的手机销售的物流业务。为此，物流公司需要在新疆维吾尔自治区的乌鲁木齐市新设一个物流网点，经研究，有两个方案：①该网点负责该客户在新疆境内的手机配送任务，为此，该物流公司仅需在乌鲁木齐租赁一个小型仓库，期初必须投入5万元资金。根据客户销售量的预测，做出各年的净现金流量表，如表2-6所示。②设置该网点不仅考虑该客户，而且考虑增设网点后可能新增加的进入新疆的业务量以及由新疆发往外地的业务。为此，期初必须投入20万元资金用于购置一辆小型货车用于配送和接货以及办理工商手续和购置办公设备。经过市场调研，做出各年的净现金流量，如表2-6所示。

表2-6　投资方案净现金流量表　　　　　　　　　　（单位：万元）

方案	投入	净现金流量表				
		第1年	第2年	第3年	第4年	第5年
方案1	5	1	1	3	2	2
方案2	20	1.5	3	7	10	10

解：内部收益率的计算是经过测算求出的，计算量一般比净现值法大。下面通过方案1的计算说明内部收益率法的计算过程，方案2的计算过程与方案1是一致的。

通过观察方案 1 的净现金流量，我们可以先选择一个较大的折现系数进行计算。这里先选择 18% 的折现系数，通过计算得出的净现值是 0.297 3 万元，是正数，说明选取的折现系数偏小，应该提高折现系数。然后，我们选取 20% 的折现率再进行计算，得出的净现值是 0.032 2 万元，仍然为正数，但是已经很接近零了。这说明应该继续提高折现系数，这里选取 21% 试一下。经计算，21% 的折现系数对应的净现值为 −0.093 0 万元。至此，可以肯定内部收益率在 20% ~ 21% 之间，采用插值法就可以算出内部收益率的近似值了。整个计算过程如表 2-7 所示。

表 2-7　投资方案内部收益率计算表　　　　（单位：万元）

年期	金额	18%		20%		21%	
		现值系数	现值	现值系数	现值	现值系数	现值
0	5		5		5		5
1	1	0.847 5	0.847 5	0.833 3	0.833 3	0.826 5	0.826 5
2	1	0.718 2	0.718 2	0.694 4	0.694 4	0.683 0	0.683 0
3	3	0.608 6	1.825 8	0.578 7	1.736 1	0.564 5	1.693 5
4	2	0.515 8	1.031 4	0.482 3	0.964 6	0.466 5	0.933
5	2	0.437 1	0.847 2	0.401 9	0.803 8	0.385 5	0.771
	合计		5.297 3		5.032 2		4.907
	减期初投入		5		5		5
	净现值		0.297 3		0.032 2		−0.093

需要指出的是，经计算内部收益率得出的一般是一个近似值，为了提高准确程度，一般要求刚大于零的正数净现值的折现率与刚小于零的负数净现值的折现率的差值为 1%。

用插值法计算出内部收益率为

$$IRR_1 = 20\% + \frac{0.032\ 2}{0.032\ 2 + 0.093\ 0} \times (21\% - 20\%) = 20.26\%$$

或

$$IRR_1 = 21\% - \frac{0.093}{0.032\ 2 + 0.093\ 0} \times (21\% - 20\%) = 20.26\%$$

即方案 1 的内部收益率为 20.26%。

同理，方案 2 的内部收益率为 13.14%。

方案 1 和方案 2 的内部收益率均大于 10%，所以两个方案都可行。但是，方案 2 的内部收益率远低于方案 1，因此，方案 1 要优于方案 2。

2.2.4　回收期法

1. 回收期法的内涵

回收期法是以投资项目各年的现金净流量来回收该项目的原投资总额所需的时间（通常以年数来表示）。

2. 投资决策

回收期法是根据投资方案的预计回收期，来确定方案是否可行的决策分析方法。如果预计的回收期比项目要求的回收期短，则项目负担的风险程度较少，一般可行；反之，则不可行。

【例2-5】

某物流项目有4个投资备选方案，其投入额均为100 000元，回收总额均为150 000元，净现金流均为50 000元，但不同方案各年回收额不同（见表2-8），且各方案期末均无残值，资金利率按8%计算。试计算其回收期。

解： 以方案甲为例，在方案运营两年后，投资回收90 000元，还差10 000元才能完全回收。第3年预测的现金净流量为30 000元，假设现金流量是平稳的，那么，回收10 000元需要1/3年，即4个月。所以甲方案的回收期为2年4个月。乙、丙、丁方案以此方法计算，回收期分别为3年4个月、4年和2年10个月。

表2-8　投资方案现金流量　　　　　　　　　　（单位：元）

项目	甲	乙	丙	丁
一次投入	100 000	100 000	100 000	100 000
第1年	50 000	30 000	10 000	40 000
第2年	40 000	30 000	20 000	30 000
第3年	30 000	30 000	30 000	35 000
第4年	20 000	30 000	40 000	25 000
第5年	10 000	30 000	50 000	20 000
合计	150 000	150 000	150 000	150 000

|阅读材料|

物流设备规划与选择的方法

设备规划与选择的第一个步骤： 详细说明设备必须履行的功能——服务于作业目标，所选设备是做什么的？这个问题至关重要，这也是所有物流管理者在开始确定设备方案之前必须准确回答的问题。缺乏对设备作业需求的充分说明和设备应该具备的最佳能力的描述，将会导致所选设备不匹配的后果。近年，在中国的物流设施案例中，出现了太多"大马拉小车"和好大喜功的做法。不问青红皂白，烟草制造业动辄上亿元的自动化仓库投入就有此等嫌疑。

为物流中心指定恰当的设备之前，必须对作业、动作、流程以及在运行的系统有一个清晰的理解。对仓库内的某个作业如何影响其他作业，从设备选择角度来看是极其重要的。例如，叉车搬运前，是否有必要选择规划可伸缩式输送系统以提高非单元化货品的卸货效率。

为了更清楚地描述设备需求，建议采取作业分析工具。在作业结构化分析的基础上，相关作业和各作业模块之间的物流量将更容易描述和计算，也更方便把握各作业中的物流设备需求描述。

设备规划与选择的第二个步骤： 准备详细的设备方案来满足已确定的作业要求。在设备规划过程中，其目的不是确定设备方案的详细规格，而是确定设备的一般分类。例如货架设备，首先要制订的设备方案是以托盘货架或者是悬臂式货架为分类依据；然后，在设备规划与选择过程中的第四和第五个步骤中，再制订更详细的规格形式，如镀锌还是表面喷塑工艺。

设备规划与选择的第三个步骤： 评估备选设备方案。在评估方案的过程中，最重要的一点是定量（经济评估）与定性分析相结合。

设备方案的经济评估，首先是成本计算。通常，成本分两类：投资成本和年运行成本。

最普遍的投资成本是设备的采购费用。年运行成本是使用设备过程中不断发生的费用。典型的年运行成本项目包含物流作业人员的工资、设备维护费用、税和保险费等。

定性因素确定后,需要将所有因素按重要程度赋予权数。然后,针对不同方案进行打分。一般而言,安全性比灵活性重要 3 倍,而成本比安全性更加重要。在具体评估过程中,还有一些技巧,如权重的讨论可以借助项目组成员的投票值加权。有时,为了更切实地评估每个考评因素,还可以将每个因素赋予多个等级,例如,可以赋予"安全性 5 个等级",1 级得分 30 分、2 级得分 26 分、3 级得分 22 分……5 级得分 14 分。再一步一步得出总得分。

设备规划与选择的第四个步骤:选择物流设备和供货商。选定后,接下来的工作是说明所需设备的详细规格。通常这个阶段的重要工作是:①说明设备需求的详细规格;②接触供应商;③详细咨询供应商资质及设备的说明;④准备设备/系统招标书。

资料来源:根据多方资料整理而成。

2.3 物流经营决策分析方法

与投资决策不同,经营决策一般只涉及 1 年以内的专门业务,不改变企业现有的生产能力,也不增加固定资产的投资。因此,在进行决策分析时,无须考虑资金的时间价值和投资的风险价值,而是把方案选择的重点放在能使企业经济效益和社会效益达到最大化的目标上。在这里,我们主要介绍 3 种经营决策的方法:差量分析法、贡献毛益分析法、本量利分析法。

2.3.1 差量分析法

这里涉及的差量是指不同备选方案的差别,主要是"差量收入"和"差量成本"两个方面。差量收入是备选方案预期收入的差异数,差量成本则是备选方案之间预期成本的差异数。

差量分析法就是根据两个备选方案的差量收入与差量成本的比较来确定哪个方案较优的方法。如果差量收入大于差量成本,则前一个方案较优;如果差量收入小于差量成本,则后一个方案较优。

需要注意的是:在分别计算差量收入和差量成本的过程中,备选方案的排列顺序要保持一致。这个方法一般是从两个备选方案中选择一个较好的,涉及两个以上的备选方案时,可两两分别进行比较,最终确定最优方案。

【例 2-6】

某物流公司利用现有设备可以承接某类产品的包装业务,设备的包装能力是 100 000 机器小时,但是实际开工率只有 70%。现准备利用剩余包装能力来承接新的包装任务 A 或 B,原来包装任务及新任务 A 与 B 的资料如表 2-9 所示。

表 2-9 某物流公司利用现有设备承接新业务资料

摘 要	原任务(实际)	新任务 A(预计)	新任务 B(预计)
件包装定额机器小时	8	6	4
包装单价(件/元)	84	60	58
单位变动成本(件/元)	78	50	51
固定成本总额(元)	25 000		

解：（1）设备的剩余包装能力 = 100 000 × 30% = 30 000（机器小时）。

（2）完成新任务 A 的数量 = 30 000 ÷ 6 = 5 000（件），如全部承接 A 任务，则收入 = 5 000 × 60 = 300 000（元），但同时增加变动成本 = 5 000 × 50 = 250 000（元）。

（3）完成新任务 B 的数量 = 30 000 ÷ 4 = 7 500（件），如全部承接 B 任务，则收入 = 7 500 × 58 = 435 000（元），但同时增加变动成本 = 7 500 × 51 = 382 500（元）。

（4）将任务 A 与任务 B 进行比较，计算差量收入与差量成本：

$$差量收入 = 435\,000 - 300\,000 = 135\,000（元）$$
$$差量成本 = 382\,500 - 250\,000 = 132\,500（元）$$

因此，差量收益 = 135 000 - 132 500 = 2 500（元）

从计算结果可以看出，差量收入大于差量成本，差量收益为正，所以承接新任务 B 比承接新任务 A 有利，可以多获利 2 500 元的收益。

2.3.2 贡献毛益分析法

贡献毛益分析法是通过比较备选方案所提供的贡献毛益总额大小来确定最优方案的方法。其计算公式为

$$贡献毛益总额 = 单位贡献毛益 × 销售量$$

需要说明的是：运用贡献毛益分析法进行备选方案的选择时，必须以贡献毛益总额来衡量（或以单位工时所创造的贡献毛益的大小）作为选优标准，而不是以单位产品提供的贡献毛益额为标准来判断。

【例 2-7】

依据例 2-6 的资料，用贡献毛益分析法进行分析。

解：依据例中的资料，可以得出贡献毛益计算分析，如表 2-10 所示。

表 2-10　某物流公司贡献毛益计算分析

项　目	新任务 A	新任务 B
剩余包装能力（机器小时）	100 000 × (1 - 70%) = 30 000	
每件额定机器小时	6	4
最多包装件数	30 000 ÷ 6 = 5 000	30 000 ÷ 4 = 7 500
包装单价（件/元）	60	58
单位变动成本（件/元）	50	51
单位贡献毛益（件/元）	10	7
贡献毛益总额（元）	50 000	52 500

新任务 B 的贡献毛益总额为 52 500 元，但新任务 A 的贡献毛益总额为 50 000 元，因此，承接 B 任务比承接 A 任务更有益。

2.3.3 本量利分析法

本量利分析法是研究企业在一定期间内的成本、业务量、利润三者之间的变量关系的一

种专门方法。其关系式为

$$销售收入总额 - (固定成本总额 + 变动成本总额) = 利润$$

$$销售单价 × 销售量 - (固定成本总额 + 单位变动成本 × 销售量) = 利润$$

若令利润为零，可求出盈亏平衡点销售量。

$$盈亏平衡点销售量 = 固定成本总额 / (销售单价 - 单位变动成本)$$

因此，当企业产量大于盈亏平衡点销售量时，企业盈利；

当企业产量等于盈亏平衡点销售量时，企业保本；

当企业产量小于盈亏平衡点销售量时，企业亏本。

【例2- 8】

某企业为城区的客户提供送货服务，完成这一物流业务有两种方案可供选择：一是外包给专门的物流公司，费用是 50 元/件；二是自己购置车辆完成配送任务，购置车辆及专门管理费用、人员工资等固定成本预计需要 160 000 元。预计平均运输费用为 18 元/件，包装费用为 12 元/件，其他轮胎费用、维修费用等预计为 12 元/件。根据上述资料分析这个企业在何种情况下应将这个物流业务外包，在何种情况下应自营。

解： 假设该企业全年在市区内的配送量为 x 件

（1）外包与自营方案的预期成本公式为

外包方案的预期成本 $(y_1) = 0 + 50x = 50x$

自营方案的预期成本 $(y_2) = 160\,000 + (18 + 12 + 12)x = 160\,000 + 42x$

$\Delta y = y_1 - y_2 = 50x - (160\,000 + 42x) = 8x - 160\,000$

（2）自营与外包平衡点 x 的值：

令：$\Delta y = 0$

则：$8x - 160\,000 = 0$

即 $x = 20\,000$ （件）

（3）结论：

如果配送量 $x = 20\,000$ （件），则 $y_1 = y_2$，两个方案均可行；

如果配送量 $x > 20\,000$ （件），则 $y_1 > y_2$，自营配送任务可行；

如果配送量 $x < 20\,000$ （件），则 $y_1 < y_2$，外包方案可行。

|阅读材料|

本量利分析法的缺陷

本量利分析法的主要不足之处有两个方面：一是在本量利分析中，与利润高低相联系的只有业务量、单位售价、固定成本和变动成本；二是本量利分析法，在理论上是基于产销量一致，即本期投产的产品，在本期内全部完工并销售，为生产产品而投入的料、工、费，也在本期全部转入产品销售成本，对在产品和产成品的期初期末数，都予以忽略不计。这在现实中是很难实现的，特别是在当前买方市场供过于求的情况下，产品库存相当庞大，如仍按原方法进行分析，势必影响其结果的准确性和科学性。

2.4　物流风险决策分析方法

风险是指可测量的不确定性，是可以对未来可能出现的各种情况进行概率分析的。不确定性是指无法确定未来可能出现的各种情况的概率，甚至也无法估计在各种特定情况下的肯定结果。在这里主要介绍 3 种物流风险决策分析方法：变异系数法、决策树法、不确定型决策分析方法。

2.4.1　变异系数法

变异系数是样本标准差与样本期望值的比值。其计算公式为

$$CV = \frac{\sigma}{\bar{x}} \times 100\%$$

其中，CV 越大，表示投资风险越大；CV 越小，表示投资风险越小。

【例 2-9】

某物流公司计划在现有市内配送业务的基础上，通过需求预测对配送业务进行改善，拟订了 3 种方案：①增加车辆和为车辆配备 GPS 定位系统；②增加车辆和配备移动通信系统；③仅仅增加车辆，预测未来 5 年市场高、中、低 3 种配送需求的概率分别为 0.3、0.5、0.2。其每种方案可获现金流如表 2-11 所示。

表 2-11　每种方案可获现金流　　　　　（单位：万元）

项　目	高需求	中需求	低需求	投资额
方案 1	120	40	−30	100
方案 2	100	50	0	50
方案 3	40	30	20	20

解：根据题意可计算方案 1 的均值与方差。设各个方案的现金流为 X_i（$i=1,2,3$）。

$$\bar{x}_1 = \sum_{i=1}^{3} X_i p_i = 120 \times 0.3 + 40 \times 0.5 + (-30) \times 0.2 = 50(万元)$$

$$\sigma_1 = \sqrt{\sum_{i=1}^{3} (X_i - \bar{x}_1)^2 \times p}$$

$$= \sqrt{(120-50)^2 \times 0.3 + (40-50)^2 \times 0.5 + (-30-50)^2 \times 0.2}$$

$$= 52.915(万元)$$

$$CV_1 = \frac{\sigma_1}{\bar{x}_1} = \frac{52.915}{50} = 1.06$$

同理，可得：

$$CV_2 = 0.64$$

$$CV_3 = 0.226$$

从上面的结果可知：方案 1 的风险系数值最大，因此它的投资风险程度最大，其次风险程度适中的是方案 2，方案 3 的风险程度最小。

2.4.2 决策树法

1. 决策树法的含义

决策树法是以损益值为准则的图解决策法，由于这种决策图类似树枝，因此称为决策树法。

决策树由节点和分枝组成。节点有 3 种。

（1）决策节点，用符号□表示，表示此时的行为是决策者在自己能够控制的情况下进行分析和选择。从决策节点引出的分枝叫方案分枝，分枝数反映可能的方案数目。

（2）方案（状态）节点，用符号○表示，表示此时的行为是决策者在自己无法控制的状态下进行分析。从方案节点引出的分枝叫状态分枝，每一枝代表一种自然状态。分枝数反映可能的自然状态数目。每条分枝上标明自然状态及其可能出现的概率。

（3）结果节点，用符号 △ 表示。它是状态分枝的最末端。节点后面的数字是方案在相应结局下的损益值。

2. 决策树的求解步骤

决策树的具体求解步骤如下。

（1）从左到右，从决策节点开始，依次列出各方案。

（2）列出方案节点下可能的自然状态（概率、费用、结果节点）。

（3）从右到左求解决策树。用概率枝上的概率乘以结果节点上的损益值，然后将每个方案求和（方案的期望值）；将方案的期望值填入方案节点旁边，决策树便可以向左推一级；凡遇到决策节点，保留具有最大期望值的树枝，去除相对小的树枝，依此类推，利用这种反推决策树的方法，从右到左，求出最优方案。

【例 2- 10】

某仪器厂生产的仪器中需要装配一种电子元器件，由一家协作厂供应，每批次供应 800 件。在长期生产中，已统计出每批元件装配在仪器上老化，进而出现不同次品率的概率如表 2-12 所示。

表 2-12 不同次品率出现的概率

每批元件出现次品率的百分比（%）	2	5	10	15	20
概率（P）	0.40	0.30	0.15	0.10	0.05

按原工艺生产，发现次品后，每更换一件的费用为 1.5 元。现拟改进生产工艺，即每批元件进厂后，先进行老化处理，并加以筛选，然后装配。这样出现的次品率如表 2-13 所示，更换一件次品同样要支付 1.5 元。此外，这种新工艺要为每批元件多支付 40 元的处理费用。决策问题：是否应该采用新工艺？

表2-13　新工艺中不同次品率出现的概率

每批元件出现次品率的百分比（%）	2	8	12
概率（P）	0.70	0.20	0.10

解：（1）决策目标：工艺要不要进行改革。该决策只有一个目标。

（2）绘制决策树（见图2-1）。①该决策只有一个决策点，即点1；②有不改与改两个方案，故从决策节点引出两个方案分枝，并在右端画出两个状态节点，即点2和点3；③根据不同工艺出现不同比例次品的概率，分别从节点2和节点3画出相应的状态分枝，并标出相应的概率。

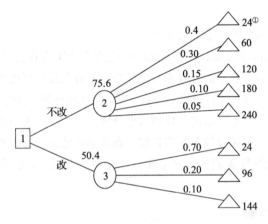

图2-1　决策树

① 24 =800 ×2% ×1.5，计算过程余同。

（3）计算结果节点的损益值，并标注在概率枝的右端。计算损益值，即费用：

$$费用 = 批量 × 次品率 × 单件费用$$

（4）原工艺的期望费用值 $EMV_1 = \sum S_j p_j$

$$=24 ×0.4 +60 ×0.3 +120 ×0.15 +180 ×0.1 +240 ×0.05$$
$$=75.6$$

新工艺的期望费用值 $EMV_2 = \sum S_j p_j$

$$=24 ×0.7 +96 ×0.2 +144 ×0.10$$
$$=50.4$$

（5）计算各方案的期望费用。原方案的期望费用与代表该方案的状态节点的期望费用 EMV_1 相等，即75.6元。新方案的期望费用为：该方案状态节点的期望费用 EMV_2 + 每批元件的处理费用40元，即50.4 +40 =90.4（元）。

（6）决策。通过比较两个方案的费用，可以看出，采用原方案比改革工艺节省的期望费用为90.4 −75.6 =14.8（元）。因此，决策结果为采用原来的方案。

2.4.3　不确定型决策分析方法

1. 不确定型决策内涵

不确定型决策是指自然状态出现的概率是未知的决策问题。在一般情况下，越是企业高层做出的决策，越是关键的决策，往往越是非确定型决策。

【例 2-11】

根据资料，一条集装箱船每个航次从天津到厦门港所需的舱位数量可能是下面数量中的某一个：100，150，200，250，300。具体概率分布未知。如果一个舱位空着，则在开船前 24 小时起以 80 元的低价运输。每个舱位的标准定价是 120 元，运输成本是 100 元。假定所准备的空舱量为所需要量中的某一个。

方案 1：准备的空舱量为 100
方案 2：准备的空舱量为 150
方案 3：准备的空舱量为 200
方案 4：准备的空舱量为 250
方案 5：准备的空舱量为 300

决策问题：如何准备合适的空舱量？

对本例中的决策，因为各事件状态出现的概率未知，所以属于非确定型决策问题。

设需求的舱位数为 A_I，准备的舱位数为 B_j，损益值为 C_{ij}，根据计算建立例 2-11 的损益矩阵。

解： 损益值 = 收入 − 成本 = A_I × 标准定价 + 剩余舱位 × 折价 − B_j × 成本单价

如：$C_{11} = 100 \times 120 - 100 \times 100 = 2\,000$（元）

$C_{41} = 100 \times 120 + (250 - 100) \times 80 - 250 \times 100 = -1\,000$（元）

同理，可建立其他状态下的损益值。具体如表 2-14 所示。

表 2-14　例 2-11 的损益矩阵　　　　（单位：元）

准备的空舱量 ＼ 需求量	A_1 (100)	A_2 (150)	A_3 (200)	A_4 (250)	A_5 (300)
B_1 (100)	2 000	2 000	2 000	2 000	2 000
B_2 (150)	1 000	3 000	3 000	3 000	3 000
B_3 (200)	0	2 000	4 000	4 000	4 000
B_4 (250)	−1 000	1 000	3 000	5 000	5 000
B_5 (300)	−2 000	0	2 000	4 000	6 000

从损益矩阵可以看出：不同方案的盈利结果不同。有盈利多的方案，也有可能出现较大亏损的方案。由于不知道各状态出现的概率，无法直接得出哪一个方案好或差的结论。不同的决策人员有不同的决策结果，因此对非确定型问题决策时，应该首先确定决策准则。不确定型决策准则有：平均准则（Laplace 准则）、悲观准则（max-min 准则）、乐观准则（max-max 准则）、折中准则（Hurwicz 准则）、后悔值准则（Savage 准则）等。

2. 平均准则

（1）决策原则。平均准则决策的出发点是，既然不能肯定哪种状态比另一种状态更高概率地出现，就认为各种状态出现的概率相等。

（2）决策步骤。

1）编制决策损益表（损益矩阵）。

2）按相等概率计算每一个方案的平均收益值。

3）选择平均收益值最大的方案作为最佳方案。

【例2-12】

以例2-11为例，按平均准则计算最佳决策方案。

解： 依决策步骤，计算结果如表2-15所示。

表2-15　平均准则计算表　　　　　　　　　（单位：元）

需求量 准备的空舱量	A_1 (100)	A_2 (150)	A_3 (200)	A_4 (250)	A_5 (300)	平均收益值
B_1 (100)	2 000	2 000	2 000	2 000	2 000	2 000
B_2 (150)	1 000	3 000	3 000	3 000	3 000	2 600
B_3 (200)	0	2 000	4 000	4 000	4 000	2 800
B_4 (250)	−1 000	1 000	3 000	5 000	5 000	2 600
B_5 (300)	−2 000	0	2 000	4 000	6 000	2 000

决策结果：第3种方案为最佳方案。

3. 悲观准则

（1）决策原则。悲观准则决策的思路是，从最不利的结果出发，以在最不利的结果中取得最有利的结果的方案作为最优方案。

（2）决策步骤。

1）编制决策损益表（损益矩阵）。

2）计算找出各个方案的最小收益值。

3）选取最小收益值最大的方案作为最佳方案。

【例2-13】

以例2-11为例，按悲观准则计算最佳决策方案。

解： 依决策步骤，计算结果如表2-16所示。

表2-16　悲观准则计算表　　　　　　　　　（单位：元）

需求量 准备的空舱量	A_1 (100)	A_2 (150)	A_3 (200)	A_4 (250)	A_5 (300)	最小收益值
B_1 (100)	2 000	2 000	2 000	2 000	2 000	2 000
B_2 (150)	1 000	3 000	3 000	3 000	3 000	1 000
B_3 (200)	0	2 000	4 000	4 000	4 000	0
B_4 (250)	−1 000	1 000	3 000	5 000	5 000	−1 000
B_5 (300)	−2 000	0	2 000	4 000	6 000	−2 000

决策结果：第1种方案为最佳方案。

4. 乐观准则

（1）决策原则。乐观准则决策的思路是，从最有利的结果出发，以在最有利的结果中取得最有利的结果的方案作为最优方案。

（2）决策步骤。

1）编制决策损益表（损益矩阵）。

2）计算找出各个方案的最大收益值。

3）选取最大收益值最大的方案作为最佳方案。

【例 2-14】

以例 2-11 为例，按乐观准则计算最佳决策方案。

解： 依决策步骤，计算结果如表 2-17 所示。

表 2-17 乐观准则计算表　　　　　　　（单位：元）

需求量 准备的空舱量	$A_1(100)$	$A_2(150)$	$A_3(200)$	$A_4(250)$	$A_5(300)$	最大收益值
$B_1(100)$	2 000	2 000	2 000	2 000	2 000	2 000
$B_2(150)$	1 000	3 000	3 000	3 000	3 000	3 000
$B_3(200)$	0	2 000	4 000	4 000	4 000	4 000
$B_4(250)$	-1 000	1 000	3 000	5 000	5 000	5 000
$B_5(300)$	-2 000	0	2 000	4 000	6 000	6 000

决策结果：第 5 种方案为最佳方案。

5. 折中准则

（1）决策原则。折中准则决策的思路是，对悲观准则和乐观准则进行折中。决策时，先根据个性、经验选定乐观系数，然后按乐观和悲观两个方面计算折中值。

（2）决策步骤。

1）编制决策损益表（损益矩阵）。

2）计算各个方案的折中收益值。

折中值的计算公式为

$$折中收益值 = \alpha \times 最大收益值 + (1 - \alpha) \times 最小收益值$$

α 的取值在 $0 \sim 1$，α 越大，最大收益值对结果的影响越大。

当 $\alpha = 0$ 时，即为悲观准则法；当 $\alpha = 1$ 时，即为乐观准则法。

（3）选择有最大折中收益值的方案作为最佳方案。

【例 2-15】

以例 2-11 为例，按折中准则计算最佳决策方案。

解： 如取 $\alpha = 0.3$，计算结果如表 2-18 所示。

表 2-18　折中准则计算表　　　　（单位：元）

准备的空舱量 ＼ 需求量	A_1(100)	A_2(150)	A_3(200)	A_4(250)	A_5(300)	折中收益值
B_1(100)	2 000	2 000	2 000	2 000	2 000	2 000
B_2(150)	1 000	3 000	3 000	3 000	3 000	1 600
B_3(200)	0	2 000	4 000	4 000	4 000	1 200
B_4(250)	−1 000	1 000	3 000	5 000	5 000	800
B_5(300)	−2 000	0	2 000	4 000	6 000	400

决策结果：第 1 种方案为最佳方案。

6. 后悔值准则

（1）决策原则。后悔值准则决策的思路是，希望找到一个方案，当此方案执行后，无论自然状态如何变化，决策者产生的后悔感觉程度最低。后悔感觉的大小用后悔值表示。在每个自然状态下，每个方案的收益值与该状态的最大收益值之差，叫作后悔值。

（2）决策步骤。

1）找出各个自然状态下的最大收益值，定其为该状态下的理想目标。

2）将该状态下的其他收益值与理想目标之差，作为该方案的后悔值，将它们排列成一个矩阵，称为后悔矩阵。

3）找出每个方案的最大后悔值。

4）选取最大后悔值最小的方案作为最佳方案。

【例 2- 16】

以例 2-11 为例，按后悔值准则计算最佳决策方案。

解：计算结果如表 2-19 和表 2-20 所示。

表 2-19　各个自然状态下的最大收益值表　　　　（单位：元）

准备的空舱量 ＼ 需求量	A_1(100)	A_2(150)	A_3(200)	A_4(250)	A_5(300)
B_1(100)	2 000	2 000	2 000	2 000	2 000
B_2(150)	1 000	3 000	3 000	3 000	3 000
B_3(200)	0	2 000	4 000	4 000	4 000
B_4(250)	−1 000	1 000	3 000	5 000	5 000
B_5(300)	−2 000	0	2 000	4 000	6 000
各状态理想值	2 000	3 000	4 000	5 000	6 000

表 2-20　　后悔值准则计算表　　　　（单位：元）

准备的空舱量 ＼ 需求量	A_1(100)	A_2(150)	A_3(200)	A_4(250)	A_5(300)	最大后悔值
B_1(100)	0	1 000	2 000	3 000	4 000	4 000
B_2(150)	1 000	0	1 000	2 000	3 000	3 000

（续）

需求量 准备的空舱量	A_1（100）	A_2（150）	A_3（200）	A_4（250）	A_5（300）	最大后悔值
B_3（200）	2 000	1 000	0	1 000	2 000	2 000
B_4（250）	3 000	2 000	1 000	0	1 000	3 000
B_5（300）	4 000	3 000	2 000	1 000	0	4 000

决策结果：第 3 种方案为最优方案。

|阅读材料|

风险决策下的个人公平观影响利益分配

亚历山大·卡佩勒（Alexander Cappelen）等人于 2013 年 6 月发表在《美国经济评论》（*American Economic Review*）上的文章，第一次利用实验经济学方法对风险决策下的公平观做了研究。实验由两个阶段组成，先是风险决策阶段，然后是分配阶段。在风险决策阶段中，被试者需要在一系列确定的收益（有几种不同数值的确定的收益）和有风险的收益中进行选择。具体来讲，有风险的收益是被试者有一半的可能得到 800 挪威克朗（货币单位），有一半的可能得到 0 挪威克朗，而 4 种不同数值的确定收益分别是 400、300、200 或 25 挪威克朗。利益相关者在做出风险决策之前，会被告知第二阶段将对风险决策阶段的收益进行重新分配，但不会被透露分配阶段具体的规则和细节。在分配阶段中，每名被试者都与之前面对同样风险决策选择集的另一名被试者匿名匹配成一对，两名被试者在风险决策阶段获得的收益会被加总起来，作为这一对被试者在分配阶段的共同初始禀赋。之后，分配阶段的分配者会被告知两名被试者在风险决策阶段的选择，以及风险决策的收益结果，并对两名被试者的共同初始禀赋进行分配。由此可见，在分配阶段中的每一对被试者都有平等的事前风险决策选择机会，且存在可能的不平等的事后个人收益。

资料来源：罗俊. 风险决策下的个人公平观影响利益分配［N］. 中国社会科学报，2014-03-13.

◆ 本章小结

在投资决策的长期实践中，形成了很多专门分析和评价备选方案的方法，按照是否考虑资金的时间价值大体可以分为两类：折现的现金流量法与非折现的现金流量法。折现的现金流量法是把现金流出量、现金流入量和时间这 3 个基本因素相互联系起来进行分析评价，结合资金的时间价值，把不同时点上的现金流量折算成同一时点的现金流量，然后进行比较，是比较科学的。此类方法中最常用的有净现值法、现值指数法和内部收益率法 3 种。非折现的现金流量法决定方案的取舍不考虑资金的时间价值，又称静态评价方法。这类方法对投资方案进行分析评价时，主要有回收期法等。

与投资决策不同，经营决策一般只涉及 1 年以内的专门业务，不改变企业现有的生产能力，也不增加固定资产的投资。因此，在进行决策分析时，无须考虑资金的时间价值和投资的风险价值，而是把方案选择的重点放在能使企业经济效益和社会效益达到最大化的目标上。差量分析法、贡献毛益分析法和本量利分析法是 3 种经营决策的基本方法。

风险是指可测量的不确定性，是可以对未来可能出现的各种情况进行概率分析的。不确定性是指无法确定未来可能出现的各种情况的概率，甚至也无法估计在各种特定情况下的肯定结果。变异系数法、决策树法、不确定型决策分析方法是 3 种物流风险决策分析的基本方法。

复习思考题

一、名词解释

净现值　现值指数　内部收益率　决策树法

二、单选题

1. 非折现的现金流量法决定方案的取舍不考虑资金的时间价值，又称（　）。
   - A. 静态评价方法
   - B. 动态评价方法
   - C. 回收期法
   - D. 内部收益率法化

2. 对投资方案进行分析评价时，非折现的现金流量方法有（　）。
   - A. 净现值法
   - B. 现值指数法
   - C. 回收期法
   - D. 内部收益率法

3. 与投资决策不同，经营决策一般只涉及（　）年以内的专门业务。
   - A. 1
   - B. 2
   - C. 3
   - D. 3 年以上

4. 变异系数法是样本标准差与（　）的比值。
   - A. 样本方差
   - B. 样本期望值
   - C. 样本最小值
   - D. 样本最大值

5. 以下不属于不确定型决策分析方法的有（　）。
   - A. 变异系数
   - B. max-min 准则
   - C. 乐观准则
   - D. 折中准则

三、多选题

1. 根据决策影响的时间长短对决策进行分类，可以分为（　）。
   - A. 长期决策
   - B. 短期决策
   - C. 中期决策
   - D. 风险决策

2. 按照投资决策是否考虑资金的时间价值，决策方法大体可以分为（　）。
   - A. 内部收益率法
   - B. 差量分析法
   - C. 折现的现金流量法
   - D. 非折现的现金流量法

3. 物流经营决策的方法有（　）。
   - A. 差量分析法
   - B. 变异系数法
   - C. 本量利分析法
   - D. 贡献毛益分析法

4. 物流风险决策的方法有（　）。
   - A. 变异系数法
   - B. 决策树法
   - C. 不确定型决策分析方法
   - D. 贡献毛益分析法

5. 以下属于不确定型决策分析方法的有（　）。
   - A. Laplace 准则
   - B. max-min 准则
   - C. 乐观准则
   - D. 折中准则

四、判断题

1. 非折现的现金流量法决定方案的取舍不考虑资金的时间价值。（　）

2. 净现值越大，说明项目的经济效益越好。（　）

3. 在进行物流经营决策分析时，无须考虑资金的时间价值和投资的风险价值，而是把方案选择的重点放在能使企业经济效益和社会效益达到最大化的目标上。（　）

4. 在风险决策分析方法中，变异系数法是最优的。（　　）

五、简答题

1. 折现的现金流量法与非折现的现金流量法的区别是什么？
2. 按照可靠程度划分，决策可以分为哪几种类型？
3. 不确定型决策有哪些准则？
4. 阐述决策树的求解步骤。
5. 风险与不确定性的区别有哪些？

六、论述题

1. 试阐述投资决策中的净现值法的计算步骤。
2. 试阐述投资决策中的内部收益率的计算步骤。
3. 试阐述不确定型决策分析方法中各种决策准则的决策思路与实施步骤。

七、计算题

1. 某物流企业计划对某仓储设备进行投资，有甲、乙两个方案。相关资料如下。

   甲方案：购置设备投入 200 万元，该设备的使用寿命为 5 年，期末无残值，采用直线法计提折旧；5 年中每年的营业收入为 180 万元，付现成本为 70 万元。

   乙方案：总共投资 300 万元（其中 280 万元用于购入设备，20 万元为垫支的流动资金），设备使用寿命为 5 年，采用直线法计提折旧，5 年后设备残值为 10 万元；设备投产后每年的营业收入为 130 万元，付现成本第 1 年为 40 万元，以后逐年增加维修费 5 万元。该企业所得税

税率为 40%。甲、乙两个方案的现金流量表如表 2-21 所示。

表 2-21　现金流量表

（单位：万元）

时间	0	1	2	3	4	5
甲方案	-200	82	82	82	82	82
乙方案	-300	75.6	72.6	69.2	66.6	93.6

若预定的行业基准投资回收期为 3 年，根据表 2-21，分别计算甲、乙两个投资方案的投资回收期。

2. 某物流公司拟引进投资项目，有关资料如下。

（1）如果引进该项目，需要于 2019 年 1 月 1 日进行市场调查，投入资金 2 000 万元。调查后面临两种选择。

A 方案：2020 年 1 月 1 日投入 5 000 万元引进生产节能型产品的生产线，2021 年 1 月 1 日投入生产，该生产线有 0.3 的可能性在此后 4 年内每年为公司带来 15 000 万元的现金流入，有 0.3 的可能性在此后 4 年内每年为公司带来 10 000 万元的现金流入，有 0.4 的可能性在此后 4 年内每年导致公司产生 5 000 万元的现金流出。

B 方案：2020 年 1 月 1 日投入 5 000 万元引进生产普通产品的生产线，该生产线可在此后 4 年内每年为公司带来 5 000 万元的固定收益。

（2）若不引进该项目，公司的现金流量为零。

（3）行业基准折现率为 12%。

要求按决策树法进行风险投资决策，应选择哪种方案？

📘 案例分析

K 公司仓库使用方案的选择

K 公司正在对一座早已购置、目前正在出租的仓库的使用方案进行重新评价，当时

该仓库的购置价格为 225 万元。公司可继续向现有的租赁用户出租，获得每年 12 万元

的租金。而且，现有租赁用户也表达了愿意租赁该仓库至少15年。此外，如果不采用该出租方案，公司可对现有仓库结构进行改造以满足自身经营的需要。K公司仓储部经理认为，仓库改造有A、B两种方案，分别适合储存两类物资。与这两种方案相关的仓库改造投资、设备初始投资、成本和收益数据如表2-22所示。

表2-22 方案A和B的成本与收益

（单位：万元）

	方案A	方案B
仓库改造投资	36	54
设备初始投资	144	162
年税前现金收入（期限为15年）	104	127.5
年税前现金支出（期限为15年）	60	75

该仓库对A、B方案的使用期限仅为15年。因为15年后，仓库规模大小将不再适合。到时，K公司准备再将仓库出租给类似于目前的租赁用户。为了便于再次出租，K公司需要在第15年年末对仓库进行再装修。估计如果采用方案A，仓库的再装修投资为3.75万元。估计如果采用方案B，仓库的再装修投资将高达28.125万元。这些付现投资支出将作为该年支出抵扣所得税。

无论采用何种方案，K公司都将把该仓库的购置价格225万元在30年内全部计提折旧，期末残值为零。储存期为15年，采用直线折旧法。该公司所得税税率为34%，对投资所要求的收益率为12%。

出于简化，假设所有现金流量均发生在年末。储存设备购置的初始投资均发生在第0年年末，再装修成本发生在第15年年末。同样，假设K公司经营总体上都是盈利的。

讨论题

作为财务经理，你将会向公司管理层提出何种建议？

物流时间效益分析

§ **学习目的与要求**

- 了解时间效益的概念，理解资金的时间效益
- 理解时机效益和时间协调效益的功能
- 掌握仓储系统与物流时间效益之间的关系

§ **引例**

苏宁物流"准时达"再升级，打响物流时效争夺战

为了备战"双 11"，2018 年 10 月 16 日，苏宁物流宣布全面升级精准配送产品"准时达"，升级内容包括扩大服务范围、打造服务标杆、升级服务速度、拓展服务品类四大方面。升级后的"准时达"将覆盖全国 100 座城市、打造 28 个标杆城市并下沉至区县，"大件准时达"和"准时取"也将服务全国更多的消费者。

此次升级将进一步向三四线城市延伸，银川、盘锦、包头、平顶山、连云港等城市目前都已经开通"准时达"服务。在进一步扩大"准时达"城市规模的同时，苏宁物流还宣布将在全国打造出 28 个"准时达"标杆城市。早在 2017 年 8 月，苏宁物流就率先在北京、上海、广州、南京等八大城市推出"准时达"服务。2018 年"6·18"期间，"准时达"已扩大至全国 64 个城市。"双 11"即将来临，苏宁物流将"准时达"的服务范围扩大至全国 100 个城市，用户可享受全天 6 个时间段，任选一周内 2 小时时间段收货。到 2019 年 6 月，北京、上海、广州、沈阳、成都、武汉、西安、杭州、深圳、重庆、郑州、济南等 28 个城市全区域用户都将享受到"准时达"服务。

众所周知，"当日达"已是当今电商物流的标配。2018 年 1 月 15 日，京东物流就宣布，继送达精确至 1 小时、30 分钟后，企业继续加码"京准达"业务，推出"不准就赔"服务。4 月，该公司又推出"闪电送"服务，承诺可在消费者下单后的几分钟内将商品送达，提升部分商品配送的时效性。此外，天猫与菜鸟也曾联合宣布，联合点我达和商家推出基于门店发货的"定时达"服务，最快可以实现 2 小时送达，还允许预约特定时段送货。截至目前，菜鸟已经联合百世汇通、申通、天天、韵达、圆通、中通六大快递推出了"承（橙）诺达"服务。顺丰则是最早提出准时达类产品的企业，2015 年 7 月，就针对电商商家推出顺丰当日达、一日达产品；2018 年，则又推出了全场景同城物流配送产品同城急送。

目前，全国 60 座城市的用户可以享受苏宁上午买、下午到的"当日达"服务。此轮升级，苏宁物流上线"当日准时达"，覆盖全国 60 个城市，上午 11 点前下单，可以选择下午收货时间段，晚上 11 点前下单，可以选择第二天上午收货时间段。除了升级服务范围和服务速度，苏宁物流此次升级"准时达"还将继续拓展大件和退换货两大服务品类。依靠苏宁遍布全国的 8 000 家智慧门店，苏宁物流"大件准时达"服务已覆盖全国 173 个城市。此外，针对用户退换货，苏宁物流 2018 年 9 月上线了新服务"准时取"，服务范围与"准时达"同步。随着"准时达"的全面升级，"准时取"也正在同步实现百城服务覆盖。

资料来源：经多方资料整理而成。

请思考

1. 如何理解苏宁物流"准时达"再升级就是打响了物流时效争夺战？
2. 如何认识"当日达"已是当今电商物流的标配？

3.1　时间效益概述

随着经济的发展、科技的进步，人们的时间观念越来越强，生活节奏越来越快。现代物流强调的是 5R，即 right time（适时）、right place（适地）、right quality（适质）、right quantity（适量）、right price（适价）。其中第一强调的就是适时。时间在物流活动各个环节中是一个极其关键的控制因素，直接影响到整个价值创造系统运行的效率。本章对时间效益进行简要介绍，使读者对时间效益有个概括性的了解。

3.1.1　物流时间效益的内涵

从广义的角度来看，物流经济学可以把物流的所有投入（人力、物力、财力）都看作时间投资。因为人力是活劳动，物力是物化劳动，即过去的活劳动，而财力是活劳动和物化劳动的货币表现；由于劳动消耗的多少最终要以劳动时间来衡量，因此物流活动消耗的各种资源都可以归结为时间资源，各种资源的节省都可以归结为时间的节省，各种资源的效益都可以归结为时间的效益。而狭义的物流经济学研究的物流时间效益，只包括物流活动中所耗费的时间（物品静止和运动中所花费的时间），即物流时间，不包括物流活动所耗费的物力、财力中凝聚着的劳动时间。

1. 物流时间

物流时间，是指物品从生产出来开始，到抵达消费环节为止的时间。一般而言，物流时间由以下各时间段组成：从工厂到产地批发站的运输时间、产地批发站仓库的储存时间、产地到销地的运输时间、销地仓库的储存时间、销地到零售企业的运输时间、零售企业仓库的储存时间、零售企业仓库到消费领域内的运输时间等。每一段的时间里一般都包括待运、装货、卸货、整理、检验、堆码等作业时间。深入研究物流时间各个组成部分之间的关系，对于压缩物流时间、降低物流费用、优化物流方案、提高物流效益具有重要意义。

在一个物流活动中，各段物流时间之间具有以下特征。

- 衔接性。同一条线路上的物流时间连接起来，共同完成商品的实体运动。只有上一段作业完成了，下一段作业才能开始。
- 互相制约。如果物流总时间已经确定，那么同一条线路上各段物流时间之间会存在此消彼长的关系，延长某一段物流时间，另一段物流时间必须相应缩短，各段物流时间存在互相制约、互相影响的关系。
- 弹性。由于运输方式、储存方式、装卸方式等都存在着随机选择的可能性，因而各段物流时间一般都有一定弹性。通过一定方式的物流管理，既可以适当延长某一段物流时间，也可以适当压缩某一段物流时间。
- 系统性。在一个物流系统中，整体目的是按照商流目标多、快、好、省地完成物流任务。整体目的的唯一性要求整个物流活动讲究系统效益，系统时间服从系统效益，各段物流时间服从整体时间，才能实现系统功能。
- 与物流成本的紧密相关性。一般来讲，各段物流时间的长短都与物流成本的大小有紧密关联。延长某一段物流时间，可以降低该段物流费用；缩短某一段物流时间，必须相应增加该段物流费用。因此，按照商流要求或在商流许可的范围内选择一个物流时间短、费用省的方案，正是决策者的目的所在。

2. 物流时间效益

物流效益是由物流活动引起的效用增加值与物流成本之间的差额。"物"从供给者到需求者之间存在时间差，由改变这一时间差所创造的价值，称为"时间效益"。时间效益，从形式上看，是把握"物"的流动时机，从而形成的效益；从构成实质上看，包括提高资金使用效率和把握商机形成增量效益。时间效益不是单独追求物流过程中某一个单独的变量的变化，如仅仅收入增加或资源消耗的减少等，而是把握相关收入的增加、资源占用与资源消耗（包括各种不同性质资源的消耗，如人力资源消耗、原材料消耗、固定资产消耗等）以及成本的减少。

时间效益形成的最基本特征是通过把握最佳的物流时机实现最佳的整体效益。在自动化、智能化、网络化、专业化、系统化、柔性化、标准化、信息化、社会化以及正确的服务理念的支撑下，物流企业比其他企业在把握物流时机方面具有明显的优势。这也是物流企业挖掘时间效益的前提条件。在实践中，许多物流服务，如物流作业一体化、物流系统规划、运输管理优化、配送管理、物流信息系统乃至服务化物流等，都是以缩短物流时间、提高物流的整体效率、给客户带来更高的价值为基本目标的。

3.1.2　物流时间效益的类型

物流时间效益的获取有以下几种类型。

1. 缩短时间创造的效益

在物流作业中，缩短物流时间可以获得多方面的优势，如减少物流损失、降低物流消耗、增加物资的周转、节约资金等。

在现代生产条件下，市场竞争日趋激烈，各个生产厂商面临着众多竞争对手，各企业技术水平、组织水平在一定时间内大致在同一水平上，因此，要提高资金利润率对企业来说绝非易事。但是，提高资本周转率可以通过缩短物流时间来获得。

英国的一项研究表明，在制造领域中，物流时间几乎占到整个产品从生产到消费总时间的95%。这一方面说明了在制造领域中物流时间的重要性；另一方面也说明了物流具有巨大的优化空间。通过优化物流时间，可能会给企业带来巨大的利益，从而确立竞争优势。

在市场发展日趋完善、竞争日趋激烈的环境下，时间的尽量压缩、周转的尽量加快变得越来越重要。尤其是随着20世纪五六十年代兴起的JIT采购、JIT生产、JIT配送、MRP、MRP II 生产组织技术和生产管理理念发展以来，企业大幅度压缩物流时间成为可能。企业通过引进上述生产组织技术、管理理念，大幅度压缩物流时间甚至实现无滞留时间，减少库存，实现无产成品积压，提高操作人员的积极性，对企业流程从采购、生产到销售、配送全程实行优化，提高企业整体效益。这就是缩短时间创造的效益。

2. 延长时间差创造的效益

在经济一体化和强调速度、效率的经济社会中，物流遵循"加快物流速度，缩短物流时间"这一规律，以尽量缩小时间间隔来创造效益，尤其是针对物流的总体而言。但在某些具体的物流活动中也存在着人为地、能动地延长物流时间来创造效益的情况，这是因为通过延长物流时间使得商品能在更好的时点上获得更高的实现价值。这种物流的实现价值可能相差巨大。因此，这种利用时间差来创造时间效益的方法成为物流服务的又一效益创造手段。

通过延长时间差来创造时间效益现象的存在是由于产品生产的特征和自然条件、生产方式等的限制，造成生产与消费之间存在时间差。这种现象在农产品中最为典型。例如，粮食只能集中一两个月产出，而粮食的消费是全年的每一天都有需求，因此需求与供给之间不可避免地存在时间差。这种时间差由产品生产的技术经济特征决定，在现有科学技术条件下不可能通过即时生产、配送来消除，或者即使能通过科学技术的发展实现即时生产、配送，但是不经济。

因此，只能通过延长时间差来实现产品的效益，即通过物资的储备有意识地延长物流时间以均衡人们的需求。随着科学技术的发展，目前在解决生产与消费时间差异方面已取得许多突破性进展，如通过种植技术和种植条件的改良，许多原来的季节性蔬菜、水果已可以实现全年种植，但通过延长时间差来创造效益的情形仍然大量存在，而且成为物流企业创造效益的一种重要的途径。

3. 错位时间效益

在现代生产中，物流创造时间效益既可以通过延长或缩短物流时间来实现，也可以利用改变时间差来创造价值，即错位时间效益。

错位时间效益的创造是建立在市场调节的基础之上，遵循市场"无形的手"的调节规律，利用供需之间的不平衡时机，通过相应的物流活动创造时间效益。其基本思路就是在市场竞争中采取"人无我有，人有我优"的竞争策略，使得自己的产品在市场上总是处于供不应求的状态，以求得较好的经济效益。这种思想在一些季节性的农产品中应用得尤为广泛，如蔬菜的"抢早市"。

一般来讲，早上市的蔬菜就比晚上市的蔬菜实现的效益高。按照马克思的劳动价值论，价值是凝结在产品中的无差别的人力劳动，早上市的蔬菜与晚上市的蔬菜价值应该一样，但是获得的实现价值，即生产者取得的经济效益，显然有很大的差别。但微观经济组织关注的就是这种能够流入经济组织内的经济效益。这点对于企业来说尤为重要。通过物流活动，人为地争取物流时间差，可以创造这种错位时间效益。这种经济效益仅仅通过相关的物流活动就可以获得较高的效益，是值得探讨的一种时间效益。

错位时间效益创造的另一个例子是配合待机销售的囤积性营销活动的物流活动。其本质也是一种有意识地创造错位时间差、寻找供需不平衡的时机来创造时间效益。比如一些季节性产品在需求旺季时，产品的供给量大大增加而需求是相对固定的，往往使得在生产旺季时，产品的供给大大超过了产品的需求，在市场规律"无形的手"的调节下，势必引起价格的下降，使得同样的产品收益大大减少。假如通过仓储等物流活动进行有针对性的存储，在生产旺季时购进产品，而在市场供给大大减少时售出，则可以给企业带来更大的效益。

4. JIT 效益

随着科学技术的进步，一些先进的生产技术、管理理念被引入生产领域，进而影响到物流领域。在 20 世纪 60 年代出现 JIT 生产的技术理念后，与之相对应地在物流领域也出现了 JIT 运输、JIT 配送等运作方式，从而在时间效益的创造上又有了新的突破，形成一种新的时间效益——准时生产制效益（just in time，JIT），也就是准时或适时制效益。它是指以物流的准时或适时为准则所创造的效益。其运作特征是"为生产数量和质量都适当的产品，在适当的时间，将适当种类和数量的原材料送达适当的生产地点"。其中"适当"的标准是获得更好的效益。

在经济领域中，"物"的流动过程实质上是价值创造过程和价值实现过程的有机结合。生产企业、流通企业、物流企业、消费者都是这一价值运动链上的利益主体，他们共同构成一个完整的以物的流动为外在表现形式的价值运作系统。在这一系统中，往往有诸多的作业环节和若干相对独立的利益主体。

JIT 效益就是源于系统整合形成的适当方案的实施，是系统优化的结果。它是对传统经济理念中主要强调独立利益、自身利益方案的一种改进，强调的是整个系统的共同利益。

假如只考虑系统中的局部环节或某一子系统，比如运输环节，为了使在一定的服务水平下的运输总成本最低，也许考虑的就是怎样进行零担整运、拼箱装运等，但是很可能出现运输成本降低后，仓储维持等费用大幅上升，使得整个总体费用反而高于进行优化前的系统总费用；再比如，通常在制造工业中，为了获得某种"经济批量"效益而实行大量生产的方式，但大批量生产也有可能带来产品积压、仓储空间增加、存货成本居高不下、品种结构过于单一和调整困难、信息反馈过于迟缓等问题。所以在实践中，应以系统的观念来审视各项活动环节的合理性和优化空间，使物流环节之间、各子系统之间能取得一个较好的平衡，整个物流系统的整体效益最优。

JIT 理念就是在整个物流系统活动之间寻求一个有效的平衡。这种理念强调的是无缝连接，其原则是并不严格要求供应原材料时间最短或者运输费用最少，只是强调整个系统的平衡、无缝连接，整个系统最优化。在此理念的指导下，仓储系统不追求完全的零缺货成本或完全的零库存成本，放下这种负担后，可以大幅度降低仓储水平；运输系统也不要求片面地追求满载运输、回程实载等，在特定的条件下，适当地进行迂回运输、重复运输显得必要和经济，这种经济带来的就是总体效益的最优化结果。

　　JIT 生产的基本原则是在正确的时间，生产所需要的正确数量的零件和产品。JIT 生产管理理念最早由丰田公司率先推出并应用于生产实践当中，认为生产工艺的改进对于降低成本固然重要，但当各企业在生产工艺不存在很大差异时，只有通过合理配置使用设备、人员和原材料等资源才能大幅度地降低成本。通过 JIT 制造，首先降低的是大量的库存，节约了大量的流动资金；其次大大提高了生产效率，使得生产过程变得紧凑、流畅，提高了生产效益。

　　JIT 生产组织管理技术的实行能大幅度地减少甚至消灭商品流通过程中的滞留时间，在保证服务水平的前提下降低企业的库存水平，实现工艺流程优化，减少企业占用资金，提高企业运营的整体效益，因而在现代生产管理各个领域中越来越受到重视，被越来越多的企业所实践。

| 阅读材料 |

120 个人只送一块蛋糕

　　送蛋糕这个生意看着小，赚得不少。仟吉物流在武汉、郑州、长沙、合肥，每年的销售额达 7 000 多万元。仟吉物流在武汉市建立了 120 人的配送队伍，12 个工作站点，他们只干一件事，那就是送蛋糕。

　　有人说，你这 12 个站点 120 个人，实际上可以送很多东西啊。在每个社区里，需要配送的商品很多。但是，仟吉物流并没有什么都接受，只专心做配送蛋糕这个生意。配送蛋糕的时效是中午 12 点以前和下午 4 点以前。仟吉物流力争给顾客最好的体验感。"仟吉物流的配送员穿着西装，每天都要洗澡，保温箱都是将近 2 000 元一个专门定制的。箱子里放干冰，温度绝对保持在零下 18 度。"

　　为什么不送别的，仟吉物流一开始也送过，后来发现送不过来，能干好一件事就不错了。而且，利润不低啊。

　　问题：仟吉物流的经验说明了什么？

　　资料来源：经多方资料整理而成。

5. 利用物流时间生产创造的时间效益

　　物流系统作为一个经济子系统，其作业环节繁多、操作技术复杂。众多的物流环节要求在统一的目标指导下连续、流畅、有序地进行。在"时间就是效益"成为普遍共识的今天，物流系统客观要求充分利用每一段时间。物流各作业环节必须消耗时间，这些消耗的时间通常是作为成本因素来考虑的，但是随着科学技术的发展，这段时间也被纳入物流优化对象，从而为物流优化、创造时间效益留有一定的空间。

在物流优化的过程中，一个趋势是将生产过程的作业向物流领域转移，在进行物流作业的同时完成相关的生产作业，逐渐将物流过程与生产过程合二为一（也称之为"物流转移"）。将物流过程与生产过程结合统一起来，企业可以获得明显的速度优势、成本优势、效率优势等，这一趋势已经引起了经营管理者们的关注。

关于这种效益，有的学者认为它是物流整合而成的效益，因为这种效益来源于整合物流环节而获得的额外效益。但是我们认为，其利润来源包括降低了相应的设备购置成本、操作人员费用，更为重要的是缩短了作业时间，在进行物流活动的同时进行生产作业，因此，将其归为时间效益更为妥当。

3.1.3　需求层次与时间效益

现代经济学在分析消费者行为时认为，消费需求是有层次的，即不同消费阶层对服务要求是不一致的。不同的消费阶层需要的服务层次不同，这是因为市场中消费者的支付能力是不同的，而具有不同支付能力的消费者对于服务的要求层次也各有差异。

对具有不同支付能力的消费阶层来说，需要有与其支付能力相对应的服务层次，由此产生了消费者需求的层次差异，而消费者只愿意为自己需要的那部分服务付费。一项交易的达成取决于交易双方的需求与供给能否完美地衔接。这就要求服务提供者在提供服务的过程中，应进行准确的市场定位，充分考虑消费者的消费层次，瞄准目标市场，提供适合需求层次的服务。尤其是在市场竞争中，分析客户需求的多层次性是每个产品或服务提供商所必须面对的问题。

在物流活动的时间效益创造中，由于时间效益的创造具有不同的类型，而不同的类型分别属于不同的服务层次，进而决定了不同的目标客户。因此，物流服务提供者应充分考虑消费者的需求层次，提供最适合的物流服务，创造最大的物流时间效益，这完全符合物流服务营销理念中按需量身定制物流服务的原则。比如对附加值高、实效性较强的商品，选择 JIT 服务能够最大限度地缩短时间，这对创造时间效益来说是一个正确的选择，而对大宗低附加值、时效性不强的货物，选择 JIT 或者选择快速运输则会影响其经济性，反而会降低其时间效益。

确定需求者的需求层次、选择目标客户，是物流服务提供者首先关注和需要谨慎决定的大问题。因为其涉及物流服务提供商的市场定位、目标市场的选定等关系企业长远发展的战略层次的问题。其处理得好坏将直接影响到企业未来的发展。同时，物流需求层次的确定也是时间效益优化探寻中的一个基本出发点，只有把握此前提，企业物流时间效益的优化探寻才会显得现实和可行。

3.1.4　客户营销理论与时间效益

随着市场竞争日趋激烈，客户需求日益个性化，如何赢得更多的客户并保持长久的合作关系已是市场营销中一个突出的问题。客户营销理论认为，在现代化的生产条件下，竞争日趋激烈，竞争观念也应随之变化，企业和客户之间的关系应该从以前的竞争关系转变到竞合关系上来。竞争只是一方面，企业与客户还存在共同的利益，因此可以进行广泛的合作。基于这样的出发点，企业应该对客户的利益给予充分的关注，与客户共同分享服务所带来的好处，以共赢为目标。只有在这样的指导思想下，企业才能赢得更多的客户，并与客户保持长久的合作关系。

在追求物流时间效益的过程中，物流企业应摒弃与客户争利润的思想，以共赢为基础，充分考虑客户的利益，针对客户的特殊性提供有特色的物流服务、开发增值物流服务，以此来获得良好的时间效益，巩固合作关系，赢得更多的客户。

总之，要挖掘时间效益，首先就要使得这种价值载体能够顺利地在价值主体之间实现传递，这就需要解决市场双方的层次对应问题，即不同层次的供应方对应不同层次的需求方。其次，要使得价值载体能够顺利流动，应依据流动的内在动力解决其内在经济问题、物流活动恰当时机的把握问题以及要素的均衡投入问题，建立良好的利益分配机制，让客户来共享合作所带来的利益。

3.1.5　挖掘时间效益的一般原则

物流企业是通过向客户提供物流服务实现发展的，只有将自身的利益建立在客户的获得利益基础之上才有可能与客户建立持久、稳定的合作关系。因此，在挖掘时间效益上，企业应把握好以下几个方面的原则。

1. 注重需求的多层次性

在物流服务市场中，各种物流技术、管理理念的发展日新月异，而传统的物流技术与管理理念与之并存，它们有着各自的目标客户。物流企业在确定好自己的目标市场、寻找到自己的定位后，决定提供什么样的物流服务，是赢得客户的关键所在。并不是最好的、最新的物流技术对于客户就是最好的。

最高水准的物流服务往往意味着高昂的费用，而由于需求的层次性，物流服务是无法向所有的客户提供的。例如，JIT 采购、JIT 生产、JIT 配送被认为是 20 世纪中期生产、销售领域的一次革命，它能够较好地协调采购、生产、销售时间上的连续，实现无缝连接，大大缩短原材料、半成品、产成品的等待时间，减少库存，加速资金的流转，大大提高生产效率。但这种广为应用的技术并不是对于每种企业都适用，不同企业有着不同的服务层次需求。

2. 具体的客户具体对待，努力提供增值服务

由于物流时间效益具有多种类型，针对不同的客户，其时间效益的挖掘途径不一样。因此，物流企业挖掘时间效益的途径应该立足于：具体的客户具体对待。

具体的客户具体对待，其内涵较为广泛。虽然几乎所有的企业都会把它写在企业发展的宗旨中，但如何落到实处不是一件容易的事情。为客户提供增值服务是一个最基本的要求。

所谓增值服务，是指通过物流服务使交易的商品产生增值。对于不同的商品，可能实现的增值服务的内容和方式往往有所不同。只有通过深入的分析、根据商品的具体特点，才有可能寻求到实施增值服务的空间。增值服务通常与客户的生产流程紧密地结合在一起，因此能够巩固与客户的合作关系，并最终形成对物流服务的依赖。

由于针对性特别强，增值服务作业几乎是不可竞争的。物流企业开发的具体的服务项目

都是针对特定客户专门设计的，通常还有专门的人员、专用的设施按照专门的程序来完成，竞争对手无法像在其他竞争领域一样参与竞争。这样，物流企业实际上与客户在战略合作关系上实现了相互锁定，竞争对手无法模仿。基于这样的特征，许多物流企业面向重要客户起初是免费提供增值服务的，将由此导致的收益减少及费用增加视为战略投资，着眼于未来的长远利益，谋求与重要客户建立持久、稳定的合作关系。

3. 寻求共赢

寻求共赢是物流企业发展中应有的基本理念，关键是要将这一基本理念落实到具体的实施方案上。共赢从维度上可分为纵向共赢和横向共赢，并以此来挖掘物流时间效益。针对纵向共赢，首先要全面、系统、准确地了解客户物流与实效相关的信息，再结合物流企业自身的服务能力（包括现有的服务能力及可能形成的服务能力），通过与客户的反复沟通，在获得客户支持或至少得到客户认可的情况下拟订可能双赢的服务方案。

物流企业除了要注重纵向共赢，还要开展横向合作。国际上一批具备规模和品牌实力的领先物流企业进入中国市场的经验值得借鉴。大多数进入中国的国际物流供应商都通过在中国寻找合作伙伴的方式，获得迅速进入市场的机会。最早进入中国的 DHL 与中外运的合作，后来的 FedEx 与大田物流的联合，以及美集物流和联想合作共同拓展 IT 物流，都说明了国际物流巨头借助它们资本和理念上的优势，通过选择优秀的本土合作伙伴加速本土化。

3.2　资金的时间价值

物流产业是以物的流动过程为主线建立起来的服务体系。在市场经济条件下，物的流动过程本质上是相关利益主体为实现价值增值而引发的价值创造及价值实现的过程，概括来讲，就是价值的流动过程，而价值的货币表现即为资金。

现代物流系统运作的主题内容表现为对商流（交易过程）、物流（实物的流动过程）、信息流、资金流（特指资金支付过程与方式）在时空上的优化组合。本节探讨的主题是物流企业从时间优化的角度挖掘实物流动过程可能存在的利益空间，为物流企业拓展业务提供有效的指导。

3.2.1　资金时间价值的内涵

对资金时间价值理论的理解，目前仍存在不同的观点，其中较有代表性的是把资金时间价值的内涵定义为资金的机会成本。资金被某一项经济活动占用后必然放弃其他投资机会的获利可能。这一获利可能就是资金的机会成本，资金被占用的时间越长，则放弃的其他获利机会就越多。

一笔资金用于购买国债或存入银行，可在无任何风险的情况下得到国债或存款的利息收入，若将这笔资金投到产业上，就不得不放弃利息收入。利息收入随着时间的增加而增加，被认为是最低限度的资金价值。

对于资金的时间价值的另一个常规解释是资金周转时效的收益。一笔资金投入某一产业活动后，在其他条件不变的情况下，资金周转速度越快，则获利效果越好。因为任何资金使用者把资金投入生产经营活动中，都会生产新的产品，创造新的价值，带来利润，实现增值。

3.2.2　资金时间价值的决定因素

资金时间价值客观存在于物流活动的各个方面，其数值大小主要取决于以下因素。

1. 资金使用周期

资金使用时间不同，时间价值不同。从资金增值的角度考查，资金的时间价值表现为资金运动过程中在两个时间落差中的价值量差异，即在其他条件一定的情况下，资金使用时间越长，其与生产资料和劳动力结合的时间越长，价值增值越多。从资金成本的角度考查，生产周期、储备周期、回笼周期等越长，其资金占用时间越长，使用成本越高。

2. 资金数量

资金数量不同，时间价值不同。资金的时间价值与投入资金总额成正比例关系。

3. 资金周转速度

资金是一种运动中的价值，它的流动速度与其时间价值有直接联系。周转速度越快，资金的时间价值就越高。

4. 资金投入和回收的时点

为获得较多的时间价值，投入资金的时点越晚越好，回收资金的时点越早越好。这样，企业的投资回收期缩短，重新投资获得盈利的机会增多，企业的资金增值就越多。

5. 价值率

价值率的主要形式包括借款利率、债券利率、存款利率、贴现利率、投资利率等。不同的价值率，在其他条件一定的情况下，资金时间价值不同。

3.2.3　挖掘资金时间价值的途径

物流产业挖掘资金时间价值主要有两个基本途径。

1. 缩短物的流动过程

缩短物的流动过程，即缩短物在采购、运输、加工、库存、销售等过程的占用时间。在这一途径中，企业可以从两个层面上寻求挖掘资金时间价值的机会：一是物的流动过程本身，即从供应链上寻求提高物流实效的机会，运用集成化的物流方式。所谓的集成化物流，是指将物流服务链上的所有节点企业作为一个整体，通过对物流活动进行规划、组织、指挥、协调、监督和控制，使各项物流活动实现最佳的协调与配合，以最低的在库水平和大量的输送最大限度地降低物流成本，同时以及时性的物流配送为顾客创造时间上的效用，提供最大化的让渡价值。二是通过分析生产组织方式、工艺流程，从物的加工环节（工艺环节）寻求机会。这一层面的挖掘往往是现代物流业向纵深发展的重点，如利用"流通加工"来替代某些制造工艺环节，则有可能大大提高加工的进程和效率，从而获得更好的收益。

2. 减少物流过程的资金占用

资金占用是有机会成本的，因此尽可能地减少诸如运输、仓储、结算等环节所占用的资金，是现代物流业发展最为普遍的实现资金时间价值的渠道。在发达物流系统的支撑下，许多制造企业都建立起了及时供货系统、看板生产系统，实现低库存甚至零库存。对物流企业而言，从降低服务对象物流过程的资金占用水平的层面上寻求双赢的空间是谋求企业拓展的重要途径。

| 阅读材料 |

多式联运

由两种及其以上的交通工具相互衔接、转运而共同完成的运输过程统称为复合运输。我国习惯上称之为多式联运（intermodality）。《联合国国际货物多式联运公约》对国际多式联运所下的定义是：按照国际多式联运合同，以至少两种不同的运输方式，由多式联运经营人把货物从一国境内接管地点运至另一国境内指定交付地点的货物运输。而《中华人民共和国海商法》（以下简称《海商法》）对于国内多式联运的规定是，必须有一种方式是海运。

《海商法》所称的多式联运合同，"是指多式联运经营人以两种以上的不同运输方式，其中一种是海上运输方式，负责将货物从接收地运至目的地交付收货人，并收取全程运费的合同"。多式联运是在集装箱运输的基础上发展起来的，这种运输方式并没有新的通道和工具，而是利用现代化的组织手段，将各种单一运输方式有机地结合起来，打破了各个运输区域的界限，是现代管理在运输业中运用的结果。

根据发达国家的数据，多式联运能够有效地提高物流效率，降低成本。相比单一的公路运输，多式联运可以提高运输效率30%左右，减少货损货差10%左右，降低运输成本20%左右，减少高速公路拥堵50%以上，促进节能减排1/3以上。

资料来源：经多方资料整理而成。

3.3 时机效益

3.3.1 时机的内涵

1. 时机的本质和特性

时机可以看成是时间和机会的统一体。时间和机会总是连在一起的，任何机会都是在一定时间里出现的。

时机可以看成是事物发展中具有转折意义的关键时刻。事物在发展过程中呈现出一系列不同的发展阶段，但每个阶段的作用和价值的大小并不相同。有的阶段虽然持续的时间不长，但是能够对事物的发展起到转折性的意义，此时就可以被看成时机。

时机可以被看成多种因素积累的结果，包括季节、气候等自然因素，也包括政治、经济、文化、环境、科学、教育等社会因素。这些因素相互作用，经过一定的量变积累过程，形成了对某一事物或某些事物起着积极影响作用的有利事态和形势，这就是时机。

从经济范畴上说，时机就是商机。在市场经济条件下，如能及时、准确地把握时机对于保证企业的发展是积极有益的，它已成为决定企业经营成败的关键因素。在物流业的发展过程中，抓住时机也就是抓住商机，所以时机效益已成为现代物流企业发展的重要导向。例如宝供物流在建立初期，由于抓住了宝洁公司提供的一个机会，并充分利用了这个时机，铸就了现在的宝供物流。

2. 时机的特性

（1）瞬逝性。这种特性主要表现在时机不仅处在流逝中，无法围拦，不能储存，而且持续的时间很短，甚至稍纵即逝，是一种易失且难得的资源。在物流企业的运行过程中，要及时、谨慎、准确地把握时机，不能让机会随意地溜走。

（2）不复返性。时机只能在一定时间段内出现一次，错过了就没有再出现这类时机的可能。有时虽然在一定时间段里出现了多次时机，但其中最好的时机往往只有一次。错过了，即使还有机可乘，却不得不付出更大的代价。因此，重复出现的时机不是完全雷同的，所以时机实质上是一次性财富。物流企业需要在这一定的时间段内及时、准确地把握住这笔财富。

3.3.2 时机效益的形成机理及其类型

时机效益又称商机效益，是指由于商品交换的时机不同所形成的综合交易效益差异。所谓综合交易效益，是指实现交换过程企业获得的综合效益，包括交换价格、交易成本费用、因交易时机不同所引起的资金时间价值的差异等。在不同的交易时机，商品交易价格和交易成本会有所不同，这时就会形成不同的综合交易效益。在需求量大和需求量小这两种情况下提供相同的产品，交易价格会不一样；储存商品的时间长短会对交易成本产生影响。所以，企业要对交易时机有一个很好的预判。

1. 时机效益的形成机理

时机效益的形成机理，主要有两个方面。

（1）消费行为。不同的消费者具有不同的消费偏好，即消费者受所处环境或自身的特殊爱好而对某些商品或服务具有强烈的需求。物流企业可在商品提供的时间点上采取提前、推迟、准时、错位时间等多种形式来更好地满足消费者求新、求异的心理，进而满足不同消费者的不同偏好，赢得消费者，从而提高市场占有率，取得经济利益。

（2）价值规律。当市场上商品供不应求时，价格会升高，而当供过于求时，价格就会降低。物流企业要充分利用其大范围、灵活、快捷的特点，为相关的工商企业提供捕捉商机的最佳服务，并与之共享商机效益。

2. 时机效益的基本类型

交易时机效益有两个基本类型：单纯的商机因素效益和消费时差效益。

（1）单纯的商机因素效益。它是指物流企业在商业活动中把握最佳交易时间而获得的时间效益。物流企业的服务对象是生产企业和销售企业。生产企业和销售企业在不同的交换时机会产生不同的综合交易效益。最佳的交易时机就是实现综合交易效益最大的时机。要想获得最大综合交易效益，物流企业要及时、准确地获取信息，包括用户信息、商机信息等。

网络化经营的物流企业能够比生产企业和销售企业掌握更多的信息渠道，应充分利用信息分析商机，结合自身的服务能力，为生产企业和销售企业提供更好的物流服务，最终实现时机效益。

（2）消费时差效益。它是指通过物流储运系统，缩短或延长生产与消费的时间差异而获得的时间效益。消费时差效益通常由两部分组成，一为"先机效益"，即以最快的速度将产品推向市场，抢占交易先机所形成的效益。物流企业应快速、及时地将新鲜商品、新产品上市，以实现"先机效益"。二为"延时效益"，即将某些商品置放一段时间后，直到市场时机更好时再上市所形成的效益。对于在产出淡季仍有消费需求的商品，如冬季的水果蔬菜，借助储运服务延长生产与消费上的时间差异，以高价获取更大的经济效益，此时获得的就是"延时效益"。

│阅读材料│

扎根"薯产业"　巧打"时间差"

依安县鑫宇马铃薯购销公司为延长鲜薯上市时间，解决马铃薯储藏难等问题，在当地各级政府的支持下，经过科学考察和多番论证，决定建设一个 4 万吨的钢结构仓储窖。

新仓储窖分 3 期建设，预计 3 年的时间内建成集冷藏、恒温、保鲜、气调为一体的新型仓储窖。该仓储窖的不同之处在于采取逐年销售、逐年续储的方式，一部分仓储薯与农户和外地大型工厂签订单进行集中销售，确保马铃薯价格稳定和企业加工原料供给充足，可带动农民增收千万元。另外，仓储薯采取反季销售，一年可创造效益 400 万元。同时增加油豆角、黏玉米、茄子等蔬菜的保鲜仓储，不断扩大经营规模，打造成集收购、销售、贩运、仓储于一体的马铃薯集散地。

资料来源：根据多方资料整理而成。

3.4　时间协调效益

物流是会产生时间价值和空间价值的经济活动。在企业的生产过程中，"物"从第一道工序向最后一道工序所发生的流动，是为了满足生产的需要，这就产生了物流过程的时间协调问题。

3.4.1　时间协调效益的内涵

时间协调效益是指通过协调相关物的流动时间而获得的效益。从其形成的机理上看，时间协调效益的本质仍是资金时间价值。但从其获得方式上看，时间协调效益并不是缩短物流过程中某个环节的时间占用，而是通过协调相关的若干物品的流动时间缩短产成品的生产周期。

企业在生产过程中会用到数十种、上百种甚至更多的原材料、辅料，协同优化各种原材料、辅料的流动时间，有助于减少资金占用，提高资金周转效率，进而实现时间协调效益。

3.4.2　时间协调效益的类型

从时间协调效益的挖掘对象来看，时间协调效益分为 3 类。

1. 纯流动协调效益

以物的纯流动过程为挖掘对象形成的时间协调效益，即协调好生产企业各种原材料、辅料的流动时间，减少资金占用，提高资金周转效率。

2. 加工流动协调效益

加工流动协调效益是指以被加工物的流动过程为挖掘对象形成的时间协调效益。很多工业产品是通过将多种原料或材料经过不同的工艺流程加工后再组合装配而成，而任何厂家的生产组织方式及工艺流程都是基于一定水平的物流服务支撑建立起来的。如果企业在延期生产组织方式及优化工艺流程方面没有多大的空间，但得到更高水平、更低消耗的物流服务支撑后，情况就可能发生变化。也就是说，在现在物流服务的支撑下，将原来的生产组织方式和工艺流程中时序作业尽可能分解为平行作业，这样可以缩短产品的加工过程，同时缩短原材料占用的资金时间，达到获利的目的。

3. 综合协调效益

综合协调效益是指将上述两个分析对象相结合起来作为一个挖掘对象形成的协调效益。在实践中，寻求综合协调效益在企业运作中更具有普遍性和可操作性。

3.4.3　物流流程再造

20 世纪 90 年代，美国麻省理工学院迈克·哈默教授和 CSC 管理顾问公司的董事长詹姆斯·钱皮提出了管理流程再造的概念，即为了在成本、质量、服务、效率等衡量绩效的关键指标上取得显著改善，对企业内部的工作流、决策、组织和信息系统同时以集成的方式进行根本性的再思考和彻底的改造，以此实现企业在品质、反应速度、成本、柔性、顾客满意度以及其他重要的过程业绩方面的竞争优势。

它以企业内部的工作流程为改造对象，从顾客的需求出发对企业流程进行根本性的思考和分析，根据企业的战略目标和共同愿景对流程进行重新设计和改良，以信息技术、面向过程的管理为手段，使得企业的经济指标和效益得到改善。

物流流程再造是在管理流程再造的基础上提出来的。从狭义上讲，它是指综合地应用信息技术和运筹学、系统论、管理学的知识对生产企业、销售企业或物流企业的物流流程进行基础性的重新设计，实现物流流程的集成优化，从而达到降低成本、提高服务水平、实现快速反应的目的，更好地满足客户的要求。从广义上讲，它是指综合地应用信息技术和运筹学、系统论、管理学知识对企业原来的价值链进行彻底的变革，实现价值链的集成优化，从而达到降低成本、提高效率和生产灵活性，增强产品或服务质量的目的，更好地满足客户的要求。

从本质上来看，物流流程再造是对不合理的物流流程进行变革、重新设计，协同优化生产或流通时间，减少物品的资金占用，提高资金周转效率，其目的是实现时间协调效益。

根据流程再造的范围，物流流程再造可分为企业内部物流流程再造和企业间物流流程再造。企业内部物流流程再造是对生产工艺流程进行优化，缩短原材料和材料的生产时间，提高时间效益；企业间物流流程再造是通过摒弃企业间不合理、重复的物流流程，并进行重新设计，整合物流功能，实现企业间流程紧密衔接，减少物品的流通时间，进而实现时间效益。

┊ 小故事 ┊

猫和老鼠

有一个主人逼迫他家的大花猫必须每天抓一只老鼠来向他报告，以此判断它的能力，抓到一只老鼠就奖励给它一条鱼吃。这只猫想：我怎么能天天完成任务呢？老鼠也不能天天被抓到呀！结果它跑去找老鼠商量："你每天 8 点的时候在洞口出现，我就跑过来咬住你的脖子，但是我不吃你，我叼着你到主人那儿转一圈，还把你放回去。然后，第二天你还出来，我再叼着你到主人那儿转一圈。这样，你就让我完成了指标，我得到鱼，我保证以后不吃你，好不好？"最终，猫和老鼠达成了协议。

1. 这个寓言说明了什么问题？
2. 你认为出现这种情况的关键问题是什么？
3. 如果你是这个主人，你会怎么做？

资料来源：http://blog.sina.com.cn/s/blog_885d40d80100xqnt.html.

3.5 仓储系统与物流的时间效益

仓储在物流系统中起着调节、平衡的作用，特别是作为配送中心，大量的货物在这里分类、拣选、存储、配送，使其成为促进各物流环节平衡运转的货物集散中心。仓储是物流过程中出现的一种停滞，它对于生产、流通、消费等环节是必要的。

仓储系统的存在是因为生产供应与消费需求之间不同步，进行合理的仓储可以弥补、改变这种时间差，从而创造时间效益。因此，仓储系统与物流时间效益存在着紧密的联系，协调好仓储和其他物流活动之间的关系可更大程度地提高物流时间效益。

3.5.1 仓储系统的功能

仓储系统的物质基础主要由仓库、进出库设备、搬运装卸设备等组成。仓库是物流的一个中心环节，是物流网络的节点。在物流大系统中，仓储子系统也是许多货运枢纽站、物流中心（配送中心等）不可或缺的重要组成部分，是一种典型的节点类型。

仓库按照系统功能可分为两种类型：一种是存储型仓库。它是为了创造时间效益，有意对商品进行长期保管而设立的。例如对旺季生产的水果进行存储，淡季再进行销售，就是为了获得较高的时间效益。另一种是流通型仓库。它是为了应付市场需求波动或满足流通要求而设立的，是用以支撑物流活动，实现商品顺利流通，以物流合理化为目的的。例如，为应对生产需求的变化而存储一定数量的预备产品的仓库。

此外，还有出于国家战略上的考虑，为应付战争、潜在的自然灾害等而专门设立的国家战略储备仓库，但这类仓库是不用考虑其经济性的，因此不在我们的讨论范围内。

存储型仓库是为创造物流时间效益而设置的，流通型仓库是为顺利实现商品的价值而设置的。因此，针对这两类仓库的物流仓储系统管理的目标也就有所不同。对于存储型仓库，仓储管理的目标主要在于如何更好地关注于商品价值的实现时机，采取相关的销售准备活动，在最好的价值实现时机实现商品的价值，而对于流通型仓库，仓储管理的目标是要在满足物流生产和销售需要、保证包装服务质量的基础上降低物流总费用。

随着经济和物流的发展，为节省成本和更好地提高效益，这两种类型的仓库也出现了结合的趋势。

3.5.2　仓储合理化

物流仓储的目标是在物流系统整体最优的前提下寻求仓储的优化，实现仓储的合理化。仓储管理的最佳状态应该是：既按质、按量、按品种规格并及时成套地供应生产所需要的货品，又要保证库存资金最小，达到数量控制、质量控制和成本控制的目的，这是一个多因素的科学动态管理过程。

所谓仓储合理化，就是在保证仓储功能实现的前提下，用各种方法实现商品仓储的经济性。仓储合理化标志主要包括以下几个方面。

1. 质量标志

保证被储存物的质量是完成储存功能的根本要求，只有这样，商品的使用价值才能通过物流得以最终实现。在储存中增加了多少时间价值或是得到了多少利润，都是以保证质量为前提的。所以，质量是储存合理化的首要标志。

2. 数量标志

在保证功能实现的前提下有一个合理的数量范围。目前，管理科学的方法已能使企业在各种约束条件下对合理数量范围做出决策，但是较为实用的还是在消耗稳定、资源及运输可控的约束条件下所形成的储存数量控制方法。

3. 时间标志

在保证商品质量的前提下必须寻求一个合理的仓储时间。仓储商品的效益越大，销售商品的速度越慢，则仓储的时间必然越长，反之亦然。因此，商品仓储必须有一个合理的时间范围，不能过长，过长则意味着商品的积压，这就会造成成本的上升。

4. 结构标志

不同的被仓储的商品之间存在着一定的相互关系，特别是对那些相关性很强的商品来说，它们之间必须保证一定的比例。如果比例不合理，当某一种商品缺货时，与它相关的商品可能也卖不出去。例如，光学照相机和胶卷就是这样的关系。因此，商品仓储的合理性也可以用结构标志来衡量。

5. 分布标志

分布标志是指不同地区仓储的数量比例关系，以此判断当地需求比以及对需求的保障程度，也可以此判断对整个物流的影响，也就是说不同的市场区域对于商品的需求也是不同的。

因此，不同的地区所储存的商品的数量也应该有所不同。各个区域的仓库只有根据商品各自区域的需求量来储存适量的产品，才能真正实现商品储存的经济性和合理性。

6. 费用标志

物流企业只有在考虑了仓租费、维护费、保管费、损失费、资金占用利息支出等之后，才能从实际费用上判断仓储的合理与否。

综上所述，仓储系统主要是通过生产供应与消费需求之间的不同步，以寻求物流时间效益。企业要关注仓储系统与其他物流功能的融合，以取得更大的物流时间效益。

|阅读材料|

京东物流启用自主研发的单件分离系统：效率比人工提升 5 倍

物流工人面对堆积如山的包裹，要通过双手一件一件地分类，针对包裹分离的操作，传统的仓库基本依靠人工来完成。尽管操作并不复杂，但是每天处理数以万计的包裹，也是一项相当繁重的劳动，效率也不高。

2018 年 11 月 28 日，京东物流投入应用了一套大型单件分离系统，该系统由京东物流自主研发，能够对包裹进行整位、分离、智能排队，从而将批量的包裹变成单件排列，形成非常整齐的"阵型"，配合大型自动分拣设备，可以实现全自动传输和分拣，顺利完成订单处理。

这套单件分离系统每小时处理近 4 000 件包裹，分离准确率高达 98%，相比传统的人工操作方式，其效率可提升 5 倍。在性能上，该系统可以与国外进口设备相媲美，并在关键功能上有了进一步的创新和突破，实现了分拣设备的供包无人化，大大提高了分拣中心的自动化程度。该套系统运用视觉系统检测包裹分离度，通过离心转动的方式解决包裹堆叠问题，实现包裹单个排队运输的功能，相比进口设备进一步提高了包裹分离的成功率，为京东物流首创。

在全球智能供应链基础网络（GSSC）建设过程中，京东物流正在联合国内外的顶级物流行业合作伙伴，以技术创新为使命，共同打造世界级的智能物流系统。通过持续的创新投入，京东物流不仅壮大了自己，也给合作伙伴带来了新的机会，为京东物流的全球化战略打下了坚实的基础。

资料来源：经多方资料整理而成。

❖ 本章小结

物流时间效益的内涵可理解为把握与物流时间相关的收入的增加、资源占用及资源消耗成本的减少的时机，从而实现最佳的整体效益。物流时间效益的类型包括缩短时间创造的效益、延长时间差创造的效益、错位时间效益、JIT 效益和利用物流时间生产创造的时间效益。

时机可以被看成时间和机会的统一体。时间和机会总是连在一起的，任何机会都是在一定时间段内出现的。时机的特性包括瞬逝性和不复返性。

时间协调效益是指通过协调相关物的流动时间而获得的效益。从其形成的机理上看，时间协调效益的本质仍是资金时间价值。从时间协调效益的挖掘对象来看，时间

协调效益分为 3 类：纯流动协调效益、加工流动协调效益和综合协调效益。

仓储系统的存在是因为生产供应与消费需求之间不同步，进行合理的仓储就可以弥补、改变这种时间差，通过减少物流时间创造时间效益。因此，协调好仓储和其他物流活动之间的关系可以更大程度地提高物流时间效益。

◈ 复习思考题

一、 名词解释

物流效益　物流时间效益　资金时间价值
时机效益　时间协调价值

二、 单选题

1. 资金时间价值的最低限度是(　　)。
   A. 利息
   B. 利率
   C. 资金周转使用后的增值额
   D. 资金的运动得到的收益或利润

2. 将夏天成熟的西瓜保存起来，等到春节再拿出来销售，这属于(　　)。
   A. 缩短时间创造的效益
   B. 延长时间差创造的效益
   C. 错位时间效益
   D. JIT 效益

3. 对资金的时间价值理论的理解有两种常规解释：一种是把资金时间价值的内涵定义为资金的机会成本；另一种是(　　)时效的收益。
   A. 资金数量　　　B. 资金周转
   C. 资金使用　　　D. 资金价值率

4. 物流时间效益的类型不包括(　　)。
   A. 缩短时间创造的效益
   B. 延长时间差创造的效益
   C. 错位时间效益
   D. 时机效益

5. 交易时机效益有单纯的商机因素效益和(　　)两个基本类型。
   A. 先机效益　　　B. 延时效益
   C. 消费时差效益　D. 物流时机效益

三、 多选题

1. 现代物流强调的 5R 是指 right time、right place、(　　)。
   A. right time　　　B. right price
   C. right quality　　D. right quantity

2. 挖掘资金时间价值有哪些途径？(　　)
   A. 尽可能减少运输环节的资金的占用
   B. 尽可能缩短物的流动过程
   C. 尽可能减少仓储环节的资金的占用
   D. 尽可能减少物的加工环节资金的占用

3. 资金时间价值的决定因素包括(　　)。
   A. 资金使用周期　B. 资金数量
   C. 资金周转速度　D. 价值率

4. 时机的特性是(　　)。
   A. 瞬逝性　　　　B. 不复返性
   C. 可预见性　　　D. 偶然性

5. 以下属于时机效益的基本类型的是(　　)。
   A. 单纯的商机因素效益
   B. 消费时差效益
   C. 生产时差效益
   D. 流通时差效益

四、判断题

1. 资金时间价值是指缩短物流时间从而创造经济价值。（　　）
2. "蔬菜抢早市"属于缩短时间创造的时间效益。（　　）
3. 时间协调效益是通过协调相关物的流动时间来获得的效益。（　　）
4. 时机效益，也就是商机效益。（　　）

五、简答题

1. 物流时间效益包括哪些类型？

2. 挖掘时间效益的一般原则有哪些？
3. 如何挖掘资金的时间价值？
4. 时机效益的形成机理包括哪几个方面？
5. 仓储合理化是通过哪几个方面体现的？

六、论述题

1. 如何看待物流时间效益？
2. 如何看待需求层次与时间效益？
3. 物流流程再造是如何提高时间协调价值的？

◈ 案例分析

青岛啤酒的"保鲜"之路

青啤人常说："我们要像送鲜花一样送啤酒，把最新鲜的啤酒以最快的速度、最低的成本让消费者品尝。"为了实现这一目标，青岛啤酒股份有限公司（以下简称"青啤"公司）实施了三步策略。

理顺流程，为保青啤"新鲜"开道

流程不顺难保"新鲜"。为此，青啤公司开启以"新鲜度管理"为中心的现代物流系统的构建，从根本上对企业流程进行了重新设计，着重在两个基本点上下功夫：一是限产压库；二是减少重复装卸，以加快货物运达的时间。为此，一是筹建了技术中心，将物流、信息流、资金流全面统一在计算机网络的智能化管理之下，简化业务运行程序，对运输仓储过程中的各个环节进行重新整合、优化，以减少运输周转次数，压缩库存、缩短产品仓储和周转时间等；二是对仓储的存量进行科学的界定，规定上限和下限，低于下限发出要货指令，高于上限再安排生产，从而使仓储成为生产调度的"平衡器"，有效改变淡季库存积压、旺季市场断档的尴尬局面，以满足市场对新鲜度的需求。三是成立仓储调度中心，对全国市场区域的仓储活动进行重新规划，对产品的仓储、转库实行统一管理和控制，由提供单一的仓储服务，到对产成品的市场区域分部、流通时间等进行全面的调整、平衡和控制。

为实施"鲜度管理"方案，青啤公司整体调整了管理体制，要求销售部门根据各地销售网络的要货计划和市场预测，制订销售计划；仓储部门根据销售计划和库存及时向生产企业传递要货信息；生产厂有针对性地组织生产，物流公司则及时地调动运力，确保交货质量和交货期。

畅通信息，为保青啤"新鲜"护航

青啤公司认为，由于不能及时为公司决策层提供准确的销售、库存信息，信息不畅成为制约消费者喝到最新鲜啤酒的严重障碍。为此，青啤公司把"新鲜度管理""市场网络建设"等纳入信息化建设范畴，在2001年2月，青啤公司与ORACAL正式开始合作，通过引入ERP系统实施企业信息化战略。

借助于ERP系统，青啤公司实现了将所有的啤酒厂、数以百计的销售公司、数以万计的销售点，集成在一起；对每一个点、每一笔业务的运行过程，实施全方位的实时监控；对每一个阶段的经营结果实施全过程的审计，加快了资金周转速度，提高了整个集团的通透性，实现了资源的优化配置。更重要的是，实现了以销定产的"订单经济"。

专业输送速度，确保青啤"新鲜"

2002年4月，青啤公司与招商物流正式确定合作关系，共同出资200万元组建青岛啤酒招商局物流有限公司。该公司将在拥有基于ORACLE的ERP系统和基于SAP的物流操作系统所提供的信息平台支持下，通过青啤公司优良的物流资产和招商物流先进的物流管理经验，全权负责青啤公司的物流业务。

自青岛啤酒招商局物流公司运营以来，青啤公司在物流效率的提升、成本的降低、服务水平的提高、青啤输送速度的提升等方面成效显著。青岛啤酒运往外地的速度比以往提高30%以上，山东省内300公里以内区域的消费者都能喝到当天的啤酒，300公里以外区域的消费者也能喝到出厂一天的啤酒，而原来喝到青岛啤酒需要3天左右。

资料来源：经多方资料整理而成。

讨论题

1. 青岛啤酒的"保鲜"之路创造了何种时间效益？

2. 青岛啤酒的"保鲜"之路对物流企业带来哪些启示？

第4章
CHAPTER4

物流空间效益分析

§ 学习目的与要求

- 了解空间效益产生的原因、内涵，理解物流空间效益的度量
- 理解与物流空间效益相关的收益与成本
- 掌握空间效益的实现方式及方法

§ 引例

润宝物流：西南最大电商仓储物流中心的构建之路

2015年，中国电商仓储物流迎来了一个崭新的时代。伴随着我国电子商务交易额每年以两位数的增长率呈现上升趋势，电商巨头们已经针对爆仓等问题不断升级仓储模式，以不同模式应对不同的物流需求特征。

润宝物流看到了这一发展趋势，在2013年就提出电商仓储物流服务，为满足不同行业的物流需求，有效进行电商仓储运作，逐步推出了满足电商个性需求的私人定制方案；2014年，润宝对仓库面积和硬件进行了升级，加快了仓储业务的发展步伐。2015年，润宝又提出了致力于打造"保险柜式"的仓储物流，使仓库现场规划合理化、安全管理标准化、安防系统专业化、仓储业务扩大化、电商服务优质化、仓储布局完善化，成功助力中小企业电商并领头西南电商仓储发展。

第一，横跨西南地区的仓库布局，让电商仓储最后一公里配送更快。其仓储基地在西南地区分布于成都新都、龙泉、双流和重庆两江新区四处，面积近10万平方米。西南各地分仓备货，电商货品可在多地仓库存放，客户订单可从最近仓库发货，从而缩短了物流时间；同时各仓储基地在其地理优势的基础上，针对相应的渠道及客户需求做出相应的货品储备调整，使货品的存放和流通更加快捷。

第二，采用现代化科技手段，仓储管理效率全面提升。在软件设施方面，采用先进的仓库管理系统（warehouse management system，WMS），从而实现在提供最大化使用空间的同时能处理20 000个以上库存量单位（stock keeping unit，SKU）；在硬件设施方面，利用穿梭式货架同时配合叉车运作，软硬件的有效结合使润宝仓储内运作具备日分拨 5 万件上、单品 30 万件上的处理能力；在安防方面，库内分区管理，仓储安全配套设施完善，采取最先进的安全防护系统，充分保障货物的安全。

第三，别具一格的个性化仓库定制服务。针对电商企业的不同商业模式和需求，定制专属的仓储及配送作业。为实现客户商品价值，针对客户的仓储需求进行硬件配置的改造、软件系统的对接，同时对产品库内加工、再包装、代发、退换货等增值服务提供配套解决方案，使润宝物流真正成为"客户自己的仓储管理部门"。

润宝仓储通过不断完善物流体系，积极改进资源共享运作，努力满足不同客户的定制需求，始终致力于提供专业的企业仓储服务，努力将自己打造成西南地区最大、最具价值的第三方电商仓储服务中心。

资料来源：经多方资料整理而成。

请思考

1. 润宝物流构建西南地区最大电商仓储物流中心能创造出怎样的空间效益？
2. 润宝物流如此构建仓储物流中心是基于考量而进行的，为什么？

4.1 空间效益及其内容构成

4.1.1 空间效益产生的原因

物流创造空间效益是由现代社会产业结构、社会分工所决定的，主要原因是供给与需求之间的空间差。商品在不同地理位置会有不同的价值，通过物流将商品由低价值地区转移到高价值地区，产生不同空间的价值差而获利，即取得价值。

1. 外在动因

物流空间效益产生于经济全球化、资源分散化、生产需求异地化等。21 世纪以来，经济全球化进程加快，市场范围不断扩大，社会分工日益深化和细化，企业采购、生产、销售国际化，市场需求越来越分散，加之资本逐利性的驱使，客观上要求企业在全球范围内寻求资源的最优配置。经济全球化的进程拉大了物品供应地与消费地之间的空间距离和地域范围，导致资源在更广阔的地域范围内实现流动与重组。

2. 内在动因

人类在经济活动过程中，出于交易便利、降低交易成本和需求分散等方面的考虑，必然要求经济活动在一定区域内集中，加之资源、需求等的异质性，这种集中趋势进而引起了不同区域间经济活动的异质性。从长远的角度来看，各区域必然会形成自己的特色产业和强势产业，有着自己特色的产业结构。这种差异性会驱动经济资源在区域间的合理流动。经济资源的流动能够产生一定的效用（满足生产、生活、国防、战备等方面的需要）或者带来一定的效益增量。

4.1.2 空间效益的内涵

物流空间效益是"物"的流动过程中因"物"的空间转换所产生的效益。从供给方的角度来看，空间效益就是"物"实现空间转换前后给供给方带来的收益的差额，如产品在外地销售价格高于本地所带来的额外收益、外地原材料价格低于本地所带来的额外收益等。

从需求方的角度来看，空间效益则是由于"物"的空间转换所带来的效用满足或消费者剩余的增加。这里，效用满足是指由于"物"的移动使得当地没有的但又是消费者需求的产品流转到当地，且产生了相应的效用，体现了"从无到有"的过程，如海鲜产品的运输满足了内地消费者对生活品质的追求、粮食运输满足了非粮食产区居民的日常生活需要等，或者是基于特殊需要或紧急需要而通过物流体系使部分产品流入某地所产生的效用，如国防、战备品的流动、救灾物资的流动等。消费者剩余的增加源于经济资源的比较优势所产生的、区域之间的替代产品或同质产品的价格差，如消费者以比本地商品低的价格购买到了外地生产的同质产品，消费者剩余增加。

4.1.3　空间效益的内容

物流的空间效益伴随着"物"的流动得以实现，内容十分丰富。从"物"的流动方向与流动过程来看，可从以下 4 个方面来理解空间效益的具体内容。

1. 基于分散生产所创造的空间效益

由于受到自然条件、产品生产方式、产品技术经济特征和社会分工深化等因素的影响，现实中广泛存在分散生产的情况。这种生产方式需要完善的物流体系的支撑，使与之相关的"物"实现顺利流动。

分散生产的情形在现实中有很多。例如，粮食生产是在一亩地一亩地里分散地生产出来的，也必然是在适宜的耕地上分散进行的。这是由粮食生产的技术经济特征和自然条件的不同所决定的，不可能出现将其他的土壤、化肥、种子等集中于某一块地进行集中生产的情况，而一个大城市的需求却相对大规模集中。在这一过程中，物流活动通过实现粮食生产所需的各种物资的顺利流动和粮食向需求地的顺利流动创造空间效益。

例如，汽车生产系统的零配件通常是典型的分散生产方式，一般而言，汽车厂的零配件供应商成百上千，地域分布相当分散，各零件供应商在当地生产某一零部件，最后集中在一个总装厂进行装配，这是由汽车制造的技术经济特征决定的。同样，物流活动对汽车生产与销售的支持也能创造空间效益。

2. 基于集中生产所创造的空间效益

由于资源、分工和需求等的差异，随着时间的推移，各个区域的区域特征日益显现，各区域在经济大系统中的功能分工出现异化。综合考虑人力、资源、基础设施等生产要素的差异，其中必然会出现较之其他地区更适合生产某种产品、更有比较优势的地区。而要充分利用这种比较优势生产出特定产品，就需要相关的原材料、资本、信息、人力、管理等生产要素不断地从其他地区流入，以求集中生产，形成本产品相对于其他地区生产的产品的优势。此时，物流通过运输、仓储、搬运装卸、流通加工、包装等环节使得各种生产要素顺利流入，促进集中生产的进行，创造空间效益。

集中生产不但能通过规模化获得竞争优势，而且能通过产业集群的形式进一步提升市场竞争力。例如美国硅谷，其中约 60% 的企业是以信息技术为主的集研究开发与生产销售为一体的实业公司；约 40% 是为研究开发、生产销售提供各种配套服务的第三产业公司，包括金融、风险投资等公司。这些企业在此聚集，形成了一个互相支撑、彼此关联的产业群，产生了巨大的竞争力和经济效益。

现代化大生产的特点之一就是通过集中的、大规模的生产以提高生产效率，降低成本，然后通过各物流作业环节将产品从集中生产地转移到分散的需求地，从而创造空间效益。

|阅读材料|

国家物流枢纽布局和建设规划

2018 年 12 月 21 日，《国家物流枢纽布局和建设规划》（以下简称《规划》）由国家发展改革委和交通运输部正式发布（发改经贸〔2018〕1886 号）。《规划》指出，要加强宏观层面的系统布局，依据区域经济总量、产业空间布局、基础设施联通度和人口分布等，统筹考虑国家重大战略实施、区域经济发展、产业结构优化升级等需要，结合"十纵十横"交通运输通道和国内物流大通道基本格局，选择 127 个具备一定基础条件的城市作为国家物流枢纽承载城市，规划建设 212 个国家物流枢纽，包括石家庄、保定等 41 个陆港型，天津、唐山等 30 个港口型，北京、天津等 23 个空港型，杭州、宁波等 47 个生产服务型，上海、南京等 55 个商贸服务型和黑河、丹东等 16 个陆上边境口岸型国家物流枢纽。

《规划》提出：到 2020 年布局建设 30 个左右国家物流枢纽；到 2025 年布局建设 150 个左右国家物流枢纽，推动全社会物流总费用与 GDP 的比率下降至 12% 左右；到 2035 年基本形成与现代化经济体系相适应的国家物流枢纽网络。

资料来源：经多方资料整理而成。

3. 基于中间集散地所创造的空间效益

社会分工的深入和细化使得生产环节变得越来越繁多，需要资源、能源、人力等经济要素的频繁流动予以支持。消费者对"物美价廉"的追求和生产者对利润的追求再加上信息不对称的影响大大增加了交易成本，使得商品交易往往要借助于中间集散地才能顺利实现。集中交易能够极大地降低流通成本。

如果交易双方直接一对一地进行交易，那么每种商品都需要交易一次，如果需要的产品种类繁多，那么所产生的流通成本可能会超出交易本身所带来的收益，而通过中间集散地的方式在众多供应者和消费者之间加入一个中转环节，可大大降低流通成本、提高流通效率。

中间集散地是指在市场交易的过程中，为了解决信息不对称带来的交易双方交易的困难而出现的并不以最终消费为目的，而是主要以中间集散为目的的集中交易市场（也可能包括一部分最终消费，但不占主要部分，这是中间集散地区别于一般市场的重要特征）。中间集散地的功能是为交易双方提供一个中间交易的平台，集中交易双方的需求，促使交易信息能够在平台上得到较好的流动与利用，避免交易双方在寻求交易对象的过程中由于信息的不对称而发生的额外费用，从而降低商品的交易成本。

4. 基于弥合生产需求分散所创造的空间效益

现代社会中生产与需求的空间差十分普遍,而消费者对商品的需求也日益多样化。除了大生产决定的供应分散之外,自然地理、产业集群和社会发展因素等也造就了产品生产的分散化。例如,南方生产的荔枝、桂圆等水果在全国都有广泛的市场;农村生产的粮食、蔬菜被运输到城市消费;东北大米、木耳等特产被端上南方消费者的饭桌等。现代人每天消费的物品几乎都是相隔一定距离甚至是十分遥远的地方生产的。生产与消费的关系由过去的一对一、一对多或多对一变成多对多的关系。

每种商品的生产者面临众多的消费者,每种商品的消费者也面临着对众多生产者所生产产品的选择。这么复杂交错的供给与需求的空间差都是依靠物流来弥合的,物流也从中取得了利益。这就是物流这种经济活动取得的空间效益。

4.2 空间效益的度量

物流的空间价值是"物"实现空间转换前后给供给方带来的收益的差额,它直接来源于实现"物"的空间转换所产生的相关收益大于所发生的相关成本费用的部分。因此,度量空间价值的关键就是对实现"物"的空间转换所产生的相关收益和所发生的相关成本费用的考查,两者的差额就是空间价值。

4.2.1 与空间价值相关的收益

对于与空间价值相关的收益,我们可以从两个方面加以考查,即收益的显性部分与隐性部分。显性部分是产品在异地实现的销售收入,可用 I_x 表示。这部分主要受商品的销售量、市场的空间位置和相关市场环境等因素的影响。收益的隐性部分是指因产品空间转换而给供给方带来的、不容易直接计量的那部分收益。例如,借助物流服务体系的联结使供给方的销售渠道得到拓展,营销网络进一步完善,市场范围不断扩大,能够在更大的市场空间内搜寻获利机会或合作伙伴等。这些无疑都将给供给方带来潜在的收益,有时这些潜在收益还很大。虽然这部分收益不容易计量,因为它可能是诸多因素共同作用的结果,很难将产品空间转换的因素单独剥离开来,但是这部分收益显然对供给方十分有诱惑力,企业应该给予足够的关注。在计量的过程中,可以依据实践经验,或通过与供给方的协商来量化收益的隐性部分,也可以通过专家打分确定一个权数赋予 I_x 加以量化,用 I_y 表示。

4.2.2 与空间效益相关的成本

与空间价值相关的成本费用就是借助物流服务实现产品空间转换、创造空间价值所发生的一切价值消耗。

首先,由于产品实现空间转换,流向异地以较高的价格进行交易,从而丧失了在当地或原交易地以原有价格进行交易的机会,从经济学意义上来说,这其中包含了产品的机会成本,可归于空间价值的成本部分,用 C_j 表示。

其次，为实现产品空间转换所进行的物流活动要发生一定的成本消耗，它与物流服务的品质相对应。物流活动的成本消耗主要是在运输、仓储、包装、搬运装卸、流通加工等过程中发生的相关的人、财、物的投入，其成本构成可以表示为

$$C_z = C_r + C_w + C_q$$

式中，C_z 为物流活动的总成本；C_r 为物流活动发生的人力成本（包括作业人员的工资、福利、奖金等）；C_w 为物流活动耗费的物料成本（包括燃料的消耗、包装材料的投入等）；C_q 为物流活动投入的资金成本（包括资金的投入及其占用成本等）。

最后，物流活动实施期间还会发生一定的时间成本。

在物流创造"物"的空间价值过程中，用以消除空间差异的活动必然消耗一定的额外时间，从而相对本地或原交易地交易而言，由于物流作业环节的存在，使产品交易延迟，"物"的价值不能立即实现。而在这段时期内所发生的产品占用资金的机会成本以及包括货物潜在损失在内的其他成本等就是与空间价值创造相关的时间成本，其成本构成可以表示如下

$$C_s = C_h + C_g$$

式中，C_s 为时间成本；C_h 为产品占用资金的机会成本；C_g 为包括货物潜在损失在内的其他相关时间成本。

4.2.3　物流空间价值的度量

物流企业在对相关收益与成本进行计量的基础上，其物流空间效益（$V_空$）可用下面的公式最终加以度量。

$$V_空 = I_x + I_y - C_j - C_z - C_s$$

对物流企业而言，为物流服务的需求方创造更大的空间价值，是其能够不断拓展自己业务空间与获利空间的不二法则。

4.3　空间效益的实现方式及方法

物流空间效益是改变"物"从供给者到需求者场所存在位置所创造的价值。由于不同区域的商品有不同的价值，集中生产地区通过专业化、规模化生产提高生产率，可以较低的成本生产较多的产品，然后通过物流活动将商品由低价值区运输到布局分散的高价值区销售，即可获得相应的价值差。

空间效益的实现方式要解决的是以什么方式、通过什么途径来为物流服务需求方创造更大的空间效益的问题，这是物流企业的主要职能之一。运输、配送等是实现空间效益的主要活动。高效地对这些物流活动进行安排和规划是提升空间效益、成功拓展业务的根本落脚点，也是物流企业实现持续经营的基本保障。实现物流空间效益的途径主要有以下几个方面：采购优化、物流网点布局优化、物流路径优化、交易环节优化和空间利用优化。

4.3.1　采购优化

采购优化包括两个方面的内容：采购点的优化与采购批量的优化。

1. 采购点的优化

一般来讲，物流空间效益的创造过程直接表现为不同区域间资源的流动以及与之相伴随的经济利益的产生，而流动的起点就是采购。由于企业所采购的产品一般地理分布较广，工商企业对采购点的布局、规模、数量设置等将直接影响到企业的成本控制、生产运作和最终利润，因此采购点优化是空间优化应该关注的重要方面。

采购点的优化既可以立足于自身进行优化，也可以通过与专业物流公司的合作对采购点进行广泛深入的优化。采购点距企业的距离、采购数量及产品运输方式等是采购点优化的主要考量因素。除此之外，采购点的选择涉及法律、法规、地区发展规划、企业自身物流业务种类、可选采购点的物流设施限制、交通环境因素、自然条件等诸多因素，但最后归结到一点，采购点优化的标准就是采购点的综合经济性。

物流企业在对采购点进行优化的时候需要注意劳动力资源。例如，我国经济开放吸引外资办厂的一个重要原因就在于与发达国家相比，廉价的劳动力资源在弥补了增加的物流运输成本和劳动力成本后，在中国投资建厂还可以获得利润。这正是优化劳动力资源的采购点为生产企业带来的物流空间效益。

┋阅读材料┋

"一带一路"，世界物流互联网

"一带一路"（The Belt and Road，B&R）是"丝绸之路经济带"和"21世纪海上丝绸之路"的简称。"一带一路"倡议的提出既是中国经济发展的必然，也是时代使命的呼唤。

"一带一路"倡议是与虚拟互联网相对的世界"物流互联网计划"。如果该倡议成功实施，其意义和影响可与之媲美的，在当代只有互联网，在远点时间则是发现新大陆。虚拟的互联网络，将所有的文字、影像、视频通过数字化集结成信息高速公路，改变了整个世界的基因和生存范式。"一带一路"将同样会给世界带来变革，它将构建海、陆、空一体化的物质流高速公路，给人类带来一个全新的实体"互联网"。形成以后，虚拟的"地球村"才会是实质的"地球村"，不仅能在网络上瞬时连成一体，在现实世界中也将以最快的速度实现。"一带一路"是中国版的"物流互联网计划"。

它具有三大作用：一是带动"一带一路"参与国的经济发展或起飞，助欧洲国家恢复。多数参与国经济处于发展过程中，经济发展长期走不上正轨，在参与"一带一路"倡议过程中，中国不仅给予资金支持，也给予物力上的支持，帮助其发展。二是中国的成功经验和本国资源要素相结合，塑造经济成长模式。也就是说，在整个"一带一路"建设过程中，中国在人、财、物上将倾力支持，巨大的人力支援、管理技术、建设技术等传入所在国，必然重塑所在国经济发展模式。三是构成物流互联网络体系，实现全球物流一体化。"一带一路"将连接参与各国的运输体系，提高物流效率，降低物流成本，构建物流互联网，打造真正的"地球村"。

资料来源：李海辉. "一带一路"大战略：世界物流互联网计划 [J]. 金融经济，2015（1）：11-13.

2. 采购批量的优化

供应商经常采用批发折扣的方式鼓励需求者大批量购买，即采购量越大，就可以享受越低的购买价格。因为大批量采购可使供应商获得规模效益，从而降低成本。例如，法国的家乐福公司曾经在很长一段时间内都是实行分散采购的，由于其单店规模巨大，规模效益同样有效。但完全分散采购的最大弊端在于不能发挥规模采购的优势，不利于压低价格和控制采购，因此就连家乐福这样的超市公司也逐渐向集中采购模式转变。

对购买者而言，大批量采购可获得较低的价格、较低的运输成本和交易成本，同时意味着增加了仓储成本和库存资金持有成本。因此，就存在一个使采购成本、运输成本、交易成本、仓储成本和库存持有成本五部分总和达到最低的采购批量，确立这个合理的采购批量可有效地降低企业成本，增加企业的物流空间效益。

4.3.2 物流网点布局优化

物流网点就是物流网络的节点。本部分所讨论的物流网点，主要是指储运仓库、流通仓库、中转仓库等。它们是大批量物资储运、集散的场所，是物流作业活动的集中地，具有设施建设费用高、运行费用高且运行时间持续长的特点。物流网点布局是以物流系统和社会的经济效益为目标，用系统理论和系统工程方法，综合考虑物资的供需状况、运输条件、自然环境等因素，对物流网点的数量、位置、规模、供货范围、直达供货和中转供货的比例等进行研究和设计，建立一个有效率的物流网络系统，达到费用低、服务好、效益高的空间效益目的。

1. 物流网点布局的目标

物流网点布局是一个典型的物流系统工程，需要运用系统理论和系统工程的方法，建立起一个有效率的物流系统，达到创造物流空间效益的目标。物流系统的主要目标如下。

（1）服务好。能够最大限度地满足社会各个企业的需要，为发展社会经济、提高社会经济效益做出贡献，这就要求物流网点建设要符合国家的宏观生产力布局、符合国家经济发展规划，与各个企业建立具有优越的地理位置的关系，能够方便、有效地为企业服务。

（2）费用省。物流系统运作综合成本低，总费用最省。总费用最省是指网点生命周期总费用最省。网点生命周期费用包括网点设立费用和网点运行费用。网点设立费用是指网点从设计到施工建设，再到建成基础设施、购置机器设备，一直到投入运行的全过程所花的总费用，其中主要部分是施工建设的费用。运行费用主要是网点投入运行后所投入的人力、物力等费用，如人员的工资、福利、办公费用以及能源、设备、材料等的消耗费用。

（3）效益高。它既指经济效益高，也指社会效益高。在获得好的经济效益的同时，要注意防止噪声、尾气、交通拥挤混乱等现象，做到保护自然生态环境，不骚扰居民生活，不增添交通负担等。

2. 物流网点布局的内容

物流网点布局的内容具体包括以下5个方面。

（1）区域内网点数目的设计。

（2）区域内网点位置的设计。

（3）区域内网点规模的设计。

（4）区域内各网点的供货范围的设计。

（5）区域内各网点的进货渠道和进货方式（中转直达）的设计。

3. 物流网点布局应考虑的因素

物流网点布局一般分为地区选择和地点选择两个方面。

地区选择主要考虑宏观布局，确定网点应该设多少个，分别设在什么地区。具体来说，应考虑的因素主要有：

（1）符合国家的宏观生产力布局和经济发展规划。

（2）地区经济发展水平与市场前景良好，有比较充足的购物物流需求量。

（3）与大物流系统网络接轨配套。

（4）交通基础设施比较齐全、配套，运输方便。

（5）能源、信息、市场、法制等基础条件好。

（6）竞争态势和自己的实力情况，如果在这些地区有很强的竞争对手，则要根据自己的实力来确定是勇敢挑战还是采取回避策略。

地点选择主要是确定在被选定的地区中，物流网点应该设几个，具体设在什么地方，主要考虑微观因素，如地质、市场、交通、环境、能源等。具体而言，应考虑的因素主要有：

- 符合当地经济发展规划和城市发展规划。
- 周围有大批企业可能成为自己的客户，市场前景良好，有比较充足的物流需求量。
- 与大物流系统网络接轨配套。
- 交通基础设施比较齐全、配套。
- 电力、煤气、水源、通信设施。
- 地质条件好，地势平坦、土方量小，避免占用农田。
- 一般不在市中心区，不在居民区，不影响居民生活，不增添交通干道压力。

物流网点布局按网点数目的多少分成两类。一是一元网点布局：整个地区就只设立一个物流网点。这是一种最简单的情况，模型方法原理和计算都比较简单。二是多元网点布局：在一个区域中要设立多个物流网点。这种情况比较复杂，建立的模型和计算过程都相对复杂一些。

|阅读材料|

物流中心路网布局的形式

通过对国内外物流中心、配送中心方案及实例的分析，可以将其路网布局形式归纳为以下 3 种。

1. 带状布置

这种路网的布局形式，通常是以一条主要干道为交通轴线，各功能区域按照作业性质分布于干道的两侧，车辆的主要出入口设置于道路的一端或相对应的两头。这种道路布置方式结构简单，便于交通组织。带状布置通常应用在规模较小且功能比较单一的物流中心、配送中心。

2. 网格状布置

这种路网的布局形式，通常是利用多条纵、横双向道路将整个物流中心/配送中心的地块分割成网格状，各种功能区域根据作业性质布置于网格中。它是物流中心/配送中心道路布局中较为常见的一种形式。其优点在于：道路布局整齐，有利于建筑物的布置，平行道路多，便于交通的分散与机动灵活的组织交通等。在现实规划中，整个地块完全都是网格的实例并不多见，但大部分都可以形成网格状。

3. 放射状布置

放射状的路网布局实际上是网格状布置的一种转化。在整个物流中心/配送中心的路网布局中，通常以一个核心或者顶点为布局的中心，然后根据作业性质的关联程度，将各功能区域围绕着核心或者顶点，由内向外逐渐布置，从而使路网的布局成为由中心向外扩散和放射的形态。

资料来源：舒辉. 物流与供应链管理 [M]. 上海：复旦大学出版社，2014.

4. 物流网点布局的方法

（1）模拟法。模拟法通过模拟模型求解。模拟模型一般能够给出地理位置关系的概念，有些能进行定量化的计算分析，有些则不能进行定量化的计算分析，而是采取专家评分的方式来选定方案。

（2）解析法。解析法主要是一种数学方法，主要通过建立数学模型求解，一般可以得到一个比较精确的定量解。由于它一般是做了一些理想化的假设后得出的结果，但实际情况比较复杂，所以得出的结果还要根据实际情况做一些相应的调整才能够实施。

（3）实用性方法（启发式方法）。这是一种针对实际情况，综合运用各种方法进行处理而形成的比较实用的物流网点布局方法。具体步骤如下：

- 通过宏观经济和发展规划研究，选择网点布局的地区。一般要根据本地区的经济发展状况和物资供需状况，走访有关经济计划部门和城市规划部门，结合整个物流系统的规划和长远发展规划，确定物流网点布局的被选地区、网点覆盖范围和大致规模。

- 在被选地区中，通过详细的调查分析，根据地质、市场、交通、环境、能源等因素确定一些可设置为网点的备选地址。

- 以备选地址资料为依据，建立物流网点布局模型，既可以是数学模型，也可以是模拟模型。数学模型一般是根据各个网点的位置、里程、物流量和单位运杂费以及一些约束条件建立起来的一个总费用模型，以此求出使得总费用最少的物流网点布局方案。模拟模型可以是物理模拟模型，也可以是几何模拟模型。

- 根据模型分析、计算，逐步优化，求出最优的物流网点地址、规模、供货范围、直达供货和中转供货的比例等，从而确定最优的网点布局方案。

- 将确定的物流网点布局方案写成可行性分析报告，供有关决策部门审批后实施。

4.3.3 物流路径优化

物流路径是指在物流作业过程中物的流动所流经的路线。我们可以从两个方面理解：一方面是通常的运输和配送所经路线，如从南方运至北京的水果、从配送中心运至超市的牛奶；另一方面是指仓库、配送中心内部货物搬运、车辆行驶的路径。

4.3.3.1 物流路径优化的含义

就运输配送而言，不同的物流路径有时也意味着不同的运输方式。因此，优化物流路径也包含着物流作业方式（如运输方式）的优化。如果说采购点与网络的优化是一种空间选择结果的优化，物流路径的选择则是一种作业过程的优化。在物流路径的选择中，可以通过相关的技术、方法，结合实际，寻求最优选择，以取得最佳的空间效益。

就库内搬运路径而言，路径设置的合理与否关系着物流运作效率的高低。以配送中心为例，配送中心的拣选环节对配送的及时性和准确性具有重要影响。一般情况下，很多项拣选工作同时进行。如果搬运路径设计不周，势必影响工作效率，进而影响出货、送货等一系列环节。相对于库内搬运路径，配送的运输路径设定更具代表性，应用也更广，因此本节着重讲述配送的运输路径优化问题。

4.3.3.2 物流路径优化的原则

（1）靠近的站点群安排行车路线。安排车辆负责相互距离最接近的站点的货物运输。卡车的行车路线围绕相互靠近的站点群进行计划，以使站点之间的行车时间最短。

（2）从距仓库最远的站点开始设计路线。要设计出有效的路线，首先要划分出距仓库最远的站点周围的站点群，然后逐步找出仓库附近的站点群。一旦确定了最远的站点，就应该选定距该核心站点最近的站点群，分派载货能力可以满足该站点群需要的车辆。然后，从还没有分派车辆的其他站点中找出距仓库最远的站点，分派另一辆车。如此往复，直到所有站点都分派有车辆。

（3）各条行车路线之间没有交叉。安排行车路线时，各条路线之间应该没有交叉。能取货的限制可能会造成线路交叉。

（4）使用最大的车辆进行运送。要注意的是在时间窗口和送货确定之后，应尽可能使用最大的车辆进行运送，这样设计出的路线是最有效的。理想状况是用一辆足够大的车辆运送所有站点的货物，这样将使总的行车距离最短或时间最少。因此，在车辆可实现较高的利用率时，首先安排车队中载重量最大的车辆。

（5）取货、送货应该混合安排。不应该在完成全部送货任务之后再取货。应该尽可能地在送货过程中安排取货以减少线路交叉的次数（如果在完成所有任务之后再取货，就会出现线路交叉的情况）。线路交叉的程度取决于车辆的结构、取货数量和货物堆放对车辆装卸出口的影响程度。

（6）对特殊情况采取灵活多样的运送方式。对过于遥远而无法归入站点群的站点，可采用其他运送方式。那些孤立于其他站点群的站点，为其提供服务所需的运送时间较长，运送费用较高。考虑到这些站点的偏僻程度和货运量，采用小型车辆单独为其进行服务可能更经济。此外，利用外包的运输服务也是一个很好的选择。

（7）避免时间窗口过短。时间窗口是指存在某个时间段，如果配送车辆在这个时段之外的某个时间到达站点，将无法完成配送作业。站点的时间窗口过短会使得行车路线偏离理想模式，所以如果某个站点或某些站点的时间窗口限制导致整个路线偏离期望的模式，就应该重新进行时间窗口的限制或重新优化配送路线。

4.3.3.3　物流路径优化的方法

按照上述原则在配送中可较快地找到比较合理的方案。但是，随着配送限制条件的增加，如时间窗口限制、车辆的载重量和容积限制、司机途中总驾驶时间的上限要求、不同线路对行车速度的限制等使得最优路线的设计越来越复杂。所以，仅仅有上述原则还是不够的，还需要专门的方法制定配送路线。我们将在这里介绍 3 个方法，即旅行商问题模型、节约法和扫描法。旅行商问题模型适用于对单一车辆配送路线进行优化，而节约法和扫描法主要针对多车辆配送路线进行优化。

1. 旅行商问题模型

最早的旅行商问题的数学规划由丹齐格（Dantzig）等人在 1959 年提出。旅行商问题模型（traveling salesman problem，TSP）是解决起点和终点重合的最短路径问题的典型方法之一。这类问题主要是指考虑从某设施点出发访问一定数量顾客后又回到原出发点的线路确定问题。例如，企业使用自有货车进行运输、从某配送中心送货到各零售点后再返回等，一辆车的行走路线构成一个回路。

该问题的目标是确定车辆从原点出发再回到原点前访问所有顾客的服务次序，使总行驶距离最小。TSP 模型的目标函数及约束条件如下：

$$\min Z = \sum_{i=1}^{m} \sum_{j=1}^{n} C_{ij} X_{ij}$$

$$\text{s. t.} \sum_{i=1}^{n} X_{ij} = 1 \quad \forall j = 1,2,\cdots,n$$

$$\sum_{j=1}^{n} X_{ij} = 1 \quad \forall j = 1,2,\cdots,m$$

$$X_{ij} \in \{0,1\}$$

式中，C_{ij} 为车辆经过对应路段 $\{i, j\}$ 所花的代价，如时间、距离或费用等；X_{ij} 为路段 $\{i, j\}$ 是否在线路上，1 代表肯定，0 代表否定。

上述 TSP 模型是整数规划模型，当网络节点数很少时，运用穷举法是十分有效的。但对于节点很多的大型问题，由于枚举的次数为 $(n-1)!$ 次，易产生"组合爆炸"，所以必须寻求其他算法求解。对于中小规模的 TSP 问题，利用分支定界法比较有效。此外，还可以利用现代优化方法，例如 Hopfield 神经网络方法、遗传算法、启发式算法等。如何有效地求解 TSP 模型也是优化领域研究的热点问题。对于节点数较少的问题，还可用简单贪婪算法求解最佳路线。

【例 4- 1】

如图 4-1 所示，要求车辆从配送中心 A 出发，送货到 B、C、D 三个客户后再返回配送中心。任意两点之间的距离已知，即直线上的数字，求最佳配送路径。

解： 用简单贪婪算法求最佳路径，步骤如下。

第一步：选择距出发点最近的顾客位置。由于 B 点距 A 点最近，故先选择 B 点。

第二步：从剩下的节点中选择离当前已选择节点最近的顾客，即找出离 B 点最近的点，由图 4-1 可知，这一点是 C 点。

第三步：如果所有位置都被选择了，则停止；否则返回到第二步。

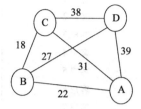

图 4-1 TSP 问题示意图

由于只剩下 D 点没被选择，所以，D 点成为继 C 点之后的顾客；然后返回 A。

这样，图 4-1 中的最佳送货路线为 A—B—C—D—A，总行驶距离 = 22 + 18 + 38 + 39 = 117。

2. 节约法

节约法（saving method）由克拉克（Clarke）和赖特（Wright）在 1964 年提出。用于多车辆路径问题，能同时确定车辆数及车辆行驶路径，其目标是使所有车辆行驶总里程最短，且使所需车辆总数最少。

节约法的基本思想是：如果将运输问题中的两个回路合并成一个回路，就可以缩短线路总里程（即节约了距离），并减少了一辆卡车。如图 4-2 所示，将两个回路合并成一个回路后，节约的距离为 $\Delta_{AB} = C_{AO} + C_{BO} - C_{AB}$。

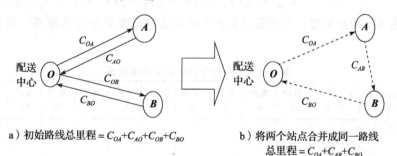

a）初始路线总里程 = $C_{OA} + C_{AO} + C_{OB} + C_{BO}$　　　b）将两个站点合并成同一路线

总里程 = $C_{OA} + C_{AB} + C_{BO}$

图 4-2 节约法思想的图形描述

根据上述思想，不断地对可行运输方案中的回路进行合并，或将某个站点加入现有回路中，并计算出相应的节约距离，将节约距离最多的站点（且满足约束条件）纳入现有路线。重复这一过程，直到完成所有站点的线路设计。下面通过具体例子来说明其步骤。

【例 4- 2】

某配送中心要为 13 个客户提供配送服务，配送中心的位置、客户的坐标及需求量如表 4-1 所示。配送中心共有 4 辆卡车，每辆车的载重量是 200 件。由于送货成本与行驶总里程之间密切相关，公司领导希望获得总行驶距离最小的方案。

表4-1   客户坐标及订单规模

站　点	X坐标	Y坐标	需求量（件）
配送中心	0	0	
客户 1	0	12	48
客户 2	6	5	36
客户 3	7	15	43
客户 4	9	12	92
客户 5	15	3	57
客户 6	20	0	16
客户 7	17	−2	56
客户 8	7	−4	30
客户 9	1	−6	57
客户 10	15	−6	47
客户 11	20	−7	91
客户 12	7	−9	55
客户 13	2	−15	38

解： 先假设每个站点分别由一辆虚拟卡车提供服务（各站点的货运需求量不超过车辆载重量），然后再返回仓库。这是一个初始可行方案（其总里程数最长、使用车辆数最多）。然后，运用节约法对该方案中的回路逐渐进行合并，不断地减少车辆数和总里程数，直到得到最佳方案。下面介绍利用表格或方阵求解的具体步骤。

（1）计算距离方阵。"距离"是指广义的距离，指任意两点之间的空间距离或两点之间的运输成本。这里，按式（4-1）利用坐标值来计算两点间的距离 C_{AB}：

$$C_{AB} = \sqrt{(x_A - x_B)^2 + (y_A - y_B)^2} \tag{4-1}$$

根据表4-1的坐标值，可计算出客户之间及客户与配送中心的距离，结果如表4-2所示。

表4-2   客户及配送中心之间的距离

	配送中心	客户1	客户2	客户3	客户4	客户5	客户6	客户7	客户8	客户9	客户10	客户11	客户12	客户13
客户 1	12	0												
客户 2	8	9	0											
客户 3	17	8	10	0										
客户 4	15	9	8	4	0									
客户 5	15	17	9	14	11	0								
客户 6	20	23	15	20	16	6	0							
客户 7	17	22	13	20	16	5	4	0						
客户 8	8	17	9	19	16	11	14	10	0					
客户 9	6	18	12	22	20	17	20	16	6	0				
客户 10	16	23	14	22	19	9	8	4	8	14	0			
客户 11	21	28	18	26	22	11	7	6	13	19	5	0		
客户 12	11	22	14	24	21	14	16	12	5	7	9	13	0	
客户 13	15	27	20	30	28	22	23	20	12	9	16	20	8	0

（2）计算节约矩阵。根据表 4-2 的距离矩阵，如果将线路"配送中心—客户 A—配送中心"与线路"配送中心—客户 B—配送中心"合并成一条线路"配送中心—客户 A—客户 B—配送中心"。按式（4-2）计算节约距离 $\Delta(A, B)$。O 代表配送中心。

$$\Delta(A,B) = \Delta_{AB} = C_{AO} + C_{BO} - C_{AB} \tag{4-2}$$

例如，$\Delta(1, 2) = 12 + 8 - 9 = 11$；$\Delta(2, 9) = 8 + 6 - 12 = 2$。

这样可得到第一次计算的节约矩阵，如表 4-3 所示。下面利用该节约矩阵将客户划归到不同的运输路线中。

表 4-3　第一次计算的节约矩阵

	客户1	客户2	客户3	客户4	客户5	客户6	客户7	客户8	客户9	客户10	客户11	客户12	客户13
客户1	0												
客户2	11	0											
客户3	21	15	0										
客户4	18	15	28	0									
客户5	10	14	18	19	0								
客户6	9	13	17	19	29	0							
客户7	7	12	14	16	27	33	0						
客户8	3	7	6	7	12	14	15	0					
客户9	0	2	1	1	4	6	7	8	0				
客户10	5	10	11	12	22	28	29	16	8	0			
客户11	5	11	12	14	25	<u>34</u>	32	16	8	32	0		
客户12	1	5	4	5	12	15	16	14	10	18	19	0	
客户13	0	3	2	2	8	12	12	11	12	15	16	18	0

（3）合并客户路线。客户线路合并的原则是使节约的距离最大，且不超过车辆载重量。这是一个反复进行的过程。

观察表 4-3，最大的节约 34 来自客户 6 与客户 11 的合并，合并后的总运量 = 16 + 91 = 107 < 200（件），合并是可行的。因此，首先应将这两个客户合并在一条线路上，如表 4-4 中第二列所示。节约的 34 在下一步中不必再考虑。

表 4-4　第一次改进后的节约矩阵

	路线	客户1	客户2	客户3	客户4	客户5	客户6	客户7	客户8	客户9	客户10	客户11	客户12	客户13
客户1	1	0												
客户2	2	11	0											
客户3	3	21	15	0										
客户4	4	18	15	28	0									
客户5	5	10	14	18	19	0								
客户6	6	9	13	17	19	29	0							
客户7	7	7	12	14	16	27	33	0						
客户8	8	3	7	6	7	12	14	15	0					
客户9	9	0	2	1	1	4	6	7	8	0				
客户10	10	5	10	11	12	22	28	29	16	8	0			
客户11	6	5	11	12	14	25	<u>34</u>	32	16	8	32	0		
客户12	12	1	5	4	5	12	15	16	14	10	18	19	0	
客户13	13	0	3	2	2	8	12	12	11	12	15	16	18	0

下一个最大的节约是客户 7 和客户 6 合并后可节约距离 33。合并后的总运量 = 107 + 56 = 163 < 200（件），所以这一合并也是可行的，将客户 7 添加到线路 6 中，如表 4-5 所示。

表 4-5　第二次改进后的节约矩阵

	路线	客户1	客户2	客户3	客户4	客户5	客户6	客户7	客户8	客户9	客户10	客户11	客户12	客户13
客户1	1	0												
客户2	2	11	0											
客户3	3	21	15	0										
客户4	4	18	15	28	0									
客户5	5	10	14	18	19	0								
客户6	6	9	13	17	19	29	0							
客户7	6	7	12	14	16	27	33	0						
客户8	8	3	7	6	7	12	14	15	0					
客户9	9	0	2	1	1	4	6	7	8	0				
客户10	10	5	10	11	12	22	28	29	16	8	0			
客户11	6	5	11	12	14	25	34	32	16	8	32	0		
客户12	12	1	5	4	5	12	15	16	14	10	18	19	0	
客户13	13	0	3	2	2	8	12	12	11	12	15	16	18	0

接下来考虑的最大节约量是客户 10 与客户 11（即线路 6）合并后可节约 32。但是，合并后的总运量 = 163 + 47 = 210 > 200（件）。合并不可行，再考虑将客户 5 添加到线路 6 中，节约量是 29，但加入客户 5 的运量后，超过了车辆载重量，同样不可行。

接下来，考虑线路 3 和 4 合并后可节约距离 28，合并后的运量 = 43 + 92 = 135 < 200（件），合并可行。这两条线路合并后的节约矩阵如表 4-6 所示。

表 4-6　第三次改进后的节约矩阵

	路线	客户1	客户2	客户3	客户4	客户5	客户6	客户7	客户8	客户9	客户10	客户11	客户12	客户13
客户1	1	0												
客户2	2	11	0											
客户3	3	21	15	0										
客户4	3	18	15	28	0									
客户5	5	10	14	18	19	0								
客户6	6	9	13	17	19	29	0							
客户7	6	7	12	14	16	27	33	0						
客户8	8	3	7	6	7	12	14	15	0					
客户9	9	0	2	1	1	4	6	7	8	0				
客户10	10	5	10	11	12	22	28	29	16	8	0			
客户11	6	5	11	12	14	25	34	32	16	8	32	0		
客户12	12	1	5	4	5	12	15	16	14	10	18	19	0	
客户13	13	0	3	2	2	8	12	12	11	12	15	16	18	0

反复进行上述过程，已经合并的线路不再考虑，将没被合并的线路依次进行合并：

线路 5 与线路 10 合并，节约 22，合并后的运量 = 57 + 47 = 104（件），可行。

线路 1 与线路 3 合并，节约 21，合并后的运量 = 48 + 135 = 183（件），可行。

线路 12 与线路 6 合并，节约 19，但合并后的运量 = 55 + 163 = 218（件），不可行。

线路 12 与线路 10 合并，节约 18，合并后的运量 = 55 + 104 = 159（件），可行。

线路 13 与线路 12（线路 10）合并，节约 18，合并总运量 = 38 + 159 = 197（件），可行。

线路 8 与线路 6 合并，节约 15，合并后的运量 = 30 + 163 = 193（件），可行。

线路 2 与线路 1 合并，节约 11，但合并后的运量 = 36 + 173 = 209（件），不可行。

线路 2 与线路 9 合并，节约 2，合并后的运量 = 36 + 57 = 93（件），可行。

最后，线路合并的结果是所有客户被划归为 4 条线路，分别是 {1，3，4}、{2，9}、{6，7，8，11}、{5，10，12，13}，即由 4 辆卡车为这些客户送货即可。

（4）确定每辆车的最佳行驶路径。目标是使所有车辆的总行驶距离最短。这属于单一车辆路径优化问题，优化后，每辆车的最佳行驶路径如下。

客户群 {1，3，4} 的最佳路径是：配送中心→客户 1→客户 3→客户 4→配送中心；行驶距离为 39。

客户群 {2，9} 的最佳路径是：配送中心→客户 2→客户 9→配送中心；行驶距离为 32。

客户群 {6，7，8，11} 的最佳路径是：配送中心→客户 8→客户 11→客户 6→客户 7→配送中心；行驶距离为 49。

客户群 {5，10，12，13} 的最佳路径是：配送中心→客户 5→客户 10→客户 12→客户 13→配送中心；行驶距离为 56。

因此，总的行驶里程为 176。客户分布及送货路线规划的结果如图 4-3 所示。

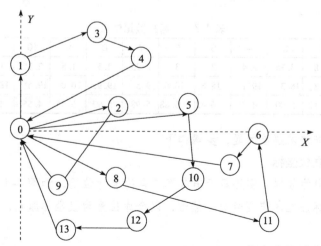

图 4-3　车辆分派及行车线路方案

3. 扫描法

扫描法由吉勒特（Gillette）和米勒（Miller）在 1974 年提出。扫描法是一种先进行客户分群再确定车辆最低路线的算法。求解过程分为两步：第一步是指派车辆服务的站点或客户点；第二步是决定每辆车的行车路线。

用扫描法确定车辆运行路线的方法十分简单，可通过手工计算或直接在图纸上完成，也可以利用计算机编程求解。一般来讲，它求解所得方案的误差率在10%左右，这样的误差率通常是可被接受的，因为调度员往往需要在接到最后一份订单后1小时内就制订出车辆运行路线。由于扫描法是分阶段操作的，因此有些时间方面的问题，如路线上的总时间和停留点工作时间的约束等，难以妥善地处理。

扫描法的原理是：先以配送中心为原点，计算出所有客户点的极坐标，然后依角度大小以逆时针或顺时针方向扫描，若满足车辆装载容量即划分为一群；在划分完的每个客户群内，用最短路径算法求出车辆最佳行驶路径。具体步骤如下：

（1）以配送中心为原点，将所有客户点的极坐标计算出来。

（2）选定极坐标轴，按顺时针或逆时针方向旋转，依角度大小开始扫描。

（3）将扫描经过的客户点需求量进行累加，当客户需求总量达到一辆车的载重量限制且不超过载重量极限时，就将这些客户划分为一群，即由同一辆车完成送货服务。接着，按照同样的方法对其余客户划分新的客户群，指派新的车辆。

（4）重复步骤（3），直到所有的客户都被划分到一个群中。

（5）在每个群内部用TSP算法或其他最短路径方法求出车辆行驶最短路径。

【例4-3】

某运输公司为其13家客户提供取货服务，货物运回仓库集中后，将以更大的批量进行长途运输。所有取货任务均由载重量为10吨的货车完成。13家客户的取货量 D_i、客户的位置坐标 (X_i, Y_i) 如表4-7所示。运输公司仓库坐标为（19.50，5.56）。

要求： 应用扫描法合理安排车辆及其服务的客户群，并确定各车辆行驶路线，使总运输里程最小。

表4-7   客户数据信息

客户	1	2	3	4	5	6	7	8	9	10	11	12	13
D_i	1.9	2.8	3.15	2.4	2	3	2.25	2.5	1.8	2.15	1.6	1.6	1.5
X_i	20.0	18.8	18.3	19.1	18.8	18.6	19.5	19.93	20.0	19.5	18.7	19.5	20.3
Y_i	4.80	5.17	5.00	4.78	6.42	5.88	5.98	5.93	5.55	4.55	4.55	5.19	5.20

解： 按照扫描法求解该问题，步骤如下。

第一步：建立极坐标

根据表4-7中的数据，图形显示出各客户点的坐标位置，如图4-4所示，每个客户的货运量用方框标注在客户编号旁。然后，以仓库位置为极坐标原点，向右的水平线为零角度线。

第二步：扫描划分客户群

以零角度线为起始位置，按逆时针方向依次扫描，将扫描经过的客户需求量进行累加，将既不超重又能最大限度地利用车辆装载量的客户划分为一组，由一辆车提供取货服务。

根据图 4-4 的客户位置分布，客户 6 首先被扫描，其取货量是 3 吨；按逆时针方向依次经过客户 5、客户 7、客户 8，这时取货总量 = 3 + 2 + 2.25 + 2.5 = 9.75（吨），接近车辆载重量 10 吨。所以，客户 6、5、7、8 指派由第 1 辆车完成服务。

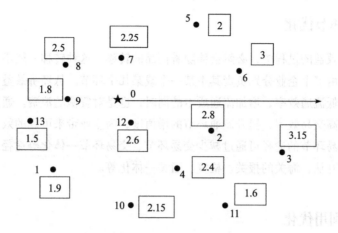

图 4-4　客户位置分布示意图

同样的方法，客户 9、13、1、12、10 五个客户被相继扫描，五个客户的累计取货量 = 1.8 + 1.5 + 1.9 + 2.6 + 2.15 = 9.95（吨），不超过车辆载重极限。这样就得到第 2 辆车的服务客户群。依此类推，客户 4、11、2、3 的取货量累计 = 2.4 + 1.6 + 3.15 + 2.8 = 9.95（吨），指派第 3 辆车完成取货运输。

这样，按照不超载又最大限度利用车辆的原则，13 家客户可指派 3 辆载重量为 10 吨的货车提供运输服务。

第三步：确定每辆车的最佳路径

按照单一车辆最短路径方法求出 3 辆车的最佳行车路线，得到 3 条线路。结果如图 4-5 所示。

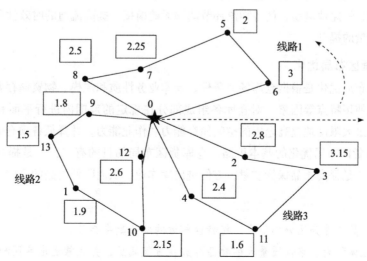

图 4-5　客户位置分布示意图

最后的结果是，第1辆车的最佳路径是：0→6→5→7→8→0；第2辆车的最佳路径是：0→9→13→1→10→12→0；第3辆车的最佳路径是：0→4→11→3→2→0。

4.3.4 交易环节优化

在获取空间效益的过程中，必然会伴随着商品的转移。这种转移一般不会完全由一个企业来完成，而是由多个企业分别负责其中某一个或某几个环节。从经济效益的角度来看，冗余的交易环节降低流通效率、增加流通成本的同时，也是对资源的浪费。通过对交易环节的精简和优化可提高交易效率，提升流通环节的增值度，为企业带来可观的效益。

优化空间交易环节的途径可通过减少交易环节、交易环节一体化等途径来获取，典型的如企业间的标准互认，海关的报关、检疫、通关一体化等。

4.3.5 空间利用优化

物流作业都是在一定的空间内进行的，如运输中的装载空间、仓储中的存储空间、场站的停放空间等，因此合理利用空间就成为挖掘物流空间效益的一个关注点。通过优化物流作业环节中的空间利用，包括运输中的装载空间的合理分配与利用，装卸过程中的搬运、装卸工具空间的利用，以及仓储空间的利用，可带来物流空间效益的增加。优化空间利用的途径包括标准化、一体化、专有化和运筹学中的线性规划等技术方法。

1. 通过标准化优化空间利用

物流设施设备的标准化是指对运输、装卸、搬运、仓储、保管以及场站设施等的标准化。例如，产品包装的标准化是从物流运输、装卸、搬运、仓储的角度出发，设计产品外观包装最优利用空间的尺寸；香烟包装的统一就是包装标准化的例子。装运工具标准化是指对装运工具的标准化，如集装箱与托盘的标准化。标准化的物流设施和设备有利于产品在整条供应链内高效、快速地流动，使各物流环节能够无缝衔接，提高流通的时效性和安全性，促进经济运行质量的提升。

2. 仓库货区布局优化

仓库货区布局优化是根据仓库场地条件、仓库业务性质和规模、物资储存要求以及技术设备的性能和使用特点等因素，对仓库各组成部分在规定的范围内进行平面和立体的合理安排和布置，最大限度地提高仓库的空间储存能力和作业能力，并降低各项仓储作业费用。

（1）仓库货区布局优化的基本思路。仓库货区布局的目的有二：一是提高仓库平面和空间利用率；二是提高物品保管质量，方便进出库作业，从而降低物品的仓储处置成本。具体措施如下：

- 根据物品特性分区分类储存，将特性相近的物品集中存放。
- 将单位体积大、单位质量大的物品存放在货架底层，并且靠近出库区和通道。
- 将周转率高的物品存放在进出库装卸搬运最便捷的位置。
- 将同一供应商或者同一客户的物品集中存放，便于进行分拣配货作业。

（2）仓库货区布局的形式。仓库货区布局分为平面布局和立体布局。

1）平面布局。它是指对货区内的货垛、通道、垛间距、收发货区等进行合理的规划，并正确处理它们的相对位置。平面布局的形式可概括为垂直式和倾斜式。

垂直式布局是指货垛或货架的排列与仓库的侧墙互相垂直或平行，具体包括横列式布局、纵列式布局和纵格式布局。横列式布局是指货垛或货架的长度方向与仓库的侧墙互相垂直。这种布局的主要优点是：主通道长且宽，副通道短，整齐美观；便于存取查点，如果用于库房布局，还有利于通风和采光。纵列式布局是指货垛或货架的长度方向与仓库侧墙平行。这种布局的优点主要是可以根据库存物品在库时间的不同和进出频繁程度安排货位：在库时间短、进出频繁的物品放置在主通道两侧；在库时间长、进库不频繁的物品放置在里侧。纵横式布局是指在同一保管场所内，横列式布局和纵列式布局兼而有之，可以综合利用两种布局的优点。

倾斜式布局是指货垛或货架与仓库侧墙或主通道成列 60°、45° 或 30° 夹角。具体包括货垛倾斜式布局和通道倾斜式布局。货垛倾斜式布局是横列式布局的变形，它是为了便于叉车作业、缩小叉车的回转角度、提高作业效率而采用的布局方式。通道倾斜式布局是指仓库的通道斜穿保管区，把仓库划分为具有不同作业特点的区域，如大量存储和少量存储的保管区等，以便进行综合利用。采用这种布局形式，货位和进出库路径较多。

2）立体布局。立体布局的目的在于充分有效地利用仓库空间。空间布局的主要形式有：就地堆码、上货架存放、加上平台、空中悬挂等。其中，使用货架存放物品有很多优点。例如，能够便于充分利用仓库空间，提高库容利用率，扩大存储能力；物品在货架里互补挤压，有利于保证物品本身和其包装完整无损；货架各层中的物品可随时自由存取，便于做到先进先出；物品存入货架可防潮、防尘，某些专用货架还能起到防损伤、防盗、防破坏的作用。

3. 通过一体化实现空间利用优化

物流一体化是指不同职能部门或企业之间通过物流活动的整合，在管理、运作流程等方面充分合作，以实现供应链全程的高效运作，降低总体成本并获取收益。具体到本节的空间效益，我们可将一体化理解为将物流作业中的各环节联系起来，采用不拆箱作业、不卸货作业等，节省途中时间，节约作业成本。如海洋运输与公路运输方式间的联运，承担集散运输的公路运输直接采用汽车集装箱运输的方式，避免拆箱。同时，一体化还可以将作业过程与物流环节的运输过程进行集成，实现空间上的优化利用。例如水泥搅拌车的投入使用，通过将水泥、砂石、水的运输过程集成，较好地利用空间，带来了较好的效益空间。而对于一些特殊产品或企业的特色产品，无法标准化时，可考虑采用专用的装运工具等，以方便装运。

4. 通过积载实现空间利用优化

积载是指对货物在运输工具上的配置与堆装方式做出合理的安排，通常用积载图来表示。积载多用在海运的集装箱货物堆码安排上，但对运输和配送而言，其中的一些技术与原理仍然能促进配送效率的提高，提高效益。

影响配送车辆积载的因素有很多，如货物的特性、货物包装情况等。提高车辆积载技术，充分利用集装箱容积，有利于节省运输费用。同时，货物装在配送车辆内虽然由于得到充分保护而不致残损，但若积载不当，或无视货物的性质和包装情况也会造成货损。

| 小知识 |

积载图

积载图（stowage plan）用以表示航次货物在船舶货舱中装载位置和方法的船舶侧面图。装货前的计划积载图称为配载图，装货后的称为实际积载图。

船舶货物积载图一般由船舶大副负责编制。积载图编制的合理与否，不但涉及合同航次任务能否完成，也涉及货物运输安全。货物积载图的编制基本原则是，根据安全、优质、快速、经济原则，在保证船货安全的前提下，加速船舶周转，提高船舶经济效益。具体要求如下：①充分利用船舶的装载能力；②保证船体强度不受损伤；③保证船舶稳性、吃水差适当；④保证货物运输质量；⑤保证正确的装卸港序；⑥便于货物装卸，缩短船舶在港停留时间；⑦合理利用舱面装载。

资料来源：李勤昌. 国际货运实务 [M]. 北京：科学出版社，2008.

在物流实践中，物流空间效益的各种方式是综合使用的。应用中可使用某一种措施来进行优化，也可同时使用多种措施来进行，如供应链中的物流延迟措施，在对企业工艺流程优化的同时，也获得了对分销区域的库存优化收益和物流网络的优化收益，而且降低了企业的需求预测风险。

进行物流空间效益优化的各种原则、方法也都不是绝对的，存在一个适用范围的问题。最根本的一点是能给企业带来效益，只要能够获取较原物流方案更好的效益，那么优化就是可取的。

◆ 本章小结

物流空间价值是在"物"的流动过程中由于"物"的空间转换所产生的价值。物流的空间价值是"物"实现空间转换前后给供给方带来的收益的差额，它直接来源于实现"物"的空间转换所产生的相关收益大于所发生的相关成本费用的部分。

物流的空间效益伴随着"物"的流动得以实现，内容十分丰富。从"物"的流动方向与流动过程来看，可以从4个方面来理解空间效益的具体内容，即基于分散生产所创造的效益、基于集中生产所创造的效益、基于中间集散所创造的效益和基于弥合生产需求分散所创造的效益。空间效益包括显性和隐性两种效益。显性效益是产品在异地实现的销售收入；隐性效益是指因产品空间转换而给供给方带来的、无法用量化指标衡量的那部分收益。与空间效益相关的成本包括机会成本、流动成本、时间成本。空间效益的实现方式包括采购优化、物流网点布局优化、物流路径优化、空间利用优化、交易环节优化。

◈ 复习思考题

一、名词解释

物流空间效益　物流路径　物流一体化

二、单选题

1. 物流空间效益产生的外在原因是（　　）。
   - A. 物品供应地与消费地的空间距离
   - B. 生产与销售日益国际化
   - C. 企业寻求资源的最优配置
   - D. 物流效率高于某一临界点
2. 物流空间效益产生的内在原因是（　　）。
   - A. 经济资源流动能产生效益
   - B. 资源流动的成本小于收益
   - C. 资源的稀缺性
   - D. 物流效率高于某一临界点
3. 度量空间价值的关键是（　　）。
   - A. 对实现"物"的空间转换所产生的显性收益和所发生的相关成本费用的考查
   - B. 对实现"物"的空间转换所产生的相关收益和所发生的相关成本费用的考查
   - C. 对实现"物"的空间转换所产生的隐形收益和所发生的物流成本费用的考查
   - D. 对实现"物"的空间转换所产生的显性收益和所发生的物流成本费用的考查
4. 物流路径优化的节约法是由（　　）提出的。
   - A. Dantzig
   - B. Gillette 和 Miller
   - C. Clarke 和 Wright
   - D. Peter
5. 物流路径优化的扫描法是（　　）年提出的。
   - A. 1958
   - B. 1964
   - C. 1974
   - D. 1982

三、多选题

1. 下列哪些是属于空间效益所度量的收益与成本（　　）。
   - A. 显性收益
   - B. 隐形收益
   - C. 机会成本
   - D. 时间成本
2. 采购优化是空间效益的实现方式之一，其优化内容包括（　　）。
   - A. 采购标准化
   - B. 采购流程优化
   - C. 采购点的优化
   - D. 采购批量的优化
3. 下列不属于空间效益的是（　　）。
   - A. 基于集中生产所创造的空间效益
   - B. 基于分散生产所创造的空间效益
   - C. 基于中间集散所创造的空间效益
   - D. 基于集中消费所产生的空间效益
4. 物流空间效益的实现方式主要有（　　）。
   - A. 采购优化
   - B. 物流路径优化
   - C. 物流网点布局优化
   - D. 交易环节优化
5. 下列哪些属于物流路径优化的方法（　　）。
   - A. 层次分析法
   - B. TSP
   - C. 节约法
   - D. 扫描法

四、判断题

1. 物流空间收益包括显性收益和隐性收益。（　　）
2. 安排行车路线时，各路线之间在必要时可以交叉。（　　）
3. 迂回运输不会提升物流效益。（　　）
4. 设计配送路线时，应当从最近的站点开始。（　　）

五、简答题

1. 简述空间效益产生的原因。
2. 与空间效益相关的成本费用有哪些？
3. 空间效益的实现方式有哪些？
4. 简述物流路径优化的原则。
5. 简述物流网点布局的内容和目标。

表4-8 客户数据信息

P_j	1	2	3	4	5	6	7	8	9	10	11	12
q_j	1.2	1.7	1.5	1.4	1.7	1.4	1.2	1.9	1.8	1.6	1.7	1.1
d_{0j}	9	14	21	23	22	25	32	36	38	42	50	52

表4-9 各客户之间距离表

	客户1	客户2	客户3	客户4	客户5	客户6	客户7	客户8	客户9	客户10	客户11	客户12
客户1	0											
客户2	5	0										
客户3	12	7	0									
客户4	22	17	10	0								
客户5	21	16	21	19	0							
客户6	24	23	30	28	9	0						
客户7	31	26	27	25	10	7	0					
客户8	35	30	37	35	16	11	10	0				
客户9	37	36	43	41	22	13	16	6	0			
客户10	41	36	31	29	20	17	10	6	12	0		
客户11	49	44	37	31	28	25	18	14	12	8	0	
客户12	51	46	39	29	30	27	20	16	20	10	10	0

六、论述题

1. 论述空间效益所包含的内容。

2. 物流网点布局应考虑哪些因素?

3. 如何通过采购优化实现空间效益?

七、计算题

1. 设配送中心 P_0 向 12 个客户 P_j ($j = 1$, 2, 3, …, 12) 配送货物,各个客户的需求量为 q_j 吨,从配送中心到客户的距离为 d_{0j} ($j = 1$, 2, 3, …, 12),各客户之间的距离为 d_{ij} ($i = 1 \sim 12$, $j = 1 \sim 12$),具体数值如表 4-8 和表 4-9 所示。配送中心有载重 4 吨、5 吨和 6 吨的 3 种车辆可供调配,试制订最优解的配送方案。

2. 某企业用送货车辆从其所属的仓库到各客户点提货,然后将客户的货物运回仓库,以便集运成大的批量再进行远程运输。全天的提货量如图 4-6 所示,提货量以件为单位。送货车每次可运载 10 000 件。

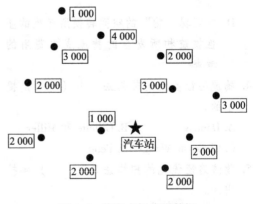

图4-6 停留点提货量数据

要求: 应用扫描法合理安排车辆及其服务的客户群,并确定各车辆行驶路线,使总运输里程最小。

■ 案例分析

海尔开放物流平台的打造

2014 年年底，阿里巴巴宣布斥资 28.22 亿港元投资海尔电器旗下"日日顺"物流，设立合资公司，这一合作让多年低调运作的海尔"日日顺"受到诸多关注。此次，海尔集团与阿里巴巴的合作是为了创造交互价值，契合了海尔向互联网时代的服务型企业转变的战略构想。

早在 1996 年开始，海尔集团就开始布局规划，当时没有认识到移动互联网的出现，只是想要做销售终端，认为不是把产品卖出去，而是把用户的资源买回来。正是这种超前眼光和反弹琵琶的换位思考成就了今天的"日日顺"，使之成为海尔战略的重要一翼。

从 1996 年开始，"日日顺"的渠道建设投入已超过 300 亿元，这个数字还只是简单的累加，如果放到今天再投，远远不止这个数字。而今的"日日顺"已经打造成为国内外唯一覆盖三四线城市，甚至农村的第三方物流平台，不仅配送海尔家电，还向其他家电开放，目标是把送货环节变成用户增值服务的环节，把配送平台变成交互平台。目前，"日日顺"在全国 2 800 多个县有物流配送站，总计有 17 000 多家服务商网点、9 万辆服务车、8 万名服务兵，他们生活在用户身边，能够很好地为用户提供本地化、面对面的服务。

海尔集团与阿里巴巴的合作是双赢的，是基于要在大件物流上形成引领行业的标准，规范互联网"最后一公里"的物流标准的考虑，希望通过合作给用户提供最佳的体验，产生交互价值，而非简单地送货。从阿里巴巴来讲，阿里巴巴通过入股"日日顺"物流，补强其生产圈。而阿里巴巴自身是一个大的交易交互开放平台，积累了很

多用户数据。在合作过程中，"日日顺"的配送和交货数据，都会建立在供货平台上，由双方共同挖掘用户需求。对海尔而言，阿里巴巴积累的用户数据是海尔与阿里巴巴联手的一大动因，通过利用阿里巴巴在数据、信息上的优势加快海尔在移动互联网转型道路上的步伐。如何利用大数据做好交互用户的价值，也是"日日顺"今后思考的方向。毕竟大数据的本质是预测，如果大数据不能产生交互用户的话，那也只是一堆数字而已。

海尔集团与阿里巴巴的合作是海尔向开放的平台型企业转型的重要一步。它有两个方向的部署：一个是青岛海尔，把过去纯粹的家电变成智慧家庭，把硬件变成软件，每一个硬件有一个芯片，每个芯片都是一个交互终端，这就相当于把家用电器变成交互网器；另一个是海尔电器，力求打造一个虚实融合的价值交互平台。在交互过程中，海尔可以为用户提供诸如关于房型和水质的解决方案，让用户订制需要的产品，交易既可以在线上也可以在实体店实现。

创立之初，"日日顺"的定位就是建立一个独立的第三方配送平台，海尔只是它的客户之一。目前，"日日顺"已经与众多家电品牌建立合作。2013 年"双 11"，尽管海尔和阿里巴巴还没有合资公司，但 80% 以上的大家电都是通过"日日顺"平台来配送的。

如今，"日日顺"的目标就是要建成一个围绕家电、家具、家装、家饰、家庭饮水、家庭育儿和社区服务的，以家为概念的开放服务平台，与"服务的海尔"理念相融合。海尔解决的是人和服务的关系；有的

品牌解决的是人与信息的关系，如百度；有的解决的是人与商品之间的关系，如阿里巴巴；有的解决的是人和人之间的交互关系，如腾讯。怎样做好人与服务的关系，产生更好的空间效益是互联网经济里非常重要的一环。

资料来源：经多方资料整理而成。

讨论题

1. 对于信息数据的管理是物流管理的重要一环，海尔开放物流平台的打造能创造什么样的空间效益？

2. 海尔集团与阿里巴巴合作"日日顺"物流的经验对我国物流企业有哪些启示？

第 5 章
CHAPTER5

物流市场的需求与供给

§ 学习目的与要求

- 了解物流供给价格弹性与物流需求价格弹性
- 理解物流服务供给与需求均衡的形成及其互动关系
- 熟悉物流市场需求分析的指标
- 掌握物流市场的需求与供给的基本概念、影响因素
- 掌握物流市场需求分析、物流供给分析的内容

§ 引例

不敢吃的贵妃鸡，不敢送的高原梨

2012 年以来，《舌尖上的中国》系列节目的热播将消费者对产地直送的认识和期待助推到了一个前所未有的高度。消费者足不出户就能遍尝全球美味的愿望促使更多中小型生产者萌生了拓展市场的意愿。看到这些，不少冷链从业者也加快了全产业链条布局的步伐。

但从现实来看，中小型农产品企业想融入冷链发展当中，仍须克服很多困难。针对于此，中国新农人联盟发起人辛巴举了两个非常有意思的例子，一个是不敢吃的贵妃鸡，另一个是不敢送的高原梨。

"去年夏天，有一个在山东莱芜养贵妃鸡的新农人，为了打通销售渠道，请求我们帮助疏通流通环节。他的贵妃鸡品质非常好，要价每只 198 元。根据相应情况，我们为他引荐了渠道商，并告诉他可以发两个样品给对方看一看。于是，他从山东莱芜发了两只样品鸡到深圳。为了求快，他选择了顺丰快递配送，并且在发货之前对产品进行了真空包装，并放置了冰块和泡沫。第三天，样品到达深圳，但冰块已经融化，鸡也解冻了。渠道商告诉我，虽然看起来鸡的品质确实不错，但他不敢吃这样的货物，也不敢卖。"辛巴接着说，"另一个例子的主角是浙江庆元县的高原梨。一箱梨的重量是 5 千克，我称量后发了快递。大概也是过了三四天，高原梨到达目的地北京。但收货的朋友告诉我，货物破损较为严重，东西不错，但很可惜，没有办法出售。"

资料来源：杨颖，霍玉菡. 不敢吃的贵妃鸡，不敢送的高原梨 [N]. 中国贸易报，2014-08-05，第004版.

请思考

1. 从物流供给、物流需求的角度来看，本案例的问题是什么？
2. 结合本案例，你认为在现代物流中平衡物流供需关系的关键所在是什么？为什么？

随着我国市场经济体制的建立和物流社会化、专业化的逐步形成，社会物流资源需要按市场机制进行分配，同时物流需求也需要在市场中得到满足。因此，研究物流市场的需求与供给是非常重要的，从微观层面上来说，一是在于指导物流企业如何进入市场，并参与市场竞争；二是指导物流需求企业（如制造企业、商贸企业）如何利用物流市场机制，降低物流成本。从宏观层面上来看，在于寻求在市场经济条件下，实现物流需求与供给总量上的基本平衡，以及结构上相互适应的条件。

所谓物流市场，是指物流服务供给、物流服务需求交换关系的总和。从这个定义出发，物流市场是由提供物流服务的企业和具有物流服务需求的各类经济部门、各类企业和个人构成的。

|阅读材料|

采购经理人指数

采购经理人指数（purchase managers' index，PMI），是衡量一个国家制造业的"体检表"，是衡量制造业在生产、新订单、商品价格、存货、雇员、订单交货、新出口订单和进口8个方面状况的指数。

PMI是以下不断变化的5项指标的一个综合性加权指数：新订单指标、生产指标、供应商交货指标、库存指标和就业指标。加权指数在某种程度上具有代表意义，显示出变化的趋势和程度大小，从而得出每一家企业在每个方面处于上升、下降和不变的结果，通过计算每个方面不同结果企业所占的比例后，得出这5个方面的扩散指数（扩散指数 = 上升百分比 − 下降百分比 + 不变百分比）。

将这5个扩散指数按照一定的权重比例扣除季节等影响因素后得出采购经理人指数。具体权重比例：产品生产权重比例25%；订单权重比例30%；存货权重比例10%；厂商表现权重比例15%；就业情况权重比例20%。

采购经理人指数以百分比来表示，常以50%作为经济强弱的分界点：当指数高于50%时，则被解释为经济扩张的信号。当指数低于50%，尤其是非常接近40%时，则有经济萧条的忧虑。在40～50时，说明制造业处于衰退，但整体经济还在扩张。

资料来源：根据相关资料整理而成.

5.1　物流需求

从工业化和后工业化经济发展的历程来看，需求是拉动商品经济发展的龙头。物流需求分析的目的就在于为社会物流活动提供使物流能力供给不断满足物流需求的依据，以保证物流服务的供给与物流需求之间的相对平衡，使社会物流活动保持较高的效率与效益。在一定时期内，当物流能力供给不能满足物流需求时，将对物流需求产生抑制作用；当物流能力供给超过物流需求时，会不可避免地造成物流供给的浪费及物流市场的过度竞争。20 世纪末及 21 世纪初，我国物流市场的供大于求的局面，就导致了物流市场的过度竞争及物流供给能力的大量浪费：一方面是超载现象屡禁不止；另一方面是返程空载现象十分普遍。

5.1.1　物流需求及其特性

物流需求是物流发展的重要前提条件，也是物流市场机制形成的必要条件，作为消费者的个人、企业、行业部门、区域乃至国家都可能具有物流需求，物流需求涉及现代社会经济生活的方方面面。

1. 物流需求的内涵

物流需求是指一定时期内社会经济活动对生产、流通、消费领域的原材料、成品和半成品、商品以及废旧物品、废旧材料等的配置作用，从而产生的对存货在空间、时间和费用方面的要求，它涉及运输、库存、包装、装卸搬运、流通加工以及与之相关的信息需求等物流活动的诸多方面。它表明：在一定时期内，社会能够通过市场交换而消费的物流服务的数量。因此，在分析物流需求时，至少应该关注以下几个方面。

（1）现代物流需求包括需求量和需求结构两个方面。从物流的发展规律来看，现代物流服务的需求包含量与质两个方面，即从物流规模和需求结构中综合反映物流的总体需求。物流规模是物流活动中运输、储存、包装、装卸搬运和流通加工等物流作业量的总和。而物流需求结构可以有不同的表述方式。从物流服务的内容来说，它包括运输、仓储、包装、装卸搬运、流通加工、配送、信息服务等方面的需求。从物流需求的形态来说，它包括有形需求和无形需求。有形需求是指对物流服务内容的需求；无形需求是指对物流服务质量的需求，如物流效率、物流时间、物流成本等方面的需求，其变化突出表现在减少物流运作时间、降低物流成本、提高物流运作效率等方面。

（2）物流市场的需求具有时间和空间特性。由于物流服务的主体内容包括产品的运输、储存、包装、配送、装卸搬运、流通加工等各个环节的运作活动，这就涉及产品的时间效用问题和空间效用问题。因此，在对物流市场的需求进行分析时，不仅需要分析物流需求随时间变化的规律，还需要了解其空间的需求变化情况，即分析在不同时间、不同区域中，物流需求的变化规律。

（3）物流系统需求的分析应包括物流系统各作业项目的分析。由于物流的功能包括了运输、储存、包装、装卸搬运、流通加工、信息服务等，所以对物流系统的需求进行分析，实际上就是对这些方面的物流作业进行分析。

不同的产品具有不同的物流需求模式。刚刚投入市场且还处于投入期和成长期的产品，其物流需求是不稳定的，而进入成熟期的产品，市场分布稳定，销售量会随季节、时间的变化呈现出一定的趋势，其相应的物流服务也呈现出某种趋势。同样，对于处于供应链中不同环节的物流系统而言，其物流需求模式也是各不相同的。例如，服务于供应链的下游企业、服务于供应链的上游企业、独立于供应链的为社会大众服务的物流系统，它们在物流需求量和物流需求结构方面是不一样的。

（4）物流需求同时包含独立需求和派生需求。当一种产品或服务的需求与任何其他产品或服务的需求无关时，该产品或服务的需求就是独立需求；反之，如果一种产品或服务的需求是由对其他产品或服务的需求引发的，那么对该产品或服务的需求就是派生需求。对于大多数制成品的需求就是独立需求。第三方物流企业的物流服务需求就是一种独立需求，而对制造业来说，其生产过程中所产生的物流需求多为派生需求。独立需求和派生需求的区别，是由物流需求特性所决定的。

物流市场的成长取决于物流需求和需求的潜力，从企业经营的角度来看，建立物流运作系统的目的是在货物运送、储存和提供相关服务方面充分满足客户的期望与要求，推动企业走向成功。从供应链角度来分析，市场对物流的需求和要求是从供应链内部与外部两个方面体现出来的。内部需求是由与供应链成员企业相关的因素构成，由产品的特性和消费者的要求决定的。图5-1表示一条供应链上存在诸多物流需求，这种物流需求存在于供应链上的各个环节甚至整条供应链，它们分别构成中间性物流需求和最终物流需求。外部物流需求则来自市场，这种外部市场的物流需求将会有效地促使企业提高内部物流系统的效率，并有利于内部物流系统与外部系统的协同。

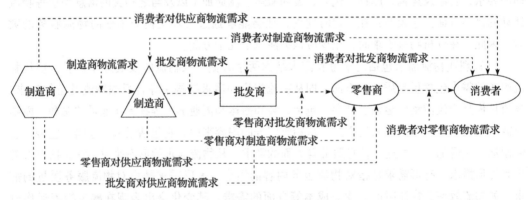

图 5-1　供应链上的物流需求主体

资料来源：魏际刚. 物流经济分析—发展的角度［M］. 北京：人民交通出版社，2005.

2. 物流需求的特性

物流需求与其他商品需求相比有其特殊性，这些特殊性是相互关联、相互影响的。

（1）派生性。物流需求是社会活动特别是制造与经营活动所派生的一种次生需求。物资的流动是由于社会生产与社会消费的需要，它受生产力、生产资源分布、生产制造过程、消费分布、运输仓储布局等因素的影响。所以，物流是社会经济活动及其发展派生出来的一种经济活动，其活动的流体、载体、流向、流量、流程等要素都会受到社会经济活动的影响。社会之所以有物流需求，并非是因物流本身的缘故，而是物流需求的主体为了实现其生产、生活中的其他需求，让"物"在时空上运动或储存所派生出来的一个必不可少的环节，这才是物流需求的本质所在。

（2）复杂性。物流与社会生产、经济生活有密切的联系，社会劳动生产率的提高、经济发展方式的改变、收入与消费的增加以及新政策的实施等都会使物流需求发生变化；不同类型的物流需求主体提出的物流需求在形式、内容方面均会有所差异，而物流的对象"原材料、零部件和产成品"由于在重量、容积、形状、性质上等各有不同，都会导致对物流服务水平的要求也各不相同，引起对物流需求发生变化；人们的生活方式、消费习惯不同，物流基础设施的制约以及供应链企业间的平行、垂直和重叠关系的相互影响又使物流需求在一定趋势变化基础上相对物流供应上下波动，这就导致物流需求变化既有一定规律性又存在随机性特点。

（3）不平衡性。物流需求在时间和空间上均有一定的不平衡性。物流需求的时间不平衡性主要表现在不同时期，经济发展对物流需求量的影响是不一样的，如经济繁荣时期的物流活动与经济萧条时期的物流活动在强度上是存在差别的。物流需求的空间不平衡性主要反映在同一时期内，不同区域物流需求的空间分布存在差异，主要是由于自然资源、地理位置、生产力布局等因素的差异所造成的。

（4）时效性。物流需求的时间性很强，从宏观上看，经济建设与发展的不同阶段对物资需求的数量、品种、规模是不相同的；从微观上看，物流需求的数量和品种往往随季节变化，这些都要求物流服务必须能在一定范围内按时满足物流需求。此外，现代科技更新周期的不断缩短和人们消费观念的日益变化，提高了物流需求随时间变化的敏感性。

（5）化解性。物流的需求可由物流需求主体的主观努力或客观努力而得到有效的化解。一是由于生产力结构的调整、工艺流程的改造、管理的科学化，从而减少了原来产生的物流需求，或者消除了需求；二是由于物流价格、物流服务质量以及管理体制等原因，本应由市场提供的物流服务转换为自我服务，从而使一定数量的市场需求消失。

（6）弹性小。由于物流需求是社会活动、经济活动所派生的一种次生需求，一旦产生这种需求，其需求量变化的弹性往往较小。首先，当合理的物流量产生之后，不会因价格的高低而消失，只会在不同形式之间转换，这是由物流的生产性所决定的；其次，由于物流设施投资大，回收期长，在一般情况下，不可能因价格的升高而马上就转换为自我服务，使需求量迅速下降。相反，一旦购置了物流资源，由于使用价值的单调性，当物流价格稍有下降，也不可能弃之不用，并且自我服务很可能转为市场需求，使需求量迅速增长。

5.1.2 物流需求的影响因素

物流需求作为社会经济活动的一种派生需求，与经济总量、产业结构、区域分工、技术进步、国际贸易、价格等因素之间存在直接或间接关系，认识和把握这些因素对物流需求的影响，对于物流企业和物流行业管理部门正确预测物流需求变化趋势，制订相应对策措施，具有重要意义。物流需求的影响因素主要有以下几点。

1. 经济总量及其增长速度

国民经济的规模是物流需求总量增长的决定因素。国民经济发展速度快、规模大，向社会提供的产品数量多，必然会使生产过程中的货物运输量和周转量增加。国民经济的结构会减缓货运量和货物周转量的增长速度。

物流需求总量和需求结构的变化与一国的 GDP 经济总量及经济增长速度有着密切的关系，GDP 经济总量规模越大、经济发展水平越高的国家和地区，对货物运输、仓储、配送、物流信息处理等物流服务的需求就越大；经济增长越强劲，对物流需求的增长也越强劲。而且，在经济发展的不同阶段对物流需求的结构和质量要求也存在很大差别。世界各国经济结构变动的普遍趋势表明，在人均 GDP 600～1 000 美元期间，商业、旅馆和饭店业在第三产业构成中的比重逐步由上升转为下降，交通运输、仓储和邮电通信业的比重有较大幅度的上升；在人均 GDP 1 000～2 000 美元期间，商业、旅馆和饭店业在第三产业构成中的比重进一步下降，交通运输、仓储和邮电通信业的比重继续快速上升；当人均 GDP 继续上升到 3 000 美元左右时，交通运输、仓储和邮电通信业的比重由快速上升转为平稳增长，保持相对稳定。西方发达国家工业化初期，采掘和原材料工业对大宗、散装货物的运输需求旺盛，运输需求的增长率高于经济的增长；到机械加工工业发展时期，运输需求的数量仍在增加，但增加速度与经济增长几乎同步，运输需求开始多样化，对运输速度和质量的要求有所提高；进入精加工工业时期，经济增长对原材料的依赖减少，货运需求增长低于经济增长，但对物流服务的质量要求越来越高。

因此，从根本上说，经济发展的整体水平和规模是物流需求的决定性因素，也是物流需求的原动力。

2. 产业结构与产品结构

产业结构是另一个影响物流需求的重要因素。产业结构的差异将对物流需求功能、物流层次以及物流需求结构等方面产生重大影响。

从各产业对物流的需求来看，第一、二产业中的采掘业、制造业等提供的都是实物形态的产品，从生产到消费都离不开运输仓储，第二产业对运输仓储的需求较大，投入也比其他产业高，它的物流支出相对较大。相反，第三产业的产值创造主要来自无形的服务，第三产业以服务业为主，对物流的依赖程度小，在物流方面投入少，物流成本支出少，与产值相比，物流成本只占很少的比例。这说明各产业对物流的需求程度不同，实物型行业的物流需求大于服务行业。如果用单位 GDP 所产生的货物周转量来表示货运需求强度，则重工业对铁路货运物流的需求强度最大，轻工业次之；商业服务业对公路货运物流的需求强度最强，其次是农业和轻工业，再次是重工业。因此，产业结构及其变动对物流需求的影响是深刻的。此外，不同的产品结构，所引起的物流需求差别也是很大的。总之，产业结构、产业业态、产品结构的变化会带来物流需求结构的相应变化。

3. 经济空间布局

经济空间的分工格局，对物流需求的影响也很大。在经济发展较低阶段，各经济区域间相对独立，产业结构又基本类似的情况下，彼此之间的交换需求量小，对物流服务的需求也很少。在市场经济发展较高阶段，市场竞争日益加剧，生产力布局会不断地向着全国甚至全球大分工的方向转变，区域经济将突破封闭割裂状态，向专业化、一体化和分工协作的方向发展。经济空间的专业分工和协作必然增强不同区域间的经济社会联系，极大地增加区域间商品、中间产品和生产要素的转移与流动，从而拉动物流需求的快速增长。资源分布不均、区域经济发展不平衡从而导致的经济空间布局，是客观上产生物流需求的最直接原因。我国的"北煤南运""南粮北调"就是典型例子。

4. 消费和市场环境

消费水平和消费理念的变化也将影响物流需求。消费水平和消费理念直接影响企业经营决策，进而影响物流的规模、流动方向和作用对象。当一种新的需求产生时，就会有企业为满足这种需求，调动必要的资源进行生产和销售，从而为物流提供巨大的市场。

市场环境变化也对物流需求产生影响，具体包括：国际、国内贸易方式的改变，生产企业、流通企业的经营理念的变化及经营方式的改变等。例如，积极发展对外经济必然扩大进出口数量，带动国际物流需求的增加。物流服务于生产和市场销售，物流的具体对象更离不开企业和社会所需要的各种物质资料，因此市场环境的改变将影响物流的流向、服务方式、服务数量和质量等。

5. 技术进步

技术进步对物流需求的影响是多方面的。第一，道路设施的增加和运输工具技术的发展，特别是高速交通运输体系的投入使用，进一步刺激了社会对公路运输的需求。第二，科技进步也不断改变着各种交通方式的技术经济特征，从而有效地提高了物流服务的时效性和质量。第三，随着信息技术和物流处理技术的进步，第三方物流、第四方物流的优势日益显现，企业对第三方物流、第四方物流服务的需求也将不断增长；网络技术的发展和电子商务的广泛应用，对物流需求的量、质和服务范围均将产生重大影响。第四，物资存储技术的发展，为企业减少的库存量提供了技术支持，从而将减少的库存量转化为社会物流库存量和运输量；第五，电子通信和网络技术提升了物流服务的质量与服务范围。

6. 物流服务水平和价格

物流服务水平对物流需求也存在刺激或抑制作用。物流服务在走向专业化、综合化和网络化的过程中，物流企业利用其规模化优势和专业化服务优势，可通过降低库存、提高商品周转率等服务，为企业节约大量成本，从而促使越来越多的企业倾向于选择专业物流供应商，放弃自营物流，扩大了物流需求量。

物流价格也是影响物流需求的一个重要因素。虽然物流需求的价格弹性较小，但当物流价格高于价值，用户的预期经济利益得不到保证时，用户物流需要的满足途径，就会由市场转向自营，使市场需求量相应减少。反之，当物流价格保持在集约化生产才能达到社会平均利润水平时，自给性的小型物流服务得不偿失，原来自我满足的物流需要就会转向市场，从而扩大了物流需求量。

5.1.3 物流市场需求分析

物流需求分析是将物流需求和产生物流需求的社会经济活动进行相关分析的过程，通过物流需求分析使我们定性、定量地了解社会经济系统对物流的需要强度。

从分析内容上看，物流需求分析应包括物流需求量分析和物流需求结构分析。在进行需求分析前，首先要界定物流需求量和物流需求结构。对于物流需求量，我们可以从数量意义上和价值意义上去分析。对于物流需求结构，我们则可以从不同角度进行表述，从物流服务内容需求上划分，包括运输、仓储、包装、装卸搬运、流通加工、配送、信息服务等方面的需求；从物流服务质量需求上划分，包括如物流效率、物流时间等方面的需求，如图 5-2 所示。此外，对物流需求的分析，我们还可以从物流市场需求的构成要素以及物流市场需求主体的角度进行。

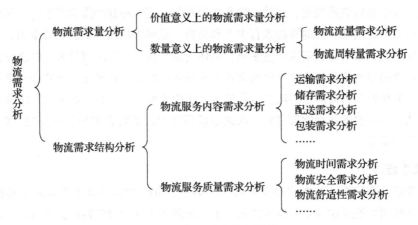

图 5-2　物流需求分析结构

5.1.3.1　物流市场需求量分析

物流需求分析重在对需求量进行分析。物流需求量是指在一定的物流服务能力与水平下所实现的物流需求。物流量可以分为物流需求量和物流供给量。因此，研究物流需求量可从研究物流量着手。

1. 物流需求量与物流量

在实际的物流需求量分析中，常用物流量替代物流需求量，二者既有联系，又有区别。物流量按照它的供需特性可分为物流供给量和物流需求量。社会经济活动对物流的需求是通过各种物流需求量（如运输量、仓储量、配送量、流通加工量等）的形式反映出来的。

物流需求与物流量密切相关，但物流量并不完全代表经济社会活动对物流的需求。在物流服务能力能满足物流需求的条件下，物流量基本上反映物流需求。在物流服务能力不能满足物流需求的条件下，物流量不能代表社会经济活动对物流的需求，仅代表被一定物流服务设施所限制的物流需求量，尚未满足的物流需求部分就是潜在的物流需求。图5-3表明了物流需求量与物流需求以及潜在物流需求之间的关系。显然，当物流服务供给能力得到加强时，潜在物流需求就会转化为物流需求量。

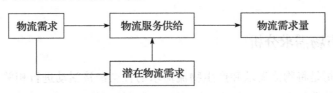

图5-3　物流需求量与物流需求之间的关系

2. 数量意义上的物流需求量分析

根据对物流量的不同理解，将物流量分为"物流流量"和"物流周转量"。

（1）物流流量分析。物流流量是指运输、储存、包装、装卸搬运、配送、流通加工等物流环节中物流作业完成的物质实体的数量。它指流动的物质实体，是对物质实体数量的衡量。度量单位常是吨。一般来讲，物质实体在物流过程中往往经过多个物流环节，如果这个物质实体在各个物流环节中只计算一次的话，称之为"纯流量"；如果在每个环节都计算一次，并将每个环节中计算的物质实体数量都相加，得到的结果被称为"总流量"。

1）纯流量。物质实体从始发地到目的地的流动过程中，经历了多个作业环节，每个作业环节都可以计算自己这个环节的流量。但从总体上看，流动的对象——"物"只有一个，在不考虑物的多次作业与重复计算的前提下，仅计算一个环节中"物"的数量，这就是物流纯流量的含义。但要注意的是，如果最初的物质实体经过了生产加工环节后，物质的性质发生了变化，则应认为是不同的"物"，这时就要重新计算。

例如，8 吨货物从起始地出发，经过了运输作业环节、存储作业环节、包装作业环节等多个作业环节后，最终到达目的地，其中的纯流量就是 8 吨。但经过工厂生产加工后得到 6 吨产成品，其物质的性质发生了变化，即此"物"非彼"物"，这时的纯流量就是 14 吨，即加工前的 8 吨 + 加工后的 6 吨。

2）总流量。物流量纯流动不考虑物流的流动环节，只考虑在流动过程中的"物"。尽管这个"物"经过了多个物流环节，但物流量只计算一次。总流量则考虑各个物流环节，"物"在物流环节中流动时，要发生作业，产生费用，所以作业量不能只计算一次，应该是各个作业环节量的相加。所以"物"每经过一个物流环节，就要计算一次。

例如，8 吨产品经过了 4 个物流环节，即包装环节、搬运环节、存储环节和运输环节，每个环节的"物"都是 8 吨，因此，这个企业的物流量是：$8 \times 4 = 32$（吨）。

（2）物流周转量分析。物流流量的计算侧重于物流作业完成的"物"的数量，没有体现物流各个环节的作业特点，也没有体现物流各个环节的物流劳动数量和效益。例如，8 吨货物运输 10 公里和运输 100 公里的劳动消耗是不同的，物流流量却是相同的，都是 8 吨，这抹杀了其背后的区别。而物流周转量主要反映物流系统中"物"的实际流动量，综合考虑了"物流"中的"物"和"流"，从而解决了这个问题。

物流周转量，是指物质实体数量和流动数量的乘积，是对物质实体数量和流动数量的综合衡量。它主要是指所转移物质实体的数量及物流工作数量，同时体现了"物"和"流"。它既反映了物流活动所处理的物质实体的数量，也反映了物流活动的劳动消耗量的大小。

根据物流周转量的含义，其计算公式为

$$物流周转量 = 运输周转量 + 存储周转量 + 包装周转量 + 装卸搬运周转量 +$$
$$配送周转量 + 流通加工周转量$$

但是，物流各个环节有各自的作业特点，性质也不相同，所以各个环节对物流工作量度量的量纲和单位都不同，无法直接相加。目前，比较公认的是运输周转量和配送周转量的定义与量纲，但其他的物流环节（如存储、包装、装卸搬运、流通加工）都没有公认的量纲和单位。因此，在计算物流周转量之前，必须对各个环节的量纲和单位进行确定。

3. 价值意义上的物流需求量分析

价值意义上的物流需求量（物流量）与物流实际作业量是紧密联系的，有物的流动，就有物流作业活动的发生，相应地就伴随着物流成本的发生，价值意义上的物流量与数量意义上的物流量是相伴而生、不可分割的。价值意义上的物流量的表现即物流成本，或叫物流费用。

物流总费用是指一定经济时期内，在一定经济区域内，物流服务的需求者花费在物流服务上的总耗费。

对物流费用的计算，如果以物流功能结构为基准，调查与估算各项物流活动所产生的费用，那么物流费用可归纳为六大类，即运送费（包含装卸搬运费和配送费）、保管费、包装费、流通加工费、物流信息处理费和物流管理费。图5-4为物流总费用的各项构成。

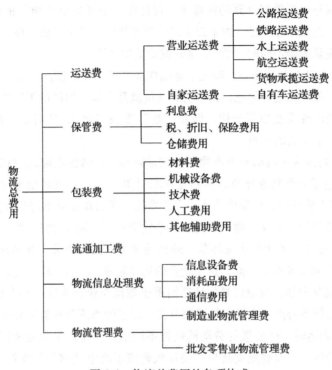

图5-4   物流总费用的各项构成

5.1.3.2   物流市场需求结构分析

按照物流活动的不同环节可将物流服务需求分为干线运输、中转运输、包装加工、仓储保管、市内配送、物流系统设计和物流信息管理等。物流需求类型分布的分析，可以反映物流服务需求结构特点。

1. 物流服务内容需求分析

从物流服务内容上划分，物流需求结构包括运输、储存、包装、装卸搬运、流通加工、信息处理和增值性物流服务等方面的需求。

（1）运输需求分析。从物流活动的整体来看，运输是贯穿始终的活动，运输在任何时候都是完成货物交付的核心环节，它决定了其他物流活动的作业量。具体来说，伴随着运输活动的是装卸搬运、包装、货代及信息加工等活动，货物跟踪、配送及海关业务等现代物流服务项目也同样与运输有着密切的联系。

运输功能是通过载体发挥出来的。对运输需求的分析涉及选择何种运输方式，以及设计运输批次、规模，规划运输路径，选择运输单位，控制运输质量的标准，货运跟踪等方面的问题。不同的运输方式具有不同的特点，而且其对时间、数量、质量、费用和地点的要求也各不相同的。目前的运输方式主要有：铁路运输、公路运输、水路运输、航空运输和管道运输。

（2）储存需求分析。按照对"储备"实施的作业类型划分，储存包括仓储管理和库存控制两类具体功能。仓储管理的主要责任是对"储备"实物本身进行的操作，涉及对仓储资源及设备，如栈房、储存库、货栈等在数量、容积、分布方面的需求问题。此外，仓储资源的供给具有一定的刚性，不像运输资源那样可以到处流动，而是固定的。库存控制是对库存的数量和结构进行规划与管理的物流作业活动，涉及对物流过程中库存的数量、时间、地区分布等进行的计划、协调和控制，直接或间接地决定了对仓储资源的需求情况。

（3）包装需求分析。物流的包装作业目的不是要改变商品的销售包装，而在于通过对销售包装进行组合、拼配、加固，形成适于物流和配送的组合包装单元。它涉及对物流包装资源（如集装箱、周转箱、托盘等的品种、数量、规格）方面的需求。

（4）装卸搬运需求分析。装卸搬运是为加快商品的流通速度必须具备的功能。执行此功能，必须具备一定的装卸搬运能力，即需要有专业化的装载、卸载、提升、运送、码垛等装卸搬运机械。装卸搬运需求分析就是明确需要何种装卸搬运机械，其品种、数量、规格是多少。

（5）流通加工需求分析。流通加工实际上是生产过程在流通领域的延续，它可将无差异化的生产与个性化的需求衔接起来，对于现代企业，尤其是销售型企业来说越来越重要。按照流通加工的目的和作用的不同可将流通加工服务分为生产型加工、促销型加工和物流型加工 3 种。不同类型、不同行业的企业需要不同的流通加工服务。

（6）信息处理需求分析。由于现代物流系统的运作已经离不开计算机了，因此将各个物流环节中各种物流作业的信息进行实时采集、分析、传递，并向货主提供各种作业明细信息及咨询信息，是相当重要的。而这些都涉及对物流信息系统的规划、投资问题。

（7）增值性物流服务需求分析。创新、超出常规、满足顾客需要是增值性物流服务的本质特征。增加便利性、加快反应速度、将供应链集成在一起服务是现代物流市场对物流需求的新要求，也是现代物流发展的新方向，如市场调查与预测、采购及订单处理、供应链管理、货款回收与结算、教育与培训、物流系统设计与规划方案的制作等。

2. 物流服务质量需求分析

物流服务是一个非常复杂的过程，所以客户对物流服务质量的需求受到多种多样因素的影响，从而导致对物流服务的质量提出不同的要求。不同的服务质量需求要用不同的物流资源来完成。一般对物流服务质量的要求至少有以下几个方面。

（1）时间性要求。时间是指服务的时效性，即服务能否在协议或可接受的范围内按时完成。它代表物流企业具有能否及时、准时、省时地满足客户物流需求的能力，是顾客对物流服务质量评价的一个很客观和重要的因素。时间性与物流系统的运作效率密切相关。

（2）安全性要求。它代表在对顾客服务的过程中，保证顾客人身、财产不受损坏的能力水平。安全性的提高或改善和物流企业的服务设施、环境、服务人员的技能、态度等都有关，同时安全性的好与差也是物流服务质量水平最直接的标志之一。

（3）舒适性要求。它是顾客在接受物流服务的过程中感受到的舒适程度。随着物流行业竞争的不断加剧以及客户要求的不断提高，客户不仅重视服务本身水平的高低，也更加在乎接受服务过程中的舒适性。

5.1.3.3　物流市场需求要素分析

物流市场需求要素分析就是从物流市场需求的构成要素出发，分析物流市场上不同的物流需求主体对物流需求的共同的、关键的要求。由于物流市场需求的构成要素十分复杂，其中还会有一些难以把握的因素，为此，我们将物流需求要素分为物流需求的数量、时间、空间、结构和层次等。

1. 物流需求的数量

物流需求的数量是指在一定的区域范围内，所有物流需求主体对物流服务需求数量的大小。它包括直接需求量与潜在需求量两类。

（1）直接需求量。直接需求量是物流需求的主体为满足其生产经营、事业开展和生活需要，产生的对物流社会化服务的直接需求量。从物流需求主体来看，物流的直接需求量主要有：制造企业对供应物流服务和销售物流服务的需求量、连锁商业对配送服务的需求量、一般消费者的物流服务需求量、区域间货物中转运输的需求量。

（2）潜在需求量。潜在需求量主要是指经济环境、社会环境以及物流服务环境的发展对物流需求的拉动量，是从动态的角度来分析物流需求量的变化趋势，是物流直接需求量的变化趋势。它主要包括：①制造企业对供应物流服务和销售物流服务的潜在需求量；②连锁商业对配送服务的潜在需求量；③一般消费者的物流服务的潜在需求量；④区域间货物中转运输的潜在需求量。

对于潜在物流需求，在其他因素保持不变的条件下，如果物流服务水平下降，物流市场对物流需求量将会减少，反之则增加。图 5-5 表示物流服务水平与物流需求量的变化关系。从图 5-5 中可以明显地看出，当其他条件不变时，物流需求量随着物流服务水平的提高而增加，物流服务水平从 S_1 提高到 S_2，则物流需求量从 D_1 增加到 D_2，其中 D_1 与 D_2 的差可以认为是由于物流服务水平的提高而拉动的物流潜在需求量。因此，实现物流潜在需求量向直接需求量转化的重要前提是提高物流服务水平。

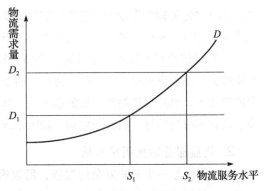

图 5-5　物流需求量与物流服务水平之间的关系

2. 物流需求的时间

物流需求的时间是指在不同的经济发展阶段，物流市场的需求量随时间的变化情况。由于物流需求量的大小与一定的经济发展水平和速度有着直接的关系，因此，应根据经济发展规模和预期的经济发展速度，分析在不同发展阶段的物流需求量。物流需求的时间分析结果直接影响到一定地区物流规划的总体规划目标以及分阶段目标。

3. 物流需求的空间

物流需求的空间是指在同一时间段，不同局部区域物流需求的空间分布，即按照物流需求的空间分布来分析物流需求量的大小。它将影响着物流中心、配送中心合理布局的问题。

4. 物流需求的结构

物流需求的结构是指各种物流需求之间的比率，主要包括一定区域内的各种物流需求比率和区域内与区域间的物流需求比率。区域内的各种物流需求比率是指区域内各类工商企业、事业单位和消费者对社会化物流服务的需求结构，可用不同物流需求主体对社会化物流需求量的比例来描述。它将影响着一定区域内的物流服务功能、服务规模定位的问题。

5. 物流需求的层次

物流需求的层次按其提供的服务内容，可以分为 3 个层次：第一层次（初级层次），只向需求方提供仓储、存货管理、发送、运输和分拨；第二层次，除提供第一层次的服务外，还可以参与订货处理、采购和生产计划；第三层次，除提供第一、二层次的服务外，还可以帮助实现生产控制、质量控制、物流规划和信息系统。它将影响到一定区域内对物流服务定位的问题。

5.1.3.4　物流市场需求主体分析

总体来说，工商企业是物流需求的主导体，非企业物流需求进一步呈现出多元化的发展趋势，特别是电子商务的发展，使得以家庭和个人为主体的物流需求迅速发展。

1. 企业物流需求主体

企业物流需求主体主要表现在生产型企业和商贸型企业的物流需求方面。

生产型企业的物流需求来自企业物流活动外包的结果，其物流的全过程主要是以购进生产所需要的原材料、设备为起点，经过生产加工，形成新的产品，然后供应给社会需求部门。它要经过原材料及设备采购供应、生产、销售、废物回收利用等环节，相应地便产生了生产企业纵向上的供应物流、生产物流、销售物流和回收物流。其中供应物流和销售物流表现出的物流需求最为明显。

商贸型企业物流需求的物流活动主要发生于批发商向零售商、零售商到消费者、配送中心到连锁店这样的一些流程中。

2. 政府物流需求主体

一般来说，政府主体的物流需求主要表现为一些突发事件和自然灾害等带来的应急物流需求与政府出资建设的大型项目物流。

- 应急物流。各国政府及各级政府部门普遍建立了突发事件和自然灾害的预警机制，应急物流系统就是该机制的一个重要组成部分。在产生突发事件以及发生自然灾害后，救援物资可能来自全国各地甚至海外，需要紧急调运，所以这种物流需求一般操作难度较大，并且对物流反应速度要求很高。
- 大型设施项目物流。由政府组织的基础教育、公共卫生体系、环境保护等基础设施方面的建设，都会产生相当大规模的物流需求。
- 重大体育赛事物流。重大体育赛事也会产生较大的物流需求，涉及大量比赛器材、新闻器材、生活物品的运输、物品包装、贴标签，利用仓库进行仓储、分拨以及对比赛场馆、新闻中心和相关酒店配送等物流需求。

3. 家庭及个人物流需求主体

随着国民收入的增长和生活水平的进一步提高以及消费观念的改变，以家庭和个人为主体的城市配送物流需求增长十分迅速。

目前，牛奶、水果、蔬菜等食品以及书籍、报纸等生活用品已逐步以配送的形式走进了家庭。电子商务迅速发展，已经成为人们的重要生活消费方式之一，它带动了大量的个人物品的配送需求。

|阅读材料|

《全国电子商务物流发展专项规划（2016—2020 年）》

2016 年 3 月 17 日，商务部、发改委、交通运输部、海关总署、国家邮政局、国家标准委 6 部门共同发布《全国电子商务物流发展专项规划（2016—2020 年）》（以下简称《规划》）。

《规划》由现状与形势，指导思想、规划原则与发展目标，主要任务，重大工程，组织实施和保障措施 5 部分构成。《规划》提出发展目标：到 2020 年基本形成"布局完善、结构优化、功能强大、运作高效、服务优质"的电商物流体系。《规划》明确了建设支撑电子商务发展的物流网络体系，提高电子商务物流标准化水平，提高电子商务物流信息化水平，推动电子商务物流企业集约绿色发展，加快中小城市和农村电商物流发展，加快民生领域的电商物流发展，构建开放共享的跨境电商物流体系共 7 项任务。同时提出了与之相对应的电商物流标准化工程、公共信息平台工程、农村服务工程、社区服务工程、冷链物流工程、绿色循环工程、跨境工程和创新工程 8 项重大工程。在组织实施和保障方面，《规划》对相关部门提出了 5 项组织实施和保障措施要求：加强规划落实和组织实施，营造良好发展环境，加强和完善政策支持，完善信用和监管体系，健全电商物流统计监测制度等。

5.1.4　物流市场需求分析指标

物流需求的量度分析旨在为基础设施、设备的系统建设提供依据。为此，对物流需求的相关指标进行量化研究，首先从物流发展的环境和未来物流需求发展趋势分析入手，然后从物流需求的总量需求指标、功能需求指标以及质量需求指标展开。

1. 总量需求指标

（1）社会物流货物总额。社会物流货物总额指一定时期内，初次进入社会物流领域，经社会物流服务，已经或正在送达最终用户的全部物品的价值总额。与货运量、货物周转量等指标共同反映社会物流需求规模。它是一定时期内全社会物流活动的最终结果，是社会物流需求规模的价值量表现。

从国内物品初次来源看，一定时期内，能够进入社会物流领域，需要经过社会物流服务，送达最终用户的物品，主要有 5 个方面：①物流的农产品总额，是指进入社会领域的农林牧渔产品总额；②物流的工业品总额，是指进入社会物流领域的工业产品总额；③进口货物总额；④物流的再生资源总额，是指进入社会物流领域的再生资源商品总额；⑤单位和居民的物品物流额，包括铁路、航空运输中的行李，邮递业务中的包裹、信函，社会各界的各种捐赠物，单位与居民由于搬家迁居形成的物品。

（2）社会物流总费用。社会物流总费用是指一定时期内，国民经济各方面用于社会物流活动的各项费用支出，包括支付给运输、储存、装卸搬运、包装、流通加工、配送、信息处理等各个物流环节的费用，应承担的货物在物流期间发生的损耗，社会物流活动中因资金占用而应承担的利息支出，社会物流活动中发生的管理费用等。它反映了物流服务消费者在过去一段时间内，实际实现的物流消费。除去价格因素后，物流总费用的变化反映了物流需求的变化趋势。

（3）货物运输与周转。货运量是指一定时期内，企业组织完成的各种运输工具实际运送到目的地并卸完的货物数量，包括自运货运量和委托代理货运量。货物周转量则是指一定时期内，企业利用各种运输工具实际完成运送过程的货物运输量。

货运量虽然不能全面反映物流服务作业量，但从物流活动的整体来看，运输是贯穿始终的活动，货运量决定了其他物流活动的作业量。它的变化极大地影响着其他物流活动的作业量，同时反映了物流作业量的综合变化。物流作业量与物流需求量之间是有一定的差距的，这个差距就在于供求之间的关系。当物流服务供给大于物流需求时，物流作业量就是物流需求量；反之则不然，当物流供给能力不能满足物流需求时，物流作业量只反映了物流服务的供给能力，并没有反映物流需求的实际水平。

由此可见，尽管运输需求只是物流需求中的一个部分，但货运量和货运周转量还是可以在一定程度上表示货运需求量的，货运需求量则可以从一定程度上反映物流需求的变化规律。

2. 功能需求指标

（1）物流需求中的运输量。物流活动的核心内容是货物运输，对大多数企业而言，运输通常代表物流成本中最大的单项成本，同时在物流服务作业量中所占比例也是最高的。据调查，在现实物流需求中，运输需求所占的比例往往可达到总物流需求的 60% 左右，运输费用占物流总成本的 1/3 ~ 2/3，因此货运量的规模可从一个角度反映出物流的规模。此外，在研究运输需求时，应同时分析各种运输方式下货物运输量的比例，如民航货运量、公路货运量、水路货运量、铁路货运量以及集装箱运量在总货运中的比例。

（2）物流需求中的仓储量。在物流系统中，仓储也是一个关键的构成要素。在国民经济中，仓储在生产、分配、交换和消费过程中具有重要的地位和作用。仓储能平衡运输和生产采购成本。因此，要把握社会经济活动对仓储的需求量，就需要对物流需求中的仓储量进行分析。它决定了物流中心和配送中心对仓库的需求量及其规模。对仓储需求量的衡量指标，一般可用仓库容积和仓库占地面积来表示。

（3）物流需求中的流通加工量。流通加工是物流的一个重要的功能环节，也是物流服务的一个重要的增值环节。流通加工量是指一定时期内，从生产地到消费地的过程中，经过包装、分割、计量、分拣、刷标志、贴标签、组装等流通加工过程的货物总量。

3. 质量需求指标

（1）物流时间。由于物流的重要目标是保证商品及时送交，因此时间成为衡量物流质量的重要因素。为此，在货物运输中，提高不同运输方式间的高效衔接，可以加快物流速度；在城市内运输中，确保道路面积增长与车辆增长相适应，可使车辆运输速度不断提高。由此可见，物流质量的提高还依赖于物流大环境的改善。

（2）物流成本。物流成本是物流管理的重要方面，也是物流经济效益指标的量化，它能更直观地体现物流的经济效益。物流成本是指物品空间位移过程中所消耗的各种劳动的货币表现，是用货币评价物流活动的实际情况。它是物品在实物运动的过程中，包装、装卸、运输、储存、流通加工、物流信息等各环节所支出的人力、财力、物力的总和。

（3）物流效率。物流效率对企业来说，指的是物流系统能否在一定的服务水平下满足客户的要求。对社会来说，衡量物流效率是一件复杂的事情。因为社会经济活动中的物流过程非常复杂，而且物流活动内容和形式也各不相同，必须采用不同的方法去分析物流效率。一般情况下，可用物流相关行业的成本费用总和与 GDP 的比值来评价物流总体效率。

5.2　物流供给

从经济学角度分析，物流的供给与需求是一对矛盾的双方，是矛盾的统一体。解决物流供给与需求这对矛盾的"博弈"，实现"双赢"的前提就是：以物流业为代表的物流供给方定位于"服务"，以生产企业和最终消费者为代表的物流需求方是服务的接受者，在市场经济前提下，需求拉动供给，需求方是主导，这就是创造"双赢"的主导力量。但在现实中，物流服务的供给与需求经常处于一种不稳定的平衡状态中。因此，物流供给分析的目的就在于提高物流供给主体的自我调节能力和应对市场变化的弹性，以保证物流服务的供给与物流需求之间的相对平衡，使社会物流活动保持较高的效率与效益。

5.2.1　物流供给及其特性

物流供给是与物流需求相对应的一个重要概念。经济学中的供给，是指在一定价格下，企业愿意提供产品的数量。从微观经济主体看，物流供给是指在一定时期内社会经济活动主体向市场提供有效物流服务的资源或能力，也就是在一定价格水平下，企业愿意提供的各种物流服务的数量。它包含量和质两个方面的内容，量是指有效物流服务总体数量的多少；质则是指各种不同能力与资源的数量比例结构。

物流服务供给必须具备两个条件，即物流服务提供者出售物流服务的愿望和提供物流服务的能力，缺少任何一个条件，都不能形成有效的物流供给。物流供给与物流需求不同，它有较强的独立性，供给状态在很大程度上取决于物流服务系统的内部特征，这种内部特征包括两个方面：一是服务手段与方式；二是服务效率。

物流供给的实质就是物流服务的提供，因此认识物流供给需要对其特性有深入的了解。物流供给具有以下一些特性。

（1）个性化。个性化是现代物流服务供给与传统物流服务（如运输、仓储）最显著的区别，因为后者大都体现的是一种标准化服务。但物流供给的个性化并不排斥标准化，相反，它是标准化基础上的个性化，即物流供给是整合运输、仓储等标准活动基础之上的个性化。个性化具体表现为：物流服务供给主体能够根据不同的需求主体提供"量身定做"的服务，既可以提供从供应地到消费地的全程一体化服务，也可以提供环节性服务。

（2）完整性。物流供给通过对一系列不同的功能活动（运输、仓储、包装、流通加工等）的有机协调，能有效地提供客户真正需要的服务。如果只是完成其中某一环节的功能，那么这种不完整的服务，也不是完整意义的物流供给。

（3）节约性。物流供给的节约性表现为通过现代管理和各种技术手段，实现物品在时间和空间变化方面的合理化，达到对空间和时间的节约，以便把正确的物品以正确的方式送到正确地点的正确客户的手中。物流活动是一种降低总成本的活动，这种成本降低活动包括的内容很广泛，既包括时间成本的降低、空间成本的降低，还包括交易成本的降低等。

（4）网络性。一次完整的物流过程是由许多运动过程和许多相对停顿过程组成的。一般情况下，两种不同形式的运动过程或相同形式的两次运动过程中都要有暂时的停顿，而一次暂时停顿也往往联结两次不同的运动。物流过程便是由这种多次的"运动—停顿—运动—停顿"所组成的。与这种运动形式相呼应，物流网络结构也是由执行运动使命的线路和执行停顿使命的节点两种基本元素所组成。

5.2.2 物流供给的影响因素

影响物流供给的因素主要有以下几个方面。

1. 社会经济发展水平

物流是经济社会发展到一定阶段的产物，物流供给受经济社会发展水平的制约。例如，原始社会，经济发展水平很低，社会生产力低下，就不存在完整意义上的物流服务供给。随着社会经济的发展，贸易范围的扩大，分工的进一步深化，特别是工业革命的发生，现代物流供给才有可能大规模地发生和发展。

2. 物流服务价格

价格是影响物流市场上物流服务供给量的重要因素。在一定时期内，价格高，物流服务供给总量就会增加；反之，价格低，物流服务供给总量就会下降。在市场经济条件下，价格的变化直接关系到物流市场主体的经济利益，它是物流供给与物流需求变化最有力的调节机制。因此，合适的物流服务价格是一个健康物流市场的前提条件。

3. 物流技术

物流技术和设施是物流供给的基础性条件。技术是物流供给的重要决定因素，物流技术与装备水平的提高，能对物流供给能力产生革命性的影响。现代信息技术的发展，特别是移动互联网技术的出现，使得物流企业在物流设施设备的自动化、智能化和物品管理的信息化水平上实现长足的进步，使智能物流供给服务成为可能。

4. 物流需求

物流需求规模的大小和变化方向决定了物流供给的可能空间与发展方向。缺乏物流需求，则会使物流供给缺乏动力。物流需求旺盛，物流供给相对就会充足。如果存在潜在巨大的物流需求，则对未来的物流供给会有很强的诱导作用。电子商务的迅猛发展导致电商物流的飞速壮大。

5. 产业布局

产业布局对物流基础设施网络的形成和发展具有决定性的影响。例如，我国的煤炭、铁矿资源主要分布在西部和北部，加工工业集中在东部沿海地区，因此在我国西部、北部与东部沿海之间建设铁路、沿海航线，它们和长江、大运河等成为能力强大的运输干线。所以，物流供给网络的规划与构建需要根据国家的产业布局来确定。

6. 制度和政策

制度和政策是影响物流供给的重要因素。政府对物流活动采取集中管理还是分散管理，是用计划的方法还是市场的方法，是采取鼓励竞争还是采取垄断，是实行行业管理还是部门管理等，都会对物流供给能力的总量和结构的变化产生极大的影响。例如，市场准入的条件决定了物流企业进入市场的难易程度，严格的市场准入条件将会提高企业从事物流服务的门槛，从而影响市场物流供给的总量。而消除一些制度壁垒，如近年来全球范围内放松运输管制，对全球贸易和全球物流产生了重大影响。

7. 管理、知识和人力资源

为了实现对各种分散物流功能、环节和资源的有效整合，管理者需要提高自己的知识水平，学习和掌握最新的关于物流系统最优化设计的知识。要提升整体物流效能，最重要的是要拥有现代化物流人才，不管物流设备、系统如何先进，物流节点和物流网络如何发达，没有好的物流人才加以经营、管理、统筹、计划，是不会有高的物流效率的。

5.2.3　物流供给分析

有效物流供给的形成，一是取决于物流供给主体的能力与数量；二是取决于完善的物流网络体系，即物流平台资源，它是确保物流供给主体——物流企业能够提供有效物流服务的物质基础。它们的能力与水平直接决定着物流供给的能力与服务水平，而且它们互为支持，缺少其中任何一个，都不能形成有效的物流供给。

1. 物流供给主体：物流企业

物流供给能力的来源主要有三大类物流供给主体，即第一方物流企业、第二方物流企业和第三方物流企业。它们也是社会物流供给主体的三大主要构成部分。

（1）第一方物流企业。所谓第一方物流，是指购销、买卖双方自己组织的物流，也就是自营物流。这里主要指生产制造企业或商贸企业的物流服务部门专门针对本企业内部物流需求的服务，除对自身经营中所产生的物流需求提供服务外，其还能在满足其他方的物流需求方面扮演着重要角色，它们被称为第一方物流企业。

（2）第二方物流企业。第二方物流是指生产企业或流通企业聘请车队运货、租赁仓库来做仓储的概念，属于功能性的服务。所以，第二方物流企业是指那些为社会提供运输、仓储、流通加工等单一的、功能性的物流服务的企业。例如，专业运输企业只给生产方、销售方或者购买方提供货物运输服务，服务包括从起点到终点整个过程中的装卸、仓储、运输工具和运输方式的选择与转换，对货物原始状态的保证，等等。第二方物流企业同样能在满足其他方的物流需求方面扮演着重要角色。在大多数情况下，第三方物流企业是通过整合第二方物流企业的资源和能力来为物流需求者提供优质的物流服务。

（3）第三方物流企业。第三方物流企业则是指提供综合物流服务的物流企业。它们拥有先进的信息化平台和网络，以及专业的物流服务人员，同时可拥有或没有自己的车队、仓储设施等，向社会中不同的企业用户提供相对较完善的物流服务解决方案，以满足不同类型和规模的企业因其产品的种类不同、经营模式差异所造成的对物流服务需求的不同要求。

第三方物流企业不仅要能为客户提供仓储、运输、配送等狭义层面上的物流服务，还要能为顾客提供增值性服务。这种服务是全方位、一体化的（如为客户提供咨询、信息管理、海关代理等多种服务），从而帮助客户在同等成本基础上创造出更多的价值，实现价值多元化，有效提升其市场竞争力。

（4）物流供给主体的能力要求。物流供给主体提供物流服务的能力（物流供给能力），既包含了物流系统中的仓储设备、运输设备、分拣设备、IT 设备等物流硬件资源（即有形要素）的静态能力，还包括物流系统中的管理者对物流活动的计划、组织与控制（即无形要素）的动态能力，以及对上述二者协调运作的综合控制能力。它是对物流系统有形要素和无形要素能力的综合，尤其是无形要素能力对整个物流系统的物流能力水平的高低具有重大的影响，是体现物流能力独特性的关键所在。表 5-1 是物流供给主体的物流能力构成要素体系。

表 5-1　物流供给主体的物流能力构成要素体系

能力范畴	能力要素名称	能力要素含义
物流基本要素	运输	运输工具在单位时间内运输物料的最大能力
	仓储	物流各阶段仓储设施储存物料的能力
	搬运	物流各阶段搬运作业场所单位时间搬运物料的能力
	分拣	各个客户要求按照订单处理分运需求的能力
	包装	对物料进行搬运的能力
	流通加工	对物流进行再加工的增值能力
	配送能力	执行配送订单的能力包括准时性、稳定性、成本控制等
物流运作能力	战略决策能力	对物流企业短期、中期、长期目标的设定和完成
	企业内部协调能力	与物料有关的内部部门之间相互约束的协调能力
	环境适应能力	对外部环境的及时调整能力，即柔性
	合作能力	与有关单位的沟通、协作与交流
	供应链整合与优化能力	与上下游企业沟通协调，以达到供应链系统的整体最优
	成长能力	持续的改进作业流程，降低物流成本，提高物流绩效
	物流绩效衡量与改进	量化物流能力，找出差距，持续改进
服务能力	客户响应	对客户需求的及时、有效反应
	顾客满意度	客户的综合评价
	稳定性	物流服务水平的长期状态，是否存在波动
	市场预测能力	对市场行情的把握，以便提供恰当的服务
信息化能力	订单处理能力	企业外部信息与内部信息的整合能力
	信息共享能力	与上下游不同企业的信息及时反馈和沟通能力

2. 物流网络体系：物流平台资源

物流平台资源包括：铁路、公路、水运、空运的线路和车站、港口、码头、空港、物流园区等节点；与物流平台一体化的输送工具，或者虽然可独立运行，但在体制上仍然与物流平台一体的输送工具等装备，包括船舶、火车、飞机等工具装备及物流节点的公共设施；物流平台及相关工具、装备的运行；物流平台的信息服务；物流平台管理。物流平台资源的完备性对于一个国家的物流供给能力、物流生产率和物流发展起着至关重要的作用，如果缺乏物流平台资源，将从根本上抑制一个国家和地区的物流供给能力，阻碍生产和流通产业的发展。

（1）物流节点。物流节点是指物流系统中连线的源点和收点，在物流过程中供流动的物品储存、停留以便进行相关后续物流作业的场所，是物流基础设施比较集中的地方。它主要是指工厂、商店、车站、港口、码头、机场、仓库、物流中心、配送中心等。节点是物流网络的两大基本构成要素之一，节点的接受、处理和输出能力直接关系到物流网络中物流路线上物品的输出和输入能力。

物流节点一般承担着包括储存、保管、装卸、搬运、堆垛、包装、流通加工、分货、拣货、订单处理等功能，不同的功能节点能力要求不尽相同，其处理能力也存在差异。一般而言，同一源点的收点越多，则该源点分流的能力越强；同样，同一收点的源点越多，则该收点的流通量越大。源点与收点的距离越近、越集中，或者说节点分布的范围越小、越密集，节点的敏捷性就越强，物流对需求的响应速度就越快。节点的处理时间是物流供应链整体响应时间的组成之一，其所占的比例反映了物流供应链中物品处于存储或加工等功能所占用的时间比率。因此，缩短节点的处理时间，提高节点的流通能力，是提高物流供给能力与水平的关键之一。

（2）物流路线。源点和收点之间用线相连即构成路线，路线是构成物流网络的另一个基本要素。其主要的物流能力包括路线的流量、路线的长度、路线的数量、路线的流速、路线上花费的时间等。

流量是指路线上一定时间内物品的数量表现。路线的流量取决于路线上物品移动的载体，主要是各种设备的运载能力、运输频率、运输效率等，也与路线两端节点的处理能力有关。路线的长度即流程，是指路线上一定时间内物品行驶路径的数量表现。一般而言，路线的长度越长，意味着路线上可容纳的流通能力越大；相反，连线的长度越短，意味着从源点到收点的时间越少，对需求的反应就越快。路线的数量与流通量的大小成正向关系。同一源点和收点之间的连线越多，则流通量越大；反之，则越小。流速是指路线上物品在一定行驶路径（流程）上的速度表现。一般来说，流速越快，意味着物流时间越短，也就意味着对需求的响应越快，物流的时间价值越高。节点之间路线上花费的时间等于路线长度与物流移动速度的比值。一般而言，在既定路线长度下，流速越快，意味着物流时间越短，也就表明对需求的响应越快，物流的时间价值越高。在流速一定的条件下，节点之间的距离越长，在路线上花费的时间越多，对需求的反应就越慢。对于路线的流量，除了考虑两端节点的处理能力外，还有一个重要的影响因素就是连线的流向，即从起点到终点的流动方向。流向与流量密不可分，每一种流向都有一种流量与之相对应。

总之，路线的流量与流程、数量、流速和流向一起构成了路线物流能力向量的数量特征，是衡量物流能力效率和效益的重要指标。连线的流量、数量、流速和流向综合反映了物流系统的流通规模；物流连线的数量和长度综合反映了物流网络的覆盖范围，包括供应物流网络和分销物流网络。

（3）物流网络。物流网络是指由节点和节点之间的连线构成的网络。因此，节点与节点之间、节点与连线之间、连线与连线之间物流能力的匹配和平衡是网络物流能力的关键所在。物流系统的网络能力由多个物流环节的多个节点及其连线能力构成，并且最薄弱的节点或连线能力决定了整个系统的网络能力。另外，即使节点及其连线能力能满足最基本的系统要求，如果这些能力在时间、空间甚至能力协作比例（如运输和仓储能力）上不够匹配，同样会造成系统能力的浪费，进而削弱整体网络的能力表现。

│阅读材料│

国家物流枢纽布局承载城市

2018 年 12 月 21 日，《国家物流枢纽布局和建设规划》由国家发改委和交通运输部正式发布（发改经贸〔2018〕1886 号）。《规划》选择 127 个具备一定基础条件的城市作为国家物流枢纽承载城市。

1. 陆港型国家物流枢纽承载城市

包括石家庄、保定、太原、大同、临汾、呼和浩特、乌兰察布、沈阳、长春、哈尔滨、佳木斯、南京、徐州、杭州、合肥、南昌、鹰潭、济南、潍坊、郑州、安阳、武汉、长沙、衡阳、南宁、柳州、重庆、成都、遂宁、贵阳、遵义、昆明、拉萨、西安、延安、兰州、酒泉、格尔木、乌鲁木齐、哈密、库尔勒。

2. 港口型国家物流枢纽承载城市

包括天津、唐山、秦皇岛、沧州、大连、营口、上海、南京、苏州、南通、连云港、宁波—舟山、芜湖、安庆、福州、厦门、九江、青岛、日照、烟台、武汉、宜昌、岳阳、广州、深圳、湛江、钦州—北海—防城港、洋浦、重庆、泸州。

3. 空港型国家物流枢纽承载城市

包括北京、天津、哈尔滨、上海、南京、杭州、宁波、厦门、青岛、郑州、长沙、武汉—鄂州、广州、深圳、三亚、重庆、成都、贵阳、昆明、拉萨、西安、银川、乌鲁木齐。

4. 生产服务型国家物流枢纽承载城市

包括天津、石家庄、唐山、邯郸、太原、鄂尔多斯、包头、沈阳、大连、长春、哈尔滨、大庆、上海、南京、无锡、苏州、杭州、宁波、嘉兴、金华、合肥、蚌埠、福州、三明、南昌、青岛、郑州、洛阳、武汉、十堰、襄阳、长沙、郴州、广州、深圳、珠海、佛山、东莞、南宁、柳州、重庆、成都、攀枝花、贵阳、西安、宝鸡、石河子。

5. 商贸服务型国家物流枢纽承载城市

包括天津、石家庄、保定、太原、呼和浩特、赤峰、沈阳、大连、长春、吉林、哈尔滨、牡丹江、上海、南京、南通、杭州、温州、金华（义乌）、合肥、阜阳、福州、平潭、厦门、泉州、南昌、赣州、济南、青岛、临沂、郑州、洛阳、商丘、南阳、信阳、武汉、长沙、怀化、广州、深圳、汕头、南宁、桂林、海口、重庆、成都、达州、贵阳、昆明、大理、西安、兰州、西宁、银川、乌鲁木齐、喀什。

6. 陆上边境口岸型国家物流枢纽承载城市

包括呼伦贝尔（满洲里）、锡林郭勒（二连浩特）、丹东、延边（珲春）、黑河、牡丹江（绥芬河—东宁）、防城港（东兴）、崇左（凭祥）、德宏（瑞丽）、红河（河口）、西双版纳（磨憨）、日喀则（吉隆）、伊犁（霍尔果斯）、博尔塔拉（阿拉山口）、克孜勒苏（吐尔尕特）、喀什（红其拉甫）。

资料来源：《国家物流枢纽布局和建设规划》（发改经贸〔2018〕1886号）。

5.3　物流供给与需求的平衡

物流供给与需求是构成物流市场的两个基本要素。研究物流供给与物流需求之间的平衡发展，是实现物流资源合理配置，产生最佳经济效益和社会效益的出发点。

5.3.1　物流需求弹性分析

经济学中的弹性是指经济变量之间存在函数关系时，因变量对自变量变动的反应程度，其大小可以用两个变量变动的比率之比，即弹性系数来表示。

1. 物流需求的价格弹性

物流需求的价格弹性是指物流服务价格变动所引起的物流服务需求量变动的程度，或者说物流服务需求量对其价格变动的反应程度，可用公式表示为

$$E_d = (\Delta Q/Q)/(\Delta P/P) = (\Delta Q/\Delta P) \cdot P/Q$$

式中，E_d 为需求价格弹性系数；$\Delta Q/Q$ 表示需求量变动的比率；$\Delta P/P$ 表示价格变动的比率。

由于物流需求的价格弹性能够直接反映价格变动对物流需求量的影响程度，所以物流供给主体可以根据各种物流服务产品的需求价格弹性不同，制定不同的价格策略。

对于需求弹性 $|E_d|>1$ 的物流服务，适当降价不仅可以增加物流需求量，还能增加物流服务收入。

对于需求弹性 $|E_d|<1$ 的物流服务，降价虽然会增加物流服务需求量，但会导致物流服务收入下降，提价尽管使物流服务需求量有可能减少，但能增加物流服务总收入。

对于需求弹性 $|E_d|=1$ 的情形，需求是单位弹性，因此价格变化对总收益没有影响。

对于需求弹性 $|E_d|=0$ 的物流服务，需求完全无弹性，总收益将随物流价格同比例下降而减少，同比例（价格）上涨而增加。

当需求弹性无穷大时，则在既定价格下，总收益可以通过增加物流服务量而无限增加。

在一定限度范围内，大多数情况下物流需求受价格因素的影响并不显著，但不能因整个物流市场需求变化不是十分显著，就认为物流需求主体在选择物流服务时对物流价格不予以考虑。因为当市场上物流价格过高时，制造企业和商贸企业就会自营物流。

此外，在物流服务方式的选择上，可以看出不同物流服务方式报价的异同会影响到物流需求主体的选择。例如，近些年来公路运输价格上涨幅度较大时，货主企业就开始选择水路

运输，这说明物流需求对价格的敏感性。

2. 影响物流需求价格弹性的因素

价格弹性表明了价格对需求的影响程度。一般来讲，物流需求的价格弹性主要受以下几个方面因素的影响。

（1）是否具有可替代的物流服务。可替代物流服务的数量、可替代程度和替代成本的高低都会对物流需求的价格弹性产生重大影响。首先，可替代的物流服务越多，需求价格弹性则越大；反之，则越小。例如，在拥有水路、公路、铁路、空运的地区，货运的替代品较多，其货运服务的价格弹性就较大，此时如果公路运输价格提高，部分货物就会从公路转向铁路或水路，从而使公路运输需求出现明显下降，铁路、水路的运输需求则相应增加。例如，某地区只有公路，没有其他可替代的运输线路时，公路货运的价格弹性就很小，此时，公路货运价格提高或下降，对公路货运物流的需求几乎没有影响。其次，可替代程度越高，替代成本越低，其需求的价格弹性就越大；反之，则越小。例如，对于某些时效性强的货物而言，空运与水运的替代程度较低，空运需求的价格弹性就较小，空运价格的高低对空运需求影响不大，空运价格提高，并不会导致货物转向水运。由于公路与铁路的替代程度相对较大，所以公路或铁路的需求价格弹性就较大。但就短途调拨和市内配送而言，无论是空运还是水路、铁路，其对公路的替代程度都很低，此类货物的公路货运需求价格弹性就小。长距离铁路货运尽管可以用公路或空运替代，但由于替代成本较高，所以其需求在一定范围内也缺乏价格弹性。

（2）物流费用在货物总费用中所占的比例。物流需求的价格弹性往往取决于货物的价值，货物的价值越高，物流费用在货物总费用中所占的比例就越小，货物的所有者对于价格的敏感程度就越低，其所关心的可能是其他方面的问题，如安全性、快速性、服务质量等，因此物流需求的价格弹性就小。相反，货物的价值低，则物流费用在货物总费用中所占的比例就会较高，此时物流费用的多少将直接影响货物的价格，从而影响其在市场的销售。在这种情况下，物流需求主体对于物流服务报价就会比较重视，如果物流服务定价过高，就可能会选择其他的物流企业，表现出价格弹性大。

（3）货物的自身属性。价格弹性的大小还同货物的自身属性相关。例如，当某种货物为了抓住需求旺季而急于上市销售或不易久存时，其物流的需求主体一般宁愿选择价格较高但速度快的物流方式，尽快把货物推入市场，而不会选择价格较低但速度慢的物流方式，在这种情况下，物流需求的价格弹性就小。反之，如果货物的所有者有充分的市场时间，那么其会选择价格较低的物流服务方式，此时物流需求的价格弹性就比较大。海鲜品与干果品的不同配送方式就说明了这点。

（4）货物运输方式及线路。在分析货运物流需求的价格弹性时，还要考虑货物运输的方式、线路和方向，对于能力紧张的运输方式、线路和方向，其需求的价格弹性显然较小，运价变动尤其是运价提高对需求影响不大；对于能力富裕的运输方式、线路和方向，需求的价格弹性就较大。例如铁路专用线的运输，由于其已经形成比较固定的运输形式，所以对运价变动的弹性也比较小，如果想通过提高铁路短途运价，将一部分运量分散到公路上，使公路在短途零散货运中充分发挥作用，则这种措施对铁路专用线运量的影响是十分有限的。

5.3.2 物流供给的弹性分析

| 小故事 |

一家快运公司和4500多辆外协车

过去的十几年，某家快运公司在每个地区需要社会运力时，都要动用很多资源几番寻找，而且效果不理想。

现在，用互联网工具找外协车，4个月的时间，这家快运公司积累了4500多辆车。它是怎么积累的？就是每次通过信息部找来一辆车，再给这辆车安装App之后，加一个好友，每天发多少车，加多少好友。车辆越来越多，在加了4500多辆车的好友之后，就不用再找任何人，这4500个司机足矣。

资料来源：https://tieba.baidu.com/p/3720445885，2019-01-06.

思考：

互联网的介入，使得每个有运力或有运力需求的人的交易效率得到很大的提高，所以只做中介的人群，肯定会被市场淘汰。

物流供给是指物流服务供给主体在一定时期内，在各种可能的价格下，愿意而且能够提供的物流服务的数量。尽管影响物流供给的因素有很多，但价格是最基本的决定因素，在其他因素一定的情况下，如物流服务市场价格上升，物流供给量就会增加；反之，物流供给量就会减少。

1. 物流供给的价格弹性

物流供给弹性表示在一定时期内一种物流服务产品的供给量的相对变动对于该物流服务产品的价格的相对变动的反应程度。它是物流服务产品的供给量变动率与价格变动率之比，用公式表达为

$$E_s = (\Delta Q/Q)/(\Delta P/P) = (\Delta Q/\Delta P) \cdot P/Q$$

式中，E_s供给价格弹性系数，一般是正数，因为供给与价格成正比变动关系；$\Delta Q/Q$表示供给量变动的比率；$\Delta P/P$表示价格变动的比率。

物流供给弹性根据物流供给弹性系数E_s值的不同，可分为5个类型。

- 供给完全无弹性，即$E_s=0$，无论价格如何变动，供给量都不变。
- 供给完全有弹性，即$E_s\to\infty$，价格既定而供给量无限。
- 单位供给弹性，即$E_s=1$，供给变动的比率与价格变动的比率相等。这时的供给曲线是通过原点的一条与横轴成45°并向右上方倾斜的线。
- 供给富有弹性，即$E_s>1$，供给量变动的幅度大于价格变动的幅度。这时的供给曲线是一条穿过价格轴的向右上方倾斜且较为平坦的线。
- 供给缺乏弹性，即$0<E_s<1$，供给量变动的幅度小于价格变动的幅度。这时的供给曲线是一条穿过数量轴的向右上方倾斜且较为陡峭的线。

2. 影响物流供给价格弹性的因素

（1）物流生产的进出门槛。物流生产的进出门槛主要包括技术门槛、资金门槛、政策门槛3个方面。物流生产的门槛越高，物流行业进入壁垒越高，物流供给的价格弹性越小，反之，物流供给的价格弹性就越大。现代物流服务是资金与技术密集型产业，要想进入高端的物流服务市场就需要先进的网络通信技术、物流资源整合技术、定制化的个性服务技术和雄厚的资金优势做保证，因此进入门槛相对较高，容易导致高端物流服务供应弹性相对不足，竞争不充分，供给往往较紧张，但对普通的公路货运、水路货运等低端物流服务市场来说，由于进入门槛较低，供给弹性大，竞争激烈，供给常常处于相对过剩状态。

（2）物流生产规模调整的难易程度。物流生产规模的调整首先涉及物流系统中的仓储设备、运输设备、分拣设备、IT设备等物流硬件资源及物流工作人员的投入，同时涉及物流系统中管理者对物流活动进行计划、组织与控制能力的提升。因此，物流生产规模的调整越容易，物流供给弹性就越大；反之，物流生产规模的扩大或缩减越不容易做到，物流供给的弹性就越小。

铁路货运重载化、高速化、自动化，高速公路和高等级公路的布局，沿海及江河港口码头现代化装备水平，连接不同运输方式的大型综合货运枢纽，服务于区域经济或城市内部的各种物流基地、物流中心等物流基础设施建设水平，都会影响物流供给的弹性。所以，一般情况下，现代物流基础设施越发达，物流生产规模的调整越快捷，物流供给的弹性就越大。

（3）物流设施与装备的标准化程度。物流设施与装备的标准化是影响物流供给效率和供给能力的一个关键因素，标准化程度的高低不仅关系到各种物流功能、要素之间的有效衔接和协调发展，在很大程度上也影响着全社会物流效率的提高。因此，物流设施与装备的标准化程度越高，各种物流功能、要素之间就越能做到有效的衔接，物流供给的弹性就越大；反之，物流设施与装备的标准化程度越低，各种物流功能、要素之间就越难实现有效的衔接，物流供给的弹性就越小。

例如，各种运输方式之间的装备标准不统一，就会给联合运输带来障碍，影响联合运输规模的扩展。又如，托盘标准与各种运输装备、装卸设备标准之间缺乏有效衔接，就降低了托盘在整个物流过程中的通用性，从而在一定程度上延缓了货物运输、储存、搬运等过程的机械化和自动化水平的提高。这些最终都会影响物流供给的价格弹性。

（4）潜在物流服务进入者。潜在进入者越多，物流市场竞争压力越大，物流供给的价格弹性也越大，反之就越小。潜在进入者是指可能进入物流服务市场的企业，如房地产商、生产制造企业、大型零售业者、电商大平台，当它们对外包物流供应不满意时或为了提高自己对物流服务的控制力，就会自营物流业并面向市场。近几年，海尔集团、苏宁电器、阿里巴巴、京东等进入物流领域，增加了物流服务的供给。

（5）物流服务产品生产周期。在其他条件不变时，物流服务产品生产周期的长短，也是影响物流供给弹性的重要因素之一。对于生产周期较短的物流服务产品，物流服务供应商可根据市场价格的变化较及时地调整产量，供给弹性相应就比较大。而对生产周期较长的物流服务来说，其供给的价格弹性就较小。

（6）物流服务生产成本。在其他条件不变时，物流服务生产成本随产量变化而变化的情况，也是影响物流供给弹性的一个重要因素。如果物流生产规模的扩大和物流服务供给量的增加，不会引起单位生产成本的较大提高，则意味着供给弹性是比较大的；反之，引起单位生产成本的较大提高，则意味着供给弹性就比较小。

5.3.3　物流服务供给与需求的均衡分析

|阅读材料|

最重要的3个物流供给与物流需求关系

一是以物流平台作为物流供给方，以物流企业作为物流需求方的供给与需求关系。

二是以物流企业为物流供给方，以生产企业或商贸企业为物流需求方的供给与需求关系。

三是以物流企业作为物流供给方，以最终消费者作为物流需求方的供给与需求关系。

在这3个物流服务供应链复杂的供需关系中，有3个主要的主体对象：物流平台、物流企业和生产企业。它们之间的供需关系：物流平台，提供物流平台供给；物流企业，提出对物流平台供给的需求，提供物流运作的供给；生产企业，提出对物流运作的需求。

资料来源：王之泰.物流供给与需求系列探讨之一：物流供给与需求［J］.中国物流与采购，2009（5）.

由于社会经济总是处于不断的发展与变化之中，因此对物流的需求也是处在不断地变化之中。为了满足这种物流变化的需求，物流服务的供给总量就必须随着物流需求量的变化而不断地调整与变化，以实现物流市场上供求关系的基本均衡。

所谓市场均衡，是指市场上的商品价格和买卖双方的成交数量达到一种稳定的状态，在这种状态下，买者与卖者都不再希望改变当时的价格与买卖的数量。在这样的价格水平下，消费者想要购买的数量恰好等于生产者想要销售的数量。

1. 物流服务供给与需求均衡的形成

当物流需求与物流供给两种力量达到一致时，即处于均衡状态。此时，物流需求与物流供给价格一致，这个价格称为均衡价格；物流需求量与物流供给量一致，这个量称为均衡供求量（见图5-6）。

由图5-6可见，当物流供给价格高于均衡价格 P 时，物流供给大于物流需求，物流供给能力过剩；反之，当物流供给价格低于均衡价格 P 时，物流需求大于物流供给，物流供给能力紧张。图5-7是物流需求与物流供给变化下的均衡运价与均衡供求量的变化态势，其中 DD 与 SS 是初始的物流需求曲线与物流供给曲线，由此决定的均衡价格为 P，均衡供求量为 Q。当供给状况不变，需求增大时，需求曲线向右上方移至 D_1D_1，此时，由 D_1D_1 和 SS 决定的均衡价格将由 P 上升到 P_1，均衡供求量则增至 Q_1；若想使均衡价格保持不变，只能是增加物流供给。当需求状况不变，供给增大时，供给曲线向右下方移至 S_1S_1，此时，每一供给价格相应的供给量增加，S_1S_1 和 DD 相交于点 E，和 D_1D_1 相交于点 R，DD 和 S_1S_1 决定的均衡

价格 P_2 低于 P_1，而均衡供给量 Q_2 必大于 Q。若需求和供给都增大，即需求曲线 DD 移至 D_1 D_1，供给曲线 SS 移至 S_1S_1 时，均衡供给量将大大增加，而新的均衡价格既可能高于也可能低于原来的均衡价格（见图 5-7）。

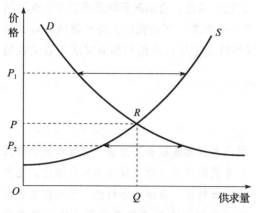

图 5-6　均衡价格与均衡供求量

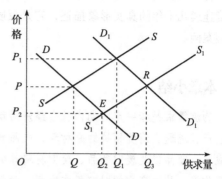

图 5-7　物流需求与供给变化曲线

2. 物流服务供给与需求的互动关系

（1）物流供给对物流需求的制约和刺激。物流供给对物流需求的制约和刺激作用主要通过物流供给的服务质量这一杠杆来实现。这里的服务质量是一个广义的概念，涉及时间、费用、安全性、方便性、及时性、舒适性等诸多要素。在服务质量杠杆的作用下，物流供给对需求的制约和刺激包含直接与间接两个方面。

直接方面是物流平台资源本身。如果物流供给不断扩大，使之尽量满足物流需求，物流网络系统的服务质量将会得到很大的提高，需求主体的物流时间、物流费用等就会下降，从而诱使最初因物流服务质量低下而被压抑的物流需求重新产生，同时降低了单位物流运作费用，提高了物流运作效率，这进一步刺激了社会物流需求的发展；反之，若物流供给难以满足物流需求，物流服务质量持续下降，会进一步抑制物流需求主体的社会物流需求，从而制约社会物流需求的发展。

间接方面是指物流平台资源与区域社会经济的相关关系。物流供给的增加，特别是高端供给的增加，将有效地改善区域内各层次物流供给的服务质量，从而促进区域社会经济的发展和人们生活水平的提高。正是由于社会经济发展水平的提高，将会促使区域内各物流需求主体对物流供给提出更高的要求，从而刺激对物流需求的增长；反之，若物流供给未能改善服务质量，使物流成为社会经济发展和人们生活水平提高的瓶颈，则区域内各物流需求主体产生物流的原动力均会受到制约和阻滞。物流供给对物流需求的制约和刺激主要表现在物流平台所提供的物流供给结构方面，如物流平台的铁道运输、内河水运、远洋海运、航空运输、公路运输的结构。

（2）物流需求对物流供给的制约和刺激。与物流供给对物流需求的作用略有不同，物流需求对供给的制约和刺激主要体现在直接作用方面。物流需求的不断增长，致使原有的物流平台承担越来越大的物流供给压力，为保证物流平台的正常运行，需不断增加供给，以满足物流需求，从而刺激物流供给的发展；反过来，没有了"需"，"供"便无用武之地，若物流需求持续不变，现有的物流供给已能满足物流需求的需要，单方面增加物流供给就失去了现实意义，并且会加剧现有物流供给市场的无序竞争，从而制约物流供给的发展。物流需求对供给的制约和刺激主要表现在物流供给的数量、质量和结构等方面。

在实际中，充分理解物流供需双向制约互动关系，可避免陷入认识上的误区：以为只要不断扩大物流供给，就会满足社会经济需求。扩大物流供给，会刺激新的需求以更快速度增长，暂时的供需平衡还会被打破。"一票难求""一车难求"就是我国人民和物流界对铁道客货连续几十年的真实形象描述，它是反映我国当时铁路平台供给与物流需求矛盾尖锐的典型案例。

◈ 本章小结

物流需求是指一定时期内社会经济活动对生产、流通、消费领域的原材料、成品和半成品、商品以及废旧物品、废旧材料等的配置作用，从而产生的对存货在空间、时间和费用方面的要求，它涉及运输、库存、包装、装卸搬运、流通加工以及与之相关的信息需求等物流活动的诸多方面。与其他商品需求相比，物流需求具有派生性、复杂性、不平衡性、时效性、化解性、弹性小等特性。影响物流需求的因素有：经济总量及其增长速度、产业结构、产品结构、经济空间布局、消费和市场环境、技术进步、物流服务水平、物流价格。对物流需求的分析可从不同的角度展开：从分析内容来看，物流需求分析应包括物流需求量分析和物流需求结构分析，而从物流市场需求构成要素的角度来看，则可将物流需求要素分为物流需求的数量、时间、空间、结构和层次等。对物流市场需求的度量，可用总量需求指标、功能需求指标以及质量需求指标三大类指标衡量。其中，总量需求指标有社会物流货物总额、社会物流总费用和货物运输与周转；功能需求指标有运输量、仓储量和流通加工量；质量需求指标有时间、成本和效率。

物流供给是与物流需求相对应的一个重要概念。它是指在一定时期内社会经济活动主体向市场提供有效物流服务的资源或能力，也就是在一定价格水平下，企业愿意提供的各种物流服务的数量。它包含量和质两个方面的内容。物流供给具有个性化、完整性、节约性、网络性等特性。影响物流供给的因素有社会经济发展水平、物流服务价格、物流技术、物流需求、产业布局、制度和政策、管理、知识和人力资源等。有效的物流供给，一是取决于物流供给主体的能力与数量；二是取决于完善的物流网络体系。因此，对物流供给的分析可从这两个方面展开。

物流供给与需求是构成物流市场的两个基本要素，研究物流供给与物流需求之间的平衡发展，是实现物流资源合理配置，产生最佳经济效益和社会效益的出发点。物流需求的价格弹性是指物流服务价格变动所引起的物流服务需求量变动的程度。它主要受到是否具有可替代的物流服务、物流费用在货物总费用中所占比例、货物的自身属性、货物运输方式及线路等因素的影响。物流供给弹性则表示在一定时期内一种物流服务产品的供给量的相对变动对于该物流服务产品的价格的相对变动的反应程度。通常，影响物流供给价格弹性的因素有：物流生产的进出门槛、物流生产规模调整的难易程度、物流设施与装备的标准化程度、潜在物流服务进入者、物流服务产品生产周期、物流服务生产成本等。由于社会经济发展水平总是处于不断的发展与变化之中，物流服务的供给总量也就随着物流需求量的变化不断地调整与变化，以实现物流市场上供求关系的基本均衡。当物流市场达到均衡时，就意味着物流需求与物流供给价格相一致，物流需求量与物流供给量相一致。物流服务供给与物流服务需求之间存在着互动的关系，即物流供给对物流需求有着制约和刺激的作用，同样物流需求对物流供给也有着制约和刺激的作用。

◈ 复习思考题

一、名词解释

物流市场　物流需求　独立需求　派生需求
物流流量　物流供给　市场均衡

二、单选题

1. 物质实体在物流过程中往往经过多个物流环节，如果这个物质实体在各个物流环节中只计算一次的话，则称之为（　　）。
   A. 总流量　　　　　B. 纯流量
   C. 作业量　　　　　D. 物流量

2. 物质实体在物流过程中往往经过多个物流环节，如果在每个环节都计算一次，并将每个环节中计算的物质实体数量都相加，得到的结果称为（　　）。
   A. 纯流量　　　　　B. 作业量
   C. 总流量　　　　　D. 物流量

3. 在市场经济条件下，（　　）的变化直接关系到物流市场主体的经济利益，它是物流供给与物流需求变化最有力的调节机制。
   A. 物流能力　　　　B. 价格
   C. 物流质量　　　　D. 物流水平

4. 在需求弹性 $|E_d| = 1$ 的情形中，需求是单位弹性，因此总收益将随物流价格（　　）。
   A. 同比例下降而减少
   B. 同比例（价格）上涨而增加
   C. 无限增加
   D. 不变化

5. 在单位供给弹性 $E_s = 1$ 的情况下，供给变动的比率与价格变动的比率呈现（　　）关系。
   A. 比率相等　　　　B. 反比例
   C. 无限增加　　　　D. 没有

三、多选题

1. 物流需求与其他商品需求相比，具有（　　）、复杂性、（　　）、时效性、（　　）、弹性小等特殊性，这些特殊性是相互关联、相互影响的。
   A. 派生性　　　　　B. 不平衡性
   C. 空间性　　　　　D. 化解性

2. 物流需求要素分为物流需求的数量、时间、空间、（　　）和（　　）等。
   A. 重量　　　　　　B. 结构
   C. 适用　　　　　　D. 层次

3. 物流需求的量度分析主要从物流需求的总量需求指标、（　　）指标以及（　　）指标 3 个方面展开。
   A. 结构需求　　　　B. 功能需求
   C. 运量需求　　　　D. 质量需求

4. 物流需求规模的（　　）和（　　）决定了物流供给的可能空间和发展方向。
   A. 大小　　　　　　B. 结构需求
   C. 变化方向　　　　D. 运量需求

5. 物流供给主体提供物流服务的能力，既包含物流系统中的仓储设备、运输设备、分拣设备、IT 设备等物流硬件资源的（　　），还包括物流系统中的管理者对物流活动的计划、组织与控制的（　　），以及对它们协调运作的（　　）。
   A. 物流供给能力　　B. 有形要素能力
   C. 无形要素能力　　D. 综合控制能力

四、判断题

1. 对于潜在物流需求，在其他因素保持不

变的条件下，如果物流服务水平下降，则物流市场对物流需求量将会增加，反之则减少。　　　　　　　　（　　）

2. 在需求弹性无穷大时，则在既定价格下，价格变化对总收益没有影响。　（　　）

3. 在供给富有弹性情况下，即 $E_s > 1$ 时，供给量变动的幅度小于价格变动的幅度。这时的供给曲线是一条穿过数量轴的向右上方倾斜且较为陡峭的线。（　　）

4. 在供给缺乏弹性的情况下，即 $0 < E_s < 1$ 时，供给量变动的幅度大于价格变动的幅度。这时的供给曲线是一条穿过价格轴的向右上方倾斜且较为平坦的线。（　　）

五、简答题

1. 简述物流服务内容需求分析包括哪些方面。

2. 简述影响物流供给的因素主要有哪些。

3. 简述影响有效物流供给形成的要素有哪些。

4. 简述影响物流需求价格弹性的因素有哪些。

5. 简述影响物流供给价格弹性的因素有哪些。

6. 简述度量物流市场需求的指标体系包括哪些。

六、论述题

1. 如何看待当前在我国远程货运中，公路货运依然在起着不可替代的作用？

2. 如何从物流供给与物流需求平衡的角度看待中国物流市场的竞争态势？

3. 试分析当前中国物流市场供给过剩，需求不足的原因。

◎ 案例分析

"铁老大"开通电商班列

2014 年 8 月 1 日，京沪首列电商班列 X210/209 次从上海闵行站货场发出，与此同时，首趟京广电商专列也正式开行，加上已经开行的沪深电商专列。至此，铁路总公司为快递业量身定制的首批三对六列电商专列全部投入运营。

相对于公路运输，电商专列不仅能为快递业提速，如 X210 次电商班列全程 1 427 千米运行 18 小时（一般货物运输则需 5 天左右的时间），还能降低运输成本。据有关专家预测，一站直达的电商专列运输成本会低两成多，与飞机相比，电商专列的运输成本只有飞机的 1/3。

在业内看来，改革后的铁路系统带来的大量铁路运输资源具有及时、安全、受天气因素影响小等特性，吸引了快递需求企业集体争夺。铁路此次进军快递业务，不仅是自身转型、赢得市场的举动，更将激活物流市场，为电子商务行业注入新的活力。

1. 电商班列获青睐

据国家邮政局和中国快递协会的统计数据显示：2013 年，全国规模以上快递服务企业业务量完成 91.9 亿件（约 2 000 万吨），同比增长 61.6%；收入完成 1 441.7 亿元，同比增长 36.6%。但同期我国快递经铁路运输的比重仅为 3%，而美国则为 30%。

电商快递物流的途径有航空运输、公路运输，但航空运价高且运量小，公路运输运量小、速度慢，且遇上高速限行、拥堵及恶劣天气等原因，速度就更慢了。再加上汽车的尾气排放是造成雾霾的原因之一，因此汽车运输对电商快递的长途运输来说，已不再占多大优势。铁路运输的安全、运量大、全天候、快捷且环保的特点，已越来越符合电商快递运输的特点及要求。铁路运价适中，也是电商快递攀枝铁路的原因之一。

京东、申通是国内首批采用高铁运输货物的电商企业，它们所看中的是铁路运输的稳定性和运输的成本优势。过去，京沪、京广线的"隔日达"运输方式以陆运为主、空运为辅，采用电商专列后则大大提高了效率并节约了物流成本。铁路是快递业理想的干线运输工具，直达班列速度上的优势则更为明显。例如，北京到广州线路，电商班列现在运行时限是 21 小时，汽运时限则为 30 多小时，电商专列的优势明显。

2. 安全、准点、成本低

电商快递班列的优势主要体现在安全、准时、运量大、绿色环保和全天候上。电商快递班列具备与公路相竞争的价格、与航空相媲美的时效，根据行业对比情况，在 800 ~ 2 000 千米的距离上有比较优势。

（1）电商货物搭载铁路快运班列，能充分发挥快递企业点多面广和铁路运输快速、安全、大容量、全天候、低碳环保的优势，更符合国家经济结构调整和发展绿色物流的目标，降低了社会物流成本，支持了电商快递行业的发展，充分发挥了铁路运输网络作为国民经济大动脉的作用。

（2）电商班列集约化高效运输的优势，远非公路、航空可以比拟。目前，电商班列设 15 ~ 19 节车厢，每节车厢核定载重在 23 吨左右。而快递干线主力运输车型为 9.6 米长的货车，载重量约 7 吨，同样的波音 737 全货机载重量约 12 吨。因此，电商班列满载一次，运输量相当于 62 辆 9.6 米长的货车，或者 36 架波音 737 全货机的运力。以目前电商快件平均 2 千克/件核算，每趟电商班列可运载约 22 万件快件，平摊下来价

格优势非常明显。以北京至广州为例，汽车运输成本为 0.5 ~ 0.7 元/千克，飞机运输在 1.2 元/千克，铁路运输成本为 0.3 ~ 0.5 元/千克。因此铁路运输成本比汽车运输低 30% ~ 40%，比飞机运输低一半多。

由此可见，快递公司与铁路的牵手"联姻"，契合双方利益和发展趋势，能充分发挥快递企业和铁路运输的优势，也让公路、航空等运输方式相互衔接、优势互补，有助于构造良好的综合运输现代物流服务体系。

3. 未来还有改进空间

从现实情况来看，电商快递班列的开行，既是在努力与快递公司的需求匹配，也反映了快递企业对铁路货运公司表现出非常强烈的合作愿望。然而，电商快递班列还存在着许多不足之处：在目前的运作模式下，快递企业需要把快件从分拣中心转运至铁路车站，增加了发到两端汽运短驳和二次搬倒作业的成本；电商班列多出了两次铁路上下货以及转运流程，人力成本和安全风险有所加大。

但是，只要铁路总公司、电商企业、快递企业能够共同从面向电商、快递市场需求的角度出发进行研究，根据需求扩大电商快递班列开行规模，解决发车时间表和快递需求之间的匹配，在铁路运输的节点建立物流集散中心等现实问题，就能进一步提高运营效率、降低费用、减少安全风险。

资料来源：作者根据多方资料整理而成。

讨论题

1. 分析当前我国快递业市场的供给与需求关系。

2. 电商班列的开通对我国快递业市场的供需关系将产生什么样的影响？

第6章
CHAPTER6

物流效率分析

§ **学习目的与要求**

- 了解物流效率的评价方法
- 理解物流效率的评价指标体系
- 熟悉物流效率的基本体系
- 掌握物流效率的基本内涵以及提高物流效率的途径

§ **引例**

卜蜂莲花[一]的配送经验

作为一家跨国零售企业，卜蜂莲花在中国的发展异常迅速。据统计，截至2012年，卜蜂莲花已经在中国开设了100余家卖场，销售额以每年20%以上的速度增长。卜蜂莲花的业务之所以能迅速增长，很大的原因是在节省成本以及在物流、配送系统方面有所成就。

卜蜂莲花先后在上海、广州、北京建立了3个大型干货配送中心及一家生鲜配送中心负责对全国的卖场进行商品配送。目前，卜蜂莲花卖场的绝大部分商品是通过这4家配送中心进行配送的。配送中心采取划区域配送，即每个配送中心只负责配送本区域内的卜蜂莲花卖场；配送中心之间也会有商品的配送，这是区域间的商品调拨。

1. 低成本与高效率

在比较完善的系统支持下，卜蜂莲花的物流以配送为主、仓储为辅，呈现出商品周转快的特征。配送的职能就是将商品集中起来，配送给门店，同时可以储存部分促销商品。

就配送中心而言，通过采购和门店订货，有专门的订单管理部门向供应商发出

〇 原名为"易初莲花"，现已统一更名为"卜蜂莲花"。

订单，供应商接到订单后，按照订单的要求备货，并将商品直接送到配送中心，不用配送到每个门店，这样既节省了供应商的配送费用，还可以保证商品及时到店，减少商品的缺货概率。

整个配送的流程：顾客到卜蜂莲花的卖场购买了一些产品，如毛巾被。如果物流循环是成功的，那么在他们买了之后，系统就开始自动进行供货。这个系统中的可变性使得这些卖方和买方（工厂与商场）可以对于这些顾客所买的东西和订单及时补货。

2. 无缝的补货系统

卜蜂莲花物流配送有一个补货系统，使得卜蜂莲花在任何时间点都可以知道：现在每个商店当中有多少货品、有多少货品正在运输过程当中、有多少是在配送中心等。

另外，卜蜂莲花的供货商可以进入卜蜂莲花的零售链当中，了解它们的商品卖得如何，根据卜蜂莲花每天的销售情况，对将来卖货进行预测，以决定它们的生产情况，这样它们也可以降低产品成本，从而使整个过程无缝对接。

3. "精准制"是硬道理

在卜蜂莲花的物流当中，卜蜂莲花必须确保卖场所收到的产品是与发货单上完全一致的产品，因此卜蜂莲花整个的物流配送过程都要确保是精确的、没有任何错误的。做好这一步，就可以节省很多时间和成本。卖场只需把整车的货品卸下来就好了，不用再逐一去检查每个产品，由此节省了大量的时间和金钱。

当消费者购买了某产品时，系统会精准地设定需要补货的情况，所以整个物流配送是一个循环过程，每个环节都做到精准。追求消费者对产品需求的精准化配送，这是比较难的一件事，因为各地的消费习惯不同，因此卖场配送什么产品要经过调研。

资料来源：经多方资料整理而成。

请思考

1. 根据"卜蜂莲花的配送经验"，分析提高物流效率都可以从哪些方面入手？
2. 卜蜂莲花如何能保证在配送高效率的同时，实现低成本？

物流既是一种生产活动，也是一种投入产出的活动，物流效率便是对整个活动结果的考查。在市场经济环境下，一切都以效率为中心，特别是在经济全球化的今天，物流对于经济发展的重要支撑作用已毋庸置疑，关键是如何能够以最少的物流资源投入（人、财、物等各方面的投入）、在负面产出（如物流活动对环境的影响）最小的情况下，取得最大、最好的物流效果，使正面产出最大，也就是提高物流效率。

6.1　物流效率概述

6.1.1　物流效率的内涵

1. 效率的含义

一般而言，效率是指单位时间完成的工作量，或劳动的效果与劳动量的比率。比如，劳动生产率通常用单位时间内所生产的产品数量（或产值），或用单位产品生产所耗费的劳动时间来计算。一般情况下，单位时间内生产的产品数量越多，单位产品所包含的劳动量越少，劳动生产率就越高，即劳动效率越高；反之，劳动效率则越低。

效率被定义为一定的投入量所产生的有效成果。投入量是组织为了实现组织目的所需要消耗的人力、物力和财力。比如一个工厂的投入量包括生产所必需的人力、设备、厂房、资金和工具等。效率用公式表示为

$$效率 = 有效结果 / 投入量$$

由上述定义我们可以明确以下两点：①一切效率都是相对投入量而言的。投入量具有不同的形态，因此相对不同的投入量，效率也有不同的表现形式，如元/人、元/吨、件/人等。②这些结果必须是有效的。在实际工作中，并不是所有的结果都是有效的。例如，如果一家企业生产的产品没有销路，产品越多反而会导致效率越差。因为此时产品越多，库存积压也就越多，企业资金占用也越多，在这种情况下生产的产品就是无效的。

由效率的定义式我们可以看出提高效率的 5 条途径。

（1）投入量不变，有效结果增加。效率 = 有效结果（增加）/投入量（不变），增加有效结果的形式很多，如提高材料的转换率、提高劳动效率、增加产品的使用性能等。

（2）有效结果不变，投入量减少。效率 = 有效结果（不变）/投入量（减少），减少投入量的方法有降低物耗、能耗，减少劳动量的消耗等。

（3）有效结果增加，投入量减少。效率 = 有效结果（增加）/投入量（减少），如采用新技术，既减少了原材料消耗，又提高了产出。

（4）投入量增加，有效结果比投入量有更大幅度的增加。效率 = 有效结果（增加）/投入量（增加），如通过增加产品的附加功能，使产品价格大幅上涨。

（5）有效结果减少，投入量比有效结果有更大幅度的减少。效率 = 有效结果（减少）/投入量（减少），如减少人员，虽造成产量下降，但收益有了提高。

在这 5 种情况下，第 3 种情况的效果最好，即有效结果增加，投入量减少。提高效率的途径很多，可供采用的方法也很多，怎样确定提高效率的对象并且选择最有效的方法呢？这就是管理所要解决的问题。管理的本质是提高效率，管理者管理水平的高低关键看管理者对效率的认识。只有正确理解了效率的含义，才能从中明白什么是管理，管理应该管什么，才能掌握管理的根本方法。

2. 物流效率的含义

根据效率的含义，我们可以将物流效率定义为物流投入与产出之比。根据投入要素涵盖的范围，物流效率评价基本上分为单要素投入的效率评价（如衡量劳动、资本或技术投入在物流行为改善中所起作用的评估）和多因素效率评价（包括所需全部劳动、物资、设备、能量与其他投入）。

由物流效率的定义，我们可以看出提高物流效率的几个路径。

- 物流投入不变，提高物流产出。比如，通过采取不同的市场营销方法，使产品销售数量增加。
- 物流产出不变，减少物流投入。比如，可以通过减少人员投入、技术投入、资金投入等方法实现。

- 物流产出增加，物流投入减少。精益生产的成功有力地证明了这一途径的优越性和有效性。
- 物流投入增加，物流产出更大幅度地增加。物流增值服务就属于这种途径。
- 物流产出减少，物流投入更大幅度地减少。这个途径在实践中运用很少，因为顾客总是乐于接受更多的物流输出，顾客对物流的满意度基本上是与物流输出的增加成正比。

6.1.2 物流效率的特点

物流效率的特点主要体现在以下 3 个方面。

1. 系统性

物流效率是宏观社会层面、行业层面、微观企业层面等不同层面物流效率的有机整体，反映不同层面物流资源投入产出的比例关系。这些层面的物流效率之间存在相辅相成、互相制约与影响的关系。

2. 协调性

物流效率的产出有正面和负面两种，这两种产出需要在物流效率之间进行协调反映。从经济学意义上考虑，如果产出是正面的，那么物流效率反映一个物流经济主体以最小的投入生产出一定水平的产出，或者在投入一定的情况下，达到最大产出水平。如果产出是负面的，那么正好相反，需要尽可能地降低产出水平。

3. 动态性

物流系统是个复杂的动态系统，内部各种要素都是运动的，投入、产出、转换过程、外部环境等也时时在发生着变化，因此对物流效率的衡量标准也不是固定的，是会随着各种变化而相应改变的，并没有简单、绝对的最优。

│小故事│

一家电商公司和 40 个车队

过去，某家电商公司共有 40 个车队承运商，基本上都是中国最优秀的车队，一天大概发车 300 班次。电商公司与车队之间的沟通主要靠打电话、发邮件等。

现在，它们通过物流系统来管理车队。系统上线 1 个月后，准达率由原来的 90% 降低到 60%。为什么有了一套系统，车辆准达率下降了？因为，现在电商公司将司机通过 GPS 直接连接网络，公司能够随时看到司机所开车辆的运行情况，实时监控减少了信息虚报的发生，这是车队晚点的主要原因。

资料来源：https://tieba. baidu. com/p/3720445885，2019-01-06.

思考：

在信息化的实现过程中，仅仅是准达率就有这么严重的水分，那么在其他的实施物流行为的过程中又存在多少基层员工"心照不宣"的漏洞呢？

6.2　物流效率的基本体系

物流活动和物流效率的运动过程是一个复杂的、多层次的、多方面的动态过程，物流效率的变化和运动在社会经济的不同层次、不同方面周而复始地运行着。因此，依据不同的考查目的，对物流效率的基本体系的分类也各不相同，图 6-1 显示了基于 3 种视角分类的物流效率基本体系。

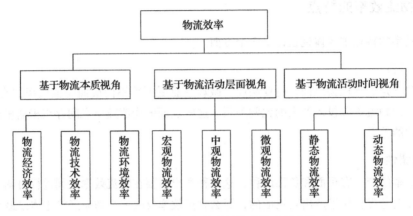

图 6-1　基于 3 种视角分类的物流效率基本体系

6.2.1　基于物流本质视角分类的物流效率体系

从本质上来说，由于产出具有两面性，考虑到物流投入的产出也是有可能造成坏（负面）的一方面，即对环境的影响，因此，在分析物流效率时，有必要考虑物流、经济、环境三者之间的相互关系。所以，我们将物流效率分为物流经济效率、物流技术效率和物流环境效率。

1. 物流经济效率

物流经济效率是指物流活动的正面产出与物流投入的比例。物流产业在经济上有效率是指在一定的物流投入条件下，经济产出最大，综合效益最高；或者在一定的产出条件下，物流投入最少。

2. 物流技术效率

物流技术效率是一个纯粹的物质概念，是指物品在流动过程（包括运输、储存、装卸搬运、流通加工等环节）中输出量与输入量之比。

3. 物流环境效率

物流环境效率有两个方面的含义：一方面是指物流资源投入与物流活动本身造成的环境污染之间的比例关系；另一方面是指物流活动造成的环境污染与经济产出之间的比例。由物流环境效率的定义可得出：一定的物流环境污染产生的经济产出越大，说明物流环境效率越好。同时，在一定的经济产出条件下，应尽可能减少物流环境污染。

在物流经济效率、物流技术效率和物流环境效率三者中，物流环境效率相对而言比较独立，物流经济效率和技术效率之间的关系比较密切。提高物流经济效率和物流技术效率是实现物流资源优化配置的根本保证，也是物流资源是否得到有效利用的重要体现。

物流技术效率是衡量物流管理水平能否充分发挥的标准，而提升物流经济效率是提升物流技术效率的最终目标所在。二者在数量上并不存在正相关关系，也就是说，物流技术效率高并不一定代表物流经济效率高，反之亦然，物流经济效率高并不代表物流技术效率也高。但是，如果考虑物流资源配置效率提升问题的话，二者都是非常重要的，因为只有二者的有机结合，才能体现真实的、全部的物流效率，如果单独研究某个方面的话，是有失偏颇的。在研究物流效率的过程中，也经常需要单独考查其中一个方面，一般会对另外一个方面给出已知的既定状态，这样才能真正体现二者的本来意义和关系。

6.2.2 基于物流活动层面视角分类的物流效率体系

依据物流活动作用的层面不同，可将物流效率划分为宏观物流效率、中观物流效率和微观物流效率。

1. 宏观物流效率

宏观物流效率是指物流业在国民经济中整体运行的效率。它是站在全社会的角度上，考察物流资源是否在一国内部合理配置，满足社会、经济、环境及国家安全等各方面的要求。它是综合评价物流活动效果的指标。

2. 中观物流效率

中观物流效率是指各个行业、部门的物流效率。它是在一定的经济体制原则下，将物流资源配置到各部门、各行业的效率。中观物流效率的水平是决定性的，如果这个层面的效率问题得不到解决，总的物流效率增长也就无法实现。

3. 微观物流效率

微观物流效率是指企业物流效率。它是将物流效率的概念用于单个企业，考察企业利用其拥有的资源提供物流服务的能力。企业将一定功能的物流资源优化组合，进行物流活动，产出结果不仅取决于投入初始界定状态，更取决于企业内部的运行效率，相同的投入在不同企业会有不同的产出。因此，对物流运行的主体——各种物流企业而言，微观物流效率就是企业的运行效率。

宏观物流效率与中观物流效率、微观物流效率是相互区别的，基本关系是全局与局部的关系，宏观物流效率是全局，中观物流效率和微观物流效率是局部。每个层面的物流效率都有其特殊性，需要从系统论角度出发考虑全局与局部的关系，一方面，中观物流效率和微观物流效率都比较高时，才能提高宏观物流效率；另一方面，宏观物流效率高才能为提高中观物流效率和微观物流效率创造良好的外部环境，促进中观物流效率和微观物流效率的改善。因此，三者之间是相互依存、相互促进的。

虽然宏观物流效率以微观物流效率为基础，但并不意味两者之间存在着必然的正相关关系，有的时候两者也是有矛盾的。当整个社会的微观物流效率较低时，宏观物流效率也不可能高；当微观物流效率较高时，并不意味着宏观物流效率也必然高，在某些情况下，甚至微观物流效率越高，宏观物流效率越低。为此，在有些情况下，为了实现较高的宏观物流效率可能会牺牲微观物流效率。但总体而言，提高微观物流效率是实现宏观物流高效率的保证，微观物流效率缺乏不仅会损害宏观物流效率，也会影响整个社会的经济效率。

6.2.3　基于物流活动时间视角分类的物流效率体系

经济学将经济效率分为静态效率和动态效率。为此，依据考察物流活动时间跨度的不同，我们可将物流效率分为静态物流效率与动态物流效率。

1. 静态物流效率

静态物流效率是指在某个度量时点物流活动的产出与物流投入的比例。一般地说，度量静态物流效率的基本方法是计算基本效率，即由一个时点的投入产出比率来度量；无论是一个企业还是一个被考察的宏观的经济体，都可以用一系列的指标来反映其静态物流效率，这些指标反映的是一定时点上的物流效率情况。如果利用这些指标进行横向上的比较，就可以说明一个企业、行业、国家的物流效率所处的位置。

2. 动态物流效率

动态物流效率是指物流活动中在一定时期的投入产出的变化率。它通过物流投入产出率在一定时期内的变动来衡量。这里既可以用同一经济体内部的物流生产率的变动来衡量，也可以将经济体的物流投入产出情况与技术上可达到的最大可能的物流生产率比较。两者的经济含义是相互补充的。

静态物流效率和动态物流效率是相互联系和有区别的。静态物流效率是基础，动态物流效率是目标，因为只有存在动态物流效率，才能说明物流效率的提高。以物流效率为中心，追求物流效率最优化，需要同时考虑静态物流效率和动态物流效率。

6.3　物流效率的评价

物流效率是物流要素投入与产业之比，依投入要素涵盖的范围，物流效率评价基本上可以分为单因素投入的效率评价，如衡量劳动、资本或技术投入在物流活动中所起作用的评估，以及多因素效率评价，包括所需全部劳动、物资、设备、能量与其他投入。

由于物流效率评价的结果，是改善物流活动的基础以及事后评判物流决策正确与否的准绳，所以，物流效率评价指标的选取、所采用评价方法是否恰当，都将会直接影响评价结果的准确性。

6.3.1　物流效率内涵的再认识

全面理解物流效率的内涵是有效研究物流效率问题的前提，对物流效率的内涵还可以从以下 3 个方面进行再理解。

1. 物流效率是物流资源分配状态的反映

经济学最关注的就是资源分配问题。物流资源作为社会经济资源的一部分，其分配状态直接影响了经济资源的分配结构与利用状态，从而影响整个国民经济的运行效率。物流资源在各个地区、各部门的分配状态是实现物流效率增长的基础,资源分配既包括总量方面,也包括结构方面。与其他资源一样,对物流业的投入也不可能无限加大,尤其是在物流对环境的负面产出应尽可能减小的情况下。因此,物流投入受社会资源和环境要素约束,这种投入并不是越多越好。物流资源分配结构,会影响各地区、各部门的产出比例结构,因此也是需要加以考虑的。

2. 物流效率是物流资源利用状态的反映

物流活动本身也是系统,系统即通过中间的转换过程将投入转化为产出,物流活动这种生产过程就是通过物流资源的投入,通过转换过程生产出物流产品(包括运输、储存、装卸搬运、流通加工等)的过程。因此,物流效率不仅直接受投入资源状态的影响,还取决于物流系统内部的投入产出变换过程,包括技术、制度、管理、物流组织、物流系统内部的协调状况等,这些因素直接影响产出究竟有多大,因此都将影响物流资源的利用状态。物流效率就是各种因素作用于物流系统后资源利用状态的反映。

3. 物流效率应以实现社会效益和经济效益为前提与基础

首先,从社会效益角度考察,物流效率应体现出对于物流负面产出的控制性,最主要的就是物流活动所产生的环境污染,这一点应在物流效率之中体现出来,即通过物流环境效率来反映其所产生的环境污染情况。其次,无论从宏观还是微观经济角度考察,有效率的物流资源配置总体上应该是有效益、公益性的物流活动;反过来,却不一定成立,即有效益的物流生产并不一定有效率。

6.3.2 物流效率评价的指标

|阅读材料|

京东物流的"体验为本,效率制胜"

京东物流成立之初独创的仓配一体模式奠定了京东物流供应链服务的基础和优势,以客户体验为中心进行网络、服务模式和产品设计,使得体验和效率成为京东物流的核心竞争力。京东物流的核心战略为:"体验为本,效率制胜"。

1. 体验为本

体验就是那个1。如果没有把这个1做好,再好的产品、再知名的品牌,都没有用。效率就是后面的0,要不断提升效率,把0做得越来越多。同时只有把1做扎实了,才能做好更多的0。只有这样,京东物流才能在整个行业中获得差异竞争的优势,才能获得更多客户的认可。

2. 效率制胜

效率制胜包含对内和对外两层含义。

(1)对内,要从运营、财务和组织去全方位打造效率至上的竞争体系。

在运营效率方面,通路网络和智能数据双轮驱动,实现准时制的、高效的运营。通过网络枢纽合理布局、网络模式持续优化、运输方式多样化等，构建起一张"全球""全景""全链"的通路网络，并基于数字化运营，结合 AI、IOT、5G 等智能技术，推动运营效率的持续优化。

在财务效率方面，通过打造在线、实时、前瞻的财务体系，实现 Instant Flow，保障结算、资金和财务数据等的快速流转，并为管理层、投资人提供业务、市场、战略等前瞻性的洞见。

在组织效率方面，通过 Big Boss 的机制变革全面提升组织效率，发掘"创始人精神"，激发并强化团队经营意识。Big Boss 方案已经在京东物流生根发芽，还要不断生长、开花、结果。

（2）对外，要用产品和服务全面提升客户感知效率。

对于企业，提供全面的产品和服务，通过 EDI、SaaS 化，把客户的库存达到全面的共享，真正通过京东物流的供应链能力给企业带来价值。这不仅会给它们带来物流成本的节约、收入的增加和品牌的提升，最后还将会带来整个效率的提升。

对于消费者，就是一键极速完成，当消费者有快递服务需求时，只要按一个随处可触达的键，快递小哥就上门把东西取走，随后就不用管了，京东快递会提供给消费者最精准、最极致的服务体验。

资料来源：经多方资料整理而成。

物流效率是物流产出与物流投入之比，因此针对不同的物流主体以及不同的物流效率基本体系，具体应用于衡量各类物流效率的指标是不一样的。在本节中，我们只是简要介绍物流企业和工商企业的物流效率评价指标体系。

6.3.2.1 物流企业效率评价指标

从企业的不同角度出发，衡量物流企业物流效率的指标也不同。第三方物流企业的物流效率评价指标可分为经济性指标、技术性指标、社会性指标。

1. 经济性指标

经济性指标涉及成本和效益两个方面，能够全面反映企业实施第三方物流的经济性，具体有：

- 固定成本，包括基建投资及车辆、仓库、办公用房、物流设备折旧等固定资产占用。
- 可变成本，包括人员薪金（如工资、津贴、奖金等）、营运消耗（如燃油、材料消耗、物流设备维修等）。
- 物流企业外付费用（如港口费、养路费等）、事故损失、管理费开支及其他临时性物流费用支出。
- 采用第三方物流服务模式后的直接经济收益。
- 时间节约的经济效益。
- 物流运作能力加强的经济效益。

2. 技术性指标

技术性指标主要从技术上衡量第三方物流实施后各项指标的表现程度：

- 快速性，指物流过程的迅速程度。
- 便利性，指企业实施第三方物流后利用物流手段的方便程度。
- 直达性，货物从起点出发，无须办理中转而直接抵达目的地的特性，它包括单一物流方式的单运直达和多种物流方式的联运直达。
- 安全性，指在物流过程中不发生意外，正常运达目的地的特征。
- 舒适性，特指企业在接受物流服务过程中所感受到的舒适程度，这主要取决于物流方式、运载工具设备、运行时间长短及服务水平。
- 灵活性，指运载工具对物流线路的非依赖程度及采取某种临时性紧急措施的可能程度。

3. 社会性指标

社会性指标主要从宏观的角度来衡量第三方物流的出现对整个社会的影响程度，具体如下：

- 社会节约程度，指社会全部资源的整体优化配置程度。
- 社会综合发展程度，指第三方物流的出现与发展对社会整体综合发展状况的贡献程度。
- 提高物流的整体服务质量，指第三方物流的出现与发展对整个物流行业服务水平的提升程度。

6.3.2.2 工商企业物流效率评价指标

工商企业物流效率评价的指标体系可分为两层。一级指标可设置为运输、订单处理、库存、包装、信息、财务。各个一级指标又可以分为众多的二级指标，如表6-1所示。

表6-1 工商企业物流效率评价的指标体系

一级指标	二级指标
运输	原材料运输时间、产成品运输时间、运输迟延率、平均运输迟延时间、回程空载率、单件运输成本、运输损失率、车辆平均装载率、车辆平均利用率、平均燃料利用率
订单处理	订单平均审核周期、人均处理订单数、资金审核周期、发货过账周期、订单处理正确率
库存	库存维持成本、产成品平均库存持有量、产成品库存周转时间、产成品库存积压时间、成品存货占用率、缺货发生频率、搬运成本、平均在制品库存、在制品库存成本、原材料库存周转率、平均原材料库存成本、来料合格率
包装	单位产品包装成本、包装可回收率、可回收包装平均循环次数、不可回收包装处理成本、条形码覆盖率
信息	信息系统水平、信息准确率、信息及时率
财务	销售净利润率、营业周期、总资产周转率

6.3.3 物流效率评价方法

单因素投入法一般用来考查个别的物流要素如运输、先进物流装备采用后对物流行为的影响，此时常采用指标法进行评估；但在评估技术对物流活动的影响时，又常用生产函数法，不过此时技术的效率只是扣除劳动和资本投入增长作用外所有其他因素所产生作用之和，在某种程度上也可以说是多因素投入评价。在物流效率评价中，我们更多地使用多因素投入分析法。

1. 指标树法

指标树（或称指标体系）法是指通过设计一系列指标构成的指标体系来全面反映物流效率。物流效率 E 可用子物流效率指标 E_i 的加权求和表示，即 $E = \sum \lambda_i E_i$，其中 $\sum \lambda_i = 1$，E_i 同样可由下一阶子物流效率指标 E_{ij} 的加权求和表示。

针对配送、运输、仓储、库存、流通加工等物流活动环节以及顾客服务等方面，我们都可以根据具体评价时的要求，进一步细化其所对应的效率衡量指标，以充分满足物流效率评价的需要。

由于物流的系统特征，我们在设计指标体系时应遵守以下 4 个原则。

（1）系统性原则。物流是一个包含运输、仓储、装卸搬运、包装、流通加工、信息处理等的复杂系统，我们应从系统论的观点出发，注意系统中各子系统与外部系统的关系。

（2）适用性和可行性原则。建立指标体系，要求指标概念明确、直观、计算方便，资料易于收集且指标数量适当。指标太多，虽然可以提高评价的精确性，但是容易陷入庞杂的统计和计算之中，操作难度较大；指标数量过少，则可能漏掉反映评价对象特征的重要因素，缺乏适用性。尽管我们不能追求设计一个万能的指标体系，实际上也不可能存在这样的指标体系，但在设计指标时，应注意适用性与可行性的结合，尽量使指标体系能够反映物流效率的实际情况。

（3）动态性原则。评价指标体系的设计，既必须反映物流现象的结果状态，也必须反映物流的活动过程。结果状态是检验物流效率的主要指标，但物流是一个开放的动态系统，人们不易在较短的时间内取得其真实值。因此，在设计指标体系时应坚持动态原则。

（4）可比性原则。运用指标体系评价物流效率，经常需要进行纵向（动态）、横向（静态或动态）排序分析，对多个企业进行比较以便标杆学习，或对某一特定物流企业或企业物流的某个领域进行动态评价。为了能对不同企业进行比较时有较高的辨认度，我们必须选用同一个基点，并在企业间抽取重要的共同属性，"放大"不同企业之间的差异。

2. 层次分析法

由于指标树法存在着将物流系统这样一个有机整体分解后用加权求和的方法进行综合评价过于简单化，不能在整体上给出物流效率变动速度等结果的局限性，为此，我们可以在指标树法的基础上，利用层次分析法计算物流效率指数。

利用层次分析法测定物流效率，就是通过各指标的层次总排序权重把不同物流系统，或同一系统不同时期的各类指标，综合成代表企业或该时期物流效率水平的数值，该值的变化就反映物流效率变动。图 6-2 显示了利用层次分析法进行物流效率分析的程序。

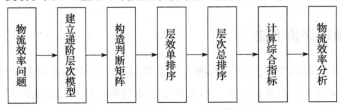

图 6-2   层次法用于物流效率分析的程序

用层次分析法评价物流效率的实质，是把层次分析法作为全面评价物流效率的综合手段，以弥补指标树法的不足。但判断矩阵的构造要凭人们定性的经验，具有一定的主观人为性，从而使评价结果的客观性受到影响。

3. 数据包络分析法

数据包络分析方法（data envelopment analysis，DEA）是运筹学、管理科学与数理经济学交叉研究的一个新领域。它是根据多项投入指标和多项产出指标，利用线性规划的方法，对具有可比性的同类型单位进行相对有效性评价的一种数量分析方法。它的基本原理是用线性规划对所有决策单元（DMU）的投入产出数据进行分析，测算出每个 DMU 的综合效率值，以此对所有的 DMU 进行排序，找出其中相对效率最高的 DMU，将其他未达到有效的 DMU 与其对比，可直观地看出该 DMU 与效率有效 DMU 的相差程度，为决策者和管理者提供信息。

DEA 方法及其模型是在 1978 年由美国著名运筹学家查恩斯（A. Charnes）和库珀（W. W. Cooper）提出的，在用于研究多投入——多产出的决策单元（DMU）方面，体现了其得天独厚的优势。DEA 方法的优越性主要体现在以下 4 个方面。

（1）DEA 不需要预先估计参数，以被评价 DMU 的各项投入和产出的权重为优化变量，从最有利于被评价 DMU 的角度进行评价，从而避免了确定各方都认为合理公正的权重这一棘手问题，增加了评价的客观性和科学性。

（2）与其他统计模型不同，DEA 方法直接采用数据进行计算，避免了建立评价指标体系以及确定某一投入指标对若干产出指标的贡献率等烦琐的计算，使评价方法简明且易操作。

（3）DEA 模型丰富了微观经济学中的生产函数理论及其应用技术，所形成的有效生产前沿实际上是生产函数的一种推广。因此，DEA 方法亦可看作依据一组观察值得到有效生产前沿面的一种新的非参数统计分析方法。

数据包络分析法（DEA）主要包括两种基本模型，分别为 CCR 模型和 BCC 模型。

（4）目前，DEA 方法在物流效率评价中运用广泛，凭借其便于使用，数学计算难度相对较小的优势，已经逐渐成为企业物流效率、区域物流效率评价中的主要评价方法。

4. 随机前沿分析法

随机前沿分析法（stochastic frontier approach，SFA）是由爱格纳（Aigner）、洛弗尔（Lovell）、施米特（Schmidt，1977）最先提出的，之后科埃利（Coelli，1996）等加入了时间变化的因素从而对其进行了完善。函数模型中包含了由随机误差项和无效率项构成的组合误差项，其中前者服从对称分布（一般服从正态分布），后者服从不对称分布（一般服从截尾正态分布），并认为待考查样本与其效率前沿之所以会发生偏离，其主要原因就是随机误差项和 X 无效率项的存在。

随机前沿分析法是一种参数方法，相对于非参数法（如数据包络分析方法）的优势在于：

- 预先考虑了随机误差项的存在并事先假设出了具体的函数形式。这种优先假设不但可以有效地避免非参数法中存在的评价结果中掺杂随机误差的可能性，还可以对计量结果进行统计性检验。

- 明确地区分开无效率项和随机误差项，在效率测算过程中数据的偏斜度是区分随机误差项和无效率项的关键，即呈现对称分布的无效率因素就是随机误差项，而呈现非对称分布的随机误差则被认为是无效率项。
- SFA 是一种基于面板数据理论的方法，所以 SFA 也适合于物流产业的实际情况的研究。

在使用 SFA 方法对物流效率进行评价时，一般要预先设定效率前沿物流的成本（利润）模型，然后在充分考虑随机误差的情况下估算出函数中的各个变量参数，进而可以得到一个确定的效率前沿成本（利润）函数。所选取的样本物流的效率水平是通过对比实际成本（利润）与前沿物流的成本（利润）效率之间的偏离度得出来的。目前国内外学者运用 SFA 侧重于用模型对物流技术效率进行测度。

有关物流效率评价的探讨，目前依然是物流研究领域比较热门的主题，从文献研究现状来看，国外对物流效率测度的研究大多使用 SFA 方法和 DEA 方法，国内研究大多运用 DEA 方法及其改进的方法。总体而言，关于物流效率的研究方法逐渐趋于完善。

6.4　提高物流效率的途径

物流效率是物流产出与物流投入之比，用比值高低衡量物流效率的高低。其中，投入包括人力、物力和资金的投入，主要用成本、时间等因素来衡量；产出则包括服务质量和服务柔性等。因此，提高物流效率的途径主要有降低成本、节约时间，以及提高服务质量与服务柔性两个方向。具体的实施措施有二：一是从全局视角，对物流系统进行标准化；二是从局部视角，针对物流活动过程的某个具体环节进行合理化，如对运输、仓储、装卸搬运、包装等环节所进行的合理化变革。

|阅读材料|

调整运输结构提高运输效率，降低实体经济物流成本

国务院总理李克强于 2018 年 6 月 27 日主持召开国务院常务会议，部署调整运输结构提高运输效率，降低实体经济物流成本。会议确定，一是循序渐进、突出重点，优化交通运输结构，更好地发挥铁路在大宗物资运输、长距离运输中的骨干作用；加大基础设施投入，带动有效投资，力争到 2020 年大宗货物年货运量在 150 万吨以上的工矿企业和新建物流园区接入铁路专用线比例、沿海重要港区铁路进港率分别达 80%、60% 以上；着力提高沿长江重要港区铁路进港率。二是加快发展多式联运，健全标准体系，推进城市生产生活物资公铁联运；发展铁路集装箱运输，推进海铁联运、铁水联运；开展全程冷链运输等试点，积极发展电商快递班列。三是推动船、车、班列、港口、场站、货物等信息开放共享，实现到达交付、通关查验、转账结算等"一站式"线上服务；推进公路货运车辆标准化，促进公路货运行业创新发展。四是进一步清理运输环节经营服务性收费，有关部门要开展督查，着力解决"乱收费、乱罚款"等问题，规范铁路货运收费，取缔不合理收费，纠正偏高收费，降

低物流费用。五是引导和规范交通运输领域"互联网＋"新业态公平竞争、健康发展，防范和消除安全隐患。

6.4.1　物流标准化

根据国际标准化组织（ISO）和国际电工委员会（IEC）所发布的《标准化工作指南第一部分：标准化和相关活动的通用词汇》（GB/T 20000.1—2002）中关于标准化的内涵，物流标准化就是为了在物流系统范围内获得最佳秩序，促进共同效益，对实际问题或潜在问题确立共同使用和重复使用的条款以及编制、发布和应用文件的活动，包括制定和实施技术标准（如物流系统内部的设施、设备、专用工具等方面的标准）、管理标准（如规定性管理标准、规章性管理标准、规程性管理标准、规范性管理标准等）、工作标准（如包装、装卸、运输、配送等作业标准），并建立统一的物流标准体系。

这些标准化工作可以分为软件和硬件两方面，软件方面主要指物流信息标准化，包括信息系统的代码、文件格式、接口、作业规范、操作流程和管理标准等；硬件则包括设施工具的规格、材料及配套标准，具体有物流仓库、货架、堆场、机械、工具、包装物等的规格、材质和操作标准，以及信息软件系统的硬件配置标准等。

从全局视角出发，对物流系统进行标准化的策略主要有以下 3 个方面。

1. 简化与统一化

简化是要求在一定范围内，在满足一般需求的前提下，缩减物流标准的类型数目，而不是不加限制地任其发展出更多多余和用处不大的低功能品种，浪费成本和生产力。统一化是要求把目前的同类标准在简化的前提下进行统一，比如对物流用语、编码、代号、标志以及专用工具和机械设备的规格、功能、系列等进行统一。统一化对于由不同物流子系统标准汇集形成的不相容的标准具有很好的梳理作用，但具体操作上要逐步改良、循序渐进。

2. 通用化与组合化

由于物流系统是由各种相互独立的子系统组成的，通用化是指在这些子系统中，对子系统或子系统下的功能单元及其设备工具的规格尺寸、功能等方面进行标准化的过程，其根本目的是提高子系统、功能单元和工具设备的互换性。互换的前提，就是由标准化来确定最便于互换的特性。组合化其实是在通用单元基础上进行模块化的过程，这要求设计和制造时考虑组合单元的通用性，然后根据不同的作业需要进行组合单元的组合。比如货物编码、产地、生产时间、规格、质量、存储时间和空间位置等参数分别使用各自的统一标准编码，然后根据货物信息需求按一定规律将各个参数进行组合，使得编码具有组合功能，以降低人和机器的编码与解码识别程度。

3. 系列化

物流行业既是生产制造业的复杂配套服务业，也是商贸业的复杂配套服务业，其涉及的业务范围是跨边界的，很广。因此，物流标准必然是多层次、多种类的，不可能做到完全归一化，而是需要按照货物用途和结构等特性进行归类，使某类货物具备典型特性，通过把同类的货物按规格等主要参数和优先顺序进行合理分级，从而协调同类货物及其包装之间的关系。在对货物进行分类和分级前提下，制定一系列不同标准的工作即系列化。比如可按照

ISO 标准制造出一系列集装箱、托盘，这些系列的集装箱、托盘可以适用于不同类型的货物，这样不仅提高了运输能力，还能为运输配套设施如船舶、港口、码头、桥梁和公路等运输能力与载荷能力的计算提供依据。

通过实现物流标准化后，可在装卸、搬运和运输环节节省大量时间，使货物流转速度提高，同时大大缩短存储时间，降低保管费用和仓储资金占用，而更标准的操作将降低物流损耗，等等，这些都能直接或者间接地降低物流成本，提高物流产出效益，最终提高物流效率。

6.4.2 运输合理化的途径

提高运输效率，可从以下 9 个方面对运输活动进行合理化变革。

1. 运输工具实载率方式

实载率有两个含义：①单车实际载重与运距之乘积和标定载重与行驶里程之乘积的比率，这在安排单车、单船运输时，是作为判断装载合理与否的重要指标；②车船的统计指标，即一定时期内车船实际完成的货物周转量（以吨公里计）占车船载重吨位与行驶公里之乘积的百分比。在计算时，车船行驶的公里数不但包括载货行驶，而且包括空驶。提高实载率的意义在于：充分利用运输工具的额定能力，减少车船空驶和不满载行驶的时间，减少浪费，从而实现运输的合理化。

我国曾在铁路运输上提倡"满载超轴"，其中"满载"的含义就是充分利用货车的容积和载重量，多载货，不空驶，从而达到合理化的目的。这个做法对推动当时运输事业发展起到了积极作用。当前，国内外开展的配送形式，其优势之一就是将多家需要的货和一家需要的多种货实行配装，以达到容积和载重的充分合理运用，这比起以往自家提货或一家送货车辆大部空驶的状况，是运输合理化的一个进展。在铁路运输中，整车运输、合装整车、整车分卸及整车零卸等具体措施，都是提高实载率的有效措施。

2. 动力投入减少方式

动力投入减少方式，即通过采取减少动力投入，增加运输能力的有效措施实现合理化。这种合理化的要点是，少投入、多产出，走高效益之路。运输的投入主要是能耗和基础设施的建设，在设施建设已定型和完成的情况下，尽量减少能源投入，是少投入的核心。做到了这一点就能大大节约运费，降低单位货物的运输成本，达到合理化的目的。

国内外在这方面的有效措施有以下几种。

（1）"满载超轴"。其中"超轴"的含义就是在机车能力允许的情况下，多加挂车皮。我国在客运紧张时，也采取加长列车、多挂车皮的办法，在不增加机车情况下增加运输量。

（2）水运拖排和拖带法。竹、木等物资的运输，利用竹、木本身浮力，不用运输工具载运，采取拖带法运输，可省去运输工具本身的动力消耗从而实现合理化；将无动力驳船编成一定队形，一般是"纵列"，用拖轮拖带行驶，可以获得比船舶载乘运输运量大的优点，实现合理化。

（3）顶推法。我国内河货运采取的一种有效方法，是将内河驳船编成一定队形，由机动船顶推前进。其优点是航行阻力小，顶推量大，速度较快，运输成本很低。

（4）汽车挂车。汽车挂车的原理和船舶拖带、火车加挂基本相同，都是在充分利用动力能力的基础上，增加运输能力。

3. 社会化的运输体系

社会化的运输的含义是发挥运输的规模优势，实行专业分工，打破一家一户自成运输体系的状况。一家一户的运输小生产，车辆自有，自我服务，不能形成规模，且一家一户运量需求有限，难以自我调剂，因此经常出现空驶、运力选择不当（因为运输工具有限，选择范围太窄）、不能满载等浪费现象，且配套的接发货设施，装卸搬运设施也很难有效地运行，浪费颇大。实行社会化的运输体系，可以统一安排运输工具，避免对流、倒流、空驶、运力不当等多种不合理现象，不但可以追求组织效益，而且可以追求规模效益，所以发展社会化的运输体系是运输合理化非常重要的措施。

当前火车运输的社会化运输体系已经较为完善，而在公路运输中，小生产的生产方式非常普遍，是建立社会化运输体系的重点。

在社会化的运输体系中，各种多式联运体系是其中水平较高的方式。多式联运方式充分利用面向社会的各种运输系统，通过协议进行一票到底的运输，有效地打破了一家一户的小生产，受到了欢迎。

我国在利用多式联运这种社会化的运输体系时，创造了"一条龙"货运方式，对产、销地及产、销量都较稳定的产品，事先通过与铁路、交通等社会运输部门签订协议，规定专门收（到）站、专门航线及运输路线、专门船舶及泊位等，有效地保证了许多工业产品的稳定运输，取得了很大成就。

4. "以公代铁"的运输

采取中短距离铁路、公路分流，"以公代铁"的运输方式，其要点是在公路运输经济里程范围内，或者经过论证超出通常平均经济里程范围，也尽量利用公路。这种运输合理化的表现主要有两点：一是对于比较紧张的铁路运输，用公路分流后，可以得到一定程度的缓解，从而加大这一区段的运输通过能力；二是充分利用公路从门到门以及在途运输中速度快且灵活机动的优势，实现铁路运输服务难以达到的水平。

5. 直达运输

直达运输是追求运输合理化的重要形式，其对合理化的追求要点是通过减少中转过载、换载，从而提高运输速度，省却装卸费用，降低中转货损。直达的优势，尤其是在一次运输批量和用户一次需求量达到了一整车时表现最为突出。此外，在生产资料、生活资料运输中，通过直达，建立稳定的产销关系和运输系统，也有利于提高运输的计划水平，考虑用最有效的技术来实现这种稳定运输，从而大大提高运输效率。

特别值得一提的是，如同其他合理化措施一样，直达运输的合理性也是在一定条件下才会有所表现，不能绝对认为直达一定优于中转。这要根据用户的要求，从物流总体出发做综合判断。例如从用户需要量看，批量大到一定程度，直达是合理的，批量较小时中转是合理的。

6. 配载运输

这是充分利用运输工具载重量和容积，合理安排装载的货物及载运方法以实现合理化的一种运输方式。配载运输也是提高运输工具实载率的一种有效形式。

配载运输往往是轻重商品的混合配载，在以重质货物运输为主的情况下，同时搭载一些轻泡货物，如海运矿石、黄砂等重质货物，在上面捎运木材、毛竹等；铁路运矿石、钢材等重物，上面搭运轻泡农副产品等。在基本不增加运力投入，基本不减少重质货物运输的情况下，配载运输满足了轻泡货的运输需求，因而效果显著。

7. "四就" 直拨运输

"四就" 直拨是减少中转运输环节，力求以最少的中转次数完成运输任务的一种形式。一般批量到站或到港的货物，首先要进分配部门或批发部门的仓库，然后再按程序分拨或销售给用户。这样一来，往往出现不合理运输。"四就" 直拨，首先是由管理机构预先筹划，然后就厂、就站（码头）、就库、就车（船）将货物分送给用户，而无须再入库。

8. 特殊运输技术和运输工具方式

依靠科技进步是运输合理化的重要途径。例如，专用散装机罐车，解决了粉状、液状物运输损耗大、安全性差等问题；袋鼠式车皮，大型半挂车解决了大型设备整体运输问题；"滚装船" 解决了车载货的运输问题，集装箱船比一般船能容纳更多的箱体，集装箱高速直达车船加快了运输速度等，都是通过先进的科学技术实现合理化。

9. 流通加工转换方式

流通加工转换方式，即通过流通加工，使运输合理化。有不少产品，由于产品本身形态及特性问题，很难实现运输的合理化，如果进行适当加工，就能够有效地解决合理运输问题。例如，将造纸材在产地预先加工成干纸浆，然后压缩体积运输，就能解决造纸材运输不满载的问题。轻泡产品预先捆紧包装成规定尺寸，装车就容易提高装载量；水产品及肉类预先冷冻，就可提高车辆装载率并降低运输损耗。

6.4.3 仓储合理化的途径

提高仓储效率的途径，可从以下 6 个方面进行合理化变革：

- 进行仓储物的 ABC 分析、实施重点管理。
- 适度集中库存，加速周转。
- 采用有效的 "先进先出" 方式。"先进先出" 是一种保证每个被储物的仓储期不至于过长的有效方式，也成为仓储管理的准则之一。有效的先进先出方式主要有：采用重力式货架系统、"双仓法" 仓储和计算机存取系统。
- 减少仓储设施的投资，提高单位仓储面积的利用率，以降低成本、减少土地占用。
- 采用有效的仓储定位系统。仓储定位的含义是被储物位置的确定。仓储定位系统可以采取先进的计算机管理，也可以采取一般人工管理，行之有效的方式主要有："四号定位"方式⊖及计算机定位系统。
- 采用有效的监测清点方式。
- "五化"码是我国手工管理中采用的一种科学方法。储存物堆垛时，以"五"为基

⊖ "四号定位"（four number location）：用库房号、货架号、货架层次号和货位号表明货物储存的位置，以便查找和作业的货物定位方法。

本计数单位,堆成总量为"五"的倍数的垛形,如梅花五、重迭五等。堆码后,有经验者可过目成数,大大加快了人工点数的速度,且少差错。

- 光电识别系统。在货位上设置光电识别装置,该装置对被存物扫描,并将准确数目自动显示出来。这种方式无须人工清点就能准确掌握库存的实有数量。
- 计算机监控系统。用计算机指示存取,可以防止人工出错。

6.4.4 装卸搬运作业合理化的途径

提高装卸搬运作业的途径,可从以下 6 个方面进行合理化变革。

1. 防止和消除无效作业

所谓无效作业是指,在装卸作业活动中超出必要的装卸、搬运量的作业。显然,防止和消除无效作业对装卸作业的经济效益提升起到重要作用。为了有效地防止和消除无效作业,可从以下几个方面入手。

(1)尽量减少装卸次数。要使装卸次数降低到最少,就要避免没有物流效果的装卸作业。

(2)提高被装卸物料的纯度。物料的纯度,是指物料中含有水分、杂质以及与物料本身使用无关的物质的多少。物料的纯度越高,则装卸作业的有效程度越高;反之,则无效作业就会增多。

(3)包装要适宜。包装是物流中不可缺少的辅助作业手段,包装的轻型化、简单化、实用化会不同程度地减少作用于包装上的无效劳动。

(4)缩短搬运作业的距离。物料在装卸、搬运过程中,要实现垂直和水平两个方向的位移,选择最短的路线完成这一活动,就可以避免超越这一最短路线以上的无效劳动。

2. 提高装卸搬运的灵活性

所谓装卸、搬运的灵活性是指对装卸作业中的物料进行装卸作业的难易程度。所以,在堆放货物时,事先要考虑到物料装卸作业的方便性。在装卸、搬运的过程中,为使装卸搬运能按一定的活性要求操作,根据物料所处的状态,即物料装卸、搬运的难易程度做了不同的活性规定,这就是活性指数,如表 6-2 所示。从理论上讲,活性指数越高越好,但也必须考虑到实施的可能性。所以,在装卸搬运作业工艺方案的设计中,应充分应用活性理论,同时合理设计作业程序,以达到作业合理化、降低消耗、提高装卸搬运效率的目的。

表6-2 物品状态及对应活性指数

物品状态	作业项目	作业种类				仍需作业数目	搬运活性指数
		集中	搬起	升起	运走		
散放在地上	集中、搬起、升起、运走	要	要	要	要	4	0
集装箱中	搬起、升起、运走(已集中)	否	要	要	要	3	1
托盘上	升起、运走(已搬运)	否	否	要	要	2	2
车中	运走(不用升起)	否	否	否	要	1	3
运动的输送机上	不需其他作业(保持运动)	否	否	否	否	0	4
运动着的物体	不需其他作业(保持运动)	否	否	否	否	0	4

3. 装卸作业的省力化

装卸搬运使物料发生垂直位移和水平位移，必须通过做功才能实现。因此，要实现装卸作业的省力化，在装卸作业中应尽可能地消除重力的不利影响。在有条件的情况下利用重力进行装卸，可减轻劳动强度和能量的消耗。将设有动力的小型运输带（板）斜放在货车、卡车或站台上进行装卸，使物料在倾斜的输送带（板）上移动，这种装卸就是靠重力的水平分力完成的。在搬运作业中，不用手搬，而是把物资放在台车上，由器具承担物体的重量，人们只要克服滚动阻力，使物料水平移动即可，这无疑是十分省力的。

重力式移动货架也是一种利用重力进行省力化的装卸方式之一。重力式货架的每层格均有一定的倾斜度，运送货物时货箱或托盘可沿着倾斜的货架层板自己滑到输送机械上。为了使物料滑动的阻力越小越好，通常货架表面均处理得十分光滑，或者在货架层上装有滚轮，或者在承重物资的货箱或托盘下装上滚轮，这样将滑动摩擦变为滚动摩擦，物料移动时所受到的阻力会更小。

4. 合理组织装卸搬运设备，提高装卸搬运作业的机械化水平

物资装卸搬运设备运用组织活动是以完成装卸任务为目的，并以提高装卸设备的生产率、装卸质量和降低装卸搬运作业成本为中心的技术组织活动。它包括下列内容。

（1）确定装卸任务量。根据物流计划、经济合同、装卸作业不均衡程度、装卸次数、装、卸车时限等，确定作业现场年度、季度、月、旬、日平均装卸任务量。装卸任务量有事先确定的因素，也有临时变动的可能。因此，要合理地运用装卸设备，就必须把计划任务量与实际装卸作业量两者之间的差距缩小到最低水平。同时，装卸作业组织还要把装卸作业的物资对象的品种、数量、规格、质量指标以及搬运距离尽可能地做出详细的规划。

（2）根据装卸任务和装卸设备的生产率，确定装卸搬运设备需用的台数和技术特征。

（3）根据装卸任务、装卸设备生产率和需用台数，编制装卸作业进度计划。它通常包括装卸搬运设备的作业时间表、作业顺序、负荷情况等详细内容。

（4）下达装卸搬运进度计划，安排劳动力和作业班次。

（5）统计和分析装卸作业成果，评价装卸搬运作业的经济效益。

随着生产力的发展，装卸搬运的机械化程度不断提高。由于装卸搬运的机械化能把工人从繁重的体力劳动中解放出来，尤其对于危险品的装卸作业，机械化能保证人和货物的安全，这是装卸搬运机械化程度不断得以提高的动力。

5. 推广组合化装卸搬运

在装卸搬运作业过程中，可以根据物料的种类、性质、形状、重量的不同来确定不同的装卸作业方式。处理物料装卸搬运的方法有3种形式：普通包装的物料逐个进行装卸，叫作"分块处理"；将颗粒状物资不加小包装而原样装卸，叫作"散装处理"；将物料以托盘、集装箱、集装袋为单位组合后进行装卸，叫作"集装处理"。对于包装的物料，应尽可能进行"集装处理"，实现单元化装卸搬运，可以充分利用机械进行操作。

6. 合理地选择装卸搬运方式和规划装卸搬运作业过程

装卸搬运作业过程是指对整个装卸作业的连续性进行合理的安排，以减少运距和装卸次数。装卸搬运作业现场的平面布置是直接关系到装卸、搬运距离的关键因素，装卸搬运机

械要与货场长度、货位面积等互相协调；要有足够的场地集结货场，并满足装卸搬运机械工作面的要求，场内的道路布置要为装卸搬运创造良好的条件，有利于加速货位的周转。使装卸搬运距离达到最小平面布置是减少装卸搬运距离的最理想的方法。

提高装卸搬运作业的连续性应做到：作业现场装卸搬运机械合理衔接；不同的装卸搬运作业在相互联结使用时，力求使它们的装卸搬运速率相等或接近；充分发挥装卸搬运调度人员的作用，一旦发生装卸搬运作业障碍或停滞状态，应立即采取有力的措施补救。

6.4.5　包装合理化的途径

包装合理化包含两个方面：一是物流包装总体合理化，可以用整体物流效益与微观包装效益的统一来衡量；二是包装材料、包装技术、包装方式的合理组合和运用，应当把生产包装作为生产的终点，把商业包装作为物流的始点。

仓储运输包装是在生产包装或商业包装基础上的再包装。为了满足流通需要，在物流包装设计与制造过程中必须基于物流环境条件特性，有针对性地采取某种技术手段，从而实现物流包装功能。

│阅读材料│

城市物流质量评价指标

中国首个《城市物流质量评价指标》（以下简称《指标》）是由深圳物流与供应链管理协会联合深圳市现代供应链管理研究院在华盛顿世界银行总部的指导和帮助下共同编制完成的。该《指标》作为中国首个关于城市物流业质量评价的指标，不仅填补了行业空白，也标志着中国发展城市物流产业进入标准化、规范化的新阶段。

根据该《指标》，项目组委托专业的调查公司对 19 个全国性物流节点城市、14 个区域性物流节点城市和 7 个区域性物流发达城市，共计 40 个城市的物流产业进行调查统计。该《指标》设计了产业政策、营商环境、基础设施、产业水平 4 个一级指标，以及 16 个二级指标和 49 个三级指标；以官方数据统计得分 + 调查问卷企业评价得分产生城市物流质量评价结果，总分为 100 分。

调查的城市包括北京、天津、沈阳、大连、青岛、济南、上海、南京、宁波、杭州、无锡、厦门、广州、深圳、武汉、重庆等。最终深圳、广州、上海位列前三名。

◈ 本章小结

一般而言，效率是指单位时间完成的工作量或劳动的效果与劳动量的比率。由此，我们把物流效率定义为物流投入与产出之比。系统性、协调性和动态性是物流效率特点的主要体现。

物流活动和物流效率的运动过程是一个复杂的、多层次的、多方面的动态过程。依据不同的考查目的，对物流效率的基本体系的分类也各不相同。基于物流本质视角的分类，物流效率体系可分为物流经济效率、物流技术效率和物流环境效率；基于物流活动层面视角的分类，物流效率体系可分为宏观物流效率、中观物流效率和微观物流效率；基于物流活动时间视角的分类，物流效率体系可分为静态物流效率与动态物流效率。

物流效率是物流资源分配状态的反映，是物流资源利用状态的反映，为此物流效率应以实现社会效益和经济效益为前提和基础。物流效率可以通过相应的指标来评价，但对于不同的评价主体所选用的指标体系是各不相同的。现有研究显示，物流效率评价方法主要有指标树法、层次分析法、数据包络分析法和随机前沿分析法等，不同的评价方法各有其优势所在。

提高物流效率的实施措施有二：一是从全局视角出发，对物流系统进行标准化；二是从局部视角出发，针对物流活动过程的某个具体环节进行合理化，这主要有运输合理化、仓储合理化、装卸搬运作业合理化和包装合理化等具体的途径。

复习思考题

一、名词解释

物流效率　物流标准化　"四就"直拨运输　仓储"五化"码　物料搬运活性指数

二、单选题

1. 以下（　　）不是物流效率的特点。
   A. 即时性　　　　　B. 系统性
   C. 协调性　　　　　D. 动态性

2. 以下（　　）指标是用以衡量缺货的程度及其影响的。
   A. 缺货频率　　　　B. 满足率
   C. 库存率　　　　　D. 缺货率

3. 以下（　　）措施可以实现搬运作业的合理化。
   A. 增加装卸次数
   B. 降低物料活性指数
   C. 加大包装力度
   D. 利用重力进行装卸

4. 静态物流效率是指在（　　）的物流活动的产出与物流投入的比例。
   A. 一定时期　　　　B. 某个度量时点
   C. 一定地点　　　　D. 某个项目

5. 提高物流效率的实施措施主要有二个，其一就是从（　　）出发，对物流系统进行标准化。
   A. 信息集成　　　　B. 信息共享

C. 全局视角　　　　D. 物流系统一体化

三、多选题

1. 提高物流系统效率的主要方法有（　　）。
   A. 减少运输次数
   B. 降低运输成本
   C. 确定最优的运输速度
   D. 增加人员

2. 不合理的运输方式包括（　　）。
   A. 空驶
   B. 残次品的返工
   C. 回收旧货的改造
   D. 对流运输

3. 包装的功能有（　　）。
   A. 保护产品　　　　B. 获得空间效用
   C. 促进销售　　　　D. 方便

4. 以下（　　）措施可以实现仓储合理化。
   A. ABC 分类储存
   B. 采用"先进后出"方式
   C. 采用"五化"码
   D. 采用仓储定位系统

5. 基于物流本质视角分类的物流效率体系，物流效率分为（　　）。
   A. 微观物流效率　　B. 物流经济效率
   C. 物流技术效率　　D. 物流环境效率

6. 依据物流活动作用的层面不同，可将物流效率划分为（　　　）。

  A. 微观物流效率　　　B. 宏观物流效率

  C. 中观物流效率　　　D. 物流环境效率

四、判断题

1. 运输不但改变了物的时间状态，而且改变了物的空间状态。（　　　）

2. 一定的物流环境污染产生的经济产出越大，说明物流环境效率越好。同时，在一定的经济产出下，应尽可能减少物流环境污染。（　　　）

3. 物流技术效率与物流经济效率高存在正相关关系，物流技术效率高就意味着物流经济效率也高，反之亦然。（　　　）

4. 由于宏观物流效率是以微观物流效率为基础，所以两者之间存在必然的正相关关系。（　　　）

5. 因物流效率是物流要素投入与产业之比，所以物流效率评价属于单因素投入的效率评价。（　　　）

五、简答题

1. 从物流投入与物流产出关系的角度，提高物流效率的路径有哪些？

2. 为什么物流效率应以实现社会效益和经济效益为前提和基础？

3. 第三方物流企业的物流效率评价指标有哪些？

4. 物流系统标准化的策略主要有哪些？

5. 运输合理化的途径有哪些？

六、论述题

1. 如何理解物流效率既是物流资源分配状态的反映，又是物流资源利用状态的反映？

2. 试论述如何从系统的角度提高物流效率。

案例分析

亚马逊纽约仓库的 1 小时内配送

亚马逊公司（Amazon，简称亚马逊）是美国最大的一家网络电子商务公司，位于华盛顿州的西雅图。它是网络上最早开始经营电子商务的公司之一，成立于 1995 年，一开始只经营书籍销售业务，现在经营范围相当广，已成为全球商品品种最多的网上零售商和全球第二大互联网企业。在 2018 年 9 月 5 日，亚马逊总市值突破万亿美元大关，成为继苹果后第二家市值突破万亿美元大关的科技公司。

亚马逊已经拥有超速快速服务，其 1 小时快递服务 "Amazon Prime Now" 已经覆盖美国 20 个城市，纽约是其中之一。用户每年只要交 99 美元就可以获得 Prime 账号，享受 1 小时到货的快递服务。

曼哈顿、布鲁克林某些地区、皇后区长岛市（Long Island City）的消费者如果从亚马逊网站购物，1 小时之内就可以拿到包裹。亚马逊是如何做到的呢？魔法就在亚马逊的高科技仓库的 "二快一精"！

1. 快速拣货

亚马逊纽约仓库占地 40 000 平方英尺（约 3 716 平方米），在这么大的仓库里，亚马逊的员工到底是怎样找到物品的呢？仓库商品的摆放按拉丁字母排列，如佳得乐饮料放在儿童书旁边，麦片与科技产品共享一个货架，看着这些物品就如同看着和英语一样使用相同拉丁字母的外语：它们的字母是相同的，组合却是不同的。对没有接受过训练的人来说，仓库商品放置的确很随意，对仓库拣货员来说却是轻车熟路，他们负责为订单配置物品并打包，速度很快，就像听到发令枪响的赛跑运动员一样，他们的目标是在

1小时之内将包裹送到消费者的手中。

2. 精准送货路径

拣货员与出租车司机很相似，他们要将负责区域的地图深深地印在脑海里。同样地，和今天的出租车司机一样，他们的工作也有科技来帮忙。订单履行中心（fulfillment center）会提供高科技算法，为拣货员制定最快捷的路径，让他们在最短的时间拿到所有货物。

正是因为将人的敏捷和技术结合，才使得亚马逊一接到订单几乎马上就可以出货。对于1小时到货服务来说速度更快，因为许多时候光是花在路上的时间就要60分钟，特别是在纽约，无法预测的交通和公共交通拥堵太常见了。

3. 快速送货方式

高效率是来自员工的高速度。物品打包完毕后就可以交给快递员送货了。亚马逊的送货员既有公司员工，也有专业快递服务商的员工，他们与亚马逊合作。送货员必须尽可能快地拿到收件人订单，特别是1小时服务更不能耽搁。送货员可以选择步行、自行车、公共交通工具、汽车等方式送货，具体要看哪种方式更快。

亚马逊的目标在未来，它正在寻找更快的送货方式，比如用无人机送货，还进一步推出了"Prime Air"服务，消费者只要不到30分钟就可以收到包裹。10年前人们认为2天到货很快，而今天亚马逊却认为2小时或者1小时到货才是标准。

资料来源：经多方资料整理而成。

讨论题

1. 亚马逊在配送上采取了哪些措施使其物流效率得到很大的提升？

2. 请结合案例，分析亚马逊的经验对我国企业提高物流效率有哪些启发？

第 7 章
CHAPTER7

物流成本分析

§ **学习目的与要求**

- 了解传统的物流成本核算方法
- 理解物流成本控制的基本框架与层次
- 熟悉物流成本的含义、类型
- 熟悉社会物流成本、物流环节成本、企业物流成本的构成
- 掌握物流成本控制的途径
- 掌握作业成本法的含义与核算方法

§ **引例**

安利降低物流成本的三大措施

2013 年 1 月 21 日，在安利的新物流中心正式启用之日，安利（中国）大中华区储运/店铺营运总监许绍明透露了安利降低物流成本的秘诀：非核心环节外包、仓库租建结合、核心环节大投入。

1. 非核心环节外包

安利物流储运系统的主要功能，是将安利工厂生产的产品及向其他供应商采购的印刷品、辅销产品等先转运到位于广州的储运中心，然后通过不同的运输方式运抵各地的区域仓库暂时储存，再根据需求转运至设在各省市的店铺，并通过家居送货或店铺等销售渠道推向市场。此外，安利储运部还兼管着全国近百家店铺的营运、家居送货及电话订货等服务。

面对转型后采取的"店铺销售 + 雇用推销员"的销售方式，以及国内物流资讯极为短缺的状况，安利采用了适应中国国情的"安利团队 + 第三方物流供应商"的全方位物流运作模式。核心业务如库存控制等由安利统筹管理，实现信息资源最大范围的共享，使企业价值链发挥最大的效益。非核心环节，则通过外包形式完成。例如，以广州为中心的珠三角地区主要由安利的车队运输，其他绝大部分货物运输都是由第三方物流公司来承担的。另外，全国几乎所有的仓库均为外租第三方物流公司的仓库，核心业务，如库存设计、调配指令及储运中心的主体设施与运作则主要由安利本身的团队统筹管理。目前，已有多家大型第三方物流公司承担安利公司大部分的配送业务。公司会派员定期监督和进行市场调查，以评估服务供货商是否提供了具有竞争力的价格，并符合公司要求的服务标准。这样，既能整合第三方物流的资源优势，与其建立坚固的合作伙伴关系，同时通过对企业供应链的核心环节（管理系统、设施和团队）的掌控，保持安利的自身优势。

2. 仓库租建结合

安利严格遵循了投资决策的实用主义。在美国，安利仓库的自动化程度相当高，而在中国，很多现代化的物流设备并没有被采用，因为美国土地和人工成本非常高，中国在这方面的成本比较低。两相权衡，安利弃高就低。"如果安利中国的销售上去了，有了需要，我们才考虑引进自动化仓库。"许绍明说。刚刚启用的安利新的物流中心也很好地反映出安利的"实用"哲学。新物流中心占地面积达40 000平方米，是原来仓库的4倍，而建筑面积达16 000平方米。这样大的物流中心如果全部自建的话，仅土地和库房等基础设施方面的投资就需要数千万元。安利采取和另一个物业发展商合作的模式，合作方提供土地和库房，安利租用仓库并负责内部的设施投入。只用1年时间，投入1 500万元，安利就拥有了一个面积充足、设备先进的新物流中心。而国内不少企业，在建自己的物流中心时将主要精力都放在基建上，不仅占用大量的资金，而且费时费力，效果并不见得很好。

3. 核心环节大投入

安利单在信息管理系统上就投资了9 000多万元，其中主要的部分就是用于物流、库存管理的AS 400系统，它使公司的物流配送运作效率得到了很大的提升，同时大大地降低了各种成本。安利先进的计算机系统将全球各个分公司的存货数据联系在一起，各分公司与美国总部直接联机，详细储存每项产品的生产日期、销售数量、库存状态、有效日期、存放位置、销售价值、成本等数据。有关数据通过数据专线与各批发中心直接联机，使总部和仓库能及时了解各地区、各地店铺的销售和存货状况，并按照各店铺的实际情况及时安排补货。在仓库库存不足时，公司的库存及生产系统也会实时安排生产，并预订补给计划，以避免个别产品出现断货情况。

在同样面临物流资讯奇缺、物流基建落后、第三方物流公司资质参差不齐的实际情况，国内同行物流成本居高不下，安利（中国）却通过采取上述三大措施，做到储运成本仅占经营成本的4.6%的水平。

资料来源：佚名. 安利三招降低物流成本 [J]. 中外物流，2007(5)：36-37，有修改。

请思考

1. 为什么安利能通过采取非核心环节外包、仓库租建结合、核心环节大投入三大措施，做到储运成本仅占经营成本的4.6%的水平？

2. 结合案例，谈谈如何才能做到系统、有效地控制企业的物流成本。

物流作为商品的流通活动每天都在发生，它对企业（厂商）的生产经营活动起着巨大的后勤支持作用。企业有相当多的价值蕴含在物流作业当中，如运输、采购、库存控制、仓储管理、包装、物流服务质量及与之相关的成本费用管理等。这就把物流提升到了一个亟待关注的层面,如何加深对物流及物流成本的认识,从而对物流成本实行系统、有效的管理控制,达到低成本、高效能、高质量地满足客户需求,实现企业成本耗费最小化、资本增值利润最大化的经营目标成为每个企业都关注的问题。物流成本管理不但成为企业消除"物流冰山",获取利润的第三源,而且成为关乎企业生存与发展的战略性问题。

7.1 物流成本的内涵

物流活动贯穿于企业活动的全过程,包括原材料物流、生产物流、从工厂到配送中心再到用户的物流等。物流成本是指一切由物料、产品、商品等实体在空间移位(含静止)过程中所引起的各种活劳动和物化劳动的货币表现,主要由人工成本、作业消耗、利息支出、管理费用等几部分构成。

显然,物流成本是企业成本的重要组成部分,但因传统的企业成本核算模式主要以实体产品作为归集对象,经过长期运作,已形成完备的传统成本管理体系。在既有的成本核算体系中,物流过程的成本支出被分散到企业的各实体产品成本之中,物流活动本身的成本就淹没在产品成本及各项期间费用之中,未能得以反映、显现。同时,由于物流活动存在的复杂性和边界模糊的特点,造成了对物流成本界定的困难。

|阅读材料|

国外关于"物流成本"的界定

日本物流学术界认为,物流成本是公司内部所有花费在物流上的费用总和,即用金额评价某种物流活动的结果。

欧美学者认为,物流成本主要由 3 个部分组成:

(1)库存费用。它是指花费在保存货物上的费用,除了仓储、残损、人力费用及保险和税收费用以外,还包括库存占压资金的利息。

(2)运输费用。它包括公路运输费用、其他运输方式费用和货主费用。其中,公路运输费用包括城市内运送费用与区域间货车运输费用;其他运输方式费用包括铁路运输费用、国际国内空运费用、货代费用、油气管道运输费用;货主费用包括运输部门运作及装卸费用。

(3)管理费用。它是由专家按照美国的历史情况确定一个固定比例,将其乘以库存费用和运输费用的总和而得出。

资料来源:根据相关资料整理而成。

根据国家标准《物流术语》(GB/T 18354—2006),物流成本是指物流活动中所消耗的物化劳动和活劳动的货币表现。具体来讲,物流成本是指在企业物流活动中,物品在空间位移(包括静止)过程中和时间上所耗费的各种资源的活劳动与物化劳动的货币表现总和,即在企业经营活动的需求预测、选址、采购、配送、包装、装卸搬运、运输、储存、流通加工、订单处理、客户服务、返还品处理、废弃物处理及其他辅助活动等环节中所耗费的人力、物力和财力的总和，以及与存货有关的资金占用成本、物品损耗成本、保险和税收成本。其归纳表现为企业向外部企业支付的物流费用、企业内部消耗掉的供应物流费用、生产物流费用、销售物流费用以及逆向物流费用等。

《企业物流成本构成与计算》（GB/T 20523—2006）中与存货有关的资金占用成本包括负债融资所发生的利息支出（即显性成本）和占用自有资金所产生的机会成本（即隐性成本）两部分内容，即物流成本是企业在经营过程中，消耗在物流业务方面的显性成本与隐性成本之和。其中，大部分的显性成本可通过原始凭证反映和计算。目前，在企业运营中，需要加强对显性成本的计算，以进行物流成本的核算和控制；对于隐性成本，既要加强成本控制，又要深入探讨其核算标准和方法问题。

物流企业或一般企业的物流活动是企业活动的重要组成部分，在这一过程中所产生的原材料、燃料、动力、固定资产折旧及人工等费用的支出形成了物流成本的具体内容。物流成本的本质是物流生产过程中消耗掉的物化劳动和活劳动，以货币计量加以确认，并从企业的收入中补偿，从而维持企业生产经营的持续性。

7.2　物流成本性态分析

人们可以从不同的角度来对物流成本进行观察和分析，观察和分析的角度不同，对物流成本的认识不同，物流成本的含义也就不同。

7.2.1　物流成本的类型

按照人们进行物流成本分析和控制的不同角度，物流成本可以分成社会物流成本、货主企业物流成本和物流企业物流成本3个方面。其中，社会物流成本是宏观意义上的物流成本，而货主企业物流成本和物流企业物流成本是微观意义上的物流成本。

1. 社会物流成本

社会物流成本又称为宏观物流成本。站在社会物流的角度，进行社会物流的优化，就要考虑物流成本的问题。人们往往用物流成本占国内生产总值的比率来衡量一个国家物流管理水平的高低，这种物流成本就是社会物流成本。

宏观物流成本是核算一个国家在一定时期内发生的物流总成本，是不同性质企业微观物流成本的总和。国家和地方政府可以通过制定物流相关政策，进行区域物流规划，建设物流园区等措施来推动物流及相关产业的发展，从而降低宏观物流成本。目前，各国对宏观物流成本的测算方法也各不相同，我国在宏观物流成本的测算方法上仍处于探索阶段，尚未形成具有权威性的统计方法。

2. 货主企业物流成本

这里所说的货主企业主要是指制造企业和商品流通企业。总的来说，制造企业物流是物流业发展的原动力，而商品流通企业是连接制造业和最终客户的纽带，制造企业和商品流通企业是物流服务的需求主体。

商品流通企业的经营活动就是对企业现有的商品进行销售来获取利润，其业务活动相对于制造企业较为简单，以进、存、销活动为主，不涉及复杂的生产物料组织，物品实体也较为单一，多为产成品。商品流通企业物流成本的基本构成有：企业员工工资及福利费；支付给有关部门的服务费，如水电费等；经营过程中的合理消耗费，如储运费、物品合理损耗及固定资产折旧等；支付的贷款利息；经营过程中的各种管理成本，如差旅费、办公管理费等。

制造企业的生产目的是将生产出来的物品通过销售环节转换成货币。为了经营生产和销售活动的需要，制造企业所组织的物品实体应包括成品、半成品、零配件、原材料和辅助材料等。其物流过程具体包括从生产企业内部原材料和协作件的采购、供应开始，经过生产制造过程中的半成品存放、搬运、装卸，成品包装及运输到流通领域，进入仓库验收、分类、储存、保管、配送、运输，直到消费者的全过程。这些过程发生的所有成本就是制造企业物流成本。从现代物流活动的构成及其对企业经营的作用来看，应对物流进行全过程管理，对物流全过程的所有成本进行核定、分析、计划、控制与优化，以合理的物流成本保证企业经营有效运行。

3. 物流企业物流成本

这里的物流企业是指为制造业、流通业和个人提供专业物流服务的企业。它们是社会专业化大生产的必然结果，也是提高物流效率、降低物流成本的有效途径。根据提供的服务类型，物流企业分为两类：第一类是提供功能型物流服务业务的物流企业。这类企业在整个物流服务过程中发挥着很大的作用，一般只提供某一项或者某几项主要的物流服务功能，如仓储服务企业、运输服务企业等。第二类是提供一体化物流服务的第三方物流企业。第三方物流企业一般是指综合性的物流服务公司，能为客户提供多种物流业务服务。

物流企业在运营过程中发生的各项费用，都可看成是物流成本。因此，可以说物流企业的物流成本包括物流企业的所有各项成本和费用。实际上，从另一个角度来看，当货主企业把物流业务外包给物流企业运营时，物流企业发生的各项支出就构成了它的物流成本，而物流企业向货主企业的收费（包括物流企业的成本费用、税金及一定的利润）就构成了货主企业的物流成本。

在讨论物流成本的管理和控制时，应首先明确分析的角度，理解不同角度下物流成本的含义，在此基础上再进行深入的分析。其中，人们常说的物流成本往往是指企业物流成本。

商品流通企业的物流可以看成是制造企业物流的延伸，物流企业主要是为商品流通企业和制造企业提供服务的，因此物流企业物流成本可以看成是货主企业物流成本的组成部分，社会宏观物流成本则是货主企业物流成本的综合。

7.2.2　社会物流成本的构成

社会物流成本是核算一个国家在一定时期内发生的物流总成本，是不同性质企业微观物流成本的总和。事实上，一个国家物流成本总额占国内生产总值的比例，已经成为衡量各国物流服务水平和物流发展水平高低的标志。

目前，各国物流学术界和实务界普遍认同的一个社会物流成本计算的概念性公式为

$$物流总成本 = 运输成本 + 存货持有成本 + 物流行政管理成本$$

基于这个概念性公式，社会物流成本由运输成本、存货持有成本、物流行政管理成本这3个部分构成。

与美国、日本等国家相比，我国对社会物流成本核算的研究较为迟缓，直到2004年国家发展改革委员会、国家统计局发布了《社会物流统计制度及核算表式（试行）》的通知后，相对完善的社会物流成本统计计算体系才面世。

根据中华人民共和国国家标准《社会物流统计指标体系》（GB/T 24361—2009），社会物流总成本是指我国全部常住单位因社会物流经济活动而发生的总费用，具体包括运输费用、保管费用和管理费用。

1. 运输费用

运输费用是指社会物流经济活动中，国民经济各方面由于物品运输而支付的全部费用。它包括支付给物品承运方的运费（即承运方的货运收入），支付给装卸搬运、保管、代理等辅助服务提供方的费用（即辅助服务提供方的货运业务收入），支付给运输管理与投资部门的由货主方承担的各种交通建设基金、过路费、过桥费、过闸费等运输附加费用。计算公式表示为

$$运输费用 = 运费 + 装卸搬运等辅助费 + 运输附加费$$

具体计算时，根据铁路运输、道路运输、水上运输、航空运输和管道运输不同的运输方式及对应的业务核算办法分别计算。

2. 保管费用

保管费用是指社会物流经济活动中，物品从最初的资源供应方（生产环节、海关关境）向最终消费地流动的过程中所发生的运输费用和管理费用除外的全部费用。其内容包括：物流过程中因流动资金的占用需承担的利息费用、仓储保管方面的费用；流通中配送、加工、包装、信息及相关服务方面的费用，以及物流过程中发生的保险费用和物品损耗费用等。基本计算公式为

$$保管费用 = 利息费用 + 仓储费用 + 保险费用 + 货物损耗费用 + 信息及相关服务费用 +$$
$$配送费用 + 流通加工费用 + 包装费用 + 其他保管费$$

3. 管理费用

管理费用是指社会物流经济活动中，物品供需双方的管理部门因组织和管理各项物流活动所发生的费用。它主要包括管理人员报酬和福利、办公费用、教育培训、劳动保险、车船使用等各种属于管理费用科目的费用。其计算公式为

$$管理费用 = 社会物流总额 × 社会物流平均管理费用率$$

其中，社会物流平均管理费用率，是指报告期内在各物品最初供给部门完成全部物品从供给地流向最终需求地的社会物流活动中，管理费用额占各部门物流总额比例的综合平均数。

|阅读材料|

美国物流成本的构成

美国社会物流成本包括的3个部分有各自的构成内容，也有各自测算的办法。

（1）存货持有成本。它是指花费在保存货物上的费用，除了仓储、残损、人力费用及保险和税收费用之外，还包括库存占压资金的利息。其中，利息是由当年美国商业利率乘以全国商业库存总金额得到的。美国库存占压资金的利息在美国企业平均流动资金周转次数达到 10 次的条件下，约为库存成本的 1/4，为总物流成本的 1/10。仓储费用既包括公用仓库费用，也包括私人仓库费用。

（2）运输成本。它包括公路运输费用、铁路运输费用、水路运输费用、航空运输费用、货运代理相关费用、油料管道运输费用与货主费用等。公路运输费用包括城市内运输费用与区域间货车运输费用，货主费用包括运输部门运作及装卸费用。

（3）物流行政管理成本。它包括订单处理、IT 成本及市场预测、计划制订和相关财务人员发生的管理费用。由于这项费用的实际发生额很难进行真正的统计，因此，在计算物流行政管理成本时，是按照美国的历史情况由专家确定一个固定比例，乘以存货持有成本和运输成本的总和得出的。自《美国物流年度报告》于 1973 年首次出版时起，就一直采用 4% 乘以存货持有成本与运输成本之和作为物流行政管理成本的数据。

资料来源：根据相关资料整理而成。

7.2.3 物流环节成本的构成

物流成本按流通环节可分为运输成本、仓储成本、包装成本、装卸搬运成本、流通加工成本和配送成本。

1. 运输成本

运输在企业物流经营业务中占有主导地位，运输费用在整个物流业务费用中占有较大比例。因此，物流合理化在很大程度上依赖于运输合理化，而运输合理与否直接影响着运输费用的高低，进而影响物流成本的高低。运输成本主要包括：

- 人工费用，如工资、福利费、奖金、津贴和补贴等。
- 营运费用，如营运车辆的燃料费、轮胎费、折旧费、维修费、租赁费、车辆牌照检查费、车辆清理费、养路费、过路费、保险费、公路运输管理费等。
- 其他费用，如差旅费、事故损失、相关税收等。

2. 仓储成本

仓储管理的主要任务是用最低的费用在适当的时间和适当的地点取得适当数量的存货。在许多企业中，仓储成本是物流总成本的一个重要组成部分，物流成本的高低常常取决于仓储管理成本的大小。而且，企业物流系统所保持的库存水平对企业为客户提供的物流服务水平起着重要的作用。仓储成本主要包括以下几个方面。

（1）仓储持有成本。它是指企业为保持适当的库存而发生的成本，如仓储设备的折旧费、维修费，仓库员工工资，仓库的挑选整理费，仓储商品的毁损和变质损失等。

（2）缺货成本。它是指由于库存供应中断而造成的损失，包括原材料供应中断造成的停工损失、产成品库存缺货造成的延迟发货损失和丧失销售机会损失等。

（3）在途库存持有成本。如果企业以目的地交货价销售商品，就意味着企业要负责将商品运达客户。当客户收到订购的商品时，商品的所有权才得以转移。从理财的角度来看，商品仍是销售方的库存，因为这种在途商品在交给客户之前仍然归企业所有。运货方式及所需的时间是储存成本的一部分，企业应该对运输成本与在途存货持有成本进行分析。在途存货持有成本一般包括存货资金占压成本、保险费用、仓储风险成本等。

3. 包装成本

包装在物流中也占有重要的地位，其所发生的耗费约占流通成本的 10%，有的商品包装费用高达物流成本的 50%。因此，加强包装费用的分析与核算可以降低物流成本，提高企业的经济效益。包装成本的构成一般包括以下几个方面。

（1）包装材料费用。常见的包装材料有多种，因包装材料的功能不同，成本差异较大。

（2）包装机械费用。包装机械不仅可以极大地提高包装的劳动效率，也可以大幅度提高包装水平。包装机械费用主要包括设备折旧费、低值易耗品摊销、维修费等。

（3）包装技术费用。为使包装的功能能够充分发挥其作用，达到最佳的包装效果，需要采用一定的包装技术，如实施缓冲包装、防潮包装、防伪包装等。这些技术的设计、实施所支出的费用就是包装技术费用。

（4）包装辅助费用。这些费用包括包装标记及标志的设计费用、印刷费用、辅助材料费用、赠品费及相关的能源消耗费用等。

（5）包装人工费用。这是指从事包装工作的工人与其他有关人员的工资、奖金、福利费等。

4. 装卸搬运成本

装卸搬运是指在指定的地点以人力或机械设备装入或卸下物品，一般发生在同一地域范围内（如车站、工厂、仓库等）。改变物的存放、支承状态的活动称为"装卸"；改变物的空间位置的活动称为"搬运"。装卸搬运成本的主要内容包括以下几个方面。

- 人工费用，如工人工资、福利费、奖金津贴、补贴等。
- 营运费用，如固定资产折旧费、维修费、能源消耗费、材料费等。
- 装卸搬运合理损耗费用，如装卸搬运中发生的货物破损、散失、损耗等费用。
- 其他费用，如办公费、差旅费、保险费、相关税金等。

5. 流通加工成本

流通加工是指在商品从生产者向消费者流动的过程中，为了促进销售，维护商品质量，实现物流的高效率所采用的使商品发生形状和性质的变化，如将水泥加工成生混凝土，将原木或板、方材加工成门窗，钢板预处理、整形等加工等。流通加工成本主要有以下几个方面。

（1）流通加工设备费用。它是指在流通加工过程中，由于流通加工设备的使用而发生的实体损耗和价值转移。流通加工设备因流通加工形式的不同而不同，如木材加工需要电锯、剪板加工需要剪板机等。购置设备所支出的费用，以流通加工费的形式转移到被加工的产品中去。

（2）流通加工材料费用。它是指在流通加工过程中投入加工过程中的一些材料消耗的费用。

（3）流通加工劳务费用。它是指在流通加工过程中支付给从事加工活动的工人及有关人员的工资、奖金等费用。

（4）流通加工其他费用。它是指除上述费用外，在流通加工中耗用的电力、燃料、油料及管理费用等。

6. 配送成本

配送是与市场经济相适应的一种先进的物流方式，是企业物流按用户订单或配送协议进行配货，选择经济合理的运输路线与运输方式，在用户指定的时间内，将符合要求的货物送达指定地点的一种商品供应方式。

配送是一种小范围内的物流活动。一般的配送集装卸、包装、保管、运输于一身，特殊的配送还包括加工在内。根据配送流程及配送环节，配送成本由以下费用构成：

- 运输费用，主要包括配送运输过程中发生的车辆费用和营运间接费用。
- 分拣费用，主要包括配送分拣过程中发生的分拣人工费用及分拣设备费用。
- 配装费用，主要包括配装环节发生的材料费用、人工费用。
- 流通加工费用，主要包括流通加工环节发生的设备使用费、折旧费、材料费及人工费用等。

7.2.4　企业物流成本的构成

这里所指的企业物流成本是指微观物流成本，具体包括制造企业的物流成本、商品流通企业的物流成本及物流企业的物流成本 3 个方面。

7.2.4.1　制造企业物流成本的构成

制造企业物流是指单个制造企业的物流活动，是微观物流的主要形式。制造企业物流是包括从原材料采购开始，经过基本制造过程的转换活动，到形成具有一定使用价值的产成品，直到把产成品送达中间商（商业部门）或用户，以及反向的全过程的物流活动。

制造企业物流主要包括原材料（生产资料）供应物流、生产物流、销售物流以及逆向物流（回收废弃物物流）4 个方面。图 7-1 是一个典型的制造企业物流系统的业务流程。

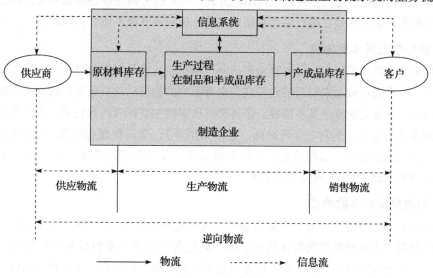

图 7-1　制造企业物流系统的业务流程

与物流系统流程相对应，制造企业的物流成本有供应物流成本、生产物流成本、销售物流成本与逆向物流成本4个方面。

1. 供应物流成本的构成

制造企业供应物流是指经过采购活动，将企业生产所需原材料（生产资料）从供给者的仓库（或货场）运至企业仓库的物流活动。它包括确定原材料等的需求数量、采购、运输、流通加工、装卸搬运、储存等物流活动。其物流成本的构成内容主要包括：①订货采购费（采购部门人员工资、差旅费、办公费等）；②运输费（外包运输费、运输车辆折旧、运输损耗、油料消耗及运输人员工资等）；③验收入库费用（验收费用、入库作业费等）；④仓储保管费（仓储人员工资、仓储设施折旧、合理损耗、仓库办公费用、储备资金利息费用等）。

在上述物流成本构成项目中，企业物流管理者需要进一步重视储备资金的利息费用。在我国现行的会计制度中，并没有专门设置一个项目来核算存货占压资金的利息（或称为机会成本），而实际上，存货利息费用在总的物流成本（特别是仓储费用）中占有相当大的比重。由于会计制度的问题，该项费用往往容易被管理者忽略。

2. 生产物流成本的构成

制造企业生产物流是指伴随企业内部生产过程的物流活动，即按照企业布局、产品生产过程和工艺流程的要求，实现原材料、配件、半成品等物料在企业内部供应库与车间、车间与车间、工序与工序、车间与成品库之间流转的物流活动。从范围划分，它是由原材料等从供应仓库运动开始，经过制造转换形成产品，一直到产品进入成品库待销售为止。制造企业生产物流成本就是这个过程中发生的与物流业务相关的成本，具体包括：①内部搬运费；②生产过程中物流设施的折旧；③占压生产资金（包括在制品和半成品资金）的利息支出；④半成品仓库的储存费用等。

由于生产物流伴随着企业的生产过程而发生，其成本的发生也与生产成本密切结合，所以，企业一般很难就生产物流成本进行独立的核算。而且，生产物流的改善也不仅仅是生产物流成本的降低问题，它与企业的生产组织方式、生产任务的安排也密切相关。因此，离开生产计划和生产组织来独立进行生产物流成本的分析和研究是不切合实际的。

3. 销售物流成本的构成

制造企业销售物流是指企业经过销售活动，将产品从成品仓库通过拣选、装卸搬运、运输等环节，一直到运输至中间商的仓库或消费者手中的物流活动。这是一般意义上的流通过程物流活动，是狭义物流的基本内容。销售物流成本的主要构成内容包括：①产成品储存费用（成品库人员工资、折旧、合理损耗、仓库费用等）；②销售过程中支付的外包运输费；③自营运输设施的折旧、油料消耗、运输人员工资；④销售配送费用（配送人员工资、配送车辆折旧和支出等）；⑤退货物流成本等。

4. 逆向物流成本的构成

逆向物流（也称反向物流）主要由退货逆向物流和回收逆向物流两部分构成。

逆向物流成本是指对涉及留在生产、配送或包装中的废弃物料以及退货的移动及处理的成本。也许会有暂时的存储成本，接着就是运输到处理、再利用、再生产或回收地点的成本。逆向物流成本主要包括：收集人员费用（退货的收集、分类成本），检查、分割成本，再使用、再生产费用，再循环、再分销费用，废弃处理费用。具体而言，就是在整个逆向物流过程中发生的人工费、材料费、机器设备的折旧费及其他各种支出，构成了逆向物流成本的内容，其中用于退货目的所产生的费用属于逆向物流成本，用于回收废弃物目的所产生的费用属于回收废弃物物流成本。

制造企业物流成本的构成除了从物流流程的角度来分析外，也可以按照物流成本项目来分析。制造企业物流成本项目主要包括：①人工费；②材料消耗；③运输设施、仓库设施的折旧；④合理损耗；⑤资金占压的利息费用；⑥管理费用；⑦委托物流费用等。

如果按照物流成本发生的各个物流功能环节分析，物流成本的构成也可以分为包装费、输送费、保管费、装卸费、流通加工费、情报流通费、物流管理费等。

7.2.4.2　商品流通企业物流成本的构成

商品流通企业主要是指商业批发企业、商业零售企业、连锁经营企业等。流通企业物流成本是指在组织商品的购进、运输、仓储、销售等一系列活动中所消耗的人力、物力、财力的货币表现。相对于制造业来说，流通企业只是减少了生产物流的环节，并且其供应和销售物流是一体化的。图 7-2 为典型的商品流通企业物流系统的业务流程。

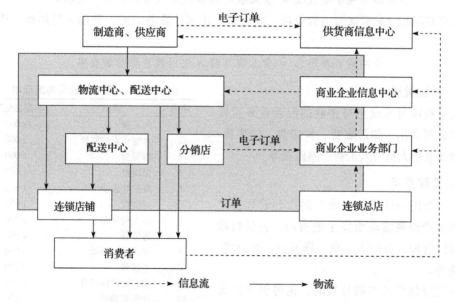

图 7-2　典型的商品流通企业物流系统的业务流程

商品流通企业物流成本的具体构成如下。

- 人工费用，包括与物流相关的员工的工资、奖金、津贴及福利费等。
- 营运费用，如物流运营中的能源消耗、运杂费、折旧费、办公费、差旅费、保险费等。
- 财务费用，是指经营活动中发生的存货资金使用成本支出，如利息、手续费等。
- 其他费用，如与物流相关的税金、资产损耗、信息费等。

采用不同经营方式的流通企业，其物流成本占营业额的构成比例也相差很大。据日本的一项统计结果，商品流通企业的物流成本以批发销售和便利商店的比重最高，占营业额

10%以上，但是同属于零售业的百货公司仅占2.23%。

7.2.4.3　物流企业物流成本的构成

物流企业是为货主企业提供专业物流服务的，它既包括一体化的第三方物流服务企业，也包括提供功能型物流服务的企业，如仓储公司、运输公司、货运代理公司等。由于物流企业的整个运营成本和费用，实际上就是货主企业物流成本的转移，所以物流企业的全部运营成本费用都可以看作广义的物流成本。

按照我国会计制度的规定，物流企业的成本费用项目有三大类。

1. 营业税及附加

物流企业的营业税及附加主要包括营业税、城市维护建设税和教育费附加等。

营业税是以企业营业收入为课税对象的一个税种。其计算公式为

$$应缴营业税 = 营业收入 × 适用营业税税率$$

城市维护建设税是根据应缴纳的营业税总额，按照税法规定的税率计算缴纳的一种地方税。其计算公式为

$$应缴城市维护建设税 = 营业税总额 × 适用城市维护建设税税率$$

教育费附加也是根据缴纳营业税总额按规定比例计算缴纳的一种地方附加费。其计算公式为

$$应缴教育费附加 = 营业税总额 × 适用教育费附加费率$$

2. 经营费用

经营费用可看成是与企业的经营业务直接相关的各项费用，如运输费、装卸费、包装费、广告费及营销人员的人工费、差旅费等。

3. 管理费用

管理费用一般是指企业为组织和管理整个企业的生产经营活动而发生的费用，包括行政管理部门管理人员的人工费、修理费、办公费、差旅费等。

在进行物流成本的分析时，也可以不区分物流企业的经营费用和管理费用，而是按照费用项目将物流成本进行分类。表7-1是某个以运输业务为主的物流公司按照费用项目对物流成本进行的归类。

表 7-1　某物流公司物流成本

序号	项目	本期发生额
1	人工费	12 000
2	水电动力燃料费	2 000
3	折旧费	2 000
4	保险费	1 000
5	维护修理费	1 500
6	过桥费	1 600
7	开办费摊销	1 200
8	通信费	2 000
9	专用线使用费	3 000
10	差旅费	2 500
11	固定资产保险费	3 300
12	其他管理费	200
13	土地使用税	2 000
14	财务费用	3 000
15	营业税金及附加	1 000
合计		27 500

7.3　物流成本控制的基本思路

物流成本是一个经济范畴，实施物流成本控制，必须遵循经济规律，尤其是价值规律的要求。这要求在物流成本控制中，广泛地利用价格、利息、奖金等经济杠杆，利用定额、责任成本、绩效考核等经济手段或措施对物流成本实施有效的管理。

　　物流成本控制是企业在物流活动中根据计划目标，对物流成本形成和发生过程以及影响物流成本的各种因素和条件加以主动的影响，采取不断优化的措施，以保证实现预定的物流成本目标。物流成本控制不是简单地、消极地将实际成本限制在成本目标、成本计划、定额标准的范围之内，而是自始至终以改进作业为手段，以降低物流成本为目标，通过加强物流成本控制，全面提高企业物流管理水平。

　　总体来说，企业物流成本的控制由日常控制和综合控制两个部分组成。物流成本的日常控制是在企业的物流活动中，针对物流的一个或某些局部环节的支出所采取的策略和控制措施，以达到预期的物流成本目标。物流成本的综合控制包括事前、事中和事后对物流成本进行预算制定、检查反馈、分析优化等。综合控制有别于日常控制，具有系统性、综合性、战略性的特点，有较高的控制效率。综合控制是日常控制的集成，是实现企业物流成本最小化的基本条件和保证。

7.3.1　物流成本控制的基本框架和层次

7.3.1.1　物流成本控制的基本框架

　　物流成本控制贯穿于企业生产经营的全过程，一般而言，主要包括以下 4 个部分。

　　第一，制定成本标准。物流成本标准是对各项物流费用开支和资源耗费所规定的数量限度，是进行物流成本控制的标杆，也是检查、衡量、评价实际物流成本水平的依据。

　　第二，监督物流成本的形成。物流成本的监督，即根据控制标准对物流成本形成的各个项目进行经常性的或定期的检查、评比和监督，不仅要检查指标本身的执行情况，还要检查和监督影响指标的各项条件，如物流设施设备、工人技术和工作环境等。

　　第三，及时揭示并纠正不利偏差。揭示物流成本差异，即核算确定实际物流成本脱离标准的差异，分析差异的成因，明确责任的归属。针对物流成本差异发生的原因，分清轻重缓急，提出改进措施，并加以贯彻实施。

　　第四，评价和激励。这部分即评价物流成本目标的执行结果，根据物流成本控制的情况实施奖惩。

7.3.1.2　物流成本控制的层次

　　基于以上分析，本书把物流成本控制系统分成 3 个层次，即物流成本核算层、物流成本管理层和物流成本效益评估层。

1. 物流成本核算层

　　物流成本核算层的主要工作包括以下几点。

　　（1）明确物流成本的构成内容。物流成本的各项目之间存在此消彼长的关系，某一项目成本的下降将会带来其他项目成本的上升。因此，明确物流成本的构成，将全部物流成本从原有的会计资料中分离出来是十分必要的；在此基础上，才能进行有效的物流成本核算、物流成本管理和物流成本的比较分析。

　　（2）对物流总成本按一定标准进行分配与归集核算。它是进行物流成本决策与控制的基础。根据企业制定的物流成本计算或者归集对象，对产生的各种耗费进行归纳。采用相适应的成本计算方法，按照规定的成本项目，通过一系列的物流成本汇集与分配，从而计算出各物流活动成本计算对象的实际总成本和单位成本。物流总成本可以按照不同的标准进行归集。较常用的方式有：根据不同的产品、不同的客户或不同的地区等成本核算对象进行归集；根据装卸费用、包装费用、运输费用、信息费用等物流职能进行归集；按照材料费、人工费等费用支付形式进行归集。作业成本法是一种进行物流成本归集核算的有效方法。

（3）明确物流成本核算目的。基于物流成本的有效核算，企业可开展多种形式的物流成本管理。因此，在企业物流成本核算时，要明确物流成本核算的目的，使得整个核算过程不仅仅停留在会计核算层面上，而是能够充分运用这些成本信息，在企业中发挥更大的作用。

2. 物流成本管理层

物流成本管理层是指在物流成本核算的基础上，采用各种成本管理与管理会计方法，进行物流成本的管理与控制。结合物流成本的特征，可采用的成本管理方法有：①物流标准成本管理；②物流成本性态及盈亏平衡分析；③物流成本预算管理；④物流责任中心和责任物流成本管理等。

物流成本管理层最重要的项目是物流成本性态分析，它是指在成本核算及其他有关资料的基础上，运用一定的方法揭示物流服务成本水平的变动，进一步查明影响物流服务成本水平变动的各种因素。通过物流成本分析，检查和考核成本计划完成的情况，及时总结经验，找出导致实际与计划差异的原因，及时发现问题，揭露物流环节存在的主要矛盾，以及根据考核结果对相关部门的绩效进行考评，这是物流成本预算管理和责任物流成本管理的内容。

3. 物流成本效益评估层

物流成本效益评估层是指，在物流成本核算的基础上，进行物流收益评估和物流经济效益分析，在此基础上为物流系统的变化或改革建立模拟模型，寻求最佳物流系统的设计。

由于对物流效益的定量评估存在一定的困难，因此，本书对物流成本效益评估层的管理也不多做论述，感兴趣者可以去查找相关学术论文。

7.3.2 物流成本日常控制系统的基本内容

物流成本的日常控制是指在日常物流运营的每个作业环节，依据现代物流运营理论，采用先进的物流技术与方法，提高物流技术水平和物流管理水平，优化物流系统，以降低整个企业的物流成本。

物流成本控制是企业全员控制、全过程控制、全环节控制和全方位控制。其目标不是孤立地降低物流成本，而是从成本与效益的对比中寻找物流成本的最小化，即运用成本效益分析，为未来更高的收益而支出某些当前看起来很高昂的费用。比如，引进新型物流设备电子拣货系统可能导致当前巨额的物流支出，在日后的生产运营中高昂的折旧也使得企业每月物流成本居高不下，企业物流成本绝对数大幅度增加。但因为引进了先进设备，企业的物流效率大大提高，差错率降低，人工成本降低，扩大的业务量足以弥补企业当前的支出，从而提高企业的净利润绝对数。就总体而言，企业效益增加。树立现代物流成本控制意识，运用成本效益分析，可为企业创造更大收益，所以为未来"增效"而树立物流成本效益观念是极为重要的。

物流成本控制的对象有很多种，在实际工作中，物流成本的控制一般分为 3 种主要形式。

（1）以物流成本形成阶段为成本控制对象。以制造企业为例，其物流可分为供应物流、生产物流、销售物流、逆向物流等不同阶段。那么，以物流成本的形成阶段作为成本控制对象就是将供应物流成本、生产物流成本、销售物流成本、逆向物流成本作为成本控制的对象，寻求物流技术的更新和物流管理水平的提高，以控制和降低各个阶段的物流成本。

（2）以物流服务不同功能为成本控制对象。物流服务主要有运输服务、仓储服务、包装服务、装卸搬运服务、流通加工服务、配送服务和信息服务等功能。也就是说，从仓储、运输、包装、装卸、流通加工等各个物流作业或物流功能的角度来寻求物流管理水平的提高和物流技术的更新，以控制和降低物流成本。

（3）以物流成本不同项目为成本控制对象。物流成本项目主要有材料、人工、燃油、差旅、折旧、利息等。以项目作为成本控制对象就是将材料费、人工费、燃油费、差旅费、办公费、折旧费、利息费、委托物流费及其他物流费等成本项目作为控制对象，通过对各项费用项目的控制节约，谋求物流总成本的降低。

当然，企业在进行物流成本日常控制过程中，这 3 种物流成本的控制形式并非孤立的，而是结合在一起的，某一种形式的成本控制方式也会影响另一种形式的成本控制方式。因此，围绕物流成本日常控制活动，企业各部门应通力合作，确保从总成本角度降低物流成本。

7.3.3 物流成本控制的途径

物流成本在企业中占有很大的比重，但一直未受到足够的重视。随着客户对交货期的要求越来越高，物流成本也随着客户服务水平而水涨船高。企业开始将注意力转向物流领域，于是物流成本控制成为企业获取利润的重要方面。从长远的角度来看，降低企业的物流成本途径有以下几个。

1. 物流合理化

物流合理化是指使一切物流活动和物流设施趋于合理，以尽可能低的成本进行高质量的物流活动。由于物流各项活动的成本存在着此消彼长的特点，因此物流合理化必须从企业经营的整体考虑，根据实际物流流程设计、规划，而不能单纯地强调某一环节的合理、有效、节省成本。

2. 加快物流速度

提高物流速度，可以减少资金占用，缩短物流周期，降低存储费用，从而节省物流成本。海尔公司提出的"零运营资本"，就是靠加快采购物流、生产物流、销售物流的速度来缩短整个物流周期，提高资金的利用率，从而达到零运营资本。美国生产企业的物流速度平均每年 16~18 次，而中国还不到 2 次，也就是说，生产同样的东西，我们需要的资金是对方的 8~9 倍。由此可见，在中国通过提高物流效率来降低物流成本的空间非常巨大。

3. 优化流通过程

对一个企业来讲，控制物流成本不单单是本企业的事，或追求本企业物流的效率化，而应考虑从产品制成到送达最终用户的整个供应链过程的物流成本效率化，即物流设施的投资或扩建与否要视整个流通渠道的发展和要求而定。例如，原来有些厂商是直接面对批发商经营的，因此，很多物流中心是与批发商物流中心相吻合的，从事大批量的商品分拨配送。然而，随着零售业中便民店、折扣店的迅猛发展，客观上要求厂商必须适应这种新型的业态形式，展开直接面向零售店铺的物流配送活动。在这种情况下，原来的投资就有可能沉淀，同时，要求建立新型的符合现代物流发展要求的物流配送中心，这些投资尽管从本企业来看，增加了物流成本，但从整个流通过程来看，大大提高了物流收益。

4. 物流标准化

物流标准化既能统一规范物流系统的设施、机械设备、专用工具等各个分系统的技术标准，以实现各类设施设备之间的有效衔接性；也能统一规范物流系统中的各类管理标准，以实现各分系统与分领域中技术标准与工作标准的协调性；还能统一规范物流系统内各个分领域如包装、装卸、运输等方面的工作标准，以提高物流活动的工作效率。因此，通过物流标准化管理，在整体上，可促进货物运输、储存、搬运等过程的机械化和自动化水平的提高，提高物流系统的运作效率，降低物流成本。

5. 优化物流服务水平

提高对客户的物流服务水平是企业确保长期收益的最重要手段。从某种意义上来讲，提高客户服务水平是降低物流成本的有效方法之一。但是，超过必要量的物流服务不仅不能带来物流成本的下降，反而有碍于物流效益的实现。例如，随着多频度、少量化经营的扩大，对配送的要求越来越高，在这种情况下如果不充分考虑客户的产业特性和运送商品的特性，一味地开展商品的翌日配送或发货的小单位化，无疑将大大增加发货方的物流成本。

所以，为了既保证提高对客户的物流服务质量，又防止出现过剩的物流服务，企业应当在考虑客户产业特性和商品特性的基础上，与客户充分协调，探讨有关物流活动的组合、降低物流成本等问题，以求在保证物流服务质量的前提下，寻求降低物流成本的最佳途径。

6. 物流信息系统

借助于现代信息系统，一方面能使各种物流作业或业务处理准确、迅速；另一方面能由此建立起一体化的物流运营管理系统。具体来讲，通过将企业物流相关的信息在网络上进行传输，能够迅速使生产、流通过程的企业或部门在较短的时间内实现它们间的有效合作与协同，进而调整各自的经营行为和计划，以统一对应可能发生的各种需求，这无疑能从整体上控制物流成本发生的可能性。同时，物流管理信息系统的迅速发展，使混杂在其他业务中的物流活动的成本能精确地计算出来，而不会把物流成本转嫁到其他企业或部门。

7. 高效率配送

建立短时间、正确满足用户订货要求的送货体制是企业物流发展的客观要求。但是，伴随配送产生的成本费用要尽可能降低，特别是针对多频度、小单位的配送，更要求企业采取高效率的配送方式。一般来讲，企业要实现效率化的配送，就必须重视配车计划管理、提高装载率以及车辆运行管理等。为此，企业应通过构建有效的配送计划信息系统，既能使生产商配送车辆计划与生产计划相协同，又能使批发商的配送车辆计划与进货计划相匹配，从而提高配送效率，降低运输和进货成本。

|阅读材料|

我国社会物流成本水平进入下降通道

国家发改委统计数据显示，我国社会物流总费用自2013年以来与GDP的比率连续5年保持下降，2017年降至14.6%，分别较2012年和2016年下降3.4和0.3个百分点。2018年一季度我国社会物流总费用与国内生产总值的比率下降到14.5%。在世界银行最新一次发布的物流绩效指数中，中国的物流服务质量和能力排名较上次提升了8位。

2017年，我国社会物流总额达到252.8万亿元；货运量达到479亿吨，公路、铁路货运量、港口货物吞吐量多年来居世界第一位；快递业务量突破400亿件，连续四年稳居世界第一；物流相关法人单位数约37万家，物流业从业人员超过5000万人，物流业成为吸纳就业的重要行业之一。

资料来源：根据相关报道资料整理而成。

7.4 物流成本核算的具体方法

7.4.1 传统的物流成本核算方法

企业在进行物流成本核算时，首先应确定计算的口径，即从哪个角度计算物流成本，物流成本的核算范围包括哪些内容。目前我国对物流成本的核算内容还没有形成统一的规范。

7.4.1.1 传统物流成本核算方法的类型

物流成本核算方法主要有以下3种类型。

1. 功能物流成本核算法

功能物流成本核算法是指以物流活动的功能为成本计算对象所进行的物流成本核算方法，即对企业一定时期的物流费用按其发生用途不同进行分类和归集，包括运输费计算、保管费计算、装卸费计算、包装费计算、流通加工费计算、物流管理费计算等。

通过功能物流成本核算，可以了解物流成本的功能构成，便于更好地协调各物流环节的关系。各功能成本可以利用各功能的成本计算表进行计算，并在此基础上进一步汇总各功能成本计算表的资料，编制整个企业的物流成本汇总表。

2. 范围物流成本核算法

范围物流成本核算法是指以物流活动的范围为成本计算对象所进行的物流成本核算方法，即对企业一定时期的物流费用按发生于物流活动的不同过程所进行的汇总和归集，具体包括供应物流费计算、生产物流费计算、销售物流费计算、退货物流费计算、废弃物物流费计算等。通过范围物流成本核算，便于发现不同过程的物流活动中存在的问题，分清有关部门对此应负的责任，并为不同过程物流活动的协调和控制提供依据。在进行范围物流成本核算时，凡是发生在某一物流过程的物流费用都必须计入该过程的物流成本中，以便据此考核其负责部门的工作业绩。例如，凡是在物料供应过程中发生的物流费用都应计入供应物流费中。范围物流成本可利用各物流范围物流费用汇总表进行核算，并在此基础上进一步编制企业物流成本汇总表。

3. 形态物流成本核算法

形态物流成本核算法是指以物流费用的支付形态为成本计算对象所进行的物流成本核算方法，具体包括以下几个方面。

- 企业内部物流费计算，即汇总和归集企业自己进行各项物流活动所发生的物流费用，它是相对委托物流费计算而言的。企业内部物流费计算又可分为材料费计算、人工费计算、水电气费计算、维护费计算、物流利息计算、其他费用计算等。
- 委托物流费计算，即汇总和归集企业委托外单位进行运输、保管、装卸、包装、流通加工等物流活动所支付的各项费用。
- 外企业支付物流费计算。它包括供应外企业支付物流费计算和销售外企业支付物流费计算。比如，商品购进采用送货制时包含在购买价格中的运费，商品销售采用提货制时因顾客自己取货而从销售价格中扣除的运费。

形态物流成本的核算是企业物流成本核算的基础。形态物流成本核算，既可以为制定物流成本标准和编制物流成本预算提供资料，也可以为企业进行有关的决策提供资料。例如企业物流活动是否委托外单位进行，企业应该采用何种交货方式采购物料或销售产品等。

此外，物流成本还可以按制品物流成本核算、地域物流成本核算、成本性态物流成本核算、责任物流成本核算、特殊物流成本核算等来选取核算对象。

7.4.1.2　传统物流成本核算内容的构成

1. 物流成本项目的构成

按成本项目划分，物流成本由物流功能成本和存货相关成本构成。物流功能成本包括物流活动过程中所发生的包装成本、运输成本、仓储成本、装卸搬运成本、流通加工成本、物流信息成本和物流管理成本；存货相关成本包括企业在物流活动过程中所发生的与存货有关的资金占用成本、物品损耗成本、保险和税收成本。具体内容如表7-2所示。

表7-2　企业物流成本项目构成

		成本项目	内容说明
物流功能成本	物流运作成本	运输成本	一定时期内，企业为完成货物运输业务而发生的全部费用，包括从事货物运输业务的人员费用，车辆的燃料费、折旧费、维修保养费、租赁费、养路费、过路费、年检费、事故损失费及相关税金
		仓储成本	一定时期内，企业为完成货物储运业务而发生的全部费用
		包装成本	一定时期内，企业为完成货物包装业务而发生的全部费用
		装卸搬运成本	一定时期内，企业为完成装卸搬运业务而发生的全部费用，包括装卸搬运业务人员费用，装卸搬运设施折旧费、维修保养费、燃料与动力消耗费等
		流通加工成本	一定时期内，企业为完成货物流通加工业务而发生的全部费用，包括流通加工业务人员费用，流通加工材料耗费，流通加工设施折旧费、维修保养费、燃料与动力消耗费等
	物流信息成本		一定时期内，企业为采集、传输、处理物流信息而发生的全部费用
	物流管理成本		一定时期内，企业物流管理部门及物流作业现场所发生的管理费用，具体包括管理人员费用、差旅费、办公费、会议费等

（续）

成本项目	内容说明
存货相关成本 资金占用成本	一定时期内，企业在物流活动过程中因负债融资所发生的利息支出（显性成本）和占用内部资金所发生的机会成本（隐性成本）
物品损耗成本	一定时期内，企业在物流活动过程中所发生的物品跌损、损耗、毁损、盘亏等损失
保险和税收成本	一定时期内，企业支付的与存货相关的财产保险费及因购进和销售物品应缴纳的税金支出

2. 物流成本范围的构成

按物流成本产生的范围划分，物流成本由供应物流成本、企业内物流成本、销售物流成本、逆向物流（退货逆向物流和回收逆向物流）成本构成。具体内容如表 7-3 所示。

表 7-3　企业物流成本范围构成

成本范围	内容说明
供应物流成本	指经过采购活动，将企业所需原材料（生产资料）从供应者的仓库运到企业仓库为止的物流过程中所发生的物流费用
企业内物流成本	指从原材料进入企业仓库开始，经过出库、制造形成产品及产品进入成品库，直到产品从成品库出库为止的物流过程所发生的物流费用
销售物流成本	指为了进行销售，产品从成品仓库运动开始，经过流通环节的加工制造，直到运输至中间商的仓库或消费者手中的物流活动过程中所发生的物流费用
逆向物流成本 回收物流成本	指退货、返修物品和周转使用的包装容器等从需方返回供方的物流活动过程中所发生的物流费用
废弃物流成本	指将经济活动中失去原有使用价值的物品，根据实际需要进行收集、分类、加工、包装、搬运、储运等，并分送到专门处理场所的物流活动过程中所发生的物流费用

3. 物流成本支付形态的构成

按物流成本支付形态划分，企业物流总成本由委托物流成本和内部物流成本构成。内部物流成本按支付形态分为材料费、人工费、维护费、一般经费和特别经费。具体内容如表 7-4 所示。

表 7-4　企业物流成本支付形态构成

成本支付形态		内容说明
企业内部物流成本	材料费	资材费、工具费、器具费等
	人工费	工资、福利、奖金、津贴、补贴、住房公积金等
	维护费	土地、建筑物及各类物流设施设备的折旧费、维护修理费、租赁费、保险费、税金、燃料与动力消耗费
	一般经费	办公费、差旅费、会议费、通信费、水电费、煤气费等
	特别经费	存货资金占用费、物品损耗费、存货保险费和税费等
委托物流成本		企业向外部物流机构所支付的各项费用

7.4.1.3　传统物流成本的计算

物流成本计算以物流成本项目、物流范围和物流成本支付形态 3 个维度作为成本计算对象。物流成本表包括成本项目、范围和支付形态 3 个维度，具体包括企业物流成本表（主表）如表 7-5 所示，企业内部物流成本支付形态表（附表）如表 7-6 所示。

表 7-5 企业物流成本表（主表）

项目		供应物流成本			企业内物流成本			销售物流成本			回收物流成本			废弃物物流成本			物流总成本		
		内部	委托	小计	内部	委托	小计	内部	委托	小计	内部	委托	小计	内部	委托	小计	内部	委托	小计
物流运作成本	运输成本																		
	仓储成本																		
	包装成本																		
	装卸搬运成本																		
	流通加工成本																		
	小计																		
	物流信息成本																		
	物流管理成本																		
存货相关成本	资金占用成本																		
	物品损耗成本																		
	保险和税收成本																		
	其他成本																		
	合计																		
物流成本合计																			

表 7-6 企业内部物流成本支付形态表（附表）

编制单位：　　　　　　年　月　　　　　　　　　　　　　　　　（单位：元）

			材料费	人工费	维护费	一般经费	特别经费	合计
物流功能成本	物流运作成本	运输成本						
		仓储成本						
		包装成本						
		装卸搬运成本						
		流通加工成本						
		小计						
	物流信息成本							
	物流管理成本							
存货相关成本	资金占用成本							
	物品损耗成本							
	保险和税收成本							
	其他成本							
	合计							
物流成本合计								

1. 基本思路

（1）从现行成本核算体系中予以分离的物流成本。对于现行成本核算体系中已经反映但分散于各会计科目之中的物流成本，企业在按照会计制度的要求进行正常成本核算的同时，可根据本企业实际情况，选择在期中同步登记相关物流成本辅助账户，通过账外核算得到物流成本资料，或在期末（月末、季末、年末）通过对成本费用类科目再次进行归类整理，从中分离出物流成本。

（2）无法从现行成本核算体系中予以分离的物流成本。对于现行成本核算体系中没有反映但应计入物流成本的费用，即存货占用自有资金所产生的机会成本，根据有关存货统计资料按规定的公式计算物流成本。

2. 具体方法和步骤

（1）对可从现行成本核算体系中予以分离的物流成本，按以下步骤计算。

第一步，设置物流成本辅助账户，按物流成本项目设置运输成本、仓储成本、包装成本、装卸搬运成本、流通加工成本、物流信息成本、物流管理成本、资金占用成本、物品损耗成本、保险和税收成本二级账户，并按物流范围设置供应物流、企业内物流、销售物流、回收物流和废弃物物流三级账户。对于内部物流成本，还应按费用支付形态设置材料费、人工费、维护费、一般经费、特别经费费用专栏。对于上述物流成本二级账户、三级账户及费用专栏设置的次序，企业可根据实际情况选择。

第二步，对企业会计核算的全部成本费用科目，包括管理费用、营业费用、财务费用、生产成本、制造费用、其他业务支出、营业外支出、材料采购、应交税费等科目及明细项目逐一进行分析，确认物流成本的内容。

第三步，对于应计入物流成本的内容，根据本企业实际情况，选择在期中与会计核算同步登记物流成本辅助账户及相应的二级、三级账户和费用专栏，或在期末（月末、季末、年末）集中归集物流成本，分别反映出按物流成本项目、物流范围和物流成本支付形态作为归集动因的物流成本数额。

第四步，期末（月末、季末、年末）汇总、计算物流成本辅助账户及相应的二级、三级账户和费用专栏成本数额，按照表7-5和表7-6的内容要求逐一填列。

（2）对无法从现行成本核算体系中予以分离的物流成本，其计算步骤如下。

第一步，期末（月末、季末、年末）对存货按在途和在库两种形态分别统计出账面余额。

第二步，按照公式"存货资金占用成本＝存货账面价值×企业内部收益率（或1年期银行贷款利率）"计算出存货占用自有资金所产生的机会成本，并按供应物流、企业内物流和销售物流分别予以反映。

第三步，根据计算结果，按照表7-5和表7-6的内容要求填列。

（3）物流间接成本的分配原则。在计算物流成本时，对于单独为物流作业及相应的物流功能作业所消耗的费用，直接记入物流成本及其对应的物流功能成本；对于间接为物流作业消耗的费用、物流作业和非物流作业同时消耗的费用、不同物流功能作业共同消耗的费用以及不同物流范围阶段消耗的费用，应按照从事物流作业或物流功能或物流范围阶段作业人员比例、物流工作量比例、物流设施面积或设备比例及物流作业所占资金比例等确定。

3. 物流成本表的填写要求

（1）企业物流成本表的填写要求。生产企业一般应按照供应物流、企业内物流、销售物流、回收物流和废弃物物流5个范围阶段逐一进行填列。流通企业一般应按供应物流、销售物流、回收物流和废弃物物流4个范围阶段逐一进行填列。

若某阶段未发生物流成本或有关成本项目方法归属于特定阶段的，则按实际发生阶段据实填列或填列横向合计数即可。

对于委托物流成本，若无法按物流范围进行划分的，填列横向合计数即可；若采用不分成本项目的整体计费方式对外支付的，则填列纵向合计数即可。

上述直接填写合计数的，应对合计数内容在表后做备注说明。

对于物流企业，无须按物流范围进行填列，按成本项目及支付形态填写物流成本总额即可。

（2）企业内部物流成本支付形态表的填写要求。对于运输成本、仓储成本、装卸搬运成本，对应的支付形态一般为人工费和维护费；对于物流信息成本，对应的支付形态一般为人工费、维护费和一般经费；对于包装成本、流通加工成本，对应的支付形态一般为材料费、人工费和维护费；对于物流管理成本，对应的支付形态一般为人工费和一般经费；对于资金占用成本、物品损耗成本、保险和税收成本，对应的支付形态一般为特别经费。凡成本项目中各明细项目有相应支付形态的，均需填写；无相应支付形态的，则不填写。

（3）钩稽关系。企业物流成本表中"物流总成本——内部"一列中各项成本数值应等于企业内部物流成本支付形态表中"合计"一列中各项成本数值。

|阅读材料|

物流成本核算，要"算"更要"核"

"精确核算"是精益物流的基础，在工作中，往往强调"算"而忽视"核"，主要表现在关注结论性的数据上。至于物流费用是否应当发生，能否控制，应怎样采取措施，则不去或少去"核"。因此，要精确核算物流成本，就必须对其要"算"更要"核"。

（1）实施流程再造，完善成本核算标准。它是指物流企业应推进成本核算管理体系建设的流程再造，引进先进管理理念，综合运用标准成本法、作业成本法、定额成本法，使与物流成本管理相关的组织体系、指标体系、核算体系、方法体系、考核体系得到有机融合。

（2）抓好节点控制，注重成本过程管理。它是指物流企业应根据配送中心业务流程，抓好重要节点的成本控制，如分拣环节要注重包装费用控制，减少碳带、塑料膜等耗材的使用量，实行定额管理。

（3）细分目标成本，实行成本标杆管理。它是指物流企业应从配送中心各作业工序成本着手，根据目标成本进行逐级分解，横向拓展到所有物料消耗以及各项费用等方面，纵向按"中心—部门—班组—岗位"4级核算模式进行层层分解，做到"人人肩上有指标"。

（4）加强检监控，落实绩效考核机制。它是指物流企业应实行"定人、定责、定时、定效"管理，建立以定额管理为依据、以严格考核为手段的目标考核机制，将定额评价结果与部门挂钩，将消耗关键指标与个人岗位挂钩，做到考核有依据、量化有标准、评价有方法。

资料来源：http://www.tobacco.gov.cn/html/15/1501/4286310_ n. html, 2019 - 03 - 19.

7.4.2　作业成本法

作业成本法（activity-based costing，ABC 法），又称作业成本会计或作业成本核算制度。它是以成本动因理论为基础，通过对作业进行动态追踪，反映、计量作业和成本对象的成本，评价作业业绩和资源利用情况的一种成本核算和管理方法。

7.4.2.1　作业成本法的相关概念

（1）作业。它是指企业为提供一定量的产品或劳务需要的人力、技术、原材料、方法、环境等的集合体。或者说，作业是企业为提供一定的产品或劳务所发生的，以资源为重要特征的各项业务活动的统称。

作业是汇集资源耗费的第一对象，是资源耗费与产品成本之间的连接中介。物流作业包括运输、储存与保管、包装、装卸搬运、流通加工、信息处理等作业。

（2）物流资源。资源表明作业所消耗的成本资源。例如，流通加工是加工车间的一个作业，特定的机器、工具、工作人员等就是使这项工作顺利进行的资源。当一项资源只服务于一种作业时，分配成本到相应的作业比较简单；当一项资源服务于多种作业时，就必须通过资源动因把资源的消耗恰当地分配给相应的作业。

（3）成本动因。成本动因是导致成本发生的各种因素，又称成本驱动因素。它是引起成本发生和变动的原因，或者说是决定成本发生额与作业消耗量之间的内在数量关系的根本因素，如直接人工小时、机器小时、产品数量、生产准备次数、材料移动次数、返工数量、订购次数、收取订单数量、检验次数等。成本动因按其对作业成本的形成及其在成本分配中的作用可分为资源动因和作业动因两种。

1）资源动因。资源动因也称为作业成本计算的第一阶段动因，主要用于在各作业中心内部成本库之间分配资源。按照作业成本会计的规则，作业量的多少决定着资源的耗用量，资源耗用量的多少与作业量有直接关系，与最终的产品量没有直接关系。资源消耗量与作业量的这种关系称为资源动因。

资源动因反映了资源被各种作业消耗的原因和方式，反映了某项作业或某组作业对资源的消耗情况，是将资源成本分配到作业中去的基础。例如，搬运设备所消耗的燃料直接与搬运设备的工作时间、搬运次数或搬运量有关，因此可以把设备的工作时间、搬运次数或搬运量作为该项作业成本的资源动因。

2）作业动因。作业动因也称为作业成本计算的第二阶段动因，主要用于将各作业中心成本库中的成本在各产品之间进行分配。它是各项作业被最终产品消耗的原因和方式。它反映的是产品消耗作业的情况，是将作业中心的成本分配到产品、劳务或顾客中的标准，是资源消耗转化为最终产出成本的中介。例如，机器包装作业的多少取决于要钻孔的数量，可以按机器包装服务的产品实际钻孔的数量，把机器包装作业成本分配给各种产品，因此钻孔数量就是机器包装作业成本的作业动因。

（4）作业中心与作业成本库。作业中心是成本归集和分配的基本单位，它由一项作业或一组性质相似的作业所组成。一个作业中心就是生产流程的一个组成部分。根据管理上的要求，企业可以设置若干个不同的作业中心，其设立方式与成本责任单位相似。但作业中心的设立是以同质作业为原则的，是相同的成本动因引起的作业的集合。例如，为保证产品质量，对 A 产品所花费的质量监督成本与对 B 产品所花费的质量监督成本虽然不同，但它们都是由监督时所消耗的时间引起的，因而性质上是相同的，可以归集到一个作业成本中心当中。

由于作业消耗资源，所以伴随作业的发生，作业中心也就成为一个资源成本库，也称为作业成本库。

7.4.2.2　作业成本法的基本原理

作业成本法最初是作为一种正确分配制造费用、准确计算产品制造成本的方法而提出的，其基本思想是在资源和产品之间引入一个中介——作业。由于产品的生产要受不同作业活动的影响，不同作业活动消耗资源费用的水平不同，因此不能把耗用的资源按产量等因素均衡地分配到产品中，而应先按作业活动归集发生的间接费用，再根据决定或影响作业活动发生的因素，将其分配给不同产品。

作业成本法基本原则是：产品消耗作业，作业消耗资源；生产导致作业的产生，作业导致成本的产生。作业成本法首先以作业为间接费用归集对象，归集间接费用，形成作业成本，再按不同作业的形成原因（成本动因），将其逐一分配到产品或产品线中。其基本原理如图 7-3 所示。

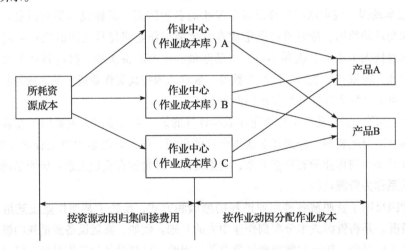

图 7-3　作业成本法的基本原理

7.4.2.3　作业成本法的特点

作业成本法区别于传统成本计算法的主要特点有以下几个方面。

（1）以作业为间接费用归集对象，并将作业成本作为计算产品成本的基础。它首先汇集各作业中心耗费的各种资源，再将各作业中心的成本按各自的成本动因分配给各成本计算对象。

（2）注重间接计入费用的归集和分配。它设置多样化的作业成本库，并采用多样化的成本动因作为成本分配标准，使间接费用的归集更细致、全面，从而提高了成本费用的归属性和产品成本的准确性。作业成本法将直接费用和间接费用都视为产品消耗作业所付出的代价同等对待。对直接费用的确认和分配，与传统成本计算方法并无差异；对间接费用的分配则依据作业成本动因，采用多样化的分配标准，从而使成本的可归属性大大提高。而传统的成本计算只采用单一的标准进行间接费用的分配，无法正确反映不同产品生产过程中不同技术因素对费用产生的不同影响。因此，从间接费用分配的准确性来讲，作业成本法计算的成本信息比较客观、真实、准确。

（3）关注成本发生的因果关系。由于产品的技术要素、项目种类、工艺复杂程度不同，其耗用的间接费用也不同。但传统成本计算法认为产品是根据其产量均衡地消耗企业的资源，因此，在传统成本法下，产量高、生产工艺复杂的产品的成本往往低于其实际耗用成本。作业成本法则是先确定产品要消耗哪些作业，再确定生产作业消耗了何种资源，进而直接追踪作业发生的决定因素，是以作业动因将归集在作业成本库中的间接费用分配到产品成本中，而不是依产量均衡地分配。作业成本管理把着眼点放在成本发生的前因后果上，通过对所有作业活动进行动态跟踪和反映，可以更好地发挥决策、计划和控制作用，以促进企业管理水平的不断提高。

7.4.2.4　作业成本法的优越性

传统成本理论认为，成本是对象化的费用，是生产经营过程中所耗费的资金总和。传统成本理论的成本概念揭示了成本的经济实质（价值耗费）和经济形式（货币资金），但没有反映出成本形成的动态过程。而作业成本法有效地弥补了这一不足，它把企业生产经营过程描述为一个为满足顾客需要而设计的一系列作业的集合。其中，作业推移的过程也是价值在企业内部逐步积累、转移，直到最后形成转移给顾客的总价值（即最终产品成本）的过程。作业成本法通过作业这一中介，将费用发生与成本形成联系起来，形象地揭示了成本形成的动态过程，使成本的概念更为完整、具体。

从成本管理的角度来看，作业成本法的优越性表现在以下 3 个方面。

（1）可以利用作业成本法提供的信息对其产品、服务进行准确定价，使收入与成本匹配。例如，对大批量生产的标准产品，通过作业成本法计算可以看出，它们的成本比用传统成本计算方法所得出的成本低，这时价格就可以适当降低一些，而对小批量生产的特制产品，通过作业成本法计算可以看出，它们的成本比用传统成本计算法所得出的成本高，这时价格就应当适当提高一些，以便不至于亏损。

（2）可以利用作业成本法提供的信息更好地选择产品组合。由于顾客对于产品的需求越来越趋于多样化和个性化，迫使越来越多的企业选择了生产小批量、多样化产品的战略。但是在估计该战略对企业成本所造成影响的问题上，许多管理者存在错误的想法，认为许多成本，尤其是间接成本是固定的，因此从大批量标准产品转向小批量特制产品并不会引起企业成本的明显变化。但是新的产品组合由于包含许多小批量特制产品，对于批量层次和产品层次的支撑性作业将会有较多需求，如果企业没有多余的生产能力来实施这些作业，则必须负担增加的开销来购买用于实施这些作业的资源。利用作业成本法，可预先比较精确地估计出每一种产品组合的成本，进而可以做出正确的产品组合决策以增加企业利润。当然，定价和产品组合并不是孤立的两个问题，管理者可以把定价作为手段来达到最佳的产品组合。例如，可通过提高小批量特制产品的价格和降低大批量标准产品的价格，使它们的收入与成本更好地匹配。同样，通过提高亏损或低利润产品的价格的方法，企业可以逐渐淘汰那些亏损和低利润产品并调整自己的产品组合，以达到利润最大化。

（3）可以利用作业成本法所提供的信息做出合理的预算，以便企业对资源的供给与对资源的需求相匹配，从而消除传统预算方法下容易出现的运算空额问题，更好地对企业的资源进行管理和处置。借助作业成本法所提供的信息，可清楚且准确地看到企业将来对资源的需求和企业现在对资源的提供之间的差额，并改进企业将来对资源的提供和提高企业的利润。

从实质上看，作业成本法就是一种制定更加精确的资源消耗模型的工具，它可以使企业更加准确地预测到对资源的消耗，并据此做出更加科学的决策。物流管理引入作业成本法是企业成本管理的必由之路。作业成本法的引入和逐步完善将给企业物流成本管理和计算带来一场新的革命，对企业管理将产生多方面深远的影响。

7.4.2.5 作业成本法的核算步骤

1. 核算步骤

作业成本法的核算分为以下 3 个步骤。

第一步：建立作业成本库，按照资源动因将间接计入费用计入各作业成本库中。在该步骤中，首先确认各项作业的成本动因。

第二步：按照各个作业中心的成本动因计算各自的成本动因率，再将各作业成本库中的成本按相应的成本动因率分配到各产品中去。

第三步：计算各产品的单位成本。

2. 核算案例

某企业的某生产部门生产 A、B 两种产品，现采用作业成本法对其生产费用进行核算。两种产品的有关资料如表 7-7 所示。

表 7-7　A、B 产品当月的产量与费用统计表

项目	A 产品	B 产品
该月产量（件）	100 000	200 000
直接材料费用（元）	210 000	190 000
直接人工费用（元）	84 000	53 000
直接人工工时（小时）	300 000	200 000
共同耗费的制造费用（元）	932 000	

解：根据上述资料，利用作业成本法的计算如下。

第一步：建立作业成本库，按照资源动因将间接计入费用计入各作业成本库中。

（1）根据资料可知，A、B 产品的直接材料费、直接人工费不需要计入各作业成本库，可直接按产品进行归集，直接计入 A、B 两种产品的成本。

（2）对于 A、B 两种产品所发生的间接费用，则应按资源动因归集到各作业成本库。具体方法如下。

1）根据管理与核算的需要，对资源动因进行确认与合并。成本动因的确认是否客观、合理是实施成本作业法有无成效的关键。因此，成本动因的确认与筛选，应由有关技术人员、成本会计核算人员和管理人员等共同分析讨论。

在确定成本动因时，应遵循以下3个原则：一是确定的成本动因应简单明了，能从现有的资料中直接分辨出来；二是在选择成本动因时，为避免作业成本计算过于复杂，要筛选具有代表性和重要影响的成本动因；三是选择信息容易获得的成本动因，以降低获取信息的成本。

本例中产品的资源动因经确认合并后，共6项：材料移动、订单数量、准备次数、维修小时、质检数量和直接工时（具体合并过程略去）。

2）对作业进行筛选整合，建立作业中心及作业成本库。首先对各项作业进行确认，然后对作业进行筛选与整合。在一个企业内部，作业数量的多少取决于其经营的复杂程度。生产经营的规模与范围越大，复杂程度越高，导致成本产生的作业量也就越多。事实上，如果列示全部的作业数量，有可能过于烦琐和复杂，并增大信息采集的成本。因此，有必要对这些作业做必要的筛选与整合，确保最后可设计出特定而有效的作业中心。

作业筛选与整合的原则有二：一是重要性原则。从成本管理角度分析每项作业的重要性，以便评价其是否值得单独列为一个独立的作业中心。对于非重要的作业，可与其他作业合并为一个作业中心。二是相关性原则。从成本动因角度分析和确认作业的相关性，以便评价各项作业的成本形态是否同质，从而考虑其是否可能被合并为同一个作业中心。

在确认作业中心之后，应按每个作业中心设置相应的作业成本，以便归集各作业中心的作业成本。本例中产品的全部作业经分解与合并后共有6个作业中心，即材料采购作业中心、材料处理作业中心、设备维修作业中心、质量检验作业中心、生产准备作业中心、动力与折旧作业中心（具体分解与合并过程略去），并按各作业中心分别建立作业成本库。

3）根据已建立的作业成本库，把生产部门发生的全部制造费用（即间接费用），按资源动因归集到各作业成本库，其结果如表7-8所示。

表7-8 生产部门全部间接费用归集情况表

作业中心 （作业成本库）	资源动因	资源动因数量统计结果			作业成本费用归集 情况（元）
		合计	A产品	B产品	
材料处理	材料搬运（次）	2 500	500	2 000	207 000
材料采购	订单数量（张）	7 500	2 500	5 000	160 000
生产准备	准备次数（次）	800	250	550	80 000
设备维修	维修工时（小时）	20 000	7 500	12 500	155 000
质量检验	检验次数（次）	4000	1 000	3 000	120 000
动力与折旧等	直接工时（小时）	200 000	80 000	120 000	210 000
制造费用总额		932 000			

第二步：按照作业中心的成本动因计算各自的成本动因率，并将各作业成本库中的成本按相应的成本动因率分配到各产品中去。

（1）当成本归集到各作业中心的作业成本库后，应按作业动因及作业成本额计算出作业成本的分配率。作业成本分配率的计算公式为

某项作业成本分配率 = 该作业中心作业成本总额/该中心的成本动因量化总和

表7-9所显示的是作业成本分配率计算表。

表 7-9　作业成本分配率计算表

作业中心（作业成本库）	资源动因	作业动因数量统计表	作业成本总额/元	作业成本分配率
材料处理	材料搬运/次	2 500	207 000	82.8
材料采购	订单数量/张	7 500	160 000	21.3
生产准备	准备次数/次	800	80 000	100.0
设备维修	维修工时/小时	20 000	155 000	7.75
质量检验	检验次数/次	4 000	120 000	30.0
动力与折旧等	直接工时/小时	200 000	210 000	1.05

（2）某产品应承担的某项作业成本分配额的计算公式为

某产品应承担的某项作业成本分配额 = 该产品消耗某项作业量之和 × 该项作业成本分配率

根据已计算出的作业成本分配率，按 A、B 两种产品各自所消耗作业量的多少分配作业成本，最终计算出 A、B 两种产品各自应承担的作业成本。分配过程与结果如表 7-10 所示。

表 7-10　作业成本分配过程与结果

作业成本库	作业动因比率	A 产品		B 产品		成本合计（元）
		动因数量	分配额（元）	动因数量	分配额（元）	
材料处理	82.8	500	41 400	2 000	165 600	207 000
材料采购	21.3	2 500	53 500	5 000	106 500	160 000
生产准备	100.0	250	25 000	550	55 000	80 000
设备维修	7.75	7 500	58 125	12 500	96 875	155 000
质量检验	30.0	1 000	30 000	3 000	90 000	120 000
动力与折旧等	1.05	80 000	84 000	120 000	126 000	210 000
合计	—		292 025	—	639 975	932 000

第三步：计算产品的成本。

将按 A 产品与 B 产品所归集的直接材料费用、直接人工费用和所分配来的制造费用进行汇总，分别计算 A 产品与 B 产品的总成本与单位成本，如表 7-11 所示。

表 7-11　A、B 产品总成本及单位成本计算表

成本项目	A 产品（200 000 件）		B 产品（200 000 件）	
	总成本	单位成本	总成本	单位成本
直接材料费用	210 000	2.10	190 000	0.95
直接人工费用	84 000	0.84	53 000	0.27
制造费用	292 025	2.92	639 975	3.20
合计	586 025	5.86	882 975	4.42

◈ 本章小结

物流成本是指物流活动中所消耗的物化劳动和活劳动的货币表现。具体地讲，物流成本是指在企业物流活动中，物品在空间位移（包括静止）过程中和时间上所耗费的各种资源的活劳动和物化劳动的货币表现总和。按照人们进行物流成本管理和控制的不同角度，把物流成本分成社会物流成本、货主企业物流成本及物流企业物流成本 3 个方面。其中，社会物流成本是宏观意义上的物流成本，货主企业物流成本及物流企业物

流成本是微观意义上的物流成本。在我国，社会物流成本包括运输费用、保管费用和管理费用 3 个部分的内容。物流成本按流通环节可分为运输成本、仓储成本、包装成本、装卸与搬运成本、流通加工成本和配送成本。企业物流成本是指微观物流成本，具体包括制造企业的物流成本、流通企业的物流成本及物流企业的物流成本 3 个方面。

物流成本控制系统分为物流成本核算层、物流成本管理层和物流成本效益评估层 3 个层次。在实际工作中，物流成本的控制一般分为以物流成本形成阶段为成本控制对象、以物流服务不同功能为成本控制对象和以物流成本不同项目为成本控制对象 3 种主要形式。物流成本控制的途径主要有物流合理化、加快物流速度、优化流通过程、物流标准化、优化物流服务水平、物流信息系统、高效率配送 7 种。

物流成本核算方法主要有功能物流成本核算法、范围物流成本核算法和形态物流成本核算法 3 种类型。作业成本法是以成本动因理论为基础，通过对作业进行动态追踪，反映、计量作业和成本对象的成本，评价作业业绩和资源利用情况的一种成本核算和管理方法。

❖ 复习思考题

一、名词解释

物流成本　物流成本控制　物流合理化　作业成本法　成本动因

二、单选题

1. 物流企业在运营过程中发生的各项费用，都可看成是（　　）。
   A. 流通企业物流成本
   B. 物流成本
   C. 制造企业物流成本
   D. 货主企业物流成本
2. 企业在进行供应、生产、销售、回收等过程中所发生的运输、仓储等费用属于（　　）。
   A. 第三方物流企业物流成本
   B. 流通企业物流成本
   C. 制造企业物流成本
   D. 第四方物流企业物流成本
3. （　　）是指在物流成本核算的基础上，采用各种成本管理与管理会计方法，进行物流成本的管理与控制。
   A. 物流成本效益评估层
   B. 物流成本管理层
   C. 物流成本核算层
   D. 物流成本控制层
4. 按成本项目划分，物流成本由物流功能成本和存货相关成本构成，下面哪项不属于存货相关成本？（　　）
   A. 资金占用成本
   B. 保险和税收成本
   C. 物品损耗成本
   D. 物流管理成本

5. 企业进行物流成本归集核算的有效方法是（　　）。
   A. 作业成本法
   B. 变动成本法
   C. 本量利分析法
   D. 成本效益法

三、多选题

1. 企业物流成本的构成包括（　　）。
   A. 企业物流成本支付形态构成
   B. 企业物流成本的客户构成
   C. 企业物流成本项目构成
   D. 企业物流成本范围构成
2. 仓储成本的各个成本项目按支付形态可划分为（　　）。
   A. 材料费
   B. 人工费
   C. 维护费
   D. 一般经费
3. 应计入与存货相关成本的项目是（　　）。
   A. 存货的价值
   B. 存货保管成本
   C. 存货资金占用成本
   D. 存货保险成本
4. 物流成本控制的对象有很多种，在实际工作中，物流成本控制的主要形式有（　　）。
   A. 以物流成本形成阶段为成本控制对象
   B. 以物流服务不同功能为成本控制对象
   C. 以物流成本不同项目为成本控制对象
   D. 以物流过程为成本控制对象
5. 以下关于作业成本法说法正确的有（　　）。
   A. 作业成本法下能够直接计入产品成本的费用就直接计入产品成本
   B. 作业成本法下不能够直接计入产品成

本的费用不计入产品成本

C. 作业成本法下不能够直接计入产品成本的费用先分配给作业，再根据作业动因计入产品成本

D. 作业成本法下不论是否能够直接计入产品成本，所有费用都直接计入产品成本

四、判断题

1. 物流成本占国内生产总值的比重成为衡量一个国家物流现代化水平的标志。（　　）

2. 物流成本管理不是管理物流成本，而是通过成本去管理物流。（　　）

3. 物流成本的增加一定会带来企业物流服务水平的提升。（　　）

4. 物流企业的整个运营成本和费用都是货主企业物流成本的转移。（　　）

5. 按照现代物流成本控制的理念，控制成本并不是单纯的降耗，而是"为了省钱而花钱"。（　　）

五、简答题

1. 简述物流成本的类型及各自的含义。

2. 简述物流环节成本的构成。

3. 简述物流成本控制的主要框架。

4. 简述传统物流成本核算方法的类型。

5. 简述作业成本法的优点。

六、论述题

1. 试论述当今企业活动中物流成本的特征以及相应的问题。

2. 试从宏观和微观角度分别论述物流成本控制的意义。

3. 试论述企业应如何降低物流成本。

七、计算题

1. 某企业某月人工费支出为 80 000 元，其主要的作业粗略划分为采购、生产、销售和管理，从事上述 4 项作业的人数分别为 5 人、12 人、4 人、5 人。其中采购作业所分摊的人工费支出为 10 056.78 元，该企业生产甲、乙、丙 3 种产品，3 种产品当月的采购次数分别为 3 次、2 次、3 次。运用成本作业法，计算采购作业、生产作业、销售作业和管理作业的人工费，以及甲、乙、丙 3 种产品应分配的采购作业成本。

2. 某企业的某生产部门生产两种产品，即甲产品和乙产品，现采用作业成本法对其生产费用组织核算。甲、乙两种产品当期产量及各项直接生产费用、共同耗用的制造费用如表 7-12 所示。另附生产部门的全部间接费用的归集情况，如表 7-13 所示。请分别计算甲、乙两种产品的总成本和单位成本。

表 7-12　甲、乙产品当月的产量及费用统计表

项目	甲产品	乙产品
该月产量/件	400 000	200 000
直接材料费用/元	380 000	420 000
直接人工费用/元	106 000	168 000
直接人工工时/小时	400 000	600 000
共同耗费的制造费用/元	1 864 000	

表 7-13　生产部门的全部间接费用的归集情况表

作业成本库	作业动因	作业动因数量统计结果			作业成本费用归集情况（元）
		合计	甲产品	乙产品	
材料处理	材料搬运（次）	2 500	2 000	500	414 000
材料采购	订单数量（张）	7 500	5 000	2 500	320 000
生产准备	准备次数（次）	800	550	250	160 000
设备维修	维修工时（小时）	20 000	12 500	7 500	310 000
质量检验	检验次数（次）	4 000	3 000	1 000	240 000
动力与折旧等	直接工时（小时）	200 000	120 000	80 000	420 000
					1 864 000

案例分析

川维厂"四招"降低物流费用600万元

2013年，川维厂（全称"中国石化集团四川维尼纶厂"）坚持"千方百计增效，一分一厘降本"的经营思路，创新管理模式，降低物流费用618万元，为企业捧回了"真金白银"。

1. 优化物流方式降运输费用

该厂经营系统加强水路运输管理，与长寿化工码头、民生公司及物流公司联系沟通，增大在码头的产品集装箱发运量。通过长寿化工码头发运，比涪陵港、寸滩港可节约产品转运费54元/吨。2013年，该厂节约转运费用38万余元。加大甲醇产品水运量，与铁路发运相比，水运可节约物流费用120元/吨，同比降低成本123万元。

继续加大川维铁路专用线普货整车发运量，与重庆南站发运量相比，可节约物流费用30元/吨。2013年，此项举措节约物流费用55万元。由于公路发运产品费用较高，尽量减少公路发运量，减少的发运量与水路、铁路运输量相比，平均可节约物流费用250元/吨。2013年，减少的公路发运量同比节约物流费用26万元。同时增加VAE集装袋运输量，集装袋比包装桶可节约物流包装费用450元/吨。2013年节约物流包装费用79万元。

2. 商务谈判降运输保险费用

2013年，物流运输成本"涨"声一片。该厂加强与承运商的友情沟通，抓住"营改增"的有利契机，积极主动与水运集装箱承运单位民生公司、乙烯公路运输承运单位沟通。双方通过多轮艰苦谈判，在2012年的基础上成功下调集装箱运费100元/箱，乙烯公路运费抵扣税费后降低3 200元/车，产品运输单价不但没有应声而"涨"，而且通过下调运输单价节约运费83万元。同时，该厂与长寿人保公司谈判，下调货运险的保险费率，2013年比2012年下调了0.05%，全年节约保险费用35万元。

3. 优化提货方式降物流费用

2013年，该厂撤销了济南库，让山东客户来厂自提维纶产品，通过测试可节约物流费用58元/吨。该厂增大了广东地区客户商品直发量，与客户到广东库房提货相比，可节约物流费用100元/吨，2013年节约费用41万元。该厂调整片碱、硫酸采购策略，优选承运主体，降低物流费用25万元。

4. 强化内部管理降仓储费用

该厂经营系统开展"库存看板管理"劳动竞赛活动，提高销售计划进度和分库转库速度：以每天动态库存为看板，加大沟通协调力度，通知客户及时提货，压减产品的仓储费用；制定库存"红线黄线"，严格考核每个产品组，与绩效、奖金直接挂钩，有奖有罚，提高了销售链整体工作效率，全年节约仓储费用112万元。

资料来源：http://www.chinapcsq.com/index.php?_a=article_content&_m=mod_article&article_id=1209，2019-02-26。

讨论题

1. 企业物流成本体现在哪些方面？

2. 试讨论物流成本控制在企业成本控制中的地位和作用。

第8章
CHAPTER8

采购经济分析

§ **学习目的与要求**

- 了解采购的重要性及其分类
- 了解影响企业采购战略决策的要素及其程序
- 理解经济订购批量模型、数量折扣模型
- 熟悉采购的流程、供应商选择的步骤
- 熟悉供应商评价因素及其指标
- 掌握定量采购模型和定期采购模型

§ **引例**

天猫超市"代销"和"采销"并行的模式

2019年1月3日，天猫超市事业群宣布，将升级商业模式，从以"代销"为主的模式，转变为"代销"和"采销"并行的模式。天猫超市表示："代销和采销并行，是为了提升我们对商家的服务能力，无论哪一种合作方式，天猫超市向商家开放数据资产立场不变，更方便品牌了解其全盘生意的动态变化，今后还将通过淘鲜达，加速线上与线下超市、卖场的融合，让线上线下的生意都能被可视化、可触达、可运营。"

一些"老字号"和中小品牌，刚刚"触网"不久，线上运营能力弱，供应链跟不上，所以天猫超市提供了"采销"模式，直接向其采购商品，此举将大大降低其线上运营和物流管理的成本，也能使其资金流更充裕，生意模式更简单。一些自运营能力强的品牌仍可选择"代销"的方式，保持与天猫超市的合作。

天猫超市方面表示，为共同推进新零售战略让利商家，在品牌方业绩翻倍增长的情况下，2019年天猫超市佣金仍保持基本不变，以通过新零售带动的线上线下融合，让品牌和商家有机会获取海量新用户，并取得生意的规模化增长。

资料来源：作者根据多方资料整理而成。

请思考

1. 天猫超市为何要选择"代销"和"采销"并行的销售模式？
2. 假如你是天猫超市的供应商，你愿意选择哪种模式和天猫进行合作？

在整个采购活动过程中，一方面，通过采购获取了资源，保证了企业正常生产的顺利进行，这是采购的效益；另一方面，在采购过程中会发生各种费用，这是采购成本。追求采购经济效益的最大化，就是不断降低采购成本，以最少的成本去获取最大的效益。科学采购是实现企业经济利益最大化的基本利润源泉，而与供应商建立起一种合作伙伴关系，则有利于供需双方共同获利。

8.1　采购概述

采购是企业向供应商购买的一种商业行为。企业经营活动所需要的物质资料绝大部分是通过采购获得的，采购是企业物流管理的起始点。

8.1.1　采购的定义及特点

采购是指企业根据生产经营活动的需要，通过信息搜索、整理和评价，选择合适的供应商，并就价格和服务等相关条款进行谈判，达成协议，以确保需求得到满足的活动过程。它包括以下 3 个特点。

1. 采购是从资源市场获得资源的过程

无论是生产还是生活，采购的意义在于能提供自己缺乏但又必需的资源。这其中既有生活资料，又有生产资料；既有物质资源，也有非物质资源。资源市场由能够提供这些资源的供应商组成，通过采购可从资源市场获取这些需要的资源。

2. 采购是商流与物流的统一

采购就是实现资源从供应者转移到需求者的过程，在这个过程中包含两个方面：一是实现资源所有权的转移，二是实现资源物质实体的转移。前者是商流，主要通过商品交易、等价交换来实现；后者是物流，主要通过运输、仓储、装卸搬运、包装、流通加工等职能来完成。采购过程是这两个过程的统一，缺一不可。

3. 采购是经济活动

采购是企业活动的重要组成部分，既然是经济活动就要遵循经济规律，追求经济效益。在整个采购活动中，一方面通过采购获得了资源，保证了企业正常生产的顺利进行；另一方面也会发生各种费用，即采购成本。要追求经济效益的最大化，就要不断地降低采购成本，实施科学采购。

8.1.2　采购的重要性

企业在生产经营过程中需要大量的物料，这些物料作为企业的生产手段或劳动对象，对企业的生产经营活动会产生极其重要的影响。科学的采购能合理选择采购方式、采购品种、采购批量、采购频率和采购地点，以有限的资金保证企业生产经营的需要，在企业降低成本、加速资金周转和提高产品质量等方面发挥重要作用。采购的重要性主要表现在以下几个方面。

1. 采购是保证企业生产经营正常进行的必要前提

物资供应是生产的前提条件，生产所需要的原材料、设备和工具都要由采购来提供，没有采购就没有生产条件，没有物资供应就不可能进行生产。

2. 采购是保证质量的重要环节

采购物资的质量好坏直接决定着产品质量的好坏，能不能生产出合格的产品，取决于采购所提供的原材料以及设备工具的质量。

3. 采购是控制成本的主要手段之一

采购的成本构成了生产成本的主要部分，其中包括采购费用、仓储费用、流动资金占用费用以及采购管理成本等。采购的成本太高，将会大大降低生产的经济效益，甚至导致亏损。因此，加强采购的组织和管理，对于节约占用资金、压缩存储成本和加快营运资本周转起着重要作用。

|阅读材料|

各行业中的采购占销售收入的比例

行业	采购占销售额比例（%）	行业	采购占销售额比例（%）
所有工业企业	54	印刷和出版	35
食品与相关产品	63	化学及相关产品	48
烟草产品	27	石油和煤产品	83
服装和其他纺织产品	49	石头、黏土和玻璃产品	46
木材和木产品	60	机械（除电器外）	48
家具和室内设备	48	电气和电子设备	45
纸张及相关产品	54	运输设备	60

4. 采购决定着企业产品周转的速度

采购是企业生产过程的起点，采购人员必须解决好采购物资的适时和适量问题，如果采购工作运行的时点与把握的量度同企业其他环节的活动达到了高度统一，则企业可能获得适度的利益。反之，就会造成产品积压，使产品周转速度减缓，产品保管费用增加，以致不得不运用大量人力、物力去处理积压产品，从而造成极大的浪费。

5. 好的采购工作可以实现合理利用物质资源

节约和合理利用物质资源，是开发利用资源的头等大事，通过采购工作可以合理利用物质资源：一是企业合理的采购，可防止优料劣用，长材短用；二是优化配置物质资源，防止优劣混用，在采购中要力求优化配置和整体效应；三是在采购工作中，应用价值工程分析，能做到功能和消耗相匹配；四是通过采购企业可引进新技术、新工艺，提高物质资源利用效率；五是关注执行有关的经济、技术政策和法律，防止被淘汰的产品进入流通领域，防止违反政策、法律的行为发生，做到资源的合理利用。

8.1.3 采购的分类

依据不同的标准对采购进行分类，有助于企业依据每一种采购的特点，合理选择采购方式。

1. 按采购的主体分类

按采购的主体分类，采购的类型如图 8-1 所示。

2. 按采购的形式分类

按采购的形式分类，采购可分为日常采购、采购外包和战略采购。

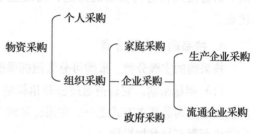

图 8-1 采购的类型（按采购的主体分类）

（1）日常采购（procurement）。它是指采购人员根据确定的供应协议和条款，以及企业的物料需求时间计划，以采购订单的形式向供应商发出需求信息，并安排和跟踪整个物流过程，确保物料按时到达企业，以支持企业的正常运营的过程。

（2）采购外包（purchasing out-services）。它是指企业在聚力于自身核心竞争力的同时，将全部或部分的采购业务活动外包给专业采购服务供应商，专业采购供应商可通过自身更具专业的分析和市场信息捕捉能力，来辅助企业管理人员进行总体成本控制，以降低采购环节在企业运作中的成本支出。

（3）战略采购（strategy sourcing）。它是一种系统性的、以数据分析为基础的采购方法。战略采购是一种有别于常规采购的思考方法，它是以最低总成本建立服务供给渠道的过程，一般采购则是以最低采购价格获得当前所需资源的简单交易。

3. 按照采购的方法分类

按采购的方法分类，采购可分为 JIT 采购、MRP 采购、供应链采购和电子商务采购。

（1）JIT 采购。它也称为准时化采购，是一种完全以满足需求为依据的采购方法。它对采购的要求，就是要供应商在用户需要的时候，将合适的品种、合适的数量送到用户需求的地点。它以需求为依据，改变采购过程和采购方式，使它们完全适合于需求品种、时间、数量，做到既能快速响应需求变化，又能使库存向零库存趋近，是一种比较科学、理想的采购方式。

（2）MRP 采购。它主要应用于生产企业，是生产企业根据主生产计划和主产品的结构以及库存情况，逐步推导出生产主产品所需要的零部件、原材料等的生产计划和采购计划的过程。这个采购计划规定了采购的品种、数量、采购时间和采购回来的时间，计划比较精细、严格。它以需求分析为依据、以满足库存为目的。

（3）供应链采购。准确地说，它是一种供应链机制下的采购模式。在供应链机制下，采购不再由采购者操作，而是由供应商操作。采购者只需要把自己的需求信息即库存信息，向供应商连续及时传递，供应商则根据自己产品的消耗情况不断及时、连续、小批量地补充库存，保证采购者既满足需要又使总库存量最小。供应链采购对信息系统、供应商的操作要求都比较高，是一种科学、理想的采购模式。

（4）电子商务采购。电子商务采购就是网上采购，是在电子商务环境下的采购模式。企业可以通过建立电子商务交易平台，发布采购信息，或主动在网上寻找供应商、寻找产品，然后通过网上洽谈、比价、网上竞价实现网上订货，甚至网上支付货款，最后通过网下的物流过程进行货物的配送，完成整个交易过程。它具有方便、省时、选择面广等优点。

4. 按采购的实践分类

按采购的实践分类，采购可分为招标采购、议价采购和比价采购。

（1）招标采购。它是指通过公开招标的方式进行物资和服务采购的一种行为。它是政府及企业采购的基本方式之一。在招标采购中，其最大的特征是公开性，凡是符合资质规定的供应商都有权参加投标。

（2）议价采购。它是指由买卖双方直接讨价还价实现交易的一种采购行为。议价采购分两步进行：第一步，由采购商向供应商分发询价表，邀请供应商报价；第二步，如果供应商报价基本达到预期的价格标准，即可签订采购合同，完成采购合同。议价采购主要适用于需要量大、质量稳定、定期供应的大宗物资的采购。

（3）比价采购。它是指在买方市场条件下，在选定两家以上供应商的基础上，由供应商公开报价，最后选择报价最低的为企业供应商的一种采购方式。实际上，这是供应商有限条件下的一种招标采购。

8.1.4 采购的流程

采购的程序会因采购品的来源（国内采购、国外采购）、采购的方式（议价、招标、在线采购）及采购的对象（物料、工程发包）等不同，而在作业细节上有若干差异，但基本程序大同小异。

（1）接受采购任务，制定采购单。这是采购工作的任务来源。通常，企业各个部门把任务报到采购部门，采购部门把所要采购的物资汇总，再分配到各个采购员，下达采购任务单。也有很多是采购部门根据企业生产销售的情况，自己主动安排各种物资的采购计划，给各个采购员下达采购任务单。

（2）制订采购计划。采购员在接到采购任务单之后，要制订具体的采购工作计划。具体做法如下：首先进行资源市场调研，包括对商品、价格、供应商的调查分析；其次选定供应商，确定采购方法、采购日程计划、运输方法及货款支付方法。

（3）根据既定计划联系供应商。根据供应商的情况，有的要出差去联系，有的则可以用电话、电子邮件等方式联系。

（4）与供应商洽谈、成交，最后签订订货合同。这是采购工作的核心步骤。采购人员要和供应商反复进行磋商谈判、讨价还价，讨论价格、质量、送货、服务及风险赔偿等各种限制条件，最后把这些条件用订货合同的形式规定下来。订货合同签订以后，才意味着已经成交。

（5）运输进货及进货控制。订货成交以后，就要履行合同，开始运输进货。运输进货可以由供应商负责，也可以由运输公司办理，或者自己提货。采购人员要监督进货过程，确保按时到货。

（6）到货验收、入库。到货后，采购人员要督促有关人员进行验收和入库，包括数量和质量的检验。

（7）支付货款。货物到达后，采购人员必须按合同规定支付货款。

（8）善后处理。一次采购完成以后，采购人员要进行采购总结评估，并妥善处理好一些未尽事宜。

8.2　采购模型分析

8.2.1　定量采购模型

定量采购是指预先规定一个订货点 R（也称再订货点），当库存量下降到订货点时，马上按预先确定的订货量 Q（一般用经济批量法确定）发出订单，经过交货周期（LT）收到订货，库存水平上升，如此循环。此方法每次订购的数量不变，而订购时间由需求量来决定。

其优点是：由于每次订货之前都要详细监察和盘点库存，能及时了解和掌握商品库存的动态；因每次订货数量固定，且是预先确定好了的经济批量，所以简便易行。其缺点是：需经常对商品进行详细监察和盘点；可能增加库存保管维持成本；该方式要求对每个品种单独进行订货作业，会增加订货成本和运输成本。定量采购适用于品种数目少但占用资金大的商品。

1. 定量采购的模型假设

在定量采购模型中，库存水平可定义为目前库存量加上已订购量减去延期交货量，在研究、建立模型时，需要做一些假设，目的是使模型简单、易于理解、便于计算，为此做如下假设。

- 产品需求是固定的，且在整个时期内保持一致。
- 提前期（从订购到收到货物的时间）是固定的。
- 单位产品的价格是固定的。
- 存储成本以平均库存为计算依据。
- 订购或生产准备成本固定。
- 所有对产品的需求都能满足（不允许延期交货）。

2. 定量采购模型

（1）订货点的确定。通常订货点的确定主要取决于需求率和订货、到货间隔时间这两个要素，在需求固定均匀和订货、到货间隔时间不变的情况下，不需要设定安全库存，订货点由以下公式确定：

$$R = LT \times D/365$$

式中，D 代表每年的需要量。当需要发生波动或订货、到货间隔时间是变化的时候，订货点的确定比较复杂，且往往需要安全库存。

（2）订货量的确定。订货量通常依据经济批量法来确定，即以总库存成本最低时的经济批量（EOQ）为每次订货时的订货数量。在该模型中：

$$年总成本 = 年采购成本 + 年订购成本 + 年存储成本$$

即

$$TC = DC + (D/Q)S + (Q/2)H$$

式中，TC 为年总成本；D 为每年需要量；C 为单位产品成本；Q 为订购批量（最佳批量称为经济订购批量 Q）；S 为订购成本；H 为单位产品的年均存储成本。

然后将总成本 TC 对 Q 求导数，并令其等于 0，计算如下：

$$(TC)' = 0 + (-DS)/(-Q^2) + H/2 = 0$$

所以，最优经济批量

$$Q = \sqrt{2DS/H}$$

因为该模型假定需求和提前期固定，且没有安全库存，则再订购点 R 为

$$R = d \times L$$

式中，d 为日平均需要量（固定值）；L 为用天表示的提前期（固定值）。

定量订货系统对库存水平进行连续监控，且当库存量降至某一水平 R 时就进行订购。在该模型中，缺货的风险只发生在订购提前期，即在订购时点与收到货物时点之间，则再订购点的公式如下：

$$R = \bar{d}L + Z\sigma_L$$

式中，R 为再订购点；d 为日需要量；α 为日平均需要量；L 为提前期；Z 为既定服务水平；σ_L 为提前期中使用量的标准差。

其中，日平均需要量

$$\bar{d} = \sum_{i=1}^{n} d_i/n$$

日需要量的标准差

$$\sigma_i = \sqrt{\dfrac{\sum_{i=1}^{n} (d_i - \bar{d})^2}{n}}$$

i 天的标准差

$$\sigma_L = \sqrt{\sigma_1^2 + \sigma_2^2 + \cdots + \sigma_i^2}$$

期望缺货量

$$E(z) = \dfrac{(1-p)Q}{\sigma_L}$$

（p 为期望服务水平）

定量采购模型可用图 8-2 表示。

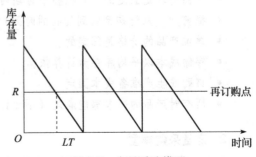

图 8-2　定量采购模型

3. 定量采购的作业程序

定量采购的作业程序如图 8-3 所示。

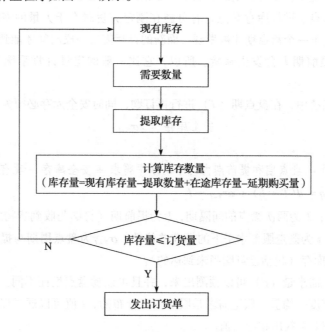

图 8-3 定量采购的作业流程

具体的作业步骤如下。

确定应采购商品的现有库存量。

- 根据用户的需求确定商品的需要数量。
- 如果现有库存量能满足用户的需求,为用户提取货物。
- 按以下公式计算库存数量:

库存量 = 现有库存量 − 提取数量 + 在途库存量 − 延期购买量

- 当库存量小于或等于用户的订购量时,向供应商发出订货单,请求订货。

8.2.2 定期采购模型

定期采购是指预先规定一个订购时间,按固定的时间间隔检查储备量,并随即提出订货,补充至一定数量。这种方法订购时间固定,而每次订购的数量不定,按实际储备量情况而定。

其优点表现在:对物资储备量控制得较严,它既能保证生产需要,又能避免货物超储;由于订货间隔期间确定,多种货物可同时进行采购,这可降低订单处理成本和运输成本;这种方式无须经常检查和盘点库存,可节省这方面的费用。其缺点表现在:由于不经常检查和盘点库存,对商品的库存动态不能及时掌握,遇到突发性的大量需要,容易造成缺货,为避免缺货带来的损失,因此,库存往往比较高。定期采购适用于品种数量大、占用资金少的商品。

1. 定期采购模型

在定期订货系统中，不同时期的订购量不尽相同，订购量的大小主要取决于各个时期的使用率。它仅在盘点期进行库存盘点，有可能在刚定完货时由于大量的需求而使库存降至零。这种情况只在下一个盘点期才被发现，而新的订货需要一段时间才能到达。这就可能在整个盘点期 T 和提前期 L 会发生缺货。所以，它比一般的定量订货系统要求更高的安全库存。

在定期订货系统中，在盘点期（T）进行再订购，同时安全库存必须为

$$\text{安全库存} = z\sigma_{T+L}$$

订货量 q 为

$$\text{订货量} = \text{盘点期和提前期内的平均水平需求} + \text{安全库存} - \text{现有库存}$$

$$q = \bar{d}(T + L) + z\sigma_{T+L} - I$$

式中，q 为订购量；T 为两次盘点的间隔期；L 为提前期（订购与收到货物之间）；$\bar{d}$ 为预测的日平均需求量；z 为既定服务水平下的标准差倍数；σ_{T+L} 为盘点周期与提前期期间需求的标准差；I 为现有库存（包括已订购尚未到达的）。

在该模型中，需求量（$\bar{d}$）可以预测出来，并且可以随盘点期而不同。或者，如果适当的话，可以使用年度平均值。假定需求是服从正态分布的，z 值可以通过以下求 $E(z)$ 的公式，然后借助于表 8-1 找出相应的值。

$$E(z) = \frac{\bar{d}T(1 - p)}{\sigma_{T+L}}$$

式中，$E(z)$ 为 σ_{T+L} 为 1 时标准化表中的期望缺货量；p 为用小数表示的服务水平（如 95% 表示为 0.95）；$\bar{d}T$ 为盘点周期内的需求量，其中 $\bar{d}$ 为日平均需求量，T 为天数；σ_{T+L} 为盘点周期和提前期内的需求的标准差；z 为安全库存的标准差系数。

表 8-1　相对于标准差的短缺期望值（该表建立的基础是标准差为 1）

$E(z)$	z	$E(z)$	z	$E(z)$	z	$E(z)$	z
4.500	-4.50	2.601	-2.60	0.843	-0.70	0.069	1.10
4.400	-4.40	2.502	-2.50	0.769	-0.60	0.056	1.20
4.300	-4.30	2.403	-2.40	0.698	-0.50	0.046	1.30
4.200	-4.20	2.303	-2.30	0.630	-0.40	0.037	1.40
4.100	-4.10	2.205	-2.20	0.567	-0.30	0.029	1.50
4.000	-4.00	2.106	-2.10	0.507	-0.20	0.023	1.60
3.900	-3.90	2.008	-2.00	0.451	-0.10	0.018	1.70
3.800	-3.80	1.911	-1.90	0.399	0.00	0.014	1.80
3.700	-3.70	1.814	-1.80	0.399	0.00	0.011	1.90
3.600	-3.60	1.718	-1.70	0.351	0.10	0.008	2.00
3.500	-3.50	1.623	-1.60	0.307	0.20	0.006	2.10
3.400	-3.40	1.529	-1.50	0.267	0.30	0.005	2.20
3.300	-3.30	1.437	-1.40	0.230	0.40	0.004	2.30
3.200	-3.20	1.346	-1.30	0.198	0.50	0.003	2.40
3.100	-3.10	1.256	-1.20	0.169	0.60	0.002	2.50
3.000	-3.00	1.169	-1.10	0.143	0.70	0.001	2.60
2.901	-2.90	1.083	-1.00	0.120	0.80	0.001	2.70
2.801	-2.80	1.000	-0.90	0.100	0.90	0.001	2.80
2.701	-2.70	0.920	-0.80	0.083	1.00	0.001	2.90

（续）

E(z)	z	E(z)	z	E(z)	z	E(z)	z
0.000	3.00	0.000	3.40	0.000	3.80	0.000	4.20
0.000	3.10	0.000	3.50	0.000	3.90	0.000	4.30
0.000	3.20	0.000	3.60	0.000	4.00	0.000	4.40
0.000	3.30	0.000	3.70	0.000	4.10	0.000	4.50

在采用定期采购时，在盘点期（T）进行再采购，同时必须保证一定量的安全库存。图 8-4 表示盘点期为 T，固定提前期为 L 的定期采购模型。

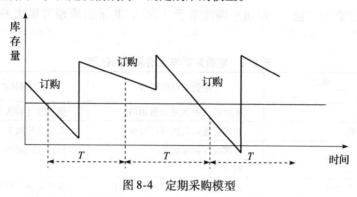

图 8-4　定期采购模型

2. 定期采购的程序

定期采购的作业程序如图 8-5 所示。

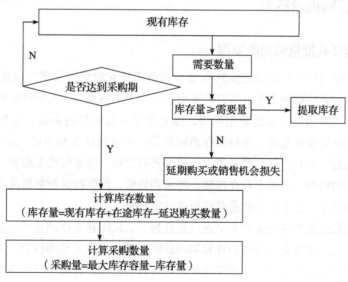

图 8-5　定期采购的作业程序

具体的作业步骤如下。

- 确定应采购商品的现有库存量。
- 根据用户的需求确定商品的需要数量。
- 如果现有库存量能满足用户的需求，则为用户提取货物。

- 如果现有库存量不能满足用户的需求，则看是否到达采购期。
- 如果没到达采购期，则只能延期购买或造成销售机会损失。
- 如果到达采购期，则计算库存数量和采购数量，向供应商发出订货。

其中，

$$库存量 = 现有库存量 - 提取数量 + 在途库存量 - 延期购买量$$

$$采购量 = 最大库存容量 - 库存量$$

3. 定量采购与定期采购的比较

定量采购注重于"量"，定期采购注重于"期"，其采购原理有很大差别，如表 8-2 所示。

表 8-2 定量采购与定期采购的区别

模型 项目	定量采购模型 Q	定期采购模型 P
采购量	固定的（每次采购量相同）	变化的（每次采购量不同）
何时订购	在库存量降低到再订购点时	在盘点期到来时
库存记录	每次出库都做记录	只在盘点期做记录
库存大小	较小	较大
作业所需时间	由于记录持续，所需时间较长	简单记录，所需时间较短
物资类型	昂贵、关键或重要物资	品种数量大的一般物资

8.2.3 经济订购批量模型

8.2.3.1 经济订购批量模型的原理

经济订购批量（EOQ）法是企业从自身节约费用开支的角度来确定物资经常储备的一种方法。与物资有关的费用主要包括订购费用和保管费用两大类，其中订购费用是指从订购到入库中所需要的差旅费、运输费用率等，保管费用是指物料储备费、验收费、仓库管理费、所占用的流动资金利息费、物料储存消耗费等。从节约保管费来说，应增加采购次数，减少每次采购数量；从节约订购费来说，应减少采购次数，增加每次采购量。这表明，采购与保管费是相互制约的，客观上存在这样一种采购数量，使得按这种数量采购所需的订购费和保管费的总和最小，这个采购数量就是经济订货批量。

经济订购批量法是在保证生产正常进行的前提下，以库存支出的总费用最低为目标，确定订货批量的方法。此法必须在已知计划期间的需要量、每批工装调整费、项目每单位在计划期间的保管费等数据的情况下，才能计算出经济订货批量。算出结果后就将其作为一定期间内的订货批量，直到各项费用和需求数量有很大变动时，才会有所变动。因此，经济订货批量法可认为是一种静态批量法，不太适合于需求波动很大和项目价值很大的情况。

8.2.3.2 几种常见的 EOQ 模型

1. 不允许缺货的经济批量

（1）模型假设。不允许缺货的经济批量是最简单的经济批量模型，也是最常见的。模型要求满足以下假设条件：

- 物料需求是固定的，且在整个时期内保持一致。
- 提前期是固定的。
- 单位产品的价格是固定的。
- 所有的相关成本是固定的，包括存储成本和订购成本等。
- 所有的物料需求都能满足，且不允许延期交货。

由这些条件可以看出，在现实中要满足所有这些条件几乎是不可能的，但这些假设提供了一个非常好的研究起点，可以使问题简化。

（2）不允许缺货的经济批量模型。不允许缺货的经济批量模型如图8-6所示。该模型实际上反映了库存量和时间之间的一个关系。

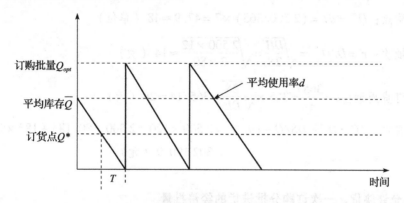

图8-6　不允许缺货的经济批量采购模型

由图8-6可以看出，订购批量为Q_{opt}也是库存量的最大值，订货点为Q^*，平均库存量为$\overline{Q}$，$\overline{Q} = Q/2$，订货提前期为T，d为单位时间平均需要量，所以根据前面的假设条件有：

$$订货点\ Q^* = d \times T$$

按照EOQ模型的原理，我们的目的是使得总费用最低，而总费用又包括订购费用和保管成本。所以：

$$总成本 = 产品成本 + 采购成本 + 储存成本$$
$$产品成本 = 产品单价 \times 需要量$$
$$采购成本 = 每次采购成本 \times 该期的采购次数$$
$$储存成本 = 平均库存量 \times 该期单位储存成本$$

设D为年需要量，C为单位物料采购成本，H为单位存货的年成本，S为一次订货的业务成本，则每年的订购次数可以用年需要量除以每次订货的批量得到，即D/Q，则每年的储存成本为$QH/2$，每年的采购成本为DS/Q，总成本用TC表示如下：

$$TC = DC + DS/Q + QH/2$$

对Q求导，令其一阶导数等于0，具体过程如下：

$$\frac{\mathrm{d}TC}{\mathrm{d}Q} = 0 + (-DS)/Q \times Q + H/2 = 0$$

则最佳批量

$$Q_{opt} = \sqrt{\frac{2DS}{H}}$$

最佳批次 $$n = D/Q_{opt} = \sqrt{\frac{DH}{2S}} \text{（取近似整数）}$$

最佳订货周期 $$t = 365/n = 365 \times \sqrt{\frac{2S}{DH}}$$

【例 8-1】

某生产企业对物料 A 的年需要量为 $D = 2\,500$ 单位，订购成本 $S = 80$ 元/次，存储成本 $H = 12$ 元/（单位·年），提前期 $T = 7$ 天，单价 $C = 120$ 元/单位，求经济订购批量、再订购点和年总成本。

解： $Q_{opt} = \sqrt{\dfrac{2DS}{H}} = \sqrt{\dfrac{2 \times 2\,500 \times 80}{12}} = 182.6 \approx 783$（单位）

再订购点：$Q^{*} = dT = (2\,500/365) \times 7 = 47.9 \approx 48$（单位）

最佳批次：$n = D/Q_{opt} = \sqrt{\dfrac{DH}{2S}} = \sqrt{\dfrac{2\,500 \times 12}{2 \times 80}} \approx 14$（次）

最佳订货周期：$t = \dfrac{365}{n} = 365 \times \sqrt{\dfrac{2S}{DH}} = 365/14 \approx 26$（天）

年总成本：$TC = DC + DS/Q + QH/2 = 2\,500 \times 120 + 2\,500 \times 80/183 + 183 \times 12/2$
$$= 302\,190.9 \text{（元）}$$

2. 不允许缺货，一次订购分批进货的经济批量

企业在经营过程中，往往有不少物料是一次订货分批进货的，这样就形成了一边进货入库，一边耗用出库的状态，入库速度大于出库速度，一批订货全部进库后，库存只出不进，经常储备降到零时，下一批订货又陆续分批入库。其计算公式为：

$$\text{经济批量} = \sqrt{\frac{2 \times \text{每次订购费用} \times \text{年需要量}}{\text{单位存货的年成本} \times \left(1 - \dfrac{\text{每日耗用量}}{\text{每日进货量}}\right)}}$$

3. 允许缺货的经济批量

如果生产不均衡，供货又没有绝对保证，发生缺货不可避免，加大储备的代价又大于因缺货造成的损失，就是决定允许缺货的经济订购批量，这种批量是指订购费用、保管费用、缺货损失费用三者之和总费用最小的批量。其计算公式如下：

$$\text{经济批量} = \sqrt{\frac{2 \times \text{每次订购费用} \times \text{年需要量}}{\text{单位存货的年成本}}}$$
$$\times \sqrt{\frac{\text{单位物料单位时间保管费用} + \text{单位物料单位时间缺货损失费用}}{\text{单位物料单位时间缺货损失费用}}}$$

$$\text{按期入库量} = \sqrt{\frac{2 \times \text{每次订购费用} \times \text{年需要量}}{\text{单位存货的年成本}}} \times$$
$$\sqrt{\frac{\text{单位物料单位时间缺货损失费用}}{\text{单位物料单位时间保管费用} + \text{单位物料单位时间缺货损失费用}}}$$

8.2.4 数量折扣模型

8.2.4.1 数量折扣的原理

企业经常受到鼓动进行大批量物品的购买，如果采购量很大，供应商的报价会更低，因为大量采购能使供应商享受规模经济带来的收益，所以供应商愿意通过价格奖励来把其中一部分收益传递给买方。如果采购量足够大（即大于最后一个数量—价格折扣分界点）就无须进一步考虑。但是，如果购买量相对较少，买方就会处于两难境地：是在较高的价位上少量购买呢，还是增加库存持有成本、加大采购数量以获得优惠价格呢？

经常使用的价格奖励有两种：普遍数量价格奖励和特殊数量价格奖励，普遍数量价格奖励计划是指随着购买量的增大，供应商会降低适用于所有订购产品的报价，这在消费品采购中十分常见。与之相对应，特殊数量折扣价格奖励计划是指降低的报价只适用于数量折扣范围内的产品，运输服务中的超量运价就是一个很好的例子。

8.2.4.2 常见的数量折扣

1. 普遍数量折扣价格奖励计划

首先假定采购数量为 Q_i，对应的采购价格为 P_i，则普遍数量折扣价格奖励计划可以表示为：当采购量 Q_i 小于某一固定单位产品 Q_1 时，采购价格是 P_1；当采购量大于或等于 Q_1 单位产品时，则所有产品适用价格为 P_2，其中 P_2 小于 P_1。

在普遍数量折扣价格奖励计划模型下，求最优采购量的问题可变为求最低总成本的问题，其中总成本包括采购成本、订货成本和库存持有成本。总成本的数学表达式为

$$TC_i = P_iD + \frac{DS}{Q_i} + \frac{IC_iQ_i}{2}$$

式中，TC_i 为采购量为 Q_i 时发生的总成本；P_i 为采购量为 Q_i 时的价格；D 为每年的平均需求量（件数）；S 为采购成本（元/订单）；Q_i 为采购量（件数）；I 为用百分比表示的年持有成本；C_i 为库存点商品的单位成本（元/件）。

普遍数量折扣价格奖励计划的总成本曲线如图 8-7 所示。

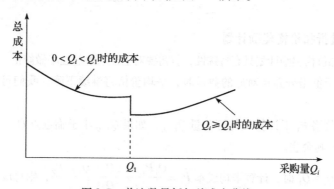

图 8-7 普遍数量折扣总成本曲线

由于总成本曲线中存在不连续点，因此最佳采购量的计划要比单一价格情况复杂一些，

然而我们可以导出某种要求最小计算量的计算方法，该方法步骤如下。

第一步：在每个价格 P_i 下计算出经济订购量（*EOQ*），找出总成本曲线可行区间内的 *EOQ*，如果可行的 *EOQ* 位于最低成本曲线上（图上较低的一条），那么这就是最佳采购量。如果不在该曲线上，则计算出 TC_{EOQ}，并进行下一步。

第二步：设 Q 为数量—价格范围内的最低量，计算 TC_i，将所有 TC_i 和 TC_{EOQ} 进行比较。

第三步：选择使总成本最低的 Q_i。

【例 8-2】

某商品按期采购，每年的预计需求量稳定在 2 600 件，采购订单的准备成本为每订单 10 元，库存持有成本每年为 20%，供应商提出两种报价：采购量小于 500 件时，价格为 5 元；如果采购量大于或等于 500 件时，价格优惠 5%，适用于采购的所有产品，该价格包含送货费用。那么企业该订购多少呢？

解：首先计算订购量在 500 件以内和以上时的经济批量，因此价格为 P_1（= 5 元）时

$$Q_{EOQ1} = \sqrt{\frac{2DS}{IC}} = \sqrt{\frac{2 \times 2\,600 \times 10}{0.2 \times 5}} = 228(\text{个})$$

所以总成本为

$$TC_{EOQ1} = 5 \times 2\,600 + \frac{2\,600 \times 10}{228} + \frac{0.2 \times 5 \times 228}{2} = 13\,228.04(\text{元})$$

价格为 P_2（= 4.75 元）时：

$$Q_{EOQ2} = \sqrt{\frac{2DS}{IC}} = \sqrt{\frac{2 \times 2\,600 \times 10}{0.2 \times 4.75}} = 234(\text{个})$$

从上面可以看到，计算中所用的价格不可能使 Q_{EOQ2} 落在较低的成本线上，即此时价格为 4.75 元与订购量大于 500 件的条件相矛盾，因此舍去 Q_{EOQ2}，不再进一步考虑。

接下来测算临界点处的总成本，当 $Q = 500$ 时，

$$TC_{500} = 5 \times 0.95 \times 2\,600 + \frac{2\,600 \times 10}{500} + \frac{0.2 \times 5 \times 0.95 \times 500}{2} = 12\,639.50(\text{元})$$

因为 TC_{500} 小于 TC_{EOQ1}，所以企业应订购 500 件以使总成本最低。

2. 特殊数量折扣价格奖励计划

如果数量折扣价格奖励计划具有特殊性，就需要对上述求解过程略做修正，如图 8-8 所示。

当采购量大于价格分界点对应的数量时，平均价格将继续下降，我们可以通过以下方法求解最佳订购量。

第一步：在价格 P_1 下计算最佳订购量 Q_{EOQ_1}，如果 Q_{EOQ_1} 小于临近点 Q_1，则计算出此时的总成本 TC_{EOQ_1}，否则舍去。

第二步：在 $Q_i \geqslant Q_1$ 时，计算平均成本 $\overline{P}_i = \frac{Q_1 P_1 + (Q_i - Q_1) P_2}{Q_i}$，则总成本为 $TC_i = \overline{P}_i D + \frac{DS}{Q_i} + \frac{I\overline{P}_i Q_i}{2}$。

第三步：求总成本 TC_i 对 Q_i 的导数，令其等于零，求得最佳订购批量 Q_{EOQ_2}。

第四步：如果 $TC_{EOQ_1} < TC_{EOQ_2}$，则最佳订购量为 Q_{EOQ_1}；如果 $TC_{EOQ_1} \geqslant TC_i$，则最佳订购量为 Q_{EOQ_2}。

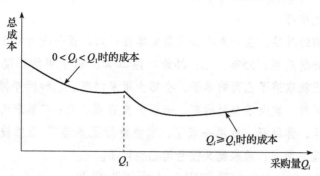

图 8-8　特殊数量折扣总成本曲线

【例 8-3】

仍以例 8-2 为例，现在 5% 的价格折扣仅适用于大于或等于 500 件的订购量，即适用于 $Q_i \geqslant 500$ 时，则最佳订购量是多少？

解：首先如果小于 500 件，价格为 $P_1(=5$ 元$)$ 时

$$Q_{EOQ1} = \sqrt{\frac{2DS}{IC}} = \sqrt{\frac{2 \times 2\,600 \times 10}{0.2 \times 5}} = 228(\text{个})$$

所以总成本为

$$TC_{EOQ1} = 5 \times 2\,600 + \frac{2\,600 \times 10}{228} + \frac{0.2 \times 5 \times 228}{2} = 13\,228.04(\text{元})$$

当大于等于 500 件时

$$\overline{P}_i = \frac{Q_1 P_1 + (Q_i - Q_1)P_2}{Q_i} = \frac{500 \times 5 + (Q_i - 500) \times 5 \times 0.95}{Q_i}$$

$$TC_i = \overline{P}_i D + \frac{DS}{Q_i} + \frac{I\overline{P}_i Q_i}{2} = \frac{500 \times 5 + (Q_i - 500) \times 5 \times 0.95}{Q_i} \times 2\,600$$

$$+ \frac{2\,600 \times 10}{Q_i} + \frac{0.2 Q_i}{2} \times \frac{500 \times 5 + (Q_i - 500) \times 5 \times 0.95}{Q_i}$$

$$= \frac{351\,000}{Q_i} + 0.475 Q_i + 12\,362.5$$

令

$$\frac{\mathrm{d}TC_i}{\mathrm{d}Q_I} = -\frac{351\,000}{Q^2} + 0.475 = 0$$

则

$$Q_{EOQ2} = 860$$

$$TC_{EOQ2} = \frac{351\,000}{860} + 0.475 \times 860 + 12\,362.5 = 13\,179$$

因为

$$TC_{EOQ_2} < TC_{EOQ_1}$$

所以最佳订购量 $Q_{EOQ_2} = 860$（个）。

小故事采购之技巧

小王刚做采购的时候，在一家小公司负责零件采购，接手的时候有三家供应商同时供应，采购比例分别是甲：55%，乙：25%，丙20%。由于甲的态度比较好，交期也有保证，很快小王就取消了乙丙的单子，全部由甲来供应。乙和丙停掉后不久，有一次甲方的产品出了问题，耽误了公司的事。老板大发雷霆，说："原来用三家供应商，就是让他们自己竞争，你倒好，就用一家了，它能好好服务吗？"虽然被骂了，但小王觉得老板的话有道理，所以，后来就又接着用乙和丙了。

资料来源：http://bbs. tianya. cn/post-170-772223-1. shtml, 2019 – 03 – 20.

3. 一次性折扣价格奖励计划

一次性折扣价格奖励计划不属于数量折扣模型的一种，但是原理类似，日常生活中也经常用到，所以我们也将其列出。一次性折扣价格奖励计划是指供应商为了达到促销的目的或者为了清除过量库存偶尔会提供价格折扣，如果价格折扣有吸引力，企业就面临究竟该购买多少的问题。企业或许已经从供应商处购买，且是按现有价格条件下的最佳采购量进行采购。这种追加的采购使得库存在一定时期内高于正常水平。如果降低价格带来的收益可以大于增加的库存持有成本，那么这样做是可以被接受的。这一特别订购量就可以表示为

$$Q^* = \frac{dD}{(p-d)I} + \frac{pQ}{p-d}$$

式中，d 为降价幅度（元/件）；P 为折扣前的价格（元/件）；I 为年持有成本，每年一定的百分比；D 为年度需求总量（件）；Q 为折扣前的最佳订购量（件）；Q^* 为特别订货量（件）。

【例8-4】

某连锁店在其各连锁分店中销售一种咖啡壶，供应商的售价通常为72元/只（运到价），公司每年销售4 000只，公司得知每年的库存持有成本是25%，采购订单准备成本为50元/订单。现在供应商在正常价格的基础上提供5%的折扣以减少工厂库存。公司认为咖啡壶的销售仍然会以正常的速度进行，超量购买而产生的所有额外库存最终会被消化掉。那么应向供应商订购多少呢？

解：正常的订购量可以由求解经济订购量得到，即

$$Q_1^* = \sqrt{\frac{2DS}{IC}} = \sqrt{\frac{2 \times 4\,000 \times 50}{0.25 \times 72}} = 149（只）$$

提供一次性折扣以后，特别订购量为

$$Q_2^* = \frac{dD}{(p-d)I} + \frac{pQ}{p-d} = \frac{5 \times 4\,000}{(72-5) \times 0.25} + \frac{72 \times 149}{(72-5)} = 1\,354（只）$$

特别订购量使公司持有一份订单的时间从原来的 $Q_1^*/D = 149/4\,000 = 0.037$（年）或两周，增加到 $Q_2^*/D = 1\,354/4\,000 = 0.339$（年）或18周。

8.3　企业采购战略决策

8.3.1　采购战略决策的含义及特点

　　采购战略决策是指根据企业经营目标的要求，提出各种采购方案，对方案进行评价和比较，按照满意性原则，对可行方案进行抉择并加以实施和执行的管理过程。采购决策是企业决策中的重要组成部分，它具有以下特点：

　　(1) 预测性。它是指对未来的采购工作做出推测，应建立在对市场预测的基础之上。

　　(2) 目的性。任何采购决策都是为了达到一定的采购目标，如降低采购成本等。

　　(3) 可行性。它是指选择的决策方案应是切实可行的，否则就会失去决策的意义。

　　(4) 评价性。它是指通过对各种可行方案进行分析评价，选择满意方案。

│小故事│

克罗克的经营之路

　　众所周知，麦当劳品牌的创始人克罗克以非凡的管理才能，把麦当劳兄弟经营的小餐馆变成了世界快餐的著名品牌。但是据说，当年从麦当劳兄弟手里买下特许经营权的除了克罗克之外，还有一个荷兰人。

　　克罗克和荷兰人走的是完全不同的经营之路。

　　相比之下，克罗克看起来比较愚蠢。他只开麦当劳店，加工牛肉，养牛的钱都让别人赚去了。荷兰人则显得比较聪明，他不仅开麦当劳店，而且所有的赚钱机会都不让给别人。他投资开办了一家牛肉加工厂，使加工牛肉的钱也流入自己的腰包。后来，他想："自己为什么买别人的牛，让别人赚走养牛的钱呢？"于是，他又办了一个养牛场。

　　日复一日，年复一年，克罗克把麦当劳的连锁店开遍了世界各地。

　　而那个荷兰人呢？人们找啊找，终于在荷兰的一个农场里找到了他，他什么也没有，就养了两百头牛。

　　资料来源：https://www.ruiwen.com/gushi/2066184.html，2019-01-16.

8.3.2　影响企业采购战略决策的要素

　　企业在采购活动中面临着大量的决策，决策是花费时间和精力最多的工作之一，决策的水平高低直接关系到企业的生存发展，科学的采购决策能把握正确的经营方向，采购到适合企业的产品。影响企业采购决策的因素比较多，总结起来主要包括企业自身因素、市场因素、供应商因素和政策法规四大因素，具体如表 8-3 所示。

表 8-3　影响企业采购决策的因素

影响企业采购决策的因素	具体内容
企业自身因素	◆企业需求。主要包括品种、数量、规格标准、质量、时间等 ◆企业财务状况。现金流充足与否，能否取得贷款 ◆企业库存管理水平。库存管理水平高，可实施 JIT 采购、定量采购、定期采购、经济批量采购，反之管理水平低，可加大采购的数量和频率 ◆企业目标。采购应该依据企业目标来进行 ◆竞争谋略。不同的竞争谋略导致不同的采购策略
市场因素	◆价格水平。当前价格跟历史价格对比，是否处在低位，是否值得储备原材料等 ◆未来市场的预测。如果预期将来价格还会上升，可以加大采购数量 ◆市场供给。调查市场实际供给水平，如果供给过少，可加大采购，以免影响正常生产 ◆竞争对手。企业要注意竞争对手的策略，如果有抢购原材料、垄断市场的趋势，企业也应该加大采购，免得被动
供应商因素	◆质量。选择供应商最重要的因素之一 ◆价格。企业取得竞争优势、降低成本的主要因素 ◆交货能力。关系到供应链的协同运作 ◆服务。好的服务水平能解决后顾之忧 ◆柔性。在激烈的竞争环境中尤为重要 ◆位置。关系到运输成本、送货时间、紧急订货与加急服务的回应时间 ◆合作关系。合作关系是否稳定、可信 ◆物流能力。供应商好的物流服务可以帮助企业节约成本
政策法规	◆国家支持该产业还是限制该产业发展 ◆主要供应商伙伴是否存在违法行为 ◆企业产品是否受地方保护主义限制

8.3.3　采购战略决策的程序

采购战略决策关系到采购工作的质量，是一项复杂的工作，必须按照一定的程序来进行，基本程序如下所述。

1. 确定采购目标

根据企业的总体经营目标，确定企业的采购目标。企业采购的总目标是实现及时、准确的采购，满足经营的需要，降低采购成本，提高经济效益。根据采购总体目标，企业可制定采购的具体目标，如订购批量目标、订购时间目标、供应商目标、价格目标、交货期目标等。

2. 收集有关的信息

信息是采购决策的依据，信息的可靠性决定采购决策的正确性。信息按来源不同分为外部信息和内部信息。

(1) 企业外部信息。企业外部信息包括以下内容：①宏观经济、法律政策。它具体是指了解《合同法》《反不正当竞争法》《商标法》等，掌握国家的价格政策、产业政策、外贸政策。②货源的信息。它是指物品的市场供求情况，有哪些采购渠道，供应商的价格、服务、质量、规格品种等资料。③科技信息。它是指企业应了解与本企业所采购物品密切相关的科技水平发展情况，如是否有新材料，用新材料替代老材料的经济性分析等。④运输方面的信息。比如有关运输的新规定、各种运输方式、运输费用等。⑤有相同需求的同行情况。

同行从哪里购买，价格多少；是否有更经济的采购；能否联合采购以降低进价。

（2）企业内部信息。企业内部信息包括以下方面：①物资需求情况。采购人员根据销售计划、生产计划制订需求计划，再结合库存情况，制订采购计划。②库存情况。如企业库存情况如何、库存费用多少、现有商品库存情况。③财务情况。如是否有充足的采购资金、采购资金的周转速度和筹集状况。④本企业采购队伍情况。它包括采购人员的敬业精神、综合素质、合作精神等。

3. 拟订实现目标的多个可行性方案

在收集、分析企业内外部各种信息的基础上，采购人员应组织有关人员集思广益，提出各种可行性采购方案，每个采购方案应包括采购预算、货源渠道、供应商、产品质量、价格、服务、运费、交货期、结算条件等，为采购决策者做出正确的决策提供依据。在具体拟订方案中应把握两点：一是尽可能地将所有可行性方案都找出来，以避免漏掉满意方案；二是各方案之间应是互斥的，相同或相似的可归为一类。

4. 选择满意的方案

方案的选择是一个对各种可行方案进行分析评价的过程，具体评价标准根据企业以及企业外部环境而定。在实际工作中，满意的方案不一定是盈利最大的方案，而是对企业最有利、最切实可行的方案。

5. 实施与反馈

有了采购目标和满意的采购方案，企业还要制定具体的实施细则，以使采购方案得以实施。同时，企业还应注意收集、整理方案在实施过程中出现的新情况和新问题，进行必要的调整，以保证采购目标的实现。最后，企业应对采购方案的实施进行检查和分析，在实施和反馈过程中，应将实际执行情况与原定决策目标进行比较，如果出现了决策误差，应该确定改进的措施，为下一步的采购决策提供依据。

8.4　供应商评估与选择

低价格、高质量、良好的服务是对供应商的基本要求。传统上，采购管理的理论都注重于采购行为本身，即考虑如何选好供应商，如何谈判，使企业在采购中获得利益。现代物流管理告诉我们，与供应商建立起一种合作伙伴关系，有利于供需双方共同获利。

8.4.1　供应商选择的步骤

供应商选择就是从众多的候选供应商中，选择出几家可以长期打交道的供应商，并与之建立长期的合作伙伴关系。其评价选择可以归纳为 7 个步骤，企业必须确定各个步骤的开始时间，每一个步骤对企业来讲都是动态的，并且每一个步骤对企业来说都是一次改善业务的过程。供应商评价选择的步骤如图 8-9 所示。

1. 分析市场竞争环境（需求、必要性）

市场需求是企业一切活动的驱动源。建立基于信任、合作、开放式交流的供应链长期合作关系，必须首先分析市场竞争环境，其目的在于找到针对哪些产品市场开发供应链合作关系才有效；还必须知道现在的产品需求是什么，产品的类型和特征是什么，以确认用户的需求，确认是否有建立供应链合作关系的必要。如果已经建立供应链合作关系，则根据需求的变化确认供应链合作关系变化的重要性，从而确认供应商评价选择的必要性；同时分析现有供应商的现状，分析、总结企业存在的问题。

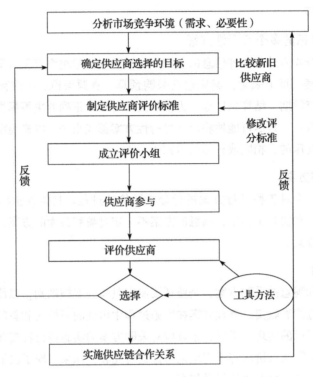

图 8-9　供应商评价选择的步骤

2. 确定供应商选择的目标

企业必须确定供应商评价程序如何实施、信息流程如何运作、谁负责，而且必须建立实质性、实际的目标，其中降低成本是主要目标之一。供应商评价选择不只是一个简单的评价、选择过程，也是企业自身和企业与企业之间的一次业务流程重构过程，如果实施得好，它本身就可以带来一系列的利益。

阅读材料

世界级供应商的特征

米纳汉（Minahan）的研究指出，被认为"世界级"的供应商必须在价格、质量和订货提前期这些方面具有竞争力，这些属性正是"参加游戏的入场券"。这项研究提出了世界级供应商的以下 3 个特征。

（1）持续改进和发展。世界级供应商必须有一个正规的或验证过的承诺，使产品和过程实现逐年改进。

（2）技术和创新。世界级供应商在它们各自的产业中是技术的领先者，把新一代技术提供给用户，在竞争中助它们一臂之力。

（3）适应性。世界级供应商一定要投资新的设备，开发新的技术，并重新组织它们的业务以及实施更好地支持它们的客户战略。

资料来源：肯尼斯·莱桑斯，迈克尔·吉林厄姆. 采购与供应链管理［M］. 鞠磊，莫佳亿，胡克文，等译. 6版. 北京：电子工业出版社，2004.

3. 制定供应商评价标准

供应商综合评价指标体系是企业对供应商进行综合评价的依据和标准，是反映企业本身和环境所构成的复杂系统不同属性的指标，是按隶属关系、层次结构有序组成的集合。不同行业、企业、产品需求、环境下的供应商评价是不一样的，但是都涉及供应商的业绩、设备管理、人力资源开发、质量控制、成本控制、技术开发、用户满意度、交货协议等可能影响供应链合作关系的方面。

4. 成立评价小组

企业必须建立一个小组以控制和实施供应商评价。以来自采购、质量、生产、工程等与供应链合作关系密切的部门为主，必须具有团队合作精神、具备一定的专业技能。评价小组必须同时得到制造商企业和供应商企业最高领导层的支持。

5. 供应商参与

一旦企业决定进行供应商评价，评价小组必须和初步选定的供应商取得联系，以确认它们是否愿意与企业建立供应链合作关系，是否有获得更高业绩水平的愿望。企业应尽可能早地让供应商参与到评价的设计过程中来。然而因为力量和资源有限，企业只能与少数关键的供应商保持紧密合作，所以参与的供应商不能太多。

6. 评价供应商

评价供应商的主要工作是调查、收集有关供应商的生产运作等各方面的信息。在收集供应商信息的基础上，就可以利用一定的工具和技术方法对供应商进行评价。

在评价过程中，要有一个决策点，采用一定的技术方法选择供应商。如果选择成功，则可以开始实施供应链合作关系；如果没有合适供应商可选，则返回如图8-9所示的步骤2重新开始评价选择。

7. 实施供应链合作关系

在实施供应链合作关系的过程中，市场需求将不断变化，可以根据实际情况的需要及时修改供应商评价标准，或重新开始供应商评价选择。在重新选择供应商的时候，应给予旧供应商足够的时间适应变化。

8.4.2 供应商的评价因素

选择供应商时，有许多因素值得考虑。各因素的重要性因企业而异，甚至因同一企业的不同产品或服务而不同，主要的考虑因素有以下几点。

1. 质量

质量主要是指供应商所供给的原材料、初级产品或消费品组成部分的质量。产品的质量是供应链生存之本，产品的使用价值是以产品质量为基础的。如果产品的质量低劣，该产品将会缺乏市场竞争力，并很快退出市场。而供应商所供产品的质量是消费品质量关键之所在，因此在对供应商的产品质量要求上，应该强调适合和稳定。要考察这点，关键在于供应商是否有一套有效执行的产品检验制度，即控制质量的能力。在对供应商的质量管理要求上，企业考虑的因素主要包括质量管理方针、政策、质量管理制度的执行及落实情况，有无质量管理制度手册，有无质量保证的作业方案和年度质量检验的目标，有无评价机构的评鉴等级，是否通过相关质量体系认证。同时，企业应加强对供应商产品的检查，一般采用抽检的方法，衡量的指标包括来料批次合格率、来料抽检缺陷率、来料在线报废率、供应商来料免检率等，可以用以下公式表示：

$$来料批次合格率 = （合格来料批次／来料总批次）× 100\%$$
$$来料抽检缺陷率 = （抽检缺陷总数／抽检样品总数）× 100\%$$
$$来料在线报废率 = ［来料总报废数（含在线生产时发现的）／来料总数］× 100\%$$
$$来料免检率 = （来料免检的种类数／该供应商供应的产品种类种数）× 100\%$$

2. 价格

价格主要是指供应商所供给的原材料、初级产品或消费品组成部分的价格。供应商的产品价格决定了消费品的价格和整条供应链的投入产出比，因此会对生产商和销售商的利润率产生一定程度的影响。价格往往是采购中最敏感的问题。供应商对既定商品组合报价是否合理，供应商是否愿意协商价格，供应商是否愿意联合起来共同降低成本（与价格），还有供应商提供的各种折扣，这些都是企业需要考虑的因素。此外，供应商的价格水平可以和市场同档次产品的平均价格和最低价进行比较，分别用市场平均价格比率和市场最低价格比率来表示：

$$平均价格比率 = ［（供应商的供货价格 － 市场平均价格）／市场平均价］× 100\%$$
$$最低价格比率 = ［（供应商的供货价格 － 市场最低价）／市场最低价］× 100\%$$

3. 交货能力

供应商的交货能力包括两个方面：一是供应商的准时交货能力；二是供应商的持续改善能力。交货准时性是指供应商按照采购方所要求的时间和地点，将指定产品准时送到指定地点。准时交货率用公式表示为

$$准时交货率 = （按时按量交货的实际批次／订单确认的交货总批次）× 100\%$$

如果供应商的准时交货率较低，必然会影响生产商的生产计划和销售商的销售计划及时机。这样一来，就会引起大量的浪费和供应链的解体。因此，交货准时性也是较为重要的因素。要考察供应商的准时交货能力，除了要了解供应商的管理制度以外，企业还要了解供应商产品的生产周期、生产能力以及供应商的财务能力。如果供应商财务能力不够，必定会影响其正常生产。供应商的持续改善能力取决于供应商是否有改进产品的意愿及能力，既要看供应商的新产品开发计划，又要看供应商的研发部门和人员的情况。持续改善能力是增强企业竞争能力的一个重要方面。

4. 服务

选择供应商时,特殊服务有时显得特别重要。例如,更换残次物品、指导设备使用、修理设备以及类似的服务,在选择过程中起着关键作用。在考察这一点时,企业要注意两个问题:当产品或服务改变时,供应商是否给出了预先通知;如果服务变化,买方需要投入到什么程度。

5. 柔性

供应商面临数量、交付时间与产品改变时,有多大灵活性;供应商是否愿意及能够回应需求改变,接受设计改变等,这些都是应予以考虑的柔性问题。企业还要注意了解供应商生产线的柔性能力,即生产品种转变能力,其中包括最低生产批量、生产效率、存货量与生产周期的匹配。反映柔性的一个指标是交货提前期,对企业或供应链来说,市场是外在系统,它的变化或波动都会引起企业或供应链的变化或波动。由于交货提前期的存在,必然造成供应链各级库存变化的滞后性和库存的逐级放大效应。交货提前期越小,库存量的波动越小,企业对市场的反应速度越快,对市场反应的灵敏度越高。由此可见,交货提前期也是考察供应商的主要因素之一。

6. 位置

供应商所处位置对送货时间、运输成本、紧急订货与加急服务的回应时间等都有影响。当地购买有利于发展地区经济,形成社区信誉。在分工日益精细化的今天,供应商位置的远近直接决定了产品生产过程中的物流成本和管理成本。供应商与生产商同处于一个区域也有利于形成产业积聚效应,增强整个产业链的竞争力。

7. 供应商存货政策

如果供应商的存货政策要求自己随时持有存货,将有助于突发故障的解决。供应商对库存的设置以及库存地理位置的选择也影响着产品的可得性和满意度。对此,企业应予以考虑。

8. 信誉与财务状况稳定性

供应商信誉与财务状况是否令人满意;供应商是否严重依赖其他买主,使买方承担优先满足其他买主需要的风险,这也是企业在选择供应商时需要考虑的因素之一。

┊阅读材料┊

有效供应商评估的 "C" 法则

1. Competence(竞争能力):供应商承担所需任务和工作的能力。

2. Capacity(生产能力):供应商满足买方所有需求的生产能力。

3. Commitment(承诺):供应商就质量、效益和服务给予客户的承诺。

4. Control System(控制系统):有关库存、成本、预算、人员和信息等方面的控制。

5. Cash Resources and Financial Stability(现金资源和财政稳定程度):确保供应商在财务上是有保障的,且能够持久地开展业务直至预知的未来。

6. Cost（成本）：与质量和服务相匹配的成本。

7. Consistency（一致性）：供应商保持供货和递送的一致性，以及在可能的情况下，不断改进质量和服务水平的能力。

8. Culture（企业文化）：供应商和采购方应该共享相似的文化观和价值观。

9. Clean（道德高尚）：供应商及其产品应该是合法的，并且满足环境保护要求的。

10. Communication（交流）：供应商是否能够以电子方式交流信息和收取信息。

8.4.3 供应商综合评价指标体系

企业总是在不断地寻求更好的供应商，很多企业设立了供应商评价标准，这种评价标准因企业的不同而不同，同企业的竞争重点密切相关，一般来说，价格、质量、服务和交货期是最关键的因素。在实践中，我国企业在评价、选择供应商时普遍没有形成一个全面的供应商综合评价指标体系，不能对供应商做出全面、具体、客观的评价。

根据对企业的调查研究，影响供应商选择的主要因素可以归纳为4类：企业业绩、业务结构/生产能力、质量系统与企业环境。我们为此可构建如图8-10所示的3个层次的供应商综合评价指标体系，第一层是目标层，包含这4类因素；第二层是影响供应商选择的具体因素；第三层是与第二层相关的细分因素。

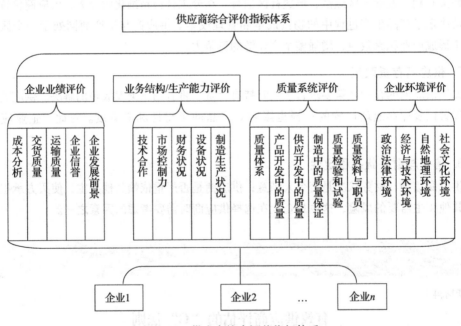

图8-10　供应商综合评价指标体系

📇 本章小结

采购是指企业根据生产经营活动的需要，通过信息搜索、整理和评价，选择合适的供应商，并就价格和服务等相关条款进行谈判，达成协议，以确保需求得到满足的活动过程。采购作为物流活动的一部分，对企业具有极其重要的作用，是物流经济分析的重点。采购的重要性体现在：一是保证企业生产经营正常进行的必要前提；二是保证质量的重要环节；三是控制成本的主要手段之一；四是决定着企业产品周转的速度；五是好的采购工作可实现合理利用物质资源。

采购的流程分为八大步骤：接受采购任务，制订采购单；制订采购计划；根据既定的计划联系供应商；与供应商治谈、成交，最后签订订货合同；运输进货及进货控制；到货验收、入库；支付货款；善后处理等。

定量采购、定期采购、经济订购批量、数量折扣是常见的 4 种采购模型，它们的应用要有一定的假设条件及各自不同的计算模型。

影响企业采购战略决策的重要因素主要有：企业自身条件、市场、供应商、政策法规等。对供应商的选择应该从质量、价格、交货能力、服务、柔性、位置、供应商存货政策和信誉与财务状况稳定性等方面综合考察，并从企业业绩、业务结构/生产能力、质量系统、企业环境 4 个方面建立起供应商综合评价指标体系。

复习思考题

一、名词解释

采购　定量采购　定期采购　采购战略决策

二、单选题

1. 由买卖双方直接讨价还价实现交易的一种采购行为是(　　)。
   A. 招标采购　　　　B. 议价采购
   C. 比价采购　　　　D. 询价采购

2. 预先确定一个订货点和一个订货批量，然后随时检查库存，当库存下降到订货点时，就发出订货，订货批量的大小每次都相同。这种采购模式称为(　　)。
   A. 定期订货法采购　B. 定量订货法采购
   C. MRP 采购模式　　D. JIT 采购模式

3. 某公司每年需要购入原材料 9 000 件，每件单价 10 元，假设每次订购费用为 20 元，单位年存储成本，按原材料价值的 10% 计算，那么该原材料经济订购批量为(　　)。
   A. 400 件　　　　　B. 200 件
   C. 500 件　　　　　D. 600 件

4. 一种完全以满足需求为依据，遵循 5R 原则的采购模式，称为(　　)。
   A. 定期订货法采购　B. 定量订货法采购
   C. MRP 采购模式　　D. JIT 采购模式

5. 应用于生产企业，由企业采购人员采用应用软件，制订采购计划而进行采购的模式，称为(　　)。
   A. 定期订货法采购　B. 定量订货法采购
   C. MRP 采购模式　　D. JIT 采购模式

三、多选题

1. 一个完整的招标采购包括(　　)。
   A. 招标　　　　　　B. 投标
   C. 开标　　　　　　D. 评标
   E. 决标

2. MRP 的输入文件包括(　　)。
   A. 采购计划　　　　B. 主生产计划
   C. 物料清单　　　　D. 库存文件
   E. 生产计划

3. 采购包括(　　)模型。
   A. 定量采购　　　　B. 定期采购
   C. 经济订购批量　　D. 数量折扣

4. 影响采购战略决策的要素包括(　　)。
   A. 企业自身要素　　B. 市场要素
   C. 供应商要素　　　D. 政策法规要素

5. 供应商的评价因素包括(　　)。
   A. 质量　　　　　　B. 价格
   C. 交货能力　　　　D. 服务
   E. 柔性

6. 按采购的实践分类，可将采购分为
（　　）。
   A. 招标采购　　　　B. 议价采购
   C. 采购外包　　　　D. 比价采购
7. 根据对企业调查研究，影响供应商选择
的主要因素可以归纳为（　　）等。
   A. 企业业绩　　　　B. 政策环境
   C. 企业环境　　　　D. 质量系统

四、判断题

1. 采购过程既包含商流，又包含物流。
（　　）
2. 采购工作的原则是以最小的资源消耗实现预定的采购目标。（　　）
3. 在采购低值易耗品时，价格是企业唯一要考虑的因素。（　　）
4. 定量采购与定期采购的最大区别在于采购量的不同。（　　）
5. 经济订购批量模型是用于确定使订购费用最小的订购数量的模型，即确定经济订货批量。（　　）

五、简答题

1. 采购对企业的重要性表现在哪里？
2. 常见的4种采购模型是什么？

3. 如何选择合适的供应商？
4. 采购决策的含义和特点是什么？
5. 定量采购模型应如何假设？

六、论述题

1. 如果你是采购经理，做出采购决策前，你会考虑哪些因素？
2. 试阐述供应商选择的七大步骤。
3. 试阐述采购的流程。

七、计算题

1. 某供应链公司对商品 A 的年采购量为 $D = 4\,000$ 单位，采购成本 $S = 100$ 元/次，存储成本 $H = 20$ 元/（单位·年）。提前期 $T = 10$ 天，单价 $C = 150$ 元/单位。求：经济订购批量、再订购点和年总成本。
2. 某商品按期采购，每年的预计需求量 $D = 4\,000$ 件，采购订单的准备成本为每订单 $S = 10$ 元，库存持有成本为 $I = 20\%$，供应商提出两种报价，采购量小于 600 件，价格为 10 元，如果采购量大于或等于 600 件时，价格优惠 20%，该价格包含送货费用。试求该企业的最优订购数量。

◆ 案例分析

苹果公司管理供应商经验的启迪

苹果公司选择和管理供应商的方式是该公司取得成功的重要因素之一。苹果公司在选择新的供应商时重点评估质量、技术能力和规模，成本次之。

成为苹果公司的供应商绝非易事，竞争非常激烈。

在苹果公司最新的供应商名录上，可以看到 156 家公司的名单，其中包括三星、东芝和富士康。富士康以作为 iPhone 手机的主要组装公司而著称。然而，这些供应商的

背后还有代表苹果公司向这些供应商供货的数百家二级和三级供应商。苹果公司几乎控制了这一复杂网络的各个部分，利用其规模和影响以最好的价格获得最佳产品并及时向客户供货。此外，苹果还通过观察供应商制造难以生产的样品考验每一家工厂，此阶段的技术投资由供应商负责。苹果公司还有其他要求用以增强其对投入、收益和成本的控制，比如苹果公司要求供应商从其推荐的公司那里购买材料。

随着时间的推移，苹果公司已经同这些供应商建立了强大的合作关系，同时，投资于特殊技术并派驻600名自己的工程师帮助供应商解决生产问题，提高工厂的效率。

从苹果公司在选择、谈判和管理中采用的战略中，能为任何从中国采购的公司提供至少五大启迪。

1. 拜访工厂

企业需要确定供应商是否有能力及时满足订单要求以及是否有能力生产高质量的产品。工厂拜访能够使企业更深入地了解供应商的员工人数和他们的技能水平。

评估供应商的无形资产，包括供应商的领导能力以及增长潜力。比如，当要求供应商提供样品时，企业要提供非常具体的要求，并派驻自己的工程师监督生产流程以便了解样品是由供应商内部生产的而不是从他处采购的。

2. 谈判和监督并用

同一种产品使用不止一家供应商，可以改善企业的议价能力并降低风险。

当为合同开展谈判时，质量和成本都需要给予重视；下单后，派企业代表拜访工厂并且在不同的阶段检查货物，以便能够介入和矫正缺陷。发货前，供应商应认真检查，以防因退回有缺陷的产品而付出非常高的代价。

企业应该全程密切监督供应商的表现，特别是在建立合作关系的最初阶段。

3. 了解供应商的供应商

供应链的能见度对尽量减少有缺陷的产品和知识产权盗窃的风险以及控制成本来说非常必要。

企业必须了解采购的产品中使用的不同材料的出处，因为供应商往往会为了节省成本更换他们自己的供应商。

4. 准备好提供帮助

当企业确定了供应商名录中的优质供应商时，要准备好同这些供应商分享提高产品的想法，以便提高供应商所售产品的利润。这样做可以向供应商表明，降低成本（比如通过使用更便宜的材料）不是持续提高利润的唯一方法。企业还可以通过考虑培训等其他方法以提高供应商的员工的技能水平。

5. 经常沟通

仅依靠第三方报告和年度拜访是不足以建立良好的合作关系，而是需要建立一个完善而成熟的沟通机制才能有助于与供应商建立良好的合作关系，它既可以避免误解的发生，又能够在问题演变成危机前把问题处理好。

理想的状态是，企业应当向供应商派驻一个具备业务知识和专业技能的现场团队，以便对供应商的工厂进行定期拜访，而不仅是当出现问题时才去拜访。

资料来源：http://www.sohu.com/a/204458662_695900，2018.12.31 有修改。

讨论题

1. 苹果公司如何选择和管理庞大的供应商群体？

2. 试分析苹果公司的采购决策具有哪些特征。

第 9 章
CHAPTER9

运输经济分析

§ 学习目的与要求

- 了解运输的概念、功能、运输业的特点
- 理解运输的作用与地位、运输决策的流程
- 熟悉 5 种运输方式、运输线路分析
- 掌握 5 种运输方式的技术经济分析

§ 引例

塔什库尔干上的京东站

在帕米尔高原上的深处，塔什库尔干塔吉克自治县只是一座人口 4 万人的小城镇，这里距离最近的大城市喀什有 300 多公里。2018 年 3 月，35 岁的李悦从甘肃兰州来到塔县，经营一家京东物流配送站，这也是京东物流在中国最西部的站点——塔什库尔干站，李悦成为这家配送站的站长，其实全站只有他一个人。

数据显示，京东物流服务目前已经覆盖了全国 99% 的人口，在全国运营近 550 个大型物流中心，物流基础设施突破 1 190 万平方米；京东物流也是全球唯一拥有中小件、大件、冷链、B2B、跨境和众包（达达）6 大物流网络的企业。京东物流希望通过持续的技术投入，构筑一张更加高效的物流配送网络。

在物流行业内人士看来，京东物流已经把同行业整整甩出一个身位。当众多的民营快递公司仍旧受困于最后一公里，无法送件上门的时候，京东物流已经实现了"快递到车"服务功能，在随后的 2018 年 7 月 30 日，京东物流公布了行业内首个"快递到车"服务标准。京东物流对于中国电商物流行业效率的提升，几乎是划时代的。

在全球供应链趋于一体化的背景下，京东物流正在致力于搭建全球智能供应链基础网络（GSSC），实现 48 小时中国通达全球，48 小时各国本地交付。京东物流 CEO 王振辉表示，京东物流正以 GSSC 为蓝图，提升整个社会的供应链效率，节约供应链成本，为全球消费者和商家服务。

资料来源：作者经多方资料整理而成。

请思考

1. 塔什库尔站地理位置非常偏远，其运输成本非常高且订单量相对不足，为何京东愿意在此开始网点？

2. 基于什么原因，地理位置处于非常偏远的地区很少有物流或快递企业会涉足经营？

在现代物流概念诞生之前，甚至在物流业已经颇具发展规模的今天，不少人都简单地认为物流就是运输，因为他们看到物流活动中相当一部分任务都是运输承担的。而实际上，物流是"物"的物理性运动，而运输是这种物理性运动的主要承担者。

9.1 运输概述

运输是社会物质生产的必要条件之一，是国民经济的基础和先行。马克思将运输称为"第四个物质生产部门"[⊖]，是生产过程的继续。这个"继续"虽然以生产过程为前提，但如果没有它，生产过程就不能最后完成。虽然运输这种生产活动和一般性生产活动不同，它不创造新的物质产品，不增加社会产品数量，不赋予产品新的使用价值，只是变动其所在的空间位置，但这一变动能使生产继续下去，使社会再生产不断推进，并且是一个价值不断增值的过程，所以将其看成一个物质生产部门。

9.1.1 运输的概念

本书的运输专指"物"的载运，是物质资料或产品在空间较长距离的位移，一切物流过程均离不开运输，它是物流活动的核心业务。

根据《中华人民共和国国家标准物流术语》（GB/T 18354—2006）的定义，运输就是"用专用运输设备将物品从一地点向另一地点运送。其中包括集货、分配、搬运、中转、装入、卸下、分散等一系列操作"。

运输是在不同的地域范围之间（如两座城市、两个工厂间或一个企业内两个车间之间）以改变"物"的空间位置为目的的活动，是对"物"进行的空间位移。

1. 运输的功能

运输的功能主要表现在两个方面：一是物品的位移，二是物品的暂时储存。

（1）物品的位移功能。物品要实现其价值和使用价值，就必须从生产者手中转移到消费者手中，这就离不开运输。运输的主要功能就是实现物品空间位置的移动，克服物品在生产与需求之间存在的空间差异。因此，运输是需要耗费资源的，包括时间资源、环境资源和财务资源。只有当运输这种活动能够提高物品的价值时，该物品的移动才是有意义的。运输管理的主要目的就是要以最少的时间和费用完成物品的运输任务。同时，物品转移所采用的

⊖ 出自《马克思恩格斯全集》（26卷）第444页"剩余价值理论"，人民出版社，1972年版。

方式必须能满足顾客的要求，产品的遗失和损坏必须降到最低的水平。通过位置的移动，运输对产品产生了增值，即产生空间效益。产品流到顾客手中，运输成本构成了其价格的一部分。对许多商品来说，运输成本要占商品成本的4%～10%，有的甚至更高，运输成本占物流成本的35%～50%。运输成本占总成本的比重比其他物流活动更大。运输成本的降低可以达到以较低的成本提供优质服务的效果。

（2）产品的储存功能。如果运输中物品需要储存，在短时间内又将再次运输，而卸货和装货及在仓库中的费用可能会超过存储在运输工具中的费用，这时将运输工具作为一个暂时存储场所将是更经济的方法。当交付的货物处在转移中，而原定的装运目的地被改变时，货物也需要临时储存。另外，在仓库空间有限的情况下，利用运输工具储存也不失为一个可行的办法。尽管利用运输工具作为货物的储存场所的费用可能很高昂，但如果考虑装卸成本、储存功能的限制，那么从成本或完成任务的角度来看，往往是合理的，有时是必要的。

2. 运输业的特点

运输业虽然是一个物质生产部门，但又不同于其他物质生产部门，它具有以下明显的特点。

（1）运输业不为社会创造新的物质产品。运输业的产品是旅客和货物的位移。在运输过程中，不增加运送对象的数量，不改变运送对象的性质、运送旅客和货物的结果，只是改变了它们的空间位置。因此，"位移"就是运输业的"产品"，它的计算单位分别是人·千米和吨·千米。

（2）运输业的产品既不能储备也不能调拨。运输业的产品——旅客或货物的位移，同运输过程本身不能分离，即生产与消费是同时进行的，在它被生产出来的同时就被消耗掉了。更确切地说，运输产品是先销售后生产。因此，运输产品既不能储存，又不能积累，更不能调拨。这和工农业生产可以用产品建立储备不一样，运输业只能储备运输能力。同时，运输业不能用调拨产品的方法调节不同时期、不同地区对运输的需求，而只能调动运输业的生产能力，如机车、汽车等生产工具来进行调剂。所以，运输业必须有一定的后备运输能力，才能适应突发事件的运输需要。

（3）运输业是通过运输工具的移动来实现生产过程的。在运输过程中，运输人员不直接作用于劳动对象（旅客和货物），而是作用于运输工具（机车、车辆）。在运输途中，旅客和货物随着机车、车辆的运行而改变其所在位置。因此，要使运输业满足国民经济不断发展的需要，就必须发挥运输人员的主观能动性，充分、合理地利用运输工具的运载能力和加速运载工具的周转，提高运输效率，确保运输安全。

（4）运输可以创造"场所效用"。场所效用的含义是指同种物品由于空间场所不同，其使用价值的实现程度则不同，其效益的实现也不同。由于改变场所而发挥最大的使用价值，最大限度地提高了投入产出比，这就是"场所效用"。通过运输，将"物"运到场所效用最大的地方，就能发挥"物"的潜力，实现资源的优化配置。从这个意义上讲，也相当于通过运输提高了物的使用价值。

（5）运输费用在物流成本中占有较大的比例。在整个物流费用中，运输费用与其他环节支出相比是比较高的。运输路程越远，运输费用越高，在整个物流费用中所占的比例也就越大。

9.1.2　运输的重要性

1. 运输的作用

（1）运输是社会物质生产的必要条件，是国民经济的基础和先行。如果没有运输提高物品的使用价值，就不能实现资源的优化配置。

（2）运输具有扩大市场、稳定价格的作用，它对发展经济、提高国民生活水平有着十分巨大的影响。

（3）运输是"第三利润源"的主要源泉。作为物流系统中的最大支柱流，运输费用在整个物流费用中所占的比重最大。因此，合理组织运输活动，节约运输成本，是降低物流成本的关键。

2. 运输的地位

（1）从社会生产的角度分析。运输是人类社会史上一个不可缺少的方面，从原始社会的简单搬运到现代社会的太空补给，它始终起着重要的作用。运输为了适应不同社会形态的需求一直不断发展的需要，从单一运输方式扩展到多种运输方式的综合运输系统，进而又发展到与商品的生产和流通相结合的大系统，成为综合物流的重要环节。

（2）从运输生产的过程分析。从运输生产的过程来看，运输业不同于一般物质生产部门，它不像一般物质生产部门那样，由所耗用的原料构成物质产品的形体，流动资金所占比重较低，而运输业的产品是运输对象的位移，这种产品随着生产过程的完成而被完全消费。正因为不存在有形的产品，所以也不会产生库存。

（3）从社会经济的角度分析。从社会经济的角度讲，运输功能的发挥缩小了物质交流的空间，扩大了社会经济活动的范围，并实现了在此范围内价位的平均化、合理化。如果没有运输，在各国内部和整个世界范围内资源的利用与供销活动就无法开展，社会生产力也就得不到应有的发展。历史证明，运输业的形成和发展，强有力地推动着社会生产力的发展，而随着社会生产力的极大发展和生产的社会化程度提高，也给运输业提出了更高的要求。

|阅读材料|

推进运输结构调整三年行动计划（2018—2020 年）

2018 年 9 月 17 日，国务院办公厅关于印发《推进运输结构调整三年行动计划（2018—2020 年）》的通知（国办发〔2018〕91 号）。其主要内容为：到 2020 年，全国货物运输结构明显优化，铁路、水路承担的大宗货物运输量显著提高，港口铁路集疏运量和集装箱多式联运量大幅增长，重点区域运输结构调整取得突破性进展，将京津冀及周边地区打造成为全国运输结构调整示范区。与 2017 年相比，全国铁路货运量增加 11 亿吨、增长 30%，其中京津冀及周边地区增长 40%、长三角地区增长 10%、汾渭平原增长 25%；全国水路货运量增加 5 亿吨、增长 7.5%；沿海港口大宗货物公路运输量减少 4.4 亿吨。全国多式联运货运量年均增长 20%，重点港口集装箱铁水联运量年均增长 10% 以上。

点评：运输作为物流运营的基础环节，过去在信息不对称、技术落后的商业环境下存在着诸多浪费，干线返程空车的浪费、城市共同配送的浪费、大量停车场车等货的浪费、多式联运协同能力差的浪费等。随着移动互联网、智慧物流的发展，供应链的计划越来越精准，信息协同越来越高效；同时随着开放的商业思维的渗透、共享经济的渗透，物流运输的结构调整将大大降低中国物流运营中的各种浪费，这对未来 3～5 年在人工智能驱动下的新型物流商业环境有着重要的商业价值。

9.2 运输方式的技术经济分析

运输有铁路、公路、水路、航空和管道 5 种运输方式，各具运营特点和优势，在一定的地理环境和经济条件下有其各自的合理使用范围。

〔阅读材料〕

关于推广标准托盘发展单元化物流的意见

2018 年 1 月 18 日，商务部、发展改革委、工业和信息化部、财政部、交通运输部、统计局、邮政局、国家认监委、国家标准委、中国铁路总公司等 10 部门发布了《关于推广标准托盘发展单元化物流的意见》（以下简称《意见》）。

主要内容：《意见》提出，以标准托盘（1 200 毫米×1 000 毫米）、周转箱（筐，600 毫米×400 毫米的模数）为集装单元、作业单元、计量单元和数据单元，发展单元化物流，推进物流链各环节高效运作，各主体信息顺畅交换。主要工作目标是：标准托盘占全国托盘保有量比例由目前的 27% 提高到 32% 以上，适用领域占比由目前的 65% 提高到 70% 以上。

点评：托盘标准是中国最早呼吁的标准。不管是合同物流时期，还是电商物流时期都没有成功，因为应用场景的差异化，导致标准化很难成功，特别是在中国货主企业在物流外包上都采取粗放的合作，很难实现共享协同。托盘编制不是一个行业协会或者一个机构发起就能够形成的，应该在产业链的龙头企业带队才能够实现。未来的托盘标准将同物联网技术的应用结合，产生不错的想象空间。

资料来源：《关于推广标准托盘发展单元化物流的意见》商流通函〔2017〕968 号。

9.2.1 铁路运输

1. 铁路运输的优势

铁路运输的优势主要体现在以下几个方面。

（1）运输能力大，这使它适合于大批量低值商品的长距离运输。

（2）单车装载量大，加上有多种类型的车辆，使它几乎能承运任何商品，几乎可以不受重量和容积限制。

（3）车速较高，平均车速与其他运输方式相比，仅次于航空运输，并且今后平均车速将有进一步提高的趋势。

（4）铁路运输受气候和自然条件影响比较小，在运输的经常性方面占有优势。

（5）铁路运输可以方便地实现驮背运输、集装箱运输及多种联运。

2. 铁路运输的劣势

铁路运输的劣势主要包括以下几点。

（1）由于铁路线路是专用的，其固定成本很高，原始投资较大，建设周期较长。

（2）铁路按列车组织运行，在运输过程中需要有列车的编组、解体和中转改编等作业环节，占用时间较长，因而增加了货物的在途时间。

（3）铁路运输中的货损比较高，而且由于装卸次数多，货物毁损或丢失事故通常也比其他运输方式多。

（4）不能实现"门对门"运输，通常要依靠其他运输方式配合，才能完成运输任务，除非托运人和收货人均有铁路支线。

3. 铁路运输的功能

根据铁路运输的固有特性，铁路运输担负的主要功能有以下几个方面。

（1）大宗低值货物的中、长距离（经济里程一般在 200 公里以上）运输，也较适合运输散装货物（如煤炭、金属、矿石、谷物等）、罐装货物（如化工产品、石油产品等）。

（2）大批量旅客的中、长途运输。

（3）都市与卫星城区及郊区间的通勤运输等。

9.2.2　公路运输

1. 公路运输的优势

公路运输的优势主要有以下几点。

（1）公路运输途中不需中转，运送速度比较快。

（2）公路运输可以实现"门到门"的直达运输，货损货差少。

（3）机动灵活，运输方便。

（4）原始投资少，经济效益高。

（5）驾驶技术容易掌握。

2. 公路运输的劣势

公路运输也存在一些问题，主要是装载量小、运输成本高、燃料消耗大、环境污染严重等。

3. 公路运输的功能

根据公路运输的固有特性，公路运输的主要功能有以下几个方面。

（1）独立担负经济运距内的运输，主要是中短途运输（我国规定 50 公里以内为短途运输，200 公里以内为中途运输）。

（2）补充和衔接其他运输方式。所谓补充和衔接，即当其他运输方式担负主要运输时，由汽车担负起点和终点处的短途集散运输，完成其他运输方式到达不了地区的运输任务。

9.2.3　水路运输

1. 水路运输的优势

水路运输的优势主要体现在以下几个方面。

（1）可以利用天然水道，线路投资少，且节省土地资源。

（2）船舶沿水道浮动运行，可实现大吨位运输，降低运输成本。对非液体商品的运输而言，水运一般是运输成本最低的方式。

（3）江、河、湖、海相互贯通，沿水道可以实现长距离运输。

2. 水路运输的劣势

水路运输的劣势主要体现在以下几个方面。

（1）船舶平均航速较低。

（2）船舶航行受气候条件影响较大，如在冬季常存在断航。断航将使水运用户的存货成本上升，这决定了水运主要承运低值商品。

（3）可达性较差。如果托运人或收货人不在航道上，就要依靠汽车或铁路运输进行转运。

（4）同其他运输方式相比，水运（尤其海洋运输）有更高的要求。

3. 水路运输的功能

根据水上运输的上述特点，在综合运输体系中，水上运输的功能主要有以下几个方面。

（1）承担大批量货物，特别是散装货物运输。

（2）承担原材料、半成品等低价货物运输，如建材、石油、煤炭、矿石、粮食等。

（3）承担国际贸易运输，是国际商品贸易的主要运输工具之一。

9.2.4　航空运输

1. 航空运输的优势

与其他运输方式相比，航空运输的主要优势有以下几个方面。

（1）速度快。现代喷气式运输机，时速都在900千米/时左右，比海轮快20～30倍，比火车快5～10倍。速度快是航空运输的最大优势和主要特点。它使得旅客出行时间大大缩短，货主存货减少，保管费用降低。但是，航班正点率的高低、办理旅客出发和到达手续的快慢、机场与市区间地面运输时间的长短、航程中有无经停站以及停留时间的长短，对于营运速度和旅客的旅行速度都有直接影响。

（2）运输路程短。飞机除了航行的特殊需要以外，一般是在两点之间直线飞行，不受地面条件限制，因此，同一起讫点间航空运输路程最短。

（3）舒适。喷气式民航机的飞行高度一般在10 000米左右，不受低空气流的影响，飞行平稳。20世纪70年代初出现的宽体客机，客舱宽敞、噪声小，机内有供膳、视听娱乐设备，舒适程度大大提高。

（4）灵活。飞机是在广阔的空中飞行，较之火车、汽车或船舶受到线路制约的程度要小得多。飞机可以按班期飞行，也可以做不定期飞行，可以在固定航线上飞行，也可以在非固定航线上飞行。

（5）安全。在航空运输中，对飞机适航性要求极其严格，没有适航证的飞机不允许飞行。尽管飞行事故中会出现机毁人亡（事故严重性最大），但按单位客运周转量或单位飞行时间死亡率来衡量，航空运输的安全性是很高的。

（6）货物空运的包装要求通常比其他运输方式要低。在空运时，用一张塑料薄膜包裹货物并不少见。空中航行的平顺性和自动着陆系统减少了货损的可能性，因此可以降低包装要求。

2. 航空运输的劣势

航空运输的劣势主要体现在以下几个方面。

（1）载运能力低、单位运输成本高。因飞机的机舱容积和载重能力较小，因此，单位运输周转量的能耗较大。除此之外，机械维护及保养成本也很高。

（2）受气候条件限制。因飞行条件要求很高，航空运输在一定程度上受到气候条件的限制，从而影响运输的准点性与正常性。

（3）可达性差。通常情况下，航空运输都难以实现客货的"门到门"运输，必须借助其他运输工具转运。

3. 航空运输的功能

航空运输的固有特性使得它具有以下主要功能。

（1）中长途旅客运输，这是航空运输的主要收入来源。

（2）鲜活易腐等特种货物以及价值较高或紧急物资的运输。

（3）邮政运输。

9.2.5　管道运输

1. 管道运输的优势

管道运输具有以下优势。

（1）管道运输运量大，运输快捷，效率高。

（2）占地少。

（3）不受气候影响，运行稳定性强。

（4）便于运行控制。

（5）耗能低，成本低。

（6）有利于环境保护。

2. 管道运输的劣势

管道运输的劣势主要是灵活性差，承运的货物种类比较单一。

3. 管道运输的功能

管道运输主要担负单向、定点、量大的流体状货物运输。

9.3　运输成本与价格管理

现今，无论是作为微观主体的物流企业，还是作为宏观主体的政府部门，都十分关注物流成本问题。而在整个物流成本中，运输成本占最大比例，因此对运输成本的研究显得格外重要。

9.3.1　运输成本及其影响因素

9.3.1.1　运输成本

运输成本通常可根据成本的特性划分为 4 个部分：变动成本、固定成本、联合成本和公共成本。

1. 变动成本

变动成本是指在一段时间内随着运输作业量的变化，一次投入使用并消耗的各种材料及为作业人员支付报酬所发生的各种费用。运输数量越多，运输路程越长，费用就越高。这些随着运输数量、里程而变动的费用，就是变动成本。因此，变动成本只有在运输工具未投入营运时才有可能避免。除例外的情况，运输费率至少必须弥补变动成本；变动成本中包括与承运人运输每一票货物有关的直接费用，这类费用通常按照每千米或每单位重量多少来衡量。这类成本构成包括劳动成本、燃料费用和维修保养费用等。承运人一般不会按低于其变动成本的价格来收取运费。

2. 固定成本

固定成本是指在短期内不发生变化，与运输里程和运输量没有直接关系的费用。这类成本中包括运输那些不受装运量直接影响的费用。对运输公司来说，固定成本构成中包括端点站、运输设施、运输工具、信息系统的购置成本等费用。在短期内，与固定资产有关的费用必须由上述按每票货物计算的变动成本的贡献来弥补；从长期来看，可以通过固定资产的买卖来降低固定成本的负担，但实际上要出售运输通道或运输技术往往是非常困难的。

3. 联合成本

联合成本是指决定提供某种特定的运输服务而产生的不可避免的费用。例如，当运输商决定运送一卡车的货物从地点 A 运往地点 B 时，意味着这项决定中已产生了从地点 B 至地点 A 的回程运输的"联合"成本。于是，这种联合成本要么必须由最初从地点 A 至地点 B 的运输弥补，要么必须找一位有回程货物的客户以得到弥补。联合成本对于运输收费有很大的影响，因为运输商索要的运价中必须包括隐含的联合成本，它的确定要考虑客户有无适当的回程货物，或者这种回程运输成本由原先的客户来弥补。

4. 公共成本

这类成本是承运人代表所有的托运人或某个分市场的托运人支付的费用。公共成本，诸如端点站或管理部门之类的费用，具有企业一般管理费用的特征，通常是按照活动水平，如装运处理（如递送约定）的数目之类的标准分摊给托运人来承担的。但是，用这种方式来分摊企业一般管理费有可能发生不正确的成本分配。

9.3.1.2 影响运输成本的因素

运输成本通常受3个方面因素的影响，尽管这些因素并不是运费表上的组成部分，但在运输商制定运输费率时，都必须对每一个因素加以考虑。这3个因素分别是产品特性、运输特征和市场因素。

1. 产品特性

（1）产品密度。产品密度是指产品的质量与体积之比，它把产品的重量和空间方面的因素结合起来考虑。通常密度小的产品，每单位重量所花费的运输成本比密度大的产品要高。这类因素之所以重要，是因为运输成本通常表示为每单位重量所花费的数额，如每吨金额数等。在重量和空间方面，单独的一辆运输卡车更多的是受空间限制，而不是受重量限制。即使该产品的重量很轻，车辆一旦装满，就不可能再增加装运数量。既然运输车辆实际消耗的劳动成本和燃料成本主要不受重量的影响，那么货物的疏密度越高，相对地可以把固定运输成本分摊到增加的重量上去，使这些产品所承担的每单位重量的运输成本相对较低。

（2）产品的易损性。对容易损坏或者容易被偷盗的、单位价值高的许多产品（如计算机、珠宝等）而言，容易造成损坏风险和导致索赔事故，所以易损性是非常重要的一个指标。货物运转时，需要运输商提供的可靠性越大，货物的运输成本就越高。因产品种类不同，其易损性的因素也不同，其中包括产品是不是危险品或保值品，是否需要牢固、严格的包装等，对化学行业和保温鲜品行业的产品而言，这些因素尤其重要。运输商必须通过向保险公司投保来预防可能发生的索赔，此外还可以通过改善保护性包装，或通过减少货物灭失损坏的可能性，降低其风险，最终达到降低运输成本的目的。

（3）产品的装载性能。装载性能这一因素是指产品的具体尺寸及其对运输工具（如铁路车、拖车或集装箱）空间利用程度的影响。例如，谷物、矿石和散装石油具有良好的装载性能，因为这些货物更能完全填满运输工具（如火车车厢、管道等）；其他货物，如车辆和机械等都不具有良好的装载性能。货物的装载性能由其大小、形状和弹性等物理特性所决定。

具有古怪的尺寸和形状，以及超重或超长等特征的产品，通常不能很好地进行装载，因此浪费运输工具的空间。尽管装载性的性质与产品密度相类似，但很可能存在这样的情况，即具有相同密度的产品，其装载差异很大。一般来说，具有标准矩形的产品要比形状古怪的产品更容易装载。空间利用率还影响到产品的装运规模，大批量产品往往能相互嵌套，能够较好地利用空间。

2. 运输特征

（1）运送距离。运送距离是影响运输成本的主要因素，它直接对劳动、燃料和维修保养等变动成本产生影响。运输商可以使用更高的速度，使城市间运送每千米单位费用相对较低，并且有更多的距离使用相同的燃料和劳动费用，而市内运送通常会频繁地停车（交通管制或塞车），降低运送速度，延长运送时间，甚至会增加额外的装卸成本。

（2）载货量。载货量之所以会影响运输成本，是因为与其他许多物流活动一样，大多数运输活动中存在着规模经济。每单位重量的运输成本随装载重量的增加而减少。这是因为提取和交付活动的固定费用及行政管理费用可以随载货量的增加而被分摊。但是，这种关系受到运输工具（如卡车）最大尺寸的限制，一旦车辆满载，对下一辆车会重复这种关系。这种关系对管理部门产生的启示是，小批量的载货应整合成更大的载货量，以期利用规模经济。

（3）装卸搬运。卡车、铁路车或船舶等的运输可能需要特别的装卸搬运设备，运输成本通常较高，产品大小或形状一致的货物（如纸箱、罐头、简）或可以用专门搬运设备（如用带子捆起来、装箱或装在托盘上等）处理的产品，搬运费用较低，因此运输成本较低。

3. 市场因素

（1）竞争性。不同运输模式间的竞争、同一运输模式的线路竞争及同种运输方式之间的竞争会影响运输费用的波动。铁路运输、水路运输、航空运输之间长期以来都存在不同程度的竞争，有时为了赢得市场份额，会提供一些不同的价格策略或优惠策略。例如，相同起讫地的货物运输可采用两种不同的运输方式进行，运输速度较慢的运输方式只能实行较低的运价。

（2）产品运送的季节性。运输商对季节性货物的运送应具有较强的敏感性，这期间市场需求量大、货源充足，导致运输量加大，是运输商获得效益的好机会。这里有两个因素。

第一，节假日市场需求旺盛，消费集中。为保证市场供应，社会上各种运输工具的运输量处于饱和状态，运输商要在短时间内满足节日各种消费。

第二，季节性物品。有些产品属于大量的季节性消费品，如秋季的水果、蔬菜和海鲜产品，夏季的空调机，冬季北方的防寒用品，学生开学时文化用品等。由于某些货物消费的特殊性，造成消费量加大，导致运输量增加。

上述两种情况，由于市场需求加大，运输量加大，使运输商获利机会增加，运输成本相对减少。当然处于非季节性时期，货物供应量减少，在固定资本一定的情况下，运输商的效益也随之下降。另外，还有极特殊情况，如北方冬季受气候因素影响，运输水果、蔬菜等货物必须采取措施，防止货物受冻造成货损；同时，在公路运输时应在燃料中添加防冻液，防止燃料凝固等，这些都增加了运输成本。

（3）流通的平衡性。运输通道流量和通道流量均衡等运输供需市场因素也会影响到运输成本。这里所谓的"运输通道"是指起运地与目的地之间的移动；显然运输车辆和驾驶员都必须返回到起运地，对于他们来说，要么找一票货带回来（回程运输），要么只能空车返回。当发生空车返回时，有关劳动、燃料和维修保养等费用仍然必须按照原先的"全程"运输支付，于是理想的情况就是"平衡"运输，即运输通道两端的流量相等。但由于制造地点与消费地点的需求不平衡，通道两端流量相等的情况很少见。此外，这种平衡性也会受到季节性影响，类似于在销售旺季里运输水果和蔬菜的情况，这种需求的方向性和季节性会导致运输费率随方向和季节的变化而变化。

9.3.2 运输价格及其特点

1. 运输价格的内涵

所谓运输价格，是指运输企业对特定货物或旅客所提供的运输劳务的价格。运输价格能有效地促进运输产业结构的优化配置。运输产业结构主要包括运输工具和其他与之相关的基础设施，如港口、码头、机场、车站以及航道、道路设施等。无论是国家对运输产业结构进行统一规划还是运输企业对其自行调整，运输价格的高低都将会在其中起至关重要的作用，运输企业对此尤为敏感。

如果市场上运输价格上扬，运输企业认为有利可图，就会增加运输能力的投入；反之，则会减少运输能力的投入，甚至退出运输市场。运输产业结构通过运输价格进行调整，将有利于促进各种运输方式之间的合理分工。

运输价格能有效地调节各种运输方式的运输需求。它是在总体运输能力基本不变的情况下，因运输价格的变动导致运输需求的改变。但货物运输需求在性质上属于"派生需求"。运输总需求的大小，一般取决于社会经济活动的总水平。运输价格的高低对运输需求产生的影响极其有限。但有时运输价格的变动对某一运输方式的需求调节是十分明显的。

运输价格在国民经济各部门收入分配中起重要影响作用。运输价格是运输企业借以计算和取得运输收入的根本依据。因此，运输价格的高低，直接关系到运输企业的收入水平。另外，货物运输价格又是商品销售价格中的有机组成部分，它的高低也会影响其他物质生产部门的收入水平。因此，运输价格的调节作用，可以促使其他生产部门将生产要素投入到效益好的领域，从而达到资源的优化配置。

2. 运输价格的特点

（1）运输价格是一种劳务价格。运输企业为社会提供的效用不是实物形态的产品，而是通过运输工具实现货物或旅客在空间位置的移动。在运输过程中，运输企业为货物或旅客提供了运输劳务，运输价格就是运输劳务产品价格。劳务产品与有形商品最大的区别是，它是无形的，既不能储存又不能调拨，只能满足一时一地发生的某种服务需求。运输企业产品的生产过程也是其产品的消费过程。因此，运输价格就是一种销售价格。换言之，运输价格只是销售价格的一种表现形式，而其他有形商品可有出厂价、批发价、零售价之分。同时，由于产品的不可储存性，因此当运输需求发生变化时，只能靠调整供给能力来达到运输供求的平衡。而在现实中，运输能力的调整具有滞后性，所以运输价格因供求关系而产生波动的程度往往较有形商品要大得多。

（2）货物运输价格是商品销售价格的组成部分。商品的生产过程不仅表现为劳动对象形态的改变，也包括劳动对象的空间转移。这样才能使物质产品从生产领域最终进入市场。在很大程度上，商品的生产地在空间上是与消费者相分离的，这就必须经过运输才能满足消费者对商品的实际需要，在此过程中又必须通过价格作为媒介来实现商品的交换。这样，货物运输价格就成为商品销售价格的重要组成部分。在外贸进、出口货物中，班轮货物的运价占商品价格的比率为 1.1% ~ 28.4%，大宗且廉价的货物其比率可达 30% ~ 50%。由此可见，货物运输价格的高低，会直接影响商品的销售价乃至实际成交与否。

（3）运输价格具有随不同运输距离或不同航线改变而变化的特点。货物或旅客按不同运输距离规定不同的价格，称为"距离运价"或"里程运价"。这是因为运输产品即运输对象的空间位置移动是以周转量来衡量的。货物周转量以吨千米（或吨海里）为计量单位；而旅客周转量，则以人千米（或人海里）为计算单位。因此，运价不仅要反映所运货物或旅客数量的多少，还要体现运输距离的远近。距离运价是我国沿海、内河、铁路、公路运输中普遍采用的一种运价形式。

货物或旅客按不同航线或线路规定不同的运价，称为"航线运价"或"线路运价"。采用此种运价，是基于运输的地域性特点。运输工具在不同航线（或线路）上行驶，因自然条件、地理位置等有显著差别，即运输条件各不相同，即使货运（或客运）周转量相同，运输企业付出的劳务量及供求关系等也相差很大。因此，有必要按不同航线（或线路）采用不同的运价。目前，这种运价同样广泛地存在于远洋运输和航空运输中。

（4）运输价格具有比较复杂的比价关系。因货物或旅客运输可采用不同运输方式或运输工具加以实现，最终达到的效果也各不相同，具体表现为所运货物的种类、旅客舱位等级、运载数量大小、距离、方向、时间、速度等都会有所差别。这些差别均会影响到运输成本和供求关系，在价格上必然会有相应的反映。例如，甲、乙两地之间的旅客运输，可供选择的运输方式为铁路运输和海运，而铁路硬卧的舒适程度与海运三等舱位相仿，但由于运输速度前者快于后者，因此，在一般情况下铁路票价会高于海运。若相反，结果会造成铁路运输紧张而海运空闲，而这时若海运因运转成本高而无法降价以争取客源，最终只能退出该航线的运输。目前，我国沿海众多客运航线被迫停航就是一个明证。

9.3.3　运输价格管理

1. 运输价格管理的原则

所谓运输价格管理，是指根据运价本身变化的客观规律和外部环境，采用一定的管理原则和管理手段对运价的变化过程所进行的组织、指挥、监督、调节等各种职能活动的总和。它具体包括规定运输价格的管理模式、管理原则、管理形式和实施管理的基本手段等。

我国社会经济的运行模式应该是"国家调控市场，市场形成价格，价格引导企业"，即国家主要运用间接手段，调节和控制市场。在此条件下形成的市场价格，引导企业对商品实施生产、流通、消费和分配，这被称为"有控制的市场价格"模式。由于运输业的运输设施是通过国家的基本建设投资建成的，运输与国民经济及人民日常生活息息相关，再加上历史的原因，我国对运输市场的运价实行控制的内容较多。虽然在整体上，我国运输市场已打破原来国有企业一统天下的局面，各种经济成分能在一定范围内参与市场竞争。但由于运输业体制尚未完全理顺，运输市场的发育不够健全，市场机制的健全较之其他行业还有不小差距。特别像铁路运价，基本上还是由国家统一定价为主导。

当前，我国对运输业实行的"有控制的市场价格"管理模式，其管理原则是：统一领导、分级管理，直接管理与间接控制相结合，保护竞争、禁止垄断。

（1）统一领导、分级管理的原则。运输价格管理的"统一领导"，是指涉及全国性运输价格管理工作的价格方针、价格调控计划、定价原则、调价方案与步骤、价格管理法规等内容应由国务院价格主管部门统一制定、统一部署、全面安排，并借助一定的组织程序和组织机构，采用相应的管理手段，对运输价格管理过程进行组织、监督、调节和协调。

运输价格的"分级管理"，是指各级政府、运输主管部门按照各自的价格管理权限，对运输价格和收费标准实施的管理。

（2）直接管理与间接控制相结合的原则。运输价格的直接管理，是指国家直接制定、调整和管理运价的一种行政管理方法。其基本特点是运价由国家价格主管部门或业务主管部门直接制定并调整，并采用行政手段，强制企业执行。运输价格一经制定，具有相对稳定性。

运输价格的间接控制，是指国家通过经济政策的制定与实施，并运用经济手段来影响市场定价环境，诱导企业定价行为的一种价格控制方法。它的基本点是国家不直接规定和调整运价，而主要采用经济政策和经济手段来诱导运输企业做出准确的价格决策。

（3）保护竞争、禁止垄断的原则。价格竞争是商品经济发展的必然产物。在客货运输质量大体相同的条件下，通过不同运输方式之间、同一运输方式各企业之间的运价竞争，可达到运输资源的合理配置和提高企业的经济效益。保护竞争，实质就是实行公平、公开、公正的市场交易。而地方保护主义，"地下"交易和"黑市"交易等就是不正当竞争行为。因此，为了保护运输业的正当竞争，国家要建立并完善保护竞争、反对垄断的法规，制止任何企业和企业集团利用某些优势搞价格垄断，牟取暴利。1994 年我国已正式颁布并实施《中华人民共和国反不正当竞争法》，在商品市场交易中已显示出良好的效果。1998 年 5 月 1 日我国正式颁布并实施《中华人民共和国价格法》，与之相配套的《中华人民共和国反垄断法》《中华人民共和国反暴利法》和《道路运输价格管理规定》等陆续出台，运价管理逐步纳入法制化轨道。

2. 运输价格的管理形式

国家采取何种价格管理形式，是价格管理的最基本内容，它是由管理模式决定的。目前，我国采取 3 种运输价格形式，即国家定价、国家指导价、市场调节价，并限定其各自的适用范围。

（1）国家定价。国家定价是由县级以上各级政府物价部门、运输主管部门按照国家规定的权限制定并负责调整的运输价格。

（2）国家指导价。国家指导价是县级以上各级政府物价部门、运输主管部门通过规定基准价、浮动幅度或最高、最低保护价等形式制定的运输价格。

目前，我国对于水路、公路中的旅客运输以及属于国家指令性计划内的货物运输均实行国家指导价。由于我国水路、公路运输市场已基本确立，市场竞争机制也已基本形成，从理论上看可不失时机地全部实行市场调节价。但目前对于旅客票价以及属于关系到国计民生的重要物资、抢险救灾物资等列入国家指令性计划运输的价格尚未完全放开。在可能的情况下，对一般货运，国家兼顾运输企业的经济利益，容许由企业根据市场供求情况在规定的浮动幅度范围内自主定价。例如交通部颁布的《直属水运企业货物运价规则》规定承运国家下达的计划运输的货物，可在基准价基础上，上下 20% 的幅度内由企业自主确定价格。

（3）市场调节价。市场调节价是运输企业根据国家有关政策和规定，主要通过市场供求情况自行确定的运输价格。除国家定价和国家指导价外，运输企业均采用市场调节价。

按照我国运输价格的管理模式，最终应实现以市场调节价为主、国家定价和国家指导价为辅的价格管理形式，这样才有利于价值规律在市场体系中真正发挥调节运输供求、合理配置运输资源、提高运输企业生产效率等作用。只要国家所采用的调控手段运用得当，市场调节价必然会推进运输业乃至整个国民经济的健康发展。

阅读材料

调整运输结构提高运输效率，降低实体经济物流成本

国务院总理李克强于 2018 年 6 月 27 日主持召开国务院常务会议，部署调整运输结构提高运输效率，降低实体经济物流成本。

会议指出，调整运输结构、提高综合运输效率、降低全社会物流成本，对提升实体经济竞争力至关重要。会议确定，一是循序渐进、突出重点，优化交通运输结构，更好地发挥铁路在大宗物资运输、长距离运输中的骨干作用：加大基础设施投入，带动有效投资，力争到 2020 年大宗货物年货运量在 150 万吨以上的工矿企业和新建物流园区接入铁路专用线比例、沿海重要港区铁路进港率分别达 80%、60% 以上；着力提高沿长江重要港区铁路进港率。二是加快发展多式联运：健全标准体系；推进城市生产生活物资公铁联运；发展铁路集装箱运输，推进海铁联运、铁水联运；开展全程冷链运输等试点，积极发展电商快递班列。三是推动船、车、班列、港口、场站、货物等信息开放共享，实现到达交付、通关查验、转账结算等"一站式"线上服务：推进公路货运车辆标准化，促进公路货运行业创新发展。四是进一步清理运输环节经营服务性收费，有关部门要开展督查，着力解决"乱收费、乱罚款"等问题，规范铁路货运收费，取缔不合理收费，纠正偏高收费，降低物流费用。五是引导和规范交通运输领域"互联网＋"新业态公平竞争、健康发展，防范和消除安全隐患。

9.4　运输线路分析与运输决策

运输分析主要是对运输设备进行路由设计和时间安排，最大限度地利用运输工具和司机能力，同时满足顾客的服务要求。运输分析主要涉及运输线路分析与运输决策。

9.4.1　运输线路分析

在目前流行的物流运输方式当中，物流公司的运输成本一般都占物流总成本的 35% ~ 50%，达到运输物品价格的 4% ~ 10%，无论是自营物流、合营物流还是第三方物流所占的比例都是这样的。由于运输对物流总成本的节约有着举足轻重的作用，所以运输线路的分析对降低运输成本起着极大的作用。

运输线路是指在始发地和目的地两点之间的运输活动所遵循的路径。运输线路分析则是指物流在指定的线路上对在始发地和目的地间运输活动的分析，主要考虑的是在始发地和目的地间货运量的平衡问题，以对货运的费率变化和货运量的均衡性做出综合性反应。这种分析既可以在某个很具体的要素上加以完成，也可以在更广泛的区域基础上完成。为了最大限度地利用运输工具，在两个方向间的运输量应该是平衡的或者大体是均等的，其线路可以包括两个地点或更多的地点。三角关系的运输路线是一个经典的运输线路，它通过在供应商、制造商和客户之间进行原材料和成品运输的结合，来协调 3 个点之间的运输活动（见图 9-1）。

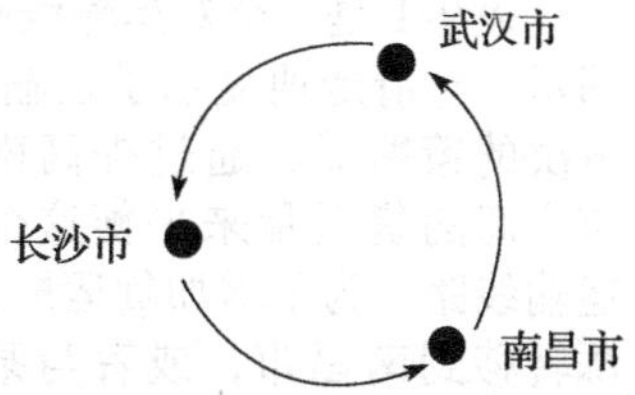

运输线路的分析，既包括运输点之间的运输量，也包括运输点之间的运输次数或运输里程。分析的目标在于发现运输线路中不平衡的地方，从而为提高物流生产率而提供机会。

图 9-1 三角关系货运路线示例

最短路径的运输线路分析即我们在运输路线的选择中，运用最短路径的算法对运输线路进行分析。物流公司在选择运输线路的时候大多根据距离来进行选择，但选择距离最短的运输线路并不是最捷径的选择，因为还需要考虑到两地之间的交通运输条件是否足够便利，路面状况是否能保证平稳运输，另外还需要考虑两地的距离和运送成本等因素。

1. 运输线路选择的因素分析

对影响运输线路选择的因素，我们可从以下 3 个角度进行分析。

（1）运输线路的技术性分析。运输线路的技术性分析是运输线路选择的前提，只有正确地分析了线路的技术性，才有可能选择正确的大件运输线路。运输线路的技术性分析包括公路分析、水路分析、航线分析、铁路分析、桥梁分析、隧道分析、收费站分析、天桥分析以及其他技术分析。

（2）运输线路的时效性分析。运输的总时间主要由运输时间、排障时间、协调时间和意外事故处理时间 4 个部分组成。由于选择不同的运输线路，运输的时间、排障的时间、协调的时间以及处理有可能的意外事故的时间都会有所不同。因此，在选择运输线路时，应选择使这几项运输时间最短的线路，即时效性最好的线路。

（3）运输线路的经济性分析。运输线路的经济性分析关系到运输的成本、企业的经济效益以及企业的管理水平。运输企业的成本可变性高而固定性低，在总成本中可变成本的占有率通常很高。总成本主要由前期准备费用、车辆行驶费用、车辆维护费用、营运间接费用 4 个部分组成。由于选择不同的运输线路，前期的准备费用、车辆的行驶费用、维护费用以及运营的间接费用都会有所不同。因此，在选择运输线路时，应选择使这几项运输费用最少的线路，即经济性最好线路。

需要指出的是，一般物流公司在分析运输线路时都会用到一种运算机制，即将行驶路径的权数变成一种综合性的评定指标——两地间的距离、现有的交通运输条件、交通运输工具，将这些进行综合性评估，然后选择出最佳的路径。

2. 运输线路的平衡策略

一旦线路不平衡性得到确认，就需要对那些没有充分利用运输方向的可以运送的货运量加以确定，并通过采取一些策略来改变某些运输线路未得到充分利用或者超限的情况。

（1）对未得到充分利用的运输线路。一是在承运人或运输方式之间转移动量，即将运量转向其他运输队或从其他运输队那里转出运量；二是增进原材料的回程运输或与其他发货人进行联合等。

（2）对出现多余运货的运输线路，则可以转交给其他承运人或发货人运输，或者从其他地方采购。

表9-1是一个对运输线路进行分析的图示，它清楚地显示了运输的不平衡性。解决的策略是，通过提高南昌市与长沙市之间的货运量来平衡这个三角关系的运输线路。为了增加货运量，可以把产品源转移到南昌市，或者与某个在南昌市和长沙市之间进行货物运输并且不需要回程运输的发货人进行联合。

表9-1　运输线路货运情况月度分析

始发地	目的地	货运量（吨）	运货频率
南昌市	武汉市	1 800	6
长沙市	南昌市	5 300	19
武汉市	长沙市	8 860	25

9.4.2　运输决策

运输决策可以分为战略性运输决策和战术性运输决策。战略性运输决策考虑的是长期性资源配置，如常年累月地使用固定运输路线；战术性运输决策考虑的是短期的资源配置，如每日或每周的货运路线。运输决策的目的是把运输环节中所需要的运输工具、运输时间或运输距离降低到最小化。

常见的运输决策问题包括：

- 怎样对货物进行分组，从而对货运路线进行安排？
- 在为客户提供服务时，最佳的运输顺序是怎样的？
- 哪一种运输工具类型应该对应哪条货运路线？
- 针对不同的客户，哪种运输工具最佳？
- 客户对交货时间有什么样的要求？

图9-2展示的是运输决策的流程。从图中可以看到，进行运输决策涉及相关运输绩效参数的权衡、运输方式与承运商的选择、供应链中运输网络的设计以及运输路线和行程安排的优化算法。

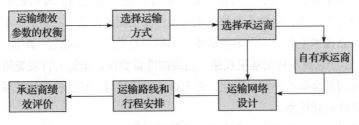

图9-2　运输决策流程

1. 运输绩效参数的权衡

在制定运输决策时，企业必须对相关运输绩效参数进行认真评定与权衡。在比较不同的运输模式以及比较同一模式内的具体承运商时，应通过对以下参数进行评定。

- 总成本：除运费外，总成本还包括额外存货成本、存货缓冲，在跨国环境下还包括经纪人的费用等。
- 速度：衡量货物从供应商的工厂装运一直到卖方的收货地所用时间。
- 可靠性：准时送货的能力。可采用时间标准测量方法来量度。
- 能力：承运商搬运物料的能力，包括对特殊物料、有毒物料等的搬运能力。
- 可达性：承运商是否有能力进行点到点的装送货物。

2. 运输方式的选择

选择运输方式就是要在不同运输方式之间权衡比较。一般情况下，企业在进行运输方式的选择时都会考虑这样几个方面，即运输成本、运输时间、运物的灵活性程度和安全性等。对于不同企业来说，由于运输的物品种类、数量及运输距离等不同，考虑各目标的重要性也会有所偏重，因此在选择运输方式时就会做出不同的决策结果。当然对某些物品而言，选择运输方式的决策并不困难。例如，海外运输通常采用远洋轮船；大宗的或液态货物，如原材料或化学制剂通常采用铁路运输。

现有的运输方式主要有水运、陆运（又分铁路运输和公路运输）、空运及管道运输，四者在各个方面都存在很大的不同。管道运输只适合于某些特定的物质，如气体、液体物质。不同运输方式对企业所考虑的决策目标来说，都存在某些方面的优势，很难做出绝对的优劣比较结果。例如，空运速度最快，但成本最高；铁路运输成本低，但速度和灵活性都相对较低；公路运输具有较低的成本和较高的灵活性，但速度和安全性不理想；水运成本较低，但速度和灵活性不够，且受地理位置的限制。

一般情况下，常见的运输方式决策主要涉及在火车和汽车承运商、火车与内陆河运以及汽车与航空运输之间的比较与权衡。联合运输模式，又称多式联运，是当前各国政府大力推崇的运输模式。该模式是指水路运输、铁路运输、公路运输、航空运输等各运输模式之间的相互连接，具有减少交通拥挤堵塞、减轻过载交通基础设施负担以及降低能耗、提高空气质量和改善环境等优点。

3. 承运商选择

承运商选择的本质是对自组织运输还是委托运输进行决策。

自组织运输可以充分利用企业自有的运输资源，有效地保持与客户间的良好联系，但过于分散的投资会使企业无法有效地致力于核心竞争力领域，服务水平难以达到客户要求，而委托运输能减轻企业的压力，使企业能集中精力于其具有核心竞争力的领域。但是委托运输需要处理与企业内部的承运商之间的关系，这既增加了交易成本，也增加了对运输控制的难度。此外，对委托运输还是自组织运输的决策不仅是运输决策，更是财务决策。因此对于自组织运输和委托运输的选择，不同的企业需要根据各自的实际情况做出适合自己的决策。

委托运输的形式主要有承运人、外包第三方物流以及外包第四方物流。

4. 运输网络设计

运输网络的设计是建立一个框架结构，以便在其中做出关于运输线路和运输日程安排的运输营运决策，它是一个战略性的决策。决策是要设计一个运输网络，这里需要考虑网络连接和节点的结构，以及物流活动中的一系列问题：如何经济、合理地组织送货，如何保证配送系统高效和低成本运作，如何更好地使运输战略与企业的竞争战略一致等。

运输网络的设计首先要考虑物流的一些基本特性，如产品的体积、生产周期、季节性、物理特性以及特殊的处理需要等。由于大量的厂商和客户分布地点很不集中，使货物从厂商直接运到客户的成本很高，并且带来迂回运输和相向运输现象，使交通线路过于拥挤，严重降低了运输效率，许多厂商就在交通枢纽处设立配送中心，实行集中配送。这样就可以节省成本和时间，及时向顾客交货和提高竞争力，运输网络设计决策还需要考虑其他的操作领域的成本，如库存和配送中心的成本。

运输网络设计一般包括 5 个步骤：审计顾客服务水平、组织和开展研究、确定目标基准、网络构架、渠道设计。

|阅读材料|

一个零售商和多个供应商之间的物流运输网络设计

一个零售商和多个供应商之间物流运输网络设计的各种设计方案如下。

（1）直线运输网络

直线运输网络使所有货物直接从供应商处运至零售部。每次运输路线都是指定的，管理者只需决定运输数量并选择运输方式。管理者在做出这一选择时必须在运输费用和库存费用之间进行权衡。

（2）利用"送奶路线"的直接运送

"送奶路线"是指用一辆车将从一个供应商那里提取的货物送至多个零售店时所经过的路线。例如，丰田公司利用"送奶路线"运输来维持其在美国和日本的准时制制造系统。在日本，丰田的许多装配厂在空间上很近，因此可以适用"送奶路线"从单个供应商运送零配件到多个工厂。

（3）所有货物通过配送中心的运输网络

在此运输系统中，供应商并不直接将货物运送到零售店，而是先运到配送中心，再运到零售店。零售供应链根据空间位置对零售店进行区域划分，并在每个区域建立一个配送中心。供应商将货物送至配送中心，然后由中心选择合适的运输方式，再将货物送至零售店。

（4）通过配送中心使用"送奶路线"的运送

每家商店的进货规模较小，配送中心就可以使用"送奶路线"向零售商送货。这样通过联合的小批量运送减少了送货成本。

（5）定制化运输

定制化运输是前述模式的综合利用。它在运输过程中综合利用货物对接、"送奶路线"、满载和非满载承运，但该运输网络的运营要求较多的信息基础设施及其投资。

资料来源：刘荣华，孙皓，赵娟. 基于供应链的决策研究［J］. 中国海洋大学学报（社会科学版），2007（1）：63-65，节选修改。

5. 运输路线选择和行程安排

与运输相关的最重要的决策是送货线路的选择和送货行程安排。它必须决定向顾客送货的运输工具以及向顾客送货的先后顺序。在运输路线的选择和行程安排上，要考虑以下两者的结合：一是缩短运输工具的行程和运输时间以减少运费；二是避免出现像送货延误之类的失误。路线选择及行程安排问题种类繁多，但基本可以归纳为以下几个类型。

（1）起讫点不同的单一路径。这类运输路径规划问题一般可以通过特别设计的方法很好地解决。目前较典型和常用的方法有最短路径法（shortest route method）、Dijkstra 算法、矩阵迭代法、Floyd 算法、函数迭代法以及策略迭代法等。

（2）起讫点重合。起讫点重合是物流人员经常遇到的一个路线选择问题。这类问题求解的目标是寻求访问各点的次序，以求运行时间或距离最小化。对这类问题应用的解决方法有经验试探法、节省矩阵法和广义分配法。

（3）多起点和终点。实际运输中经常会碰到有多个供应商供应给多个工厂的问题，因为起点和终点都不是单一的，而且如果供货地能够满足需求的数量有限，则问题会更复杂。解决这类问题一般可以运用运筹学中的一些特殊线性规划算法来优化解决。

6. 承运商绩效评价

企业选择承运商，可以与一个契约商或免除管制的承运商就服务进行谈判，或者使用企业的自有车辆进行运输安排，或者利用特殊类型的承运商（如邮政速递物流）。对承运商绩效的评价则是确保运输服务要求的基础。

评价承运商绩效的方法主要有以下几种。

（1）服务质量比较法。客户在付出同等运费的情况下，总是希望得到好的服务。因此，服务质量往往成为客户选择不同服务商的首要标准。其中，服务质量包括运输质量和服务理念。

（2）运输价格比较法。随着承运市场竞争的日趋激烈，对某些货物来说，不同的运输服务商所提供的服务质量已近相同，因此运价很容易成为各承运商的最后竞争手段。

（3）综合选择方法。企业应同时考虑承运商的服务质量和运输价格、承运商品牌、经济实力以及服务网点数等。综合因素的计算公式如下：

$$S = \frac{K_1 Q}{K_2 P} + K_3 B + K_4 C + K_5 N + \cdots + K_n L$$

式中，S 是综合因素；K_n 是不同因素的权数；Q 是服务质量；P 是运输价格；B 是承运商品牌；C 是承运商的总资产状况；N 是承运商的服务网点数；L 是其他因素。客户可以根据自己的需要来调整不同因素的权数，然后做出决策。

值得注意的是，除根据绩效考评的重要参数对不同的承运商进行评价和比较之外，企业还应该对它们的自有承运商进行评估，以确保自有承运商也能达到对雇用承运商的要求标准。

:::阅读材料:::

甩箱运输

交通部对甩挂运输的推广已有近 3 年时间，从第一批甩挂运输试点，到第五批甩挂运输试点，甩挂运输这种运输组织方式渐渐地被货运企业和车老板所接受。在我们努力推广甩挂运输的时候，欧洲（特别是德国）出现了很多货车拖挂一节车厢（也有拖挂两节及以上的）的现象，这些货车将随车携带的货箱甩留（卸交）在目的地后，再装上其他货箱返回原地或驶向新的目的地。这种基于可拆卸货厢的运输方式，被称之为"甩箱运输"。

国内所说的"甩挂运输"，一般都是一个牵引车＋挂车，实行"一拖一"。如果法规允许，"甩箱运输"可以实现"一拖 N"。使用"交换厢体"的甩箱运输在德国及其他地方被广泛地使用，其优势十分明显。

一是提高效率，交换作业时间缩短。交换厢体的使用，类似于甩挂，但是比甩挂更方便，货物可以"先装后卸",交换作业时间可以大幅缩短。另外,由于一个牵引动力可以拖多个交换箱体,交换箱体可以按目的地划分,从而实现沿途甩箱运输,大大提高了运输效率。

二是降本增效。由于车辆等待时间大幅度缩短,可以有效地提高车辆利用率;采用大功率牵引动力,载货量提高,可以有效地减少在用车辆数,减少牵引动力部分的成本。另外通过测算,在相同运量的情况下,使用车厢可卸式汽车列车,单位油耗可减少35%,还可减少驾驶员的人数。

三是由于"先装后卸",可以实现均衡作业,交换厢体也可以充作临时仓库,以减轻场地压力。

资料来源:根据相关资料整理而成。

❖ 本章小结

运输就是"用专用运输设备,将物品从一地点向另一地点运送。其中包括集货、分配、搬运、中转、装入、卸下、分散等一系列操作。"

运输的功能主要表现在两个方面:一是物品的位移;二是物品的暂时储存。

运输业虽然是一个物质生产部门,但又不同于其他物质生产部门,它具有明显的特点:运输业不为社会创造新的物质产品;运输业的产品既不能储备也不能调拨;运输业是通过运输工具的移动来实现生产过程;运输可以创造"场所效用";运输费用在物流成本中占有较大的比例。

运输有铁路运输、公路运输、水路运输、航空运输和管道运输5种运输方式,各具运营特点和优势,在一定的地理环境和经济条件下有其各自的合理使用范围。

运输成本通常可根据成本的特性划分为变动成本、固定成本、联合成本、公共成本4个部分。运输成本通常受3个因素的影响,这3个因素分别是产品特性、运输特征和市场因素。

所谓运输价格,是指运输企业对特定货物或旅客所提供的运输劳务的价格。我国对运输业实行"有控制的市场价格"管理模式,其管理原则是:统一领导、分级管理,直接管理与间接控制相结合,保护竞争、禁止垄断。

运输线路分析主要考虑的是在始发地和目的地之间货运量的平衡问题,以对货运的费率变化和货运量的均衡性做出综合性反应。对影响运输线路选择的因素主要从线路的技术性、经济性和时效性3个角度进行分析。针对未得到充分利用的运输线路和出现多余运货的运输线路应采取不同的运输线路平衡策略。

运输决策分为战略性决策和战术性决策。运输决策的目的是把运输环节中所需要的运输工具、运输时间或运输距离降低到最小化。进行运输决策涉及相关运输绩效参数的识别、运输方式及承运商的选择、供应链中运输网络的设计以及运输路线和行程安排的优化算法等。

❖ 复习思考题

一、名词解释

运输　联合成本　运输价格管理　运输分析
运输线路分析

二、单选题

1. 运输的功能主要表现在两个方面:一是物品的位移,二是物品的(　　)。

A. 装卸搬运　　　B. 空间位移

C. 时间效用　　　D. 暂时储存

2. ( )是不合理运输的最严重形式。

A. 空驶　　　　　B. 对流运输

C. 迂回运输　　　D. 重复运输

3. 影响运输成本的因素不包括( )。

A. 产品特征　　　B. 运输特征

C. 需求特征　　　D. 市场因素

4. 最有效的"门对门"运输方式是( )运输。

A. 铁路　　　　　B. 公路

C. 航空　　　　　D. 水路

5. 承运人代表所有的托运人或某个分市场的托运人支付的费用称为( )。

A. 变动成本　　　B. 联合成本

C. 公共成本　　　D. 固定成本

三、多选题

1. 运输成本按照成本的特性划分,其结果应包括( )。

A. 固定成本　　　B. 联合成本

C. 变动成本　　　D. 可控成本

2. 影响运输成本的因素通常包含( )。

A. 产品特征　　　B. 需求特征

C. 运输特征　　　D. 市场因素

3. 我国采取的运输价格的管理形式有( )。

A. 国家指导价　　B. 行业指导价

C. 市场调节价　　D. 国家定价

4. 在运输线路选择时,主要可从( )等角度,对影响运输线路选择的因素进行分析。

A. 社会性　　　　B. 时效性

C. 经济性　　　　D. 技术性

5. 运输的功能主要表现在( )。

A. 扩大市场、稳定价格

B. 物品的位移

C. "第三利润源"的主要源泉

D. 产品的储运功能

四、判断题

1. 运输线路分析就是要在始发地和目的地之间寻找最短路径的运输线路。( )

2. 运输是社会物质生产的必要条件和国民经济的基础,但不是国民经济的基础。( )

3. 影响运输成本的因素不包括产品运送的季节性。( )

4. 运输价格是一种劳务价格。( )

五、简答题

1. 运输成本按成本的特性可分为几类?

2. 影响运输成本的因素有哪些?

3. 我国运输价格管理的原则及管理形式是什么?

4. 简述运输线路的平衡策略。

5. 运输的重要性有哪些?

六、论述题

1. 试举例说明运输的地位及作用。

2. 试分析运输决策的流程。

3. 试比较5种运输方式的技术经济特征。

七、计算题

1. 某公司货运部根据过去几年的统计分析,确定单位变动成本为 150 元/千吨千米,固定成本总额为 440 000 元,预计 2006 年 1 月货物周转量为 8 000 千吨千米,单位运价为 200 元/千吨千米,请计算:

(1) 货运部 1 月的盈亏平衡点的运输量。

(2) 如果货运部 1 月实际完成的运输量为 8 000 千吨千米,计算 1 月的财务盈亏情况。

(3) 设货运部 2 月的变动成本、运价以及营业税率均不变,计算货运部需要完成多少运输量才可以达到当月利润 44 000 元的目标。

2. 先发送一批零担货物,重 36.7 千克,体积为 1.76 立方米，里程为 1 091 公里；发到基价为 0.146 元/10 千克，运行基价为 0.000 605 元/10 千克公里，试计算其运费。注：1 立方米的货物不足 300 千克的轻泡零担货物均按其体积折合为重量。折合重量 = 300 × 体积（千克）。

❖ 案例分析

蒙牛乳制品的运输策略

运输是乳品企业高效经营过程中遇到的重大挑战之一。蒙牛的触角已经伸向全国各个角落，其产品远销到香港、澳门等地，甚至还出口东南亚。但对物流来说有一个重要的问题，即巴氏奶和酸奶的货架期非常短，巴氏奶仅 10 天，酸奶不过 21 天左右，且对冷链的要求最高。从牛奶挤出、运送到车间加工，直到运到市场销售，全过程巴氏奶都必须保持在 0℃ ~4℃，酸奶则必须保持在 2℃ ~6℃储存。这对运输时间控制和温度控制提出了更高的要求。为了能在最短的时间内、有效的存储条件下，以最低成本将牛奶送到超市，蒙牛采取了以下措施。

1. 缩短运输半径

对于酸奶这样的低温产品，由于其保质期较短，加上消费者对新鲜度的要求很高，一般产品超过生产日期 3 天以后送达超市，超市会拒绝该批产品。因此，对于这样的低温产品，蒙牛要保证在 2~3 天内送到销售终端。

为保证产品及时送达，蒙牛尽量缩短运输半径。在成立初期，蒙牛主打常温液态奶，因此奶源基地和工厂基本上都集中在内蒙古，以发挥内蒙古草原的天然优势。当蒙牛产品线扩张到酸奶后，蒙牛生产布局也逐渐向黄河沿线以及长江沿线伸展，使牛奶产地尽量接近市场，以保证低温产品快速送达卖场、超市。

2. 选择合理运输方式

乳制品的运输方式一般有：汽车运输和火车集装箱运输两种。蒙牛在保证产品质量的原则下，尽量选择费用较低的运输方式。

对于路途较远的低温产品运输，为保证能够快速地将产品送达消费者手中，保证产品的质量，蒙牛往往采用成本较为高昂的汽车运输。例如，北京销往广州等地的低温产品，全部走汽运，虽然成本较铁运高出很多，但在时间上能有保证。

为更好地了解汽车运行的状况，蒙牛在运输车上安装了 GPS 系统。借助 GPS 系统，蒙牛管理人员在网站上可实时跟踪了解车辆的运输状态，比如是否正常行驶、所处位置、车速、车厢内温度等，从而有效地避免有些司机在途中长时间停车而使货物未及时送达或者产品途中变质等情况的发生。

而像利乐包、利乐砖这样保质期比较长的产品，则尽量依靠内蒙古的工厂供应，因为这里有最好的奶源。产品远离市场的长途运输问题就依靠火车集装箱来解决。与公路运输相比，这样更能节省费用。

在火车集装箱运输方面，蒙牛与中铁集装箱运输公司开创了牛奶集装箱"五定"（即定点、定线、定时间、定价格、定编组）班列的铁路运输新模式。"五定"实行一站直达，有效地保证了牛奶运输的及时、准确和安全。

3. 全程冷链保障

低温奶产品必须全过程都保持在 2℃ ~6℃，才能确保质量。蒙牛牛奶在"奶牛—奶站—奶罐车—工厂"的运行序列中，全程采用低温、封闭式运输。无论在茫茫草原的哪个角落，蒙牛的冷藏运输系统都能保证将刚挤下来的原奶在6小时内送到生产车间；在出厂后的运输过程中，采用冷藏车低温运输；在零售终端投放冰柜，以保证产品的质量。

4. 使每一笔单子做大

物流成本控制是乳品企业成本控制中一个非常重要的环节。蒙牛减少物流费用的方法是尽量使每一笔单子变大，形成规模后，

在运输的各个环节上就都能得到优惠。比如利乐包产品走的铁路，每年运送货物达到一定量后，在配箱等方面可以得到很好的折扣，而利乐枕产品走的汽运，走5吨的车和走3吨的车，成本要相差很多。

资料来源：作者经多方资料整理而成。

讨论题

1. 蒙牛公司是怎样选择运输方式的？

2. 请结合案例，分析企业选择运输方式的基本思路应该是怎样的。

第 10 章
CHAPTER10

库存经济分析

§ 学习目的与要求

- 了解库存控制的重要性、供应链中的需求变异放大原理、供应链上的不确定性表现形式及来源
- 理解库存的概念、作用、弊端、库存控制的目标
- 熟悉供应商管理库存控制策略、联合库存策略
- 掌握库存成本的构成、库存控制方法及安全库存量的计算

§ 引例

GF 企业的库存控制决策该如何做

GF 是一家食品工业原料企业,属于流程性生产企业,即企业生产从投料到成品的过程是不间断的。产品品种有 600 多种,产品销量符合 80/20 原则,少数品种销量很大,其他品种很小,即 20% 的品种实现了大约 80% 的销量。按照库存方式生产,80% 的产品直销给客户,20% 的产品通过经销商代理销售,有明显的大客户,需求有明显淡旺季。大客户既需要 A 类产品,也需要需求量很小的 C 类产品,因此 C 类产品也需要准备库存。由于是流程化生产,产品一经投入便不能中断,要从一种产品转换为另一种产品,涉及不同口味,必须对管道进行彻底清洗,切换过程是较为复杂的,企业内部规定每日生产过程的主导产品数量不超过 35 种。

企业面临的主要问题:一是客户的订单交期难以保证。订单量是足够的,但如果需求量很小,要保证客户的订单排产是很困难的,因此无法明确保证客户的交货期,导致客户转而去找其他供应商;二是库存较大导致产品无法满足客户新鲜度要求,同时也会导致呆滞报废比例同比增大,使得库存损失较大。

面对如此状况,GF 管理层应该做出怎样的库存控制决策呢?

资料来源:作者根据多方资料整理而成。

请思考

1. 根据本案例，你认为 GF 管理层应该采取怎样的库存控制决策？
2. 你认为影响 GF 库存控制决策的因素是什么？

随着企业资源计划（enterprise resource planning，ERP）、互联网、电子商务等信息技术在企业中的应用，企业的竞争模式发生了根本变化，21 世纪市场竞争已由单个企业之间的竞争演变为供应链之间的竞争。供应链上各个环节的企业通过信息技术实现信息和资源的共享与相互渗透，达到优势互补的目的，从而更有效地向市场提供产品和服务，增强市场竞争实力。但如何设置和维持一个合理的库存水平，以平衡存货不足带来的短缺风险和损失以及库存过多增加的仓储成本和资金成本，已成为每个企业必须解决的问题。

10.1 库存概述

库存具有二重性。一方面，库存是企业生产和生活的前提条件，没有它，企业的生产和生活就不能正常进行；另一方面，库存也是一种负担，它需要占用企业大量的资金，耗费很高的成本。企业库存的目的是保障供应。如果库存不能够用于供应，就会是一种浪费、一种负担。企业希望最大限度地追求利润，就必须最大限度地消除浪费，最大限度地解除负担，就要取消一切不必要的库存。

10.1.1 库存的概念

库存（inventory 或 stock）是指处于储存状态的物品或商品。狭义的观点认为，库存仅仅指的是在仓库中处于暂时停滞状态的物资；广义的观点认为，库存表示用于将来目的、暂时处于闲置状态的资源，即资源停滞的位置并不仅仅局限于仓库里，而可以在非仓库中的任何位置，包括运输途中，同时这种资源的闲置状态可能由任何原因引起，可以是主动的各种形态的储备、被动的各种形态的超储及完全的积压。

在生产企业中，为了生产的需要处在生产准备状态，即处在一种暂时等待状态的物资，就是库存。这种库存有 3 种情况：一是原材料库存，原材料是从市场上采购回来准备用于生产，但是还没有用到生产之前的处于暂时等待阶段的物资。二是在制品库存。在制品是指在生产过程各个工序之间临时储存的工件、物料等。所有工序都可能有在制品库存，一般都存放于在制品仓库中或工序的周转架上。这种在制品库存能够衔接上下工序，保障上下工序都能顺利进行。三是成品库存。企业的成品生产出来以后，应该推向市场，供应到用户，但不是每件成品一生产出来就能推向市场，总要形成一定的批量以后，才能一起推向市场。这种从生产出来起，直到推向市场之前的阶段的成品，就形成了成品库存。成品库存衔接供需，保障生产和销售都能顺利进行。

在流通企业中，物资购进来是为了销售出去，但是为了保证连续不断、顺利地销售，需要有一部分物资处在暂时等待状态。流通企业里这种暂时处在等待销售状态的物资，就是流通企业的库存，或者叫流通库存。这种流通库存在于不同的流通企业中，如批发企业库存、零售企业库存等。流通库存的作用是，可以保障后续销售的持续进行，保障流通活动的圆滑化。

在生产企业和流通企业中，为准备生产和销售而有意识暂时存放的库存叫周转库存。这种库存的特点：一是暂时存放；二是存放的目的是准备生产或销售，从而衔接供需，缓冲供需之间在时间上的矛盾，保障供需各方都能顺利经营。

除周转库存之外，另外还有一类库存，是为了应付一些不确定性情况而有意识储备的库存，一般叫安全库存。生产企业和流通企业中为预防一些随机性、偶然性因素的发生，也需要设立一些安全库存。安全库存的特点是，一般存放期较长，长期保存；存放的目的是应付紧急的、意外的需求。一旦发生意外的、紧急的需求，就可以从安全库存中予以满足，事后又将安全库存补足到额定水平。因此，安全库存要经常保持额定值不变。

10.1.2 库存的作用与弊端

1. 库存的作用

库存对企业的作用主要体现在以下几个方面。

（1）使企业获得规模经济。一个组织要想实现采购、运输和制造等过程方面的规模经济，拥有一个适当的库存是必要的。大批量的订货能够使企业在众多方面获得优势：降低原材料的采购价格和运输费用，降低单位产品的制造成本，减少因缺货而形成的订单损失和信誉下降等。

（2）平衡供求关系。由于物品数量、价格和市场政策的变化等原因，导致供应与需求在时间和空间上出现不平衡，为了稳定生产和销售，企业必须准备一定数量的库存以避免市场波动。对于季节性生产的物品来说，库存可以弥补时间差，实现物流的时间效用。

（3）在某些关键领域起到缓冲、调节的作用。库存在整个供应链的某些关键环节起着缓冲、调节的作用，它可以缓和由于物资供应的延迟、短缺而造成的对生产过程的冲击；也可以作为配送环节的中介，调节生产过程中因原材料、半成品的不足而可能发生的比例失调。

（4）降低企业成本。库存可以避免企业面对突发事件紧急采购，降低采购成本。生产企业的库存，可以避免加班加点，减少劳动成本；物流企业的库存，可以集零为整，充分利用运输的规模效应，合理选择运输方式，简化运输的复杂性，降低运输费用。

（5）提高服务水平。客户的需求往往是各种物品的组合，仓库可以使客户的需求得到满足。由于物品供应与需求的时间和地点不一致，企业要维持一定的客户服务水平，缩短客户等待时间，提高客户服务质量，必须预先储备一定数量的物品。

2. 库存的弊端

但是库存同样存在着弊端，主要表现在以下几个方面。

（1）占用企业大量资金。通常情况下，库存占企业总资产的比重为20%～40%，库存管理不当会形成大量流动资金的沉淀，造成企业流动资金周转率的下降。

（2）增加企业的商品成本与管理成本。库存材料的成本增加直接增加了商品成本，而相关库存设备、管理人员的增加也增加了企业的管理成本。

（3）掩盖企业管理问题。库存的问题是由企业的管理不到位引起的，如计划不周、采购不力、生产不均衡、商品质量不稳定及市场销售不力、工人不熟练等情况。

10.1.3　库存控制的重要性

库存控制，即库存管理，是指对企业经营过程所需要的各种物品、产成品以及其他资源进行管理和控制，使其储备保持在经济合理的水平。

（1）库存控制是物流管理的核心内容。库存控制之所以重要就在于库存领域存在着降低成本的广阔空间，一是通过改善库存控制方法，能降低保管费用，减少资金占用库存；二是通过合理组织库存内作业活动提高搬运装卸效率，能减少保管装卸费用支出等。

（2）库存控制是提高顾客服务水平的需要。再好的商品如果不能及时供应到顾客手中，同样会降低商品的竞争能力。要保证顾客订购时不发生缺货，并不是一件容易的事情。虽然加大库存可以起到提高顾客服务率的作用，但这不仅要占用大量资金，还要占用较大的储存空间，导致商品成本的上升。通过有效的库存控制，则能做到在较低的库存量下有效地满足顾客服务的需求。

（3）库存控制是回避风险的需要。随着科学技术的发展，新商品不断出现，商品的更新换代速度加快。一方面，库存过多会因新商品的出现使其价值贬值，甚至会一文不值。另一方面，消费者需求的个性化、多样化发展，导致商品的花色、品种越来越多，库存量急剧增长，库存风险加大。一旦消费者的需求发生变化，过多的库存就会成为陷入经营困境的直接原因。因此，在现代多品种小批量的商品流通时代，更需要运用现代库存管理技术科学地管理库存。

10.1.4　库存控制的目标

库存几乎存在于经济活动的各个环节，无论是生产型企业、流通型企业还是服务型企业，都有许多库存的问题需要解决。

从系统的角度来分析库存。一个最简单的库存系统至少由补货环节、仓储环节、市场环节所组成。如果以仓储环节为中心，补货环节可以是上游供应商，也可以是本企业内部的前置车间或工序，市场环节可以是终端顾客，也可以是下游企业，还可以是本企业内部的后续车间或工序。

库存控制意味着要对整个库存系统进行管理，补货环节不断地将货物补充到仓储环节，货物在仓储环节暂时储存后，再被送往市场环节。在这一过程中，补货活动具有一定的主动性，依管理者的决策而定，面向市场的出货则一般是被动的活动，每当市场产生需求时才实施出货活动。补货活动会带来成本，货物在仓储环节的储存也会带来成本，还有出货活动同样会带来成本。

库存控制基于两点考虑：一是用户服务，即在正确的地点、正确的时间，有足够数量的合适商品；二是订货成本与存货持有成本。所以，库存控制的目标就是通过补货时机和补货批量来控制库存系统的运行成本，即确定最优的补货时机和最优的补货批量，使库存系统的运行成本达到最小，这也是库存管理的任务。

库存引发的管理问题

有一家公司淘汰了一批落后的设备。

董事长说："这些设备不能扔，找个地方放起来。"于是专门为这些设备修建了一个仓库。

董事长说："防火防盗不是小事，找个看门人。"于是找了个看门人看管仓库。

董事长说："看门人没有约束，玩忽职守怎么办？"于是又派去两个人，成立了计划部，另一个负责制订计划，一个负责下达任务。

董事长说："我们必须随时了解工作的绩效。"于是又派去两个人，成立了监督部，一个负责绩效考核，另一个负责写工作报告。

董事长说："不能搞平均主义，收入应该拉开差距。"于是又派去两个人，成立了财务部，一个负责计算工时，另一个负责发放工资。

董事长说："管理没有层次，出了岔子谁负责？"于是又派去四个人，成立了管理部，一个负责计划部工作，一个负责监督部工作，一个负责财务部工作，一个总经理负责对董事长负责。

董事长说："去年仓库的管理成本35万元，这个数字太大了，你们必须在一周内想出办法解决。"于是一周之后，看门人被解雇了，计划部解散了……

资料来源：http://blog.sina.com.cn/s/blog_15d30e28d0102zwro.html.

10.2 库存成本

库存成本一般由购买成本、存货持有成本、订货成本、缺货成本4个部分构成。

10.2.1 购买成本

购买成本是指用于购买或生产该商品所花费的费用，它的大小与商品的数量成正比例的关系，而且随着时间的推移，库存成本由于储存产品的市场价格发生变化而变化。

10.2.2 存货持有成本

存货持有成本包括4个方面的成本：资本成本、储藏空间成本、库存服务成本和库存风险成本。

（1）资本成本。它也叫作利息或机会成本，是指企业用于库存资本所产生的成本。

（2）储藏空间成本。它是指产品运进和运出仓库所发生的装卸搬运成本，以及租金、取暖和照明等仓库成本。这些成本根据情况各异，各企业差别很大。

（3）库存服务成本。它是指企业库存保险和税收等发生的成本。

（4）库存风险成本。它是指与陈旧、破损、丢失、被盗以及库存商品的其他风险相关的成本，库存商品遭受这些风险的程度会影响库存价值和相应的持有成本。它反映了存货的现金价值下降的可能性，这种可能性远远超出了企业的控制范围。

10.2.3　订货成本

订货成本是指企业向外部的供应商发出采购订单的成本，是企业为了实现订购而进行的各种活动费用的总和。订货成本中有一部分与订购次数无关，如常设采购机构的基本开支等，称为订购的固定成本；另一部分与订购次数有关，如差旅费、邮资等，称为订货的变动成本。具体来讲，订货成本包括与下列活动相关的费用：①检查存货水平；②编制并提出订购申请；③对多个供应商进行调查比较，选择最合适的供货商；④填写并发出订购单；⑤填写、核对收货单；⑥验收发来的商品；⑦筹备资金并进行付款。

10.2.4　缺货成本

缺货成本是由于内部和外部中断供应所产生的。当企业内部某个部门得不到全部订购时，叫作内部短缺；当企业的客户得不到全部订购时，叫作外部短缺。

1. 内部短缺

如果发生内部短缺，则可能导致生产损失（人员和机器的闲置）和完工期的延误。如果由于某项物品短缺而引起整个生产线停工，这时的缺货成本可能非常高，尤其对于实施 JIT 管理的企业来说更是这样。

2. 外部短缺

如果发生外部短缺，将导致发生延期交货、失销、失去客户的情况。

（1）延期交货。延期交货的补救可以有两种形式，一种是缺货商品在下次规则订购中得到补充，另一种是利用更快速的工具交货。如果客户愿意等到下次规则订购，那么公司实际上没有什么损失。但如果经常缺货，客户可能就会转向其他供货商。

商品延期交货的损失主要在于会发生特殊订单处理和运输费用。延期交货的特殊订单处理费用要比普通处理费用高。由于延期交货经常是小规模装运，运输费率相对要高，而且延期交货的商品可能需要从另一个地区的一个工厂仓库供货，进行长距离运输。另外，企业可能需要利用速度快、收费高的运输方式运送延期交货商品。因此，延期交货成本可根据额外订单处理费用和额外运费来计算。

（2）失销。尽管一些客户可以允许延期交货，但是仍有一些客户会转向其他供货商，换句话说，许多公司都有生产替代商品的竞争者，当一个供货商没有客户所需的商品时，客户就会从其他供货商那里订购，在这种情况下，缺货导致失销。对于卖方的直接损失是这种商品的利润损失。这样，可以通过计算这种商品利润乘以客户的订购数量来确定直接损失。

（3）失去客户。如果失去了客户，企业也就失去了未来一系列收入，这种缺货造成的损失很难估计，需要用管理科学的技术以及市场营销的研究方法来分析和计算。除了利润损失，还有由于缺货造成的信誉损失。信誉很难度量，在库存决策中常被忽略，但它对未来销售及企业经营活动非常重要。

阅读材料

库存的类型

从库存计划与控制的角度，库存又分为安全库存（safety stock）、缓冲库存（buffer stock）、周转库存（running stock）、在途库存（in-transit）、在单库存（on order）、呆滞库存（E & O，aging inventory）、隔离库存（MRB stock）等。

10.3 库存控制的方法

每个企业都保持有多种物品的库存，有的甚至多达上万种物品的库存，为了把企业的主要精力和资金投放在企业最重要的库存上，有必要对企业的库存进行分类，以便对不同的库存物品实施不同的库存管理方法。最常用的也是最有效的分类方法是 ABC 库存分类分析法、关键因素分析法、"先进先出"库存管理法。

10.3.1 ABC 库存分类分析法

ABC 库存分类分析法又称重点管理法或 ABC 分类管理法。它是一种从名目众多、错综复杂的客观事物或经济现象中，通过分析，找出主次，分类排队，并根据其不同情况分别加以管理的方法。

由于各种库存品的需求量和单价各不相同，其年耗用金额也各不相同。那些年耗用金额大的库存品，由于其占压企业的资金较大，对企业经营的影响也较大，因此需要加以重视并管理。

1. 基本原理

ABC 库存分类分析法就是根据库存品的年耗用金额的大小，把库存品划分为 A、B、C 三类，具体如下：①A 类是年度耗用金额最高的库存，这些品种可能只占库存总数的 15%，但用于它们的库存成本占到总数的 70%~80%；②B 类是年度耗用金额中等的库存，这些品种占全部库存的 30%，占总价值的 15%~25%；③那些年度耗用金额较低的为 C 类库存品种，它们只占全部年度货币量的 5%，但占库存总数的 55%。

除货币量指标外，企业还可以根据销售量、销售额、订购提前期等指标进行库存分类。通过分类，管理者就能为每一类库存品种制定不同的管理策略，具体如表 10-1 所示。

表 10-1 ABC 库存类型及其管理策略

库存类型	特点	管理方法
A	品种数约占库存总数的 15% 左右，年耗用金额占 70%~80%	进行重点管理。现场管理要更加严格，应放在更安全的地方；为了保持库存记录的准确性要经常进行检查和盘点；预测时要更加仔细

（续）

库存类型	特点	管理方法
B	品种数只占库存总数的30%左右，年耗用金额占 15% ~ 25%	进行次重点管理。现场管理不必投入比 A 类更多的精力；库存检查和盘点的周期可以比 A 类更长一点
C	品种数约占库存总数的55%，年耗用金额只占5%	只进行一般管理。现场管理可以更粗放一些，但是由于品种多，差错出现的可能性也比较大，因此也必须定期进行库存检查和盘点，但周期比 B 类更长一点

在进行 ABC 库存分类分析时，"占库存总数的百分比"与"占总库存金额的百分比"使用大致数。也就是说，它们并不是固定不变的数值，各个企业可以根据自己的实际情况决定各类物品的比例大小，企业间的比例不一定相同。

2. 操作步骤

ABC 库存分类分析法的实施，需要企业各部门的协调与配合，并且建立在库存品各种数据完整、准确的基础之上。其主要操作步骤如下。

（1）收集数据。在对库存品进行分类之前，首先要收集有关库存品的年需求量、单价等信息。这些信息可以从企业的车间、采购部、财务部、仓库管理部门获得。

（2）处理数据。利用收集到的年需求量、单价，计算出各种库存品的年耗用金额。

（3）编制 ABC 分析表。把各种库存品按照年耗用金额从大到小的顺序排列，并计算累计百分比。

（4）确定分类。按照 ABC 库存分类分析法的基本原理，对库存品进行分类。一般来讲，各种库存品所占实际比例，由企业根据需要确定，并没有统一的数值。

（5）绘制 ABC 分析图。把库存品的分类情况在曲线图上表示出来。

10.3.2　关键因素分析法

由于 ABC 库存分类分析法存在一定不足，有些企业往往采取关键因素分析法（critical value analysis，CVA）。

1. 基本原理

关键因素分析法的基本思想是将库存品按照关键性分成 3 ~ 5 类，对不同类型的库存品采取不同的管理方式。

（1）最高优先级。它是企业经营活动中的关键性物品，或 A 类重点客户需要的物品。这类物品在库存管理中不允许缺货。

（2）较高优先级。这类物品在库存管理中允许偶尔缺货。

（3）中等优先级。它是指企业经营活动中比较重要的物品，或 C 类客户需要的物品。这类物品在库存管理中允许在企业确定的服务水平范围之内缺货。

（4）较低优先级。它是指企业经营活动中需要，但可替代性高的物品，在库存管理中允许缺货。

2. 管理策略

表 10-2 显示出了关键因素分析法的具体库存种类及其管理策略。

表 10-2 关键因素分析法库存种类及其管理策略

库存类型	特点	管理措施
最高优先级	企业经营活动中的关键性物品，或 A 类重点客户需要的物品	不允许缺货
较高优先级	企业经营活动中的基础性物品，或 B 类客户需要的物品	允许偶尔缺货
中等优先级	企业经营活动中比较重要的物品，或 C 类客户需要的物品	允许在企业确定的服务水平范围之内缺货
较低优先级	较低优先级是指企业经营活动中需要，但可替代性高的物品	允许缺货

10.3.3 "先进先出"库存管理法

仓库中的许多库存品都有保质期限制，如果管理不当，货物就有可能超过保质期或降低品质，对企业造成损失。因此，应该对库存品进行有效管理，避免出现上述现象。"先进先出"库存管理法就是解决货物超过保质期或降低品质的有效方法。

"先进先出"库存管理法是一种储存管理的原则，其目的是保证每个被储物的储存期不至于过长。有效的先进先出方式主要有贯通式货架系统、"双仓法"库存管理、计算机存取系统等。

（1）贯通式货架系统。它是指利用货架的每层形成贯通的通道，从一端存入物品，从另一端取出物品，物品在通道中自行按先后顺序排队，不会出现越位现象。贯通式货架系统能非常有效地保证先进先出。

（2）"双仓法"库存管理。它是指给每种被储物都准备两个仓位，轮换进行存取。一个仓位中的货物完全取出才可以补充，一个仓位中的货物没有完全取出不允许使用另一个仓位的货物。这样可以保证实现"先进先出"。

（3）计算机存取系统。它是指采用计算机管理，在存进货物时向计算机输入存货时间，编入一个简单地按时间顺序输出的程序，取货时计算机就能按入库时间给予指示，以保证"先进先出"。计算机存取系统不仅能做到"先进先出"，还可以将周转快的货物随机存放在便于存储之处，以加快周转、减少劳动消耗。

｜小故事｜

仓库主管张亮的烦恼

张亮是某公司的仓库主管，公司引入 ERP 系统后，他将 ERP 数据录入的工作交给了自己的文员小蔡。为了衡量数据输入工作的绩效，张亮在小蔡的绩效考核中增加了 ERP 数据录入准确率≥98% 和 ERP 数据录入及时率≥95%（每当收到入库单、出库单后，20 分钟内将信息录入 ERP 系统）两项指标。可是到月末考评的时候，张亮犯愁了，小蔡每天往 ERP 录入的数据有几百条，一个月下来是上万条，数据统计与核对工作让他无从下手。该项工作的绩效也无法被客观评价。

在该月的绩效总结会议上，张亮向人力资源部提出了自己的问题。在人力资源部的协助下，张亮调整了该项工作的绩效考核思路。两项指标更改为抽查 ERP 数据录入准确率 ≥98% 和抽查 ERP 数据录入及时率 ≥95%（每收到入库单、出库单后，20 分钟内将信息录入 ERP 系统），自己每周会不定期地抽查一次 ERP 数据的录入情况，每次抽查入库单 10 份、出库单 10 份，同时规定接口部门对数据录入的有效投诉也按不及时或不准确计算，检查结果和投诉记录都会记在绩效记录表上。这样，每周张亮只需要花半个小时的时间，检查一下小蔡的工作，月末考核时只需要几分钟的统计，就可以计算出结果。更重要的是，通过抽查，张亮可以及时发现问题，帮助、辅导小蔡的工作，不会再让小蔡觉得考核像是张亮给她秋后算账。

分析： 指标量化不是简单地弄出一个计算公式的事情，如何得出公式中的每一个数值，是我们在指标量化时必须充分考虑的事情，"细节决定成败"。

资料来源：http://blog.sina.com.cn/s/blog_885d40d80100xp0l.html.

10.4 不确定条件下的库存决策分析

企业当然可以保持很多的库存，进而在任何可预见的需求水平都可以保证供应。保持库存会导致费用支出和效率损失。如何让库存保持在一个合理的水平，即仓库要确定补什么货、补货量是多少、什么时间补货。传统使用的库存控制系统有定量订货库存控制法、定期订货库存控制法。

10.4.1 定量订货库存控制

1. 定量订货库存控制原理

定量库存控制，是指库存量下降到一定水平（订购点）时，按固定的订购数量进行订购的方式。该方法的关键在于计算出订购点时的库存量和订购批量。对于某种商品来说，当订购点和订购量确定后，就可以利用永续盘点法实现库存的自动管理。

（1）订购点的确定。订购点，即配送中心补货时的库存量，订购点的确定取决于交货期或订货提前期的需要量和安全库存量，即订购点 = 平均需求速度交货量 + 安全库存量。

（2）订货量的确定。关于库存量的确定问题，已经给出了一个基本的思路，即以总成本最低为依据，订货量也是一样，到底订货量是多少才能使总成本最低。因此，定量订货法每次订购的数量为经济订购批量。

2. 定量订货库存控制的优缺点和适用范围

（1）优点：①管理简便，订购时间和订购量不受人为判断的影响，保证库存管理的准确性；②由于订购量一定，便于安排库内的作业活动，节约理货费用；③便于按经济订购批量订购，节约库存总成本。

（2）缺点：①不便于对库存进行严格的管理；②订购之前的各项计划比较复杂。

（3）适用范围：①单价比较低，而且不便于少量订购的物品，如螺栓、螺母等 C 类物资；②需求预测比较困难的物品；③品种数量多、库存管理事务量大的物品；④消费量计算复杂的物品以及通用性强、需求总量比较稳定的物品等。

10.4.2 定期订货库存控制

1. 定期订货库存控制原理

定期库存控制方法也称为固定订购周期法，这种方法的特点是按照固定的时间周期来订购（1个月或1周等），而订购数量是变化的。一般都是事先依据对商品需求量的预测，确定一个比较恰当的最高库存额，在每个周期将要结束时，对库存进行盘点，决定订购量，商品到达后的库存量刚好到达原定的最高库存额。

与定量库存控制方法相比，这种方法不必严格跟踪库存水平，减少了库存登记费用和盘点次数。对于价值较低的商品，企业可以大批量购买，也不必关心日常的库存量，只要定期补充就可以了。食品店就经常使用这种方法，有些食品每天进货，有些每周进一次，另一些可能每月才进一次货。

如果需求和订购提前期是确定的，并且可以提前知道，那么使用固定订购周期法时，每周期的订购量是一样的。如果需求和订购提前期都不确定，那么每周期的订购量就会有所不同。

（1）订货周期的确定。各次订货之间的最优订货周期 t_r 为

$$t_r = EOQ/D$$

式中，EOQ 是经济的订货批量；D 是年需求量。

【例 10-1】

如果某产品的需求量（D）为每年 2 000 个单位，每次订货的订货成本（C）为 25 美元，单位产品年持有成本为 0.5 美元，试求最优订货周期。

解： 根据公式

$$EOQ = \sqrt{2DC/H} = \sqrt{2 \times 2\,000 \times 25/0.5} = 447(单位)$$

$$t_r = EOQ/D = 447/2\,000 = 0.223\,5(年) \approx 12(周)$$

最优订货周期为 12 周。

（2）最大库存水平的确定。定期检查系统所需要考虑的第二个关键问题当然是计算最大库存水平（即 I_{max}）。这一水平决定了安全库存水平，并且是自动确定每次订货批量的基础。

最大库存量应该满足 3 个方面的要求：订货周期的要求、交货期或订货提前期的要求以及安全库存的要求。计算公式如下：

$$I_{max} = R_d(T + L) + S$$

式中，L 是平均订购时间；R_d 是需求速度；T 是订购间隔时间；S 是安全库存量。

采用这种库存管理的方法进行订购时，每次订货量 Q 的计算公式如下：

$$Q = R_d(T + R) + S - Q_0 - Q_1 + Q_2$$

式中，Q_0 是现有库存量；Q_1 是在途库存量；Q_2 是已经售出尚未提货的库存量。

2. 定期库存控制的适用范围

定期库存控制法适用于以下商品的库存控制：①消费金额高，且需要实施严密管理的重要物品；②根据市场的状况和经营方针，需要经常调整生产或采购数量的物品；③需求量变动幅度大，而且变动具有周期性，可以正确判断的物品；④建筑工程、出口等可以确定的物品；⑤设计变更风险大的物品；⑥多种商品采购可以节省费用的情况；⑦属于同一品种的物品分散保管，并且向多家供货商订购，批量订购分期入库等订购、保管、入库不规则的物品；⑧需要定期制造的物品等。

10.4.3 安全库存量

1. 定量订货控制的安全库存量

采用定量订货计算安全库存量，可以根据以下 3 种情况分别计算：①顾客需求量变化、提前期固定；②提前期变化、顾客需求量固定；③以上两者同时变化。

（1）需求量变化、提前期固定。假设需求的变化服从正态分布，由于提前期是固定的数值，因此可以根据正态分布图，直接求出在提前期内的需求分布均值和标准差，或通过直接的期望预测，以过去提前期内的需求情况为依据，确定需求的期望均值。在这种情况下，安全库存量的计算公式为

$$S = z\sigma_d \sqrt{L}$$

式中，σ_d 为提前期内的需求量的标准差；L 为提前期的时间；z 为一定客户服务水平下需求量变化的安全系数，它可以根据预定的服务水平，由正态分布表查出。

表 10-3 是客户服务水平与安全系数对应关系的常用数据。

表 10-3 客户服务水平与安全系数对应关系的常用数据

服务水平	0.999 8	0.99	0.98	0.95	0.90	0.80	0.7
安全系数	3.50	2.33	2.05	1.65	1.29	0.84	0.53

【例 10-2】

某超市的某种食用油平均需求量为 1 000 瓶，并且食用油的需求情况服从标准差为 20 瓶/天的正态分布，如果提前期是固定常数 5 天，如客户服务水平不低于 95%，请计算出其安全库存量。

解： 已知：$\sigma_d = 20$ 瓶/天，$L = 5$ 天，安全系数为 95%，查表知 $z = 1.65$，代入公式

$$S = z\sigma_d \sqrt{L} = 1.65 \times 20 \times \sqrt{5} \approx 74 (瓶)$$

（2）需求量固定，提前期变化。当提前期内的客户需求情况固定不变，而提前期的长短随机变化时，安全库存量的计算公式为

$$S = zR_d\sigma_L$$

式中，z 为一定客户服务水平下需求量变化的安全系数；σ_L 为提前期的标准差；R_d 为提前期内的日需求量。

【例 10- 3】

某超市的某种饮料的日需求量为 1 000 罐，提前期随机变化且服从均值为 5 天、标准差为 1 天的正态分布，如果客户服务水平要达到 95%，试计算其安全库存量。

解： 已知 $\sigma_L = 1$ 天，$R_d = 1\,000$ 瓶，$F(z) = 95\%$，查表知 $z = 1.65$。代入公式

$$S = zR_d\sigma_L = 1.65 \times 1\,000 \times 1 = 1\,650(瓶)$$

（3）需求量和提前期都随机变化。在大多数情况下，需求量和提前期都是随机变化的，如果可以假设需求量和提前期是相互独立的，那么安全库存量的计算公式为

$$S = z\sqrt{\sigma_d^2 L + R_d^2 \sigma_L^2}$$

式中，σ_d 为提前期内需求量的标准差；L 为提前期的时间；R_d 为提前期内的日需求量；σ_L 为提前期的标准差；z 为一定客户服务水平下需求量变化的安全系数。

【例 10- 4】

如果例 10-3 中的饮料需求量和提前期都随机变化并服从正态分布，且需求量和提前期相互独立，日需求量 1 000 瓶，标准差为 20 瓶/天，平均提前期为 5 天，标准差为 1 天，那么为了保证这种饮料在夏季的客户服务水平达到 95%，其安全库存量为多少？

解： 已知 $\sigma_d = 20$ 瓶/天，$\sigma_L = 1$ 天，$R_d = 1\,000$ 瓶/天，$L = 5$，$F(z) = 95\%$，查表知 $z = 1.65$，代入公式：

$$S = z\sqrt{\sigma_d^2 L + R_d^2 \sigma_L^2} = 1.65 \times \sqrt{20^2 \times 5 + 1\,000^2 \times 1^2} = 1\,625(瓶)$$

2. 定期订货控制的安全库存量

定期订货控制的安全库存量的计算方法与定量订货库存控制安全库存量的计算方法类似，下面以需求量和提前期都发生变化的公式为例。

$$S = z\sqrt{\sigma_d^2(L + T) + R_d^2 \sigma_L^2}$$

式中，σ_d 为提前期内需求量的标准差；L 为提前期的时间；T 为订货周期；R_d 为提前期内的日需求量；σ_L 为提前期的标准差；z 为一定客户服务水平下需求量变化的安全系数。

┆实验┆

啤酒游戏实验

请同学们下载啤酒游戏软件，运用控制变量法，分析在各个不同条件下（需求已知，需求未知，信息透明与否等），对比本节中的不确定条件下的库存决策方法，比较其中的异同，并形成实验报告。

10.5 供应链管理环境下的库存决策分析

供应链管理是 21 世纪管理的新宠。随着经济全球化的发展，市场竞争越来越激烈，已

从单个企业之间的竞争转变为供应链之间的竞争。供应链是由相互间提供原材料、零部件、产品、服务的厂家、供应商、零售商等组成的网络。库存以原材料、在制品、半成品、成品的形式存在于供应链的各个环节之中。在供应链中，从供应商、制造商、批发商到零售商，每个环节都有库存，库存是各个环节联系的纽带。供应链环境下的库存问题和传统的企业库存问题有许多不同之处，这些不同点体现出供应链管理思想对库存的影响。传统的企业库存管理侧重于优化单一的库存成本，从存储成本和订货成本出发确定经济订货量和订货点。从单一的库存角度来看，这种库存管理方法有一定的适用性，但是从供应链整体的角度来看，单一企业库存管理的方法显然是不够的。因此，供应链中的库存控制是十分重要的。

10.5.1　供应链中的需求变异放大原理

"需求变异加速放大原理"是美国著名的供应链管理专家李效良（Hau L. Lee）教授对需求信息扭曲在供应链中传递的一种形象描述。其基本思想是：当供应链的各节点企业只根据来自其相邻的下级企业的需求信息进行生产或供应决策时，需求信息的不真实性会沿着供应链逆流而上，产生逐级放大的现象，达到最源头的供应商时，其获得的需求信息和实际消费市场中的顾客需求信息发生了很大的偏差，需求变异系数比分销商和零售商的需求变异系数大得多。由于这种需求放大效应的影响，上游供应商往往维持比下游供应商更高的库存水平。这种现象反映出供应链上需求的不同步现象，它说明供应链库存管理中的一个普遍现象——"看到的是非实际的"，即产生"牛鞭效应"。

李效良教授对需求放大现象进行了深入的研究，把其产生的原因归纳为 4 个方面：需求预测修正、订货批量决策、价格波动、短缺博弈。

（1）需求预测修正。它是指当供应链的成员采用其直接的下游订货数据作为市场需求信号时，即产生需求放大。例如，当你作为库存管理人员需要确定订货量时，你可以采用一些简单的需求预测方法，如指数平滑法。在指数平滑法中，未来的需求被连续修正，这样，送到供应商的需求订单反映的是经过修正的未来库存补给量，安全库存也是这样。

（2）订货批量决策。它是指两种现象：一种是周期性订货决策；另一种是订单拉动。周期性订货是指当公司向供应商订货时，不是来一个需求下一个订单，而是考虑库存的原因，采用周期性分批订货，如一周订一次、一月订一次。分批订货在企业中普遍存在，MRP 系统是分批订货，DRP 也是如此。用 MRP 批量订货出现的需求放大现象，称为"MRP 紧张"。

（3）价格波动。它反映了一种商业行为——"预先购买"（forward buy），价格波动是由于一些促销手段造成的，如价格折扣、数量折扣、赠票等。这种商业促销行为使许多采购人员预先采购的订货量大于实际的需求量。因为如果库存成本小于由于价格折扣所获得的利益，采购人员当然愿意预先多买，这样订货没有真实反映需求的变化，从而产生需求放大现象。

（4）短缺博弈。它是指这样一种现象：当需求大于供应量时，理性的决策是按照用户的订货量比例分配现有的库存供应量。比如，总的供应量只有订货量的 50%，合理的配给办法是所有的用户获得其订货的 50%。此时，用户就会为了获得更大份额的配给量，故意地夸大其订货需求，当需求降温时，订货又突然消失。这种由于个体参与的组织的完全理性经济决策导致的需求信息的扭曲最终导致需求被放大。

10.5.2　供应链中的不确定性与库存

从需求放大现象中可以看到，供应链的库存与供应链的不确定性有很密切的关系。从供应链整体的角度来看，供应链上的库存无非有两种：一种是生产制造过程中的库存；另一种是物流过程中的库存。库存存在的客观原因是为了应付各种各样的不确定性，保持供应链系统的正常性和稳定性，但同时产生和掩盖了管理中的问题。

1. 供应链上的不确定性表现形式

供应链上的不确定性表现形式有两种，即衔接不确定性和运作不确定性。

（1）衔接不确定性（uncertainty of interface）。企业之间（或部门之间）的不确定性，可以说是供应链的衔接不确定性，这种衔接的不确定性主要表现在合作性上。为了消除衔接不确定性，需要增强企业之间或部门之间的合作。

（2）运作不确定性（uncertainty of operation）。系统运行不稳定是组织内部缺乏有效的控制机制所致，控制失效是组织管理不稳定和不确定性的根源。为了消除运行中的不确定性需要增加组织的控制，提高系统的可靠性。

2. 供应链的不确定性的来源

供应链的不确定性的来源主要有 3 个方面：供应商不确定性、生产者不确定性和顾客不确定性。

（1）供应商不确定性。它表现为提前期的不确定性、订货量的不确定性等。供应不确定的原因是多方面的，如供应商的生产系统发生故障延迟生产，供应商的供应商的延迟，意外的交通事故导致的运输延迟等。

（2）生产者不确定性。它主要缘于制造商本身的生产系统的可靠性差、机器的故障、计划执行的偏差等。生产者生产过程中在制品库存存在的原因也表现在其对需求的处理方式上。生产计划是一种根据当前的生产系统的状态和未来情况做出的对生产过程的模拟，用计划的形式表达模拟的结果，用计划来驱动生产的管理方法。但是生产过程的复杂性使生产计划并不能精确地反映企业的实际生产条件和预测生产环境的改变，不可避免地造成计划与实际执行的偏差。生产控制的有效措施能够对生产的偏差给予一定的修补，但是生产控制必须建立在对生产信息的实时采集与处理上，使信息及时、准确、快速地转化为生产控制的有效信息。

（3）顾客不确定性。它主要来自需求预测的偏差、购买力的波动、从众心理和个性特征等。通常需求预测的方法都有一定的模式或假设条件，假设需求按照一定的规律运行或表现出一定的规律特征，但是任何需求预测方法都存在这样或那样的缺陷而无法确切地预测需求的波动和顾客的心理反应。在供应链中，不同的节点企业相互之间的需求预测的偏差进一步加剧了供应链的放大效应及信息的扭曲。

3. 供应链的不确定性与库存的关系

（1）衔接不确定性对库存的影响。传统的供应链的衔接不确定性普遍存在，集中表现在企业之间的独立信息体系（信息孤岛）现象。为了竞争，企业总是为了各自的利益而进行资源的自我封闭（包括物质资源和信息资源），企业之间的合作仅仅是贸易上的短时性合作，人为地增加了企业之间的信息壁垒和沟通障碍，所以企业不得不为应付不测而建立库存，库存的存在实际上就是信息的堵塞与封闭的结果。虽然企业各个部门和企业之间都有信息的交流与沟通，但远远不够。企业的信息交流更多的是在企业内部而非企业之间进行交流。信息共享程度差是传统的供应链不确定性增加的一个主要原因。

（2）运作不确定性对库存的影响。供应链上下游之间的衔接不确定性通过建立战略伙伴关系的供应链联盟或供应链协作体而得以削减，同样，这种合作关系可以消除运作不确定性对库存的影响。当企业之间的合作关系得以改善时，企业的内部生产管理也得以有效改善。因为企业之间的衔接不确定性因素减少时，企业的生产控制系统就能摆脱这种不确定性因素的影响，使生产系统的控制达到实时、准确，也只有在供应链的条件下，企业才能获得对生产系统有效控制的有利条件，消除生产过程中不必要的库存现象。

10.5.3　供应链管理环境下的库存控制策略

由于在供应链上存在着衔接不确定性、运作不确定性，从而导致在供应链管理环境下的库存控制相对于传统库存控制存在着较大的复杂性与难度。为此，供应链管理环境下的库存控制策略必须进行相应的改变。供应链管理模式下的库存管理的最高理想是实现供应链上下游的无缝连接，消除供应链上下游之间的高库存现象。供应商管理库存、联合库存管理就是两种在供应链管理环境下先进的库存控制策略。

10.5.3.1　供应商管理库存

长期以来，流通中的库存是各自为政的。流通环节中的每一个部门都是各自管理自己的库存，零售商、批发商、供应商都有各自的库存，各个供应链环节都有自己的库存控制策略。由于各自的库存控制策略不同，因此不可避免地会产生需求的扭曲现象，即所谓的需求放大现象，使供应商无法快速地响应用户的需求。

在供应链管理环境下，供应链的各个环节的活动都应该是同步进行的，而传统的库存控制方法无法满足这一要求。

供应商管理库存（vendor managed inventory，VMI）打破了传统的各自为政的库存管理模式，体现了供应链的集成化管理思想，适应市场变化的要求，是一种新的具有代表性的库存管理思想。

1. VMI 的基本思想

从传统上讲，库存是由库存拥有者管理的。因为无法确切知道用户需求与供应的匹配状态，所以需要库存，库存设置与管理是由同一组织完成的。这种库存管理模式并不总是最优的。例如，供应商用库存来应付不可预测的或某一流通商不稳定的需求，流通商也设立库存来应付不稳定的内部需求或供应链的不确定性。这样做的结果影响了供应链的优化运行。供应链的各个不同组织根据各自的需要独立运作，导致重复建立库存，因此无法达到供应链全局的最低成本，整个供应链系统的库存会随着供应链长度的增加而发生需求扭曲。VMI 以系统的、集成的管理思想进行库存管理，使供应链系统能够获得同步化的运作。

VMI 是一种很好的供应链库存管理策略。关于 VMI 的定义，国外有学者认为"VMI 是一种在用户和供应商之间的合作性策略，以对双方来说都是最低的成本优化产品的可获性，在一个相互同意的目标框架下由供应商管理库存，这样的目标框架被经常性监督和修正，以产生一种连续改进的环境"。

该策略的关键措施主要体现在如下几个原则中：

- 合作精神（合作性原则）。在实施该策略时，相互信任与信息透明是很重要的，供应商和用户（零售商）都要有较好的合作精神，才能够相互保持较好的合作。
- 双方成本最小（互惠原则）。VMI 不是关于成本如何分配或谁来支付的问题，而是关于减少成本的问题。通过该策略使双方的成本都获得减少。
- 框架协议（目标一致性原则）。双方都明白各自的责任，所以要在观念上达成一致的目标。双方对如库存放在哪里，什么时候支付，是否要管理费，要花费多少等问题都要回答，并且将其体现在框架协议中。
- 持续改进原则。持续改进使供需双方能共享利益和消除浪费。VMI 的主要思想是供应商在用户的允许下设立库存，确定库存水平和补给策略，拥有库存控制权。

精心设计与开发的 VMI 系统，不仅可以降低供应链的库存水平，降低成本，用户还可以获得高水平的服务，改善资金流，与供应商共享需求变化的透明性和获得更高的用户信任度。

2. VMI 的实施方法

实施 VMI，就要改变订单的处理方式，建立基于标准的托付订单处理模式。首先，供应商和批发商一起确定供应商的订单业务处理过程所需要的信息和库存控制参数；其次，建立一种订单的处理标准模式，如电子数据交换（EDI）标准报文；最后，把订货、交货和票据处理各个业务功能集成在供应商一边。

库存状态透明性（对供应商）是实施供应商管理用户库存的关键。供应商能够随时跟踪和检查到销售商的库存状态，从而快速地响应市场的需求变化，对企业的生产（供应）状态做出相应的调整。为此需要建立一种能够使供应商和用户（分销、批发商）的库存信息系统透明连接的方法。

（1）建立顾客情报信息系统。要有效地管理销售库存，供应商必须能够获得顾客的有关信息。通过建立关于顾客的信息库，供应商能够掌握需求变化的有关情况，把由批发商（分销商）进行的需求预测与分析功能集成到供应商的系统中来。

（2）建立销售网络管理系统。供应商要很好地管理库存，必须建立起完善的销售网络管理系统，保证自己的产品需求信息和物流畅通，为此，必须：①保证自己产品条码的可读性和唯一性；②解决产品分类、编码的标准化问题；③解决商品存储运输过程中的识别问题。

（3）建立供应商与分销商（批发商）的合作框架协议。供应商和销售商（批发商）一起通过协商，确定处理订单的业务流程以及控制库存的有关参数（如再订货点、最低库存水平等）、库存信息的传递方式（如电子交换系统（EDI）或互联网（internet））等。

（4）组织机构的变革。这一点也很重要，因为 VMI 改变了供应商的组织模式。过去一般由会计经理处理与用户有关的事情，引入 VMI 后，在订货部门产生了一个新的职能负责用户库存的控制、库存补给和服务水平。

一般来说，在以下的情况下适合实施 VMI：零售商或批发商没有 IT 系统或基础设施来有效管理其库存；制造商实力雄厚并且比零售商市场信息量大；有较高的直接存储交货水平，因此制造商能够有效规划运输。

10.5.3.2 联合库存管理

联合库存管理（joint managed inventory，JMI）是一种供应链集成化运作的决策代理模式，它把用户的库存决策权代理给供应商，由供应商代理分销商或批发商行使库存决策的权力。联合库存管理是一种风险分担的库存管理模式。

1. 联合库存管理的基本思想

联合库存管理的思想可以从分销中心的联合库存功能谈起。地区分销中心体现了一种简单的联合库存管理思想。传统的分销模式是分销商根据市场需求直接向工厂订货。比如汽车分销商（或批发商）根据用户对车型、款式、颜色、价格等的不同需求，向汽车制造厂订的货，需要经过一段较长的时间才能到达，因为顾客不想等待这么久的时间，因此各个分销商不得不进行库存备货，这样大量的库存使分销商难以承受，以至于破产。而采用地区分销中心，就大大减缓了库存浪费的现象。

图 10-1 为传统的分销模式，每个销售商直接向工厂订货，并且每个销售商都有自己的库存。图 10-2 为采用分销中心后的销售方式，各个销售商只需要少量的库存，大量的库存由地区分销中心储备，也就是各个销售商把其库存的一部分交给地区分销中心负责，从而减轻了各个销售商的压力。分销中心具有联合库存管理的功能，它既是一个商品的联合库存中心，也是需求信息的交流与传递枢纽。

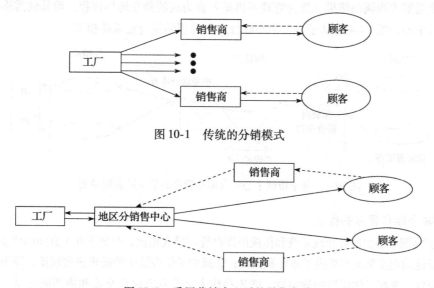

图 10-1 传统的分销模式

图 10-2 采用分销中心后的销售方式

我们从分销中心的功能得到启发，对现有的供应链库存管理模式进行了新的拓展和重构，提出了联合库存管理新模式——基于协调中心的联合库存管理系统。

传统的库存管理，把库存分为相关需求和独立需求两种库存模式来进行管理。相关需求库存问题采用物料需求计划（material requirement planning，MRP）处理，独立需求问题采用订货点办法处理。一般来说，产成品库存管理为独立需求库存问题，而在制品和零部件以及原材料的库存控制问题为相关需求库存问题。图 10-3 为传统的供应链活动过程模型，在整个供应链过程中，从供应商、制造商到分销商，各个节点企业都有自己的库存。供应商作为独立的企业，其库存（即其产品库存）为独立需求库存。制造商的材料、半成品库存为相关需求库存，而产品库存为独立的需求库存。分销商为了应付顾客需求的不确定性也需要库存，其库存也为独立需求库存。

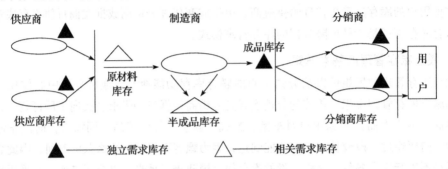

图 10-3　传统的供应链活动过程模型

联合库存管理是解决供应链系统中由于各节点企业的相互独立库存运作模式导致的需求放大现象，提高供应链同步化程度的一种有效方法。联合库存管理和供应商管理用户库存不同，它强调双方同时参与，共同制订库存计划，使供应链过程中的每个库存管理者（供应商、制造商、分销商）都从相互之间的协调性考虑，保持供应链相邻的两个节点之间的库存管理者对需求的预期保持一致，从而消除了需求变异放大现象。任何相邻节点需求的确定都是供需双方协调的结果，库存管理不再是各自为政的独立运作过程，而是供需连接的纽带和协调中心。图 10-4 为基于协调中心联合库存管理的供应链系统模型。

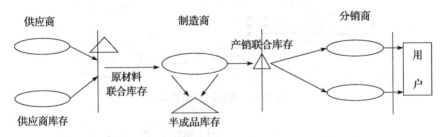

图 10-4　基于协调中心联合库存管理的供应链系统模型

2. 联合库存管理的优点

基于协调中心的库存管理系统和传统的库存管理模式相比，有如下几个方面的优点：①为实现供应链的同步化运作提供了条件和保证；②减少了供应链中的需求扭曲现象，降低了库存的不确定性，提高了供应链的稳定性；③库存作为供需双方信息交流和协调的纽带，可以暴露供应链管理中的缺陷，为改进供应链管理水平提供依据；④为实现零库存、准时采购以及精细供应链管理创造了条件；⑤进一步体现了供应链管理的资源共享和风险分担的原则。

联合库存管理系统把供应链系统管理进一步集成为上游和下游两个协调管理中心，从而部分消除了由于供应链环节之间的不确定性和需求信息扭曲现象导致的供应链的库存波动。通过协调管理中心，供需双方共享需求信息，因此起到了提高供应链运作稳定性的作用。

3. 联合库存管理的实施策略

（1）建立供需协调管理机制。为了发挥联合库存管理的作用，供需双方应从合作的精神出发，建立供需协调管理的机制，明确各自的目标和责任，建立合作沟通的渠道，为供应链的联合库存管理提供有效的机制。建立供需协调管理机制，要从以下几个方面着手。

- 建立共同合作目标。要建立联合库存管理模式，供需双方就必须本着互惠互利的原则，建立共同的合作目标。为此，要理解供需双方在市场目标中的共同之处和冲突点，通过协商形成共同的目标，如用户满意度、利润的共同增长和风险的减少等。
- 建立联合库存的协调控制方法。联合库存管理中心担负着协调供需双方利益的角色，起协调控制器的作用，因此需要对库存优化的方法进行明确确定。这包括库存如何在多个需求商之间调节与分配，库存的最大量和最低库存水平、安全库存的确定，需求的预测等。
- 建立一种信息沟通的渠道或系统。信息共享是供应链管理的特色之一。为了提高整个供应链的需求信息的一致性和稳定性，减少由于多重预测导致的需求信息扭曲，应增加供应链各方对需求信息获得的及时性和透明性，为此应建立一种信息沟通的渠道或系统，以保证需求信息在供应链中的畅通和准确性。要将条码技术、扫描技术、销售终端（POS）系统和电子数据交换系统（EDI）集成起来，并且要充分利用互联网的优势，在供需双方之间建立一个畅通的信息沟通桥梁和联系纽带。
- 建立利益的分配、激励机制。要有效运行基于协调中心的库存管理，必须建立一种公平的利益分配制度，并对参与协调库存管理中心的各个企业（供应商、制造商、分销商或批发商）进行有效的激励，防止机会主义行为，增加协作性和协调性。

（2）发挥两种资源计划系统的作用。为了发挥联合库存管理的作用，在供应链库存管理中应充分利用制造资源计划（manufacturing resource planning，MRP Ⅱ）和配送需求计划（distribution requirements planning，DRP）两种资源管理系统。原材料库存协调管理中心应采用制造资源计划系统，而在产品联合库存协调管理中心应采用物资资源配送计划，这样可以在供应链系统中把两种资源计划系统很好地结合起来。

（3）建立快速响应系统（quick response，QR）。快速响应系统是在 20 世纪 80 年代末由美国服装行业发展起来的一种供应链管理策略，目的在于减少供应链中从原材料到用户过程的时间和库存，最大限度地提高供应链的运作效率。快速响应系统在美国等西方国家的供应链管理中被认为是一种有效的管理策略，经历了 3 个发展阶段：第一阶段为商品条码化，通过对商品的标准化识别处理加快订单的传输速度；第二阶段是内部业务处理的自动化，采用自动补库与 EDI 数据交换系统提高业务自动化水平；第三阶段是采用更有效的企业间的合作，消除供应链组织之间的障碍，提高供应链的整体效率，如通过供需双方合作，确定库存水平和销售策略等。

（4）发挥第三方物流系统的作用。把库存管理的部分功能代理给第三方物流系统管理，可以使企业更加集中精力于自己的核心业务，第三方物流系统起到了供应商和用户之间联系的桥梁作用，为企业带来诸多好处。面向协调中心的第三方物流系统使供应与需求双方都取消了各自独立的库存，增加了供应链的敏捷性和协调性，并且能够大大改善供应链的用户服务水平和运作效率。

| 思考 |

德国"工业 4.0"下的企业库存管理思考

相信同学们经过以上课程的学习，对库存在不同工作环境下有了一定的了解。那么，请同学们上网查找起源于德国的"工业 4.0"（美国称为"工业 3.0"）的相关信息，并思考在"工业 4.0"下，企业的库存管理是否还有必要存在？如果有必要存在，那么关于库存的分类、管理方法及在这种情况下的供应链管理又应该以什么样的形式存在，并比较其与"工业 3.0"（美国"工业 2.0"）时代有什么区别，以及如何对这种区别进行管理？

◈ 本章小结

库存是指处于储存状态的物品或商品。库存对企业的作用主要体现在 5 个方面：①使企业获得规模经济；②平衡供求关系；③在某些关键领域起到缓冲、调节的作用；④降低企业成本；⑤提高服务水平。同样，它也存在着诸如占用企业大量资金，增加企业的商品成本与管理成本，掩盖企业管理问题等弊端。

所谓库存控制，就是对库存量的控制。库存控制的目标就是通过补货时机和补货批量来控制库存系统的运行成本，即确定最优的补货时机和最优的补货批量，使库存系统的运行成本达到最小。

库存成本一般由购买成本、存货持有成本、订货成本、缺货成本 4 个部分构成。

库存控制的方法最常用的有 ABC 库存分类分析法、关键因素分析法、"先进先出"库存管理法。

传统使用的库存控制系统有定量订货库存控制和定期订货库存控制。安全库存量是不确定条件下库存决策分析的主要内容之一，在采用定量订货库存控制法或定期订货库存控制法时，其安全库存量的计算方法不尽相同。

从供应链整体的角度来看，单一企业库存管理的方法显然是不够的。因此，在供应链中的库存控制是十分重要的。"需求变异加速放大原理"是对需求信息扭曲在供应链中传递的一种形象描述。其产生的原因有需求预测修正、订货批量决策、价格波动、短缺博弈 4 个方面。供应链的衔接不确定性和运作不确定性都会对库存产生影响。供应商管理库存、联合库存管理就是两种在供应链管理环境下先进的库存控制策略。

供应商管理库存打破了传统的各自为政的库存管理模式，体现了供应链的集成化管理思想，适应市场变化的要求，是一种新的具有代表性的库存管理思想。联合库存管理是一种供应链集成化运作的决策代理模式，它把用户的库存决策权交给供应商代理，即由供应商代理分销商或批发商行使库存决策的权力。联合库存管理则是一种风险分担的库存管理模式。

复习思考题

一、名词解释

库存　安全库存　库存控制　供应商管理库存（VMI）　联合库存管理（JMI）

二、单选题

1. 在 ABC 库存分类分析法的库存策略中，A 类存货的库存控制策略是（　　）。
   - A. 一般控制，每三个月检查一次
   - B. 严密控制，每月检查一次
   - C. 自由处理
   - D. 严密控制，随时检查

2. 企业在途库存的多少取决于（　　）。
   - A. 运输时间和该时间内的平均需求
   - B. 订货周期和该时间内的总需求
   - C. 订货提前期和运输规模
   - D. 运输时间和运输规模

3. 供应链中各节点共同制订库存计划，任何相邻节点需求的确定都是供需双方协调的结果，这样的库存控制方法称为（　　）。
   - A. 联合管理库存
   - B. 供应商管理库存
   - C. 供应商一体化
   - D. 有效客户响应

4. 处理一次性订货问题的关键是确定（　　）。
   - A. 需求量
   - B. 订货周期
   - C. 安全库存
   - D. 订货提前期

5. 在固定订货量系统中，库存控制的关键因素是（　　）。
   - A. 订货点和订货批量
   - B. 补货期间的库存水平
   - C. 两次订货之间的时间间隔
   - D. 订货提前期和安全库存量

6. 库存管理中 ABC 分类的主要依据是（　　）。
   - A. 库存价值
   - B. 库存数量
   - C. 库存周期
   - D. 库存精度

7. 在下列选项中，属于内部缺货损失的是（　　）。
   - A. 延期付货成本
   - B. 当前利润损失
   - C. 未来利润损失
   - D. 停工待料损失

三、多选题

1. 下列（　　）是库存的作用。
   - A. 使企业获得规模经济
   - B. 平衡供求关系
   - C. 占用企业大量资金
   - D. 提高服务水平
   - E. 增加企业许多管理问题

2. 库存成本可以分为（　　）。
   - A. 购买成本
   - B. 存货持有成本
   - C. 订货成本
   - D. 缺货成本
   - E. 资本成本

3. 下列（　　）是存货持有成本。
   - A. 购买成本
   - B. 资本成本
   - C. 库存服务成本
   - D. 库存风险成本
   - E. 订货成本

4. 下面（　　）是 ABC 库存分类分析法的实施步骤。
   - A. 收集数据
   - B. 处理数据
   - C. 编制 ABC 分析表
   - D. 确定分类
   - E. 绘制 ABC 分析图

5. 下列（　　）是需求现象变大的直接原因。
   - A. 需求预测修正
   - B. 订货批量决策
   - C. 短缺博弈
   - D. 价格波动
   - E. 在途库存时间过长

6. 下列（　　）是供应链的不确定性的表现形式。
   - A. 衔接的不确定性
   - B. 供应者的不确定性
   - C. 生产者的不确定性
   - D. 运作的不确定性

E. 顾客的不确定性

四、 判断题

1. 在 ABC 库存分类分析法中，库存类型 A 的特点是品种数约占库存总数的 30%，年耗用金额占 70% ~ 80%。（　　）

2. 在进行 ABC 库存分类分析法的实施中，其主要包括以下 5 个步骤，按顺序排列为：收集数据、处理数据、编制 ABC 分析表、确定分类、绘制 ABC 分析图。（　　）

3. 在关键因素分析法库存种类及其管理策略中，对较高优先级的库存，其管理措施是不允许缺货。（　　）

4. JMI 是一种在用户和供应商之间的合作性策略，以对双方来说都是最低的成本优化产品的可获性，在一个相互同意的目标框架下由供应商管理库存，这样的目标框架被经常性监督和修正，以产生一种连续改进的环境。（　　）

5. JMI 的优点是：为实现供应链的同步化运作提供了条件和保证；减少了供应链中的需求扭曲现象，降低了库存的不确定性，提高了供应链的稳定性；库存作为供需双方信息交流和协调的纽带，可以暴露供应链管理中的缺陷，为改进供应链管理水平提供依据；为实现零库存、准时采购以及精细供应链管理创造了条件；进一步体现了供应链管理的资源共享和风险分担的原则。（　　）

五、 简答题

1. 简述联合库存管理实施策略。
2. 简述库存的优点和弊端。
3. 简述 ABC 库存分类分析法的实施步骤。
4. 简述牛鞭效应的基本思想。
5. 简述定量订货库存的优缺点和适用范围。

六、 论述题

1. 随着各种技术的飞速发展，由德国提出的"工业 4.0"革命迅速传播，请同学们查阅相关资料，分析和论述在"工业 4.0"中和"工业 3.0"中关于产品库存形态、对库存管理方法的影响，以及人的工作职责的变化。

2. 试论述供应链的不确定性的来源。

3. 试论述供应链的不确定与库存的关系。

4. 下载啤酒游戏的单机版游戏软件，使用控制变量法，了解各种库存策略下的供应效益和库存分析，并形成实验报告。

七、 计算题

1. 某企业每年需要耗用物资 14 400 件，该物资的单价为 0.40 元，存储费率为 25%，每次的订货成本为 20 元，一年工作时间按 350 天计算，订货提前期为 7 天。

   请计算：

   (1) 经济订货批量是多少？

   (2) 该企业一年应该订几次货？

   (3) 订货点的库存储备量为多少？

2. 某超市的某种饮料的日需求量为 1 000 罐，提前期随机变化且服从均值为 5 天、标准差为 1 天的正态分布，如果客户服务水平要达到 95%，试计算其安全库存量。

3. 如果上述案例中这种饮料的需求量和提前期都随机变化并服从正态分布，且需求量和提前期相互独立，日需求量 1 000 瓶，标准差为 20 瓶/天，平均提前期为 5 天，标准差为 1 天，那么为了保证这种饮料在夏季的客户服务水平达到 95%，其安全库存量为多少？

▣ 案例分析

达丰电脑的供应商管理库存枢纽

2007 年 7 月，达丰电脑上海生产基地的供应商管理库存（VMI）项目正式验收。VMI 的运用将有效地增强达丰电脑整个供应链体系的灵敏度，降低供应链总体运营成本。

1. 构建供应商管理库存枢纽

越来越多的跨国制造企业将生产重心转移到中国，生产、供应、物流的成本和速度对于制造商与供应商来说都至关重要。与其他行业相比，达丰电脑所在的电子产品行业一直面临着产品价格不断下跌、产品更新换代加快和生命周期缩短的压力。因此，缩短供应链的响应时间、降低供应链的成本，成为电子行业竞争的核心武器。

为有效管理全球 300 多家供应商与数千种生产元器件，并在确保其准时制生产供料的同时，尽可能降低库存水平，达丰电脑决定引进供应商管理库存（VMI），率先在园区内建立基于 VMI 的大型生产物流中心（VMI 枢纽），以形成供应商、物流中心和生产厂密切协同的高效供应链。

2. 供应商管理库存枢纽的运作流程

首先，由达丰电脑生产厂发出订货单给供应商。待供应商确认回复后，生产厂便将未来某一时间段内，对零组件需求量的循环预测值告知供应商，而供应商必须据此回复是否能如期交货，即由生产厂告知供应商未来某一时间段内的物料需求变化，供应商则回复生产厂可供给的数量。

接下来，供应商就可以根据循环预测值，主动送货至达丰电脑 VMI 仓库中。仓管人员收到货物后，将收货信息传送给生产厂。生产厂只要等到真正有用料需求时，再请 VMI 仓库运货至工厂即可。

借助 VMI 枢纽，不用再像传统的做法：生产厂为避免发生货物在运送途中因意外事故而延滞送达时间或供应商来不及备料等所导致缺料的情况，必须在实际用料前很长时间（某些原材料的前置时间甚至会拉长到 3 个月至半年）就必须跟供应商要货。而现在能将前置时间缩减至趋近于零，供应商会依据生产厂的循环预测值定期送货至 VMI 仓库。生产厂在确保 VMI 仓库必定有货的情况下，其原材料前置时间缩短到从供应商管理库存仓库运送至制造工厂的时间，由此将库存降至最低。

3. 供应商管理库存枢纽应用效果

VMI 枢纽建立了一个让信息贯穿于生产厂、物流中心、供应商之间，并使三方协同作业的体系。它让达丰电脑能够与全球 300 多家供应商建立协作机制，通过 VMI 枢纽平台直接查询库存量，决定订货的时间与数量，有效保证生产需求。供应商也可以分别通过这个平台对达丰电脑的库存进行查询，并与订单信息进行比较，准确判断供货的时间与供货量，极大降低了库存风险和资金压力。这不仅可以深化生产厂和供应商之间的合作关系，降低供应链上的库存水平，还能增加资金流量，提升营运弹性。

资料来源：作者根据多方资料整理而成。

讨论题

1. 企业实施 VMI 的好处有什么？
2. 试根据案例分析 VMI 的实施方法。

第11章
CHAPTER11

物流设备经济分析

§ 学习目的与要求

- 了解物流设备的磨损分类和补偿方式
- 理解物流设备投资的经济特性曲线
- 熟悉物流设备更新的原则和技术经济分析方法
- 熟悉物流设备大修的经济评价方法
- 掌握物流设备的概念及分类
- 掌握各类物流设备寿命的概念

§ 引例

何为物流设备选择的依据

走进海尔国际物流中心、沃尔玛（中国）物流中心、BIG-W（澳大利亚）物流中心、联华（上海）物流中心、7-11（中国台湾）（捷盟行销）物流中心，你会惊奇地发现，同是优秀企业的物流中心，其中的设施设备选择迥异：在 BIG-W 物流中心（南半球最大的商业物流中心），你会发现高速分拣机就占了其平面的一半；在沃尔玛深圳的物流中心，大量的无线射频设备应用则使其物流运作非常灵活；在7-11 物流中心，你可以看到其他地方看不到的电子标签系统承担了物流作业的主力。

究竟是什么原因造成这些物流中心选择出了如此差异的物流设备？在物流设备规划与选择中，我们首先要考虑的是什么？最重要的前提是什么？是选择最先进的物流设备，还是选择最适合物流作业需求的物流设备？

资料来源：作者根据多方资料整理而成。

请思考

1. 选择物流设备的主要依据是什么？
2. 在进行物流设备投资规划时是否需要进行技术经济分析？为什么？

　　所有物流活动必须在一定的社会经济环境下，应用一定的技术，依靠特定的物流设备来实现。每一个物流系统都配有不同的物流设备，用于完成不同的物流作业。物流设备普及程度的高低，直接反映着一个国家现代化程度和技术水平的高低，决定着物流作业和作业规模。与其他产业相比，物流产业所使用的设备比较"粗犷"，但就是这些设备，在其寿命的各个环节，如设备的购买和租赁、设备的维修、设备的更新、设备的技术改造，均存在多种不同的优选方案。不同的方案具有不同的经济效果，会带来不同的投资和使用成本。因此，探寻物流设备的价值运行规律，具有十分重要的意义。

11.1　物流设备概述

　　物流设备是物流技术水平高低的主要标志，物流设备的普及程度直接反映着一个国家现代化程度和技术水平情况。物流机械设备是现代化企业的主要作业工具之一，是合理组织批量生产和机械化流水作业的基础。对物流企业来说，物流设备又是组织物流活动的物质技术基础，体现着企业的物流能力大小。

11.1.1　物流设备的概念

　　物流设备是指进行各项物流活动所需的机械设备、器具等可供长期使用，并在使用过程中基本保持原有实物形态的物质资料，不包括建筑物、装卸站台等物流基础设施。物流设备是物流劳动工具，是物流系统的物质技术基础。不同的物流系统有不同的物流设备与之相匹配，用于完成不同的物流作业。

　　物流设备是物流系统中的物质基础，伴随着物流的发展与进步，物流设备不断得到提升与发展。物流设备领域中许多新的设备不断涌现，如四向托盘、高架叉车、自动分拣机、自动引导搬运车（AGV）、智能机器人（如分拣机器人、码垛机器人）等，极大地减轻了人们的劳动强度，提高了物流运作效率和服务质量，降低了物流成本，在物流作业中起着重要作用，极大地促进了物流的快速发展。反过来，物流业的快速发展对物流设备也提出了更高的要求。

11.1.2　物流设备的分类

　　根据不同的需要，可以将物流设施设备分为不同的种类。一般来讲，物流设施设备由两大部分构成：一是物流设施，二是物流设备，如图 11-1 所示。

　　1. 物流设施

　　物流设施既包括各种物流基础性设施，如公路、铁路、水运、航空、管道等交通运输网络，也包括货运站场、航空港口等枢纽港站，还包括为物流活动

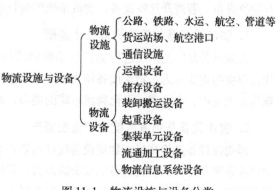

图 11-1　物流设施与设备分类

提供支持性基础服务的各类通信设施。

2. 物流设备

物流设备一般是指物流活动中使用到的各种物流机械设备,其门类全,型号规格多,品种复杂。一般以设备所完成的物流作业为标准,把设备分为以下几种。

(1)运输设备。运输在物流中的独特地位对运输设备提出了更高的要求,要求运输设备具有高速化、智能化、通用化、大型化和安全可靠的特性,以提高运输的作业效率,降低运输成本,并使运输设备达到最优化利用。运输设备是指用于长距离运输的设备,根据运输方式不同,运输设备可分为载货汽车、铁道货车、货船、空运设备和管道设备等。

(2)储存设备。它是指在商品储存作业中涉及的各类设备,主要包括货架、堆垛机、室内搬运车、出入境输送设备、分拣设备、提升机、搬运机器人以及计算机管理和监控系统。这些设备可以组成自动化、半自动化、机械化的商业仓库,来堆放、存取和分拣承运物品。

(3)装卸搬运设备。它是指用来搬移、升降、装卸和短距离输送物料的设备,是物流机械设备的重要组成部分。从用途和结构特征来看,装卸搬运设备主要包括起重设备、连续运输设备、装卸搬运车辆、专用装卸搬运设备等,如装卸机、叉车输送机、搬运车等。

(4)起重设备。起重设备是指在货物起重过程中,以间歇作业方式对物料进行起升、下降和水平移动的机械,如各种起重机、升降机、千斤顶和电动葫芦等。

(5)集装单元设备。它是指在集装作业中所使用的各类集装器具,主要有集装箱、托盘、周转箱和其他集装单元器具。货物经过集装器具的集装或组合包装后,具有较高的灵活性,随时都处于准备运行的状态,利于实现储存、装卸搬运、运输和包装的一体化,达到物流作业的机械化和标准化。

(6)流通加工设备。它是指在包装、分拣、计量、刷标志、拴标签、组装等流通加工作业中使用的各种金属加工设备、搅拌混合设备、木材加工设备及其他流通加工设备。

(7)物流信息系统设备。物流信息系统设备是指用于物流信息系统的各类设备,如计算机网络设备、通信设备、条码及射频设备、信息交换设备、全球定位设备、地理信息设备等。

11.1.3 物流设备在物流系统中的作用

物流设备是构成物流系统的重要组成要素,担负着物流作业的各项任务。物流系统离不开物流设备,若离开这些设备,物流系统的运行效率就可能极其低下。

1. 物流设备是物流的物质技术基础

物流设备是物流系统进行物流活动的物质技术基础,也是物流服务水平高低与物流现代化程度的重要标志。物流设备作为生产力要素,对于发展现代物流,改善物流状况,促进现代化大生产、大流通,强化物流系统的能力,具有十分重要的作用。

2. 物流设备是物流系统中的重要资产

因物流设备造价高昂,物流设备往往占物流系统投资总额的较大比重。建设一个现代化的物流系统所需要的物流设备的投资额巨大。同时,在购置完物流设备后,为了维护设备的正常运转、发挥设备效能,在长期使用设备过程中还需要不断地投入大量的资金。一旦物流设备发生故障，就会导致物流系统瘫痪，造成物流效益损失。因此，科学配置物流设备，优化设备效能，发挥设备投资效益，使物流系统中设备这一资产"大头"充分发挥作用，对物流系统的良性运行至关重要。

3. 物流设备涉及物流活动的每一环节

在整个物流过程中，物资通常需要经过包装、运输、装卸、储存等众多作业环节。每一个作业环节都需要不同类型、不同规格和型号的物料设备。

4. 物流设备是物流技术水平高低的主要标志

随着生产的发展和科学技术的进步，物流技术在很大程度体现在物流设备上。物流设备是物流技术的载体和具体的体现。

|阅读材料|

物流企业设施与设备的投资决策要点

物流企业设施与设备的投资决策是企业的重大战略决策之一，其主要目的是扩大生产规模、降低经营风险、获取投资收益、提升竞争优势。一个项目的发展一般要经过构想、提出、建设、投产等一系列过程，国际上称这一系列过程为"项目发展周期"。

其中，对设施与设备投资项目的评价工作是企业进行投资的前提和基础，在整个项目发展周期中占据非常重要的地位。长期以来，企业在进行投资决策时，一般用现金净流量、投资回收期等指标来进行方案的取舍，孤立地观察项目的可行性，缺少对竞争对手、市场需求和投资规模等情况的分析。

对竞争对手的分析主要是指将竞争对手的总体概况、战略、规模、服务质量、关键设备、技术创新能力、人力资源等方面与本企业的情况进行对比，发现自身的不足并加以改进，决定企业是否应投资设施与设备以及投资何种设施与设备。

对市场需求的分析是指对企业的主要客户进行调查，了解他们对产品和服务真实的需求，并判断企业现有的设施与设备能否满足客户的需求以及他们对产品质量的要求，在此基础上做出企业的设施与设备投资决策。

对企业投资规模进行分析，可以促使企业对项目建设所需原材料的获得情况、资金的筹措能力和政府的政策支持等进行更全面的研究，保障设施与设备投资的顺利进行。

总而言之，对上述信息的收集与整理，可以使企业在充分获得信息的基础上对设施与设备投资进行综合分析与评价，为决策者提供决策所需的信息。

资料来源：王满，耿云江．物流企业财务管理［M］．大连：东北财经大学出版社，2009.

11.2　物流设备更新的决策分析

为了降低物流企业的经营成本，保持并提高物流企业的服务能力，需要不断地更新设备。因此，必须以科学管理理论为基础，运用现代科学技术的理论、方法、手段来研究和处理设备更新中的规律性问题，从而科学、合理地做出设备更新的决策，提高物流企业的经济效益、社会效益和生态环境效益。实际上，物流设备更新既是技术进步与经济发展的客观要求，也是物流设备本身磨损的必然结果。

11.2.1 物流设备的磨损及补偿方式

物流设备购置后，在使用（或闲置）过程中会逐渐发生磨损（劣化），因此，需要进行补偿，以恢复物流设备的生产能力。物流设备的磨损有两种：一是有形磨损（有形劣化）；二是无形磨损（无形劣化）。

|阅读材料|

机械设备磨损的3个阶段

图 11-2 显示机械设备的磨损一般分为 3 个阶段。

第一阶段：磨合或跑合阶段（$0 \sim t_1$）。磨损速度快，时间跨度短，对设备没有危害，是设备运转的必经阶段。这是由于摩擦副表面粗糙及几何形状和装配的微量误差，导致润滑不良，法向载荷很大，摩擦副表面磨损迅速，这也取决摩擦副的状况。

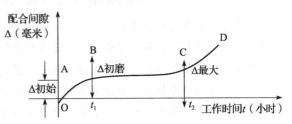

图 11-2 机械设备的磨损一般分为 3 个阶段

第二阶段：正常磨损阶段（$t_1 \sim t_2$）。在此阶段，设备处于最佳运行状态，此时由于摩擦副配合趋于正常，磨损趋于正常状态，设备的磨损速度缓慢，磨损量最小。磨损量随时间的延长而均匀地增加。从图 11-2 中可以看出，该阶段的磨损曲线基本上是线性的，其斜率代表磨损强度，是比较设备性能的一个重要指标。

第三阶段：急剧磨损阶段（$> t_2$）。经过长期运行，磨损达到一定的量值时，进入急剧磨损阶段，此时磨损速度快，丧失精度和强度，设备事故概率异常高。

1. 物流设备的有形磨损

物流设备的有形磨损也称物理磨损。物流设备在生产使用过程中，由于受外力的作用，零部件产生摩擦、振动、疲劳、腐蚀等现象，致使物流设备的实体产生磨损。它通常表现为零部件原始尺寸的改变及形状的改变，公差配合性质的改变及精度下降，零部件损坏等，称为第一类有形磨损。

设备在闲置过程中，由于自然力的作用及管理保养不善，如设备锈蚀，橡胶、塑料老化导致原有精度、工作能力下降，同样使物流设备产生有形磨损，这称为第二类有形磨损。

第一类有形磨损与使用时间和使用强度有关，第二类有形磨损在一定程度上与闲置时间和保管条件等有关。

物流设备的有形磨损有一部分是可以通过维修消除的，属于可消除性有形磨损；另一部分则不能，属于不能消除性有形磨损。例如灯泡就是如此，灯丝一断，即使其他部分未坏，也不能继续使用。

有形磨损的技术后果是物流设备的使用价值降低，这种磨损严重到一定程度，甚至可以使物流设备完全丧失使用价值。同时，有形磨损使物流设备的原始价值降低，甚至完全贬值。要消除有形磨损，必须支出相应的费用，进行修理或更换零部件。

2. 物流设备的无形磨损

无形磨损是指在没有使用或非自然力作用情况下所引起的物流设备价值上的一种损失。与有形磨损不同，无形磨损在实物形态上是看不出来的。造成无形磨损的原因包括以下两个方面。

（1）由于加工工艺不断改进，成本不断降低，生产同样的物流设备所需要的社会必要劳动耗费减少了，因此使原有物流设备相应贬值，这叫作第一类型的无形磨损，也称为经济无形磨损。

（2）技术进步的影响。由于不断出现性能更完善、效率更高的新型物流设备而使原有物流设备在性能价格比上显得陈旧落后，因此产生的无形磨损，这叫作第二类型的无形磨损，也称为技术无形磨损。

事实上，物流设备的磨损具有二重性。在使用期内，物流设备既遭受有形磨损，又遭受无形磨损，它们在同一台物流设备中同时存在时，称之为物流设备的综合磨损。有形磨损和无形磨损同时引起物流设备原始价值的贬值，对这一点两者的作用是相同的。但是有形磨损严重的物流设备，在修理之前常常不能工作。对于无形磨损，即使是严重无形磨损的物流设备，仍然可以使用，只是不经济而已，企业要考虑继续使用是否合算的问题。

3. 物流设备磨损的补偿方式

物流设备的磨损形式不同，补偿磨损的方式也不同，补偿分为局部补偿和完全补偿。物流设备有形磨损的局部补偿是维修；物流设备无形磨损的局部补偿是现代化改装。有形磨损和无形磨损的完全补偿则是更换。图 11-3 表示物流设备各类磨损的补偿方式。

因此，物流设备磨损的补偿方式有以下 3 种。

（1）维修。维修按深度和范围一般分为大修、中修和小修 3 个类别，其中大修工作量最大，费用最高，修理时间最长，能延长设备的使用期限，但随着大修次数的增加，修理成本会越来越高，大修间隔期却越来越短。大修是指以全面恢复物流设备工作能力为目标，将物流设备的全部或大部分部件解体，修复基准件，更换或修复不合格的零件、附件，翻新外观，全面消除修前存在的缺陷，恢复物流设备规定的精度和性能。

中修是进行物流设备部分解体的计划修理，主要是更换或修复不能用于下次技术修理的磨损零件，使规定修理的零部件基本恢复到物流设备出厂时的功能水平；小修是在物流设备使用过程中为保证其工作能力而进行的调整、修复或更换个别零件的修理工作。

（2）现代化改装或技术改造。它是指

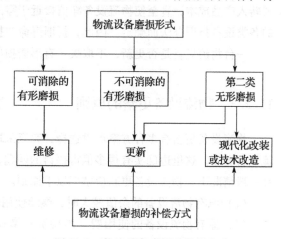

图 11-3　物流设备磨损的补偿方式

运用新技术对原有物流设备进行技术改造或现代化改装，以改善或提高物流设备的性能、精度及生产率，减少能耗及污染。物流设备进行现代化改装或技术改造时必须考虑生产上的必要性、技术上的可能性和经济上的合理性。

（3）更新。它是指用新的物流设备替换旧的物流设备，它可以对物流设备的有形磨损和无形磨损做综合性补偿，通过物流设备更换，可促进技术进步和提高经济效益。

11.2.2　物流设备的更新与经济寿命

从广义上讲，"设备更新是对技术上和经济上不宜继续使用的旧设备，用新的设备更换或用先进的技术对原有设备进行局部改造"。由于旧设备一般可以继续使用，所以设备更新决策是在继续使用旧设备、现代化改装和购置新设备三者中的选择。设备更新决策同任何技术方案选择一样，应遵循有关的技术政策，进行技术论证和经济分析，做出最佳选择。

因此，设备更新要讲究经济效果，为了提高设备更新的经济效果，需要确定设备的最优更新周期。这就需要了解和掌握设备的寿命。设备寿命有自然寿命、技术寿命、经济寿命和折旧寿命之分。

（1）物流设备的自然寿命。它又称物质寿命，是指物流设备从全新状态投入使用，直到其不再具有正常功能，无法继续使用而必须报废为止的整个时间过程。它是由物流设备的有形磨损所决定的。

（2）物流设备的技术寿命。它又称有效寿命，是指物流设备自使用之日起，因某一性能更好的新物流设备问世，或因其无法满足更高功能的要求而被自然淘汰所经历的时间。具体来讲，它是指从物流设备投入使用起直至被新技术淘汰为止所经历的时间。它主要是由物流设备的无形磨损所决定的。

（3）物流设备的经济寿命。它是指在物流设备后期，考虑到花费过多的维修费经济上不合算，需要更换物流设备，这种以维修费用为准则确定的物流设备寿命，称为经济寿命。它是从费用的观点出发而确定的物流设备最佳使用周期。经济寿命取决于物流设备本身的物理年限、技术进步、设备使用的外部经济环境的变化等。

（4）物流设备的折旧寿命。它是指根据规定的折旧原则，将设备的原值通过折旧的形式转入产品成本，直至使物流设备净值接近于零的全部时间。它主要根据当地财政部门确定的各类设备折旧办法而确定。因此，折旧寿命与提取折旧的方法有关，与自然寿命不等。

一台物流设备是否更新，不取决于有形磨损的自然寿命，而取决于其经济寿命。

11.2.3　物流设备更新的原则

物流设备更新有多种方案可供选择，究竟采取什么方案更新、何时更新、用什么样的物流设备更新，这里边确实有很多值得探讨的问题，但最主要的决定因素是更新的经济效益。在一般情况下，物流设备更新应掌握以下原则。

（1）原有物流设备的余值较大时，继续使用较为有利。

（2）原有物流设备的使用费（维持费）增长较快时，越提前更新越有利。所以，物流设备的使用期不宜过长，也不宜过短。因为过短，物流设备的残值还很高，此时更新，显然是浪费，寻求物流设备最佳的更新周期，目的是使物流设备在有限的时间内获得最大的收益。

（3）物流设备更新必须注意质量、性能的改善，尽量不要选择原水平的物流设备，而要根据需要尽可能以水平较高的新物流设备取代落后的老物流设备。

|经验之谈|

设备更新改造的工作要点

选择设备更新改造方式与时机时，应重点做好以下工作：

- 对现有设备的安全技术状况进行准确评估。
- 对现有设备的经济性（能耗、维护费、完好率等）进行统计分析。
- 做好更新（或大修）设备所需费用的预算分析，注重更新（或修复）后的安全技术性能。
- 明确设备资产账面余额及可处置的市场价格。
- 设备更新改造后未来的运行成本预测和分析。

11.2.4 物流设备更新的技术经济分析

为了准确地确定物流设备的最优更新周期，物流设备更新的最优周期选择标准和计算方法非常重要。因此，在实际分析判断过程中，往往不能只用一种方法，而是需要采用几种方法进行综合判断。

1. 投资利润率法

投资利润率法是通过计算设备利润率进行比较的方法。它可以通过设备折旧费、开动费、平均净利润求得，计算公式如下。

（1）设备折旧费。

$$D = (S - S_z)/n \tag{11-1}$$

式中，D 为设备折旧费（元）；S 为设备购买费（元）；S_z 为设备残值（元）；n 为使用年限，单位一般为年。

（2）平均净利润。

$$P = F - D - C_L - C_Q \tag{11-2}$$

式中，P 为平均净利润（元）；F 为纳税后现金收入（元）；D 为平均折旧费（元）；C_L 为劳务费（元）；C_Q 为其他直接费用（元）。

（3）投资利润率。

$$E = P/(S + M) \tag{11-3}$$

式中，E 为投资利润率（元）；M 为设备开动费（元）；P 为平均净利润（元）；S 为设备购买费（元）。

2. 现值法

现值法是将净利润和折旧费换算成现值进行比较的方法，可以通过以下公式计算：

设备现值 = 平均净利润的现值 + 设备折旧费的现值 − (设备购买费 + 设备开动费)

即

$$Y = (P + D)\{[(1 + i)^n - 1]/[i(1 + i)^n]\} - (S + M) \tag{11-4}$$

式中，Y 为设备现值（元）；i 为资金利率；P 为平均净利润（元）；D 为设备折旧费（元）；n 为使用年限，单位一般为年；S 为设备购买费（元）；M 为设备开动费（元）。

3. 资金回收期法

资金回收期是根据设备购买费和投资设备所得的收益，计算出资金回收期进行比较的方法。它可以通过年收益设备购置费、开动费、资金利率、使用年限求得。计算公式如下。

（1）年收益。

$$Q = P + D \tag{11-5}$$

（2）资金回收期。

$$T = S/Q \tag{11-6}$$

（3）假设再考虑资金利率 i、设备开动费 M，则资金回收期的计算公式如下。

$$T = \{S + (S + M)[(1 + i)^n - 1]\}/\{(P + D) \cdot \{[(1 + i)^n - 1]/i\}/n\} \tag{11-7}$$

4. 费用比较法

费用比较法是通过计算直接费用和资本回收费的合计值进行比较的方法。涉及资本回收费，可通过以下公式计算。

（1）资本回收费。

$$C_R = (S - S_Z)[i(1 + i)^n/(1 + i)^n - 1] + iS_Z \tag{11-8}$$

（2）设备年费用。

$$C_T = C_R + C_L + C_Q \tag{11-9}$$

5. 终值法

终值法是将设备购买费和设备年运行费（包括固定资产折旧、劳务费、其他直接费用等）换算成设备寿命终结时所占用资金进行比较的方法。它可以通过年运行费、设备购置费、折旧费、利率、使用年限求得。计算公式如下。

（1）年运行费。

$$C = C_L + D + C_Q \tag{11-10}$$

（2）设备占用资金。

$$D_n = S(1 + i)^n + C[(1 + i)^n - 1/i] \tag{11-11}$$

11.2.5　设备更新分析方法的比较

由于投资利润率法、现值法、资金回收期法、费用比较法和终值法5种分析方法所涉及的参数各不相同，因此在分析时所表现出来的适用范围和特点，也是各有差异的。表 11-1 显示出这5种技术经济分析方法的差异。

表 11-1 设备更新的技术经济分析方法比较

	投资利润率法	现值法	资金回收期法	费用比较法	终值法
涉及的参数	S、S_Z、n、F、M、C_L、C_Q	S、S_Z、n、F、M、i、C_L、C_Q	S、S_Z、n、F、M、i、C_L、C_Q	S、S_Z、n、i、C_L、C_Q	S、S_Z、n、i、C_L、C_Q
未涉及的参数	i			F、M	F、M
特点	计算简便，方法直观，体现了设备的盈利能力，未考虑资金利率的影响	体现了设备的盈利总量	体现了设备的回收周期	体现了设备所需的费用累计量，未考虑设备盈利能力和开动费	体现了设备所占用的资金总量，未考虑设备盈利能力和开动费
适用范围	投资利率较低的行业	全成本核算模式	全成本核算模式	作为能力配套，不计盈利能力的设备	作为能力配套，不计盈利能力的设备

【例 11-1】

A、B 两种物流设备，其中 A 设备的购买费用为 10 万元，设备开动费为 1 万元，残值为 1 万元，使用期为 4 年，纳税后现金收入 8 万元/年，劳务费为 3 万元/年，其他直接费用为 1 万元/年；B 设备的购买费用为 25 万元，设备开动费为 1.7 万元，残值为 2.5 万元，使用期为 7 年，纳税后现金收入 12 万元/年，劳务费为 1 万元/年，其他直接费用为 2 万元（利率 $i = 10\%$）。

解： 根据题意，下面我们将用投资利润率法、现值法、资金回收期法、费用比较法和终值法 5 种分析方法，分别对 A、B 这两种物流设备进行比较评价。

（1）用投资利润率法进行比较评价。设备折旧费按式（11-1）计算，平均净利润按式（11-2）计算，投资利润率按式（11-3）计算，则得

$$E_A = 15.9\%, \quad E_B = 21.7\%$$

由计算结果可见，B 物流设备的投资利润率高于 A 物流设备，所以应选择 B 物流设备。

（2）用现值法进行比较评价。设备折旧费按式（11-1）计算，平均净利润按式（11-2）计算，设备现值按式（11-4）计算，则得

$$Y_A = 1.68 \text{ 万元}, \quad Y_B = 17.1 \text{ 万元}$$

由计算结果可见，B 物流设备的现值远高于 A 物流设备，所以应选择 B 物流设备。

（3）用资金回收期法进行比较评价。设备折旧费按式（11-1）计算，平均净利润按式（11-2）计算，年收益按式（11-5）计算，资金回收期按式（11-7）计算，则得

$$T_A = 3.25 \text{ 年}, \quad T_B = 4.12 \text{ 年}$$

由计算结果可见，B 物流设备的资金回收期长于 A 物流设备，所以应选择 A 物流设备。

（4）用费用比较法进行比较评价。资本回收费按式（11-8）计算，设备年费用按式（11-9）计算，则得

$$C_{TA} = 6.9 \text{ 万元}, \quad C_{TB} = 7.8 \text{ 万元}$$

由计算结果可见，A 物流设备的年费用少于 B 物流设备，经济性较好，所以应选择

A 物流设备。

(5) 用终值法进行比较评价。年运行费用按式（11-10）计算，设备占用资金按式（11-11）计算，则得

$$D_{NA} = 43.6 \text{ 万元}, \qquad D_{NB} = 107.8 \text{ 万元}$$

由计算结果可见，A 物流设备的所占用资金少于 B 物流设备，所以应选择 A 物流设备。

11.3 物流设备的大修及经济评价

就经济性而言，物流设备大修与物流设备更新相比具有很大的优越性。但物流设备借助大修理的方法所得到的性能恢复和补偿是有限度的，而且随着使用年限的增加，大修理的费用会不断增加，时间间隔也会不断缩短。因此，当物流设备，特别是一些重要的物流设备进入大修期后，就需要对其进行技术经济分析，以判别其是否值得大修，以及最佳大修周期。由于物流设备生产厂家不同，使用维修条件也不尽相同，其检修周期常常不一定切合实际，往往会出现一方面物流设备不能及时得到维修而造成"失修"，使事后维修增加；另一方面因进行了不应进行的修理使得一些零部件过早报废，甚至可能造成进一步故障隐患而使设备工况下降，维修费用增加。所以，应针对具体的物流设备，根据其使用及故障规律，按一定的原则确定合理的维修周期。

11.3.1 物流设备大修的概念

物流设备修理是修复由于正常或不正常的原因而造成的物流设备损坏和精度劣化，通过修理更换已经磨损、老化和腐蚀的零部件，使物流设备性能得到恢复，其实质是对物流设备有形磨损进行补偿，手段是修复或更换，目标是恢复物流设备性能。按修理的程度和工作量的大小，一般分为小修、项修、大修。设备的大修、项修、小修不仅在工作量和工作内容上有所区别，而且所需费用、资金来源也不同。项修、小修所需费用直接计入生产成本，而大修所需费用则由大修理专项费用开支。

| 阅读材料 |

维修的类型

维修一般分为改善维修与预防维修。改善维修是指系统发生故障后进行的维修。预防维修是指为了防止产品性能退化或降低产品失败的概率，按事前规定的计划或相应的技术条件的规定进行的维修。

预防维修（preventive maintenance，PM）流行于 20 世纪 60 年代之前。国际上有两大体系共存，一个是以苏联为代表的计划预修体制，另一个是以美国为代表的预防维修体制。这两大体制本质相同，都是以摩擦学为理论基础，基本上属于以时间为基础的维修范畴（time based maintenance, TBM), 但在形式和做法上略有所不同。

预防维修制是通过周期性的检查、分析来制订检维修计划的管理方法, 已经被世界各国所接受和采用。它是指为了防止机械设备发生故障, 在故障发生前有计划地进行一系列的维修工作。预防维修中普遍采用的一种形式是定期维修, 即每隔一定时间就进行一次维修。

设备大修是用修理或更换任何零部件(包括基础件)的方法, 恢复设备完好技术状况和完全(或接近完全)恢复设备寿命的恢复性修理。设备项修是为恢复设备总成(或某一系统、单元)完好技术状况、工作能力和寿命而进行的作业。设备小修是用修理或更换个别零件的方法, 保证或恢复设备工作能力的运行性修理。

设备经过大修后, 虽然其技术性能较大修前有所提高, 但由于存在一些不可消除的磨损, 如材料老化, 使得经过大修后设备的性能不可能完全恢复到设备的出厂水平, 图11-4给出了经过历次大修后设备的综合性能下降趋势图(性能劣化曲线)。

在图11-4中, A 点代表物流设备出厂时的综合性能, 随着设备的使用, 其性能沿着 AB_1 曲线逐步下降, 如果 B_1 点所对应的时刻进行第一次大修, 则经过大修后设备的综合性能提高到 B。随后自 B 点开始, 沿着 BC_1 曲线进入第二个运行周期, 性能又不断下降, 至 C_1 点时进行第二次大修, 大修后其综合性能提高到 C, 再进入第三个运行周期。从图11-4中我们可以得出两个结论。

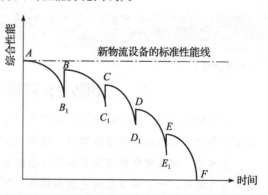

图11-4 物流设备大修后综合性能下降趋势图

(1)对物流设备进行大修, 虽然能够使物流设备的综合性能较大修前有所改善, 但不能完全恢复到出厂时的水平, 并且随着大修次数的增加, 设备的综合性能越来越低, 即沿着图中的曲线 AF 下降, 直至 F 点时, 设备已无法正常运行。由此可见, 物流设备的大修是有一定限度的, 并非永无止境的。

(2)随着物流设备的使用, 大修的周期会越来越短, 造成大修的经济性逐步降低。

鉴于大修存在上述两个原因, 这使得大修在经济方面的竞争力逐步减弱, 而且不再必要, 最终导致物流设备的整体更新。

11.3.2 物流设备大修的经济决策条件

对于物流设备大修的决策条件可分为: 必要条件和充分条件。

1. 必要条件: 大修的费用不能超过购置同种新设备所需的费用

只有满足了这一必要条件, 我们才能考虑进行大修, 否则该次大修不具备经济合理性, 应立即更换新设备。根据设备的性能劣化曲线, 大修过后, 设备的综合质量和性能不可能恢复到与新设备相当的水平, 由此可能导致生产产品的单位成本比同种新设备高。所以单凭必要条件还不能做出进行大修的决策, 还应考虑另一个条件, 即充分条件。

2. 充分条件: 设备经过大修后, 单位产品的生产成本不高于同种新设备的生产成本

在比较大修后设备与新设备的单位产品生产成本时, 应按照年度费用法, 把大修与购置

新设备的初始投资额在规定使用年限内进行分摊。

如果满足以上两个条件，可以认为进行此次大修在经济上是可行的，应该立即做出物流设备大修的决策。如果只满足必要条件，而不满足充分条件，我们必须就大修和设备更新两种方案进行进一步的经济性比较，才能做出正确的判断。

11.3.3　物流设备大修的经济评价

物流设备大修的经济评价主要回答以下两个问题：一是物流设备运行一段时间后，是大修合适还是用新物流设备取而代之合适，即确定大修的经济界限；二是在已知物流设备的使用寿命里，如何合理确定大修周期，避免过早与推迟维修。要准确地回答这两个问题，我们需要对物流设备的多种费用进行全面的技术经济分析。

|阅读材料|

预防维修周期确定的参考依据

在机械行业中，预防维修周期的确定一般参考以下两项指标：设备生产厂家的说明书；比较和参考同类型设备的维修周期，确定其初始值。

在国外，按低劣化数值法求得设备的最佳更新周期，一般为 6~8 年。我国在确定设备大修周期时，除了参照最佳更新周期外，还根据当地财政部门确定的各类设备折旧年限，结合各类设备实际情况，规定各类设备的大修周期。

1. 物流设备大修的经济界限

随着物流设备使用期限的不断延长以及修理次数的增加，维修中能利用的被保留下来的零部件越来越少，而需要更换的零部件越来越多，造成物流设备维修费用不断增加，当增加到一定程度时，维修已经变得没有必要，需要进行物流设备的更新。

很显然，当该次大修费用超过同种物流设备的重置价值时，大修在经济上就不合理，而应重置新的物流设备。我们把这一标准视为物流设备大修的最低经济界限，即

$$R \leqslant S - S_z \tag{11-12}$$

式中，R 为该次大修的费用；S 为同类新物流设备的重置价值；S_z 为旧物流设备被替换时的残值。

但这个条件过于简单，没有考虑设备性能的改善和设备使用费用的差别。修理后的设备与新设备相比，技术故障多，设备停机时间长，日常维护和小修理的费用多，与设备使用的有关费用增加。同时，大修的时间间隔也缩短了，因此用修理过的设备生产单位产品的成本高于用具有相同用途的新设备生产单位产品的成本。所以，这种大修也是不合理的。故合理的大修经济性界限值计算应按公式（11-13）进行：

$$R_{gi} = SK_{ii}K_{pi} - \Delta E_i T_{oi} + (S_v - S_i) \tag{11-13}$$

式中，R_{gi} 为第 i 次大修的经济性界限值（修理预算费用）；S 为同期该型号新物流设备的价格；

K_{ii}为大修周期缩短系数，$K_{ii} = T_{oi}/T_H$；T_{oi}为旧物流设备第 i 次大修后的大修周期；T_H 为新物流设备从使用到第一次大修的时间；K_{pi} 为生产率修正系数，$K_{pi} = P_{oi}/P_H$；P_{oi} 为旧物流设备第 i 次大修后的生产率；P_H 为新物流设备的生产率；ΔE_i 为第 i 次大修后，每年维修费用比新物流设备增加的数量；S_v 为设备折旧后的余值；S_i 为设备报废时的残值（或转售价值）。

所以，在确定大修计划是否经济时必须满足式（11-14）：

$$R_{fi} < R_{gi} \tag{11-14}$$

式中，R_{fi}为预计第 i 次大修的费用。

【例 11-2】

某厂有一台设备，购置价格为 8 000 元。目前市价仍与原值相同，设备按直线法折旧，年折旧率为 4.5%。

（1）当该设备使用 10 年后，需进行一次大修。设修理后大修周期缩短为 8 年，生产率保持不变，每年的维修费用平均比上一修理周期增加 80 元。第一次大修预算费用为 4 500 元。若该设备不修理转让给其他单位可得 4 100 元。试分析该设备第一次大修的经济性。

解： 大修周期缩短系数：$K_{i1} = T_{oi}/T_H = 8/10 = 0.8$

生产率修正系数：$K_{p1} = P_{oi}/P_H = 1$

使用 10 年后设备余值：$S_v = 8\,000 - 8\,000 \times 0.045 \times 10 = 4\,400$（元）

大修经济性界限值按式（11-13）计算：

$$R_{g1} = 8\,000 \times 0.8 \times 1 - 80 \times 8 + (4\,400 - 4\,100) = 6\,060(元)$$

由于预算费用 $R_{f1} = 4\,500$ 元 $< R_{g1} = 6\,060$ 元，故第一次大修是合算的。

（2）当该设备使用 15 年后需进行第二次大修，设其下一次大修周期缩短至 7 年，每年维修费用平均比第一次大修周期内的费用高 120 元。生产率降低系数为 0.96。预算大修费用为 5 300 元，若不修理，转售旧设备可得 2 000 元。试分析进行第二次大修的经济性。

解： 大修周期缩短系数：$K_{i2} = T_{oi}/T_H = 7/10 = 0.7$

生产率修正系数：$K_{p2} = P_{oi}/P_H = 0.96/1 = 0.96$

设备余值：$S_v = 8\,000 - 8\,000 \times 0.045 \times 15 = 2\,600$（元）

大修经济性界限值：$R_{g2} = 8\,000 \times 0.7 \times 0.96 - 120 \times 7 + (2\,600 - 2\,000) = 5\,136$（元）

由于预计大修费用 $R_{f2} = 5\,300$（元）$> R_{g2} = 5\,136$（元），故进行第二次大修是不经济的。

（3）在第二次大修不经济时，则应考虑进行技术改造，若花 4 000 元进行改装，使设备性能有所提高，每年节省工时 300 小时，每个工时成本按 4 元计算。若要求在第三个修理周期的 7 年时间内回收改造投资，试分析其经济性。

解： 每年节省的成本 $= 300 \times 4 = 1\,200$（元）

每年最少应回收的投资（包括技术改造和补偿超额的大修理费用）为

$$1/7 \times (5\,300 - 5\,136) + 1/7 \times 4\,000 = 595(元)$$

每年节约成本 1 200 元 $>$ 应回收的投资 595 元，故进行这项改造是合理的。

2. 物流设备最佳维修周期的确定

在物流设备的维修决策中，一个很重要的问题就是合理确定维修周期。目前，物流设备采取的是一种强制性的周期性检修方法，即物流设备使用单位根据设备生产厂家的规定，每隔一定时期进行一次维修。这种维修方式由于没有根据物流设备的健康状况进行科学维修，容易造成"维修不足"与"维修过度"。从经济学的角度来分析，维修周期过短，可能因进行了不应进行的修理而使得一些零部件过早报废，从而导致维修费用的增加，造成生产单位产品的费用上升。另外，如果维修周期过长，一方面设备不能及时得到维修而造成"失修"，使事后维修量增加；另一方面由于设备性能劣化导致运行成本增加，也会使得生产单位产品的费用上升，同时可能由于没有及时维修而造成设备发生故障乃至停运。

因此，我们需要针对具体的物流设备，根据其使用及故障规律，按照一定的原则确定合理的维修周期。确定最佳维修周期，往往需要建立模型来求解，但不论建立哪种模型，其最佳维修周期通常可按以下原则确定。

（1）总运行费用最小原则。在一段时间内的总运行费用可用下式表示：

$$C = N_f \times C_f + N_m \times C_m \tag{11-15}$$

式中，N_f 和 N_m 分别表示时间 t 内零件的期望失效数和未失效数，C_f 和 C_m 分别为失效零件和未失效零件的更换费用。

对式（11-15）求对时间的导数，并使导数等于零，即可求得最佳维修周期。

（2）极限磨损量原则。在已知初安装间隙（W_0）、允许磨损间隙（W_p）及磨损速率（b）后，即可用以下式子求得维修周期：

$$T = (W_p - W_0)/b \tag{11-16}$$

在实际应用过程中前两项可事先确定，而磨损速率可通过统计方法，最后利用最小二乘法求得磨损量随时间的变化规律，其斜率即为磨损速率。

（3）有效度最大原则。所谓系统有效度，是指可维修系统、机器或零件，在规定期间内能维持其功能的概率。一般有效度可用 A 表示，并可采用下式：

$$A = T_{\text{MTBF}}/(T_{\text{MTBF}} + T_{\text{MTTR}}) \tag{11-17}$$

式中，T_{MTBF} 为可工作时间，是产品发生故障之间的平均工作时间；T_{MTTR} 为不能工作时间，是指修理所需的时间或平均修复时间。

从式（11-17）可知，预防维修时间过短，则有效度下降；预防维修时间过长，则失效率提高，同样有效率会下降。该求解策略的主要依据是系统组成元件的寿命分布、事后维修时间和预防维修时间的分布，对于这些时间分布的统计难于实现，因而在实际应用中难度很大。

11.4 物流设备投资经济分析

随着科学技术的不断发展，高新技术不断涌现，固定资产更新速度越来越快。企业常常面临着设备陈旧、落后的情况，是否应该投资更新设备，怎样更新，何时更新是企业家常常考虑的问题。如果由于设备暂时出现故障就报废，或片面追求现代化，购买最新的设备则可能造成资金的浪费，但如果由于资金紧张而拖延设备更新，可能使企业面临生产成本提高，产品质量下降，没有竞争力，甚至破产的境况。因此，通过对物流设备投资的经济分析，则能比较有效地确定采取何种方式进行投资决策。

11.4.1 5 个效果与 6 个要素

在物流系统中，有大量的设备投资，选用不同的处理方式，投资额的差异是很大的。物流设备资源的不同使用方式，对物流管理费用消耗影响很大。所以，物流设备的选择不是目的，真正的目的仍然是物流系统的目的，即最小成本产出最好的服务质量。具体到物流设备的选择，应考虑 5 个效果与 6 个要素。

1. 5 个效果

在选择物流设备时，企业需要考虑 5 个效果：服务性、速送性、空间的有效性利用、规模适当化、库存控制。空间的有效利用问题不仅仅是仓库空间的合理安排问题，还涉及土地费用与设备投资的效益替换问题。在土地昂贵的中心城区，建多层和高架仓库可以少花土地费用，但设备费用会增加。同时，因多用了设备，可以少用人工，工资总额会有所减少。对于规模是否适当，企业需要考虑的是：物流设备的集中与分散是否适当；依靠引进机械化或自动化提高处理能力，即扩大了规模，是否经济；引进信息技术的可行性，信息技术的引进只有当具备一定的规模时才会显示出经济效益。库存控制是指在物流量变动的情况下，如何通过库存量的控制来提高设备的利用率，不轻易扩大场所。

2. 6 个要素

为了实现以上 5 个效果，在对物流设备处理做系统化考虑时，要紧紧抓住物流的特点，这些特点可由以下 6 个方面反映出来：货物种类（products）、货物数量（quantity）、货物流向（route）、服务标准（service）、季节特点（time）、物流成本（cost）。

11.4.2 物流设备投资的经济特性曲线

物流设备投资与经营规模关系最大。因此，对物流设备的投资必须确保其能与经营规模相匹配，即在一定的经营规模下取得最好的经营效果。它们之间的逻辑关系可由图 11-5 表述。

图 11-5 适当的物流投资与成功的逻辑关系

物流产业与其他产业相似，随着业务量的增加，企业经营规模相应扩大，物流作业也将从由人力为主的作业方式，逐步向着机械化、半自动化、全自动化的方式过渡。图 11-6 十分直观地描述了其一般的规律，给出了从人力向自动化过渡的经济临界点的研究方法。

从图 11-6 中可以看到，当经营规模很小时，采用人力处理方式是最经济的。到目前为止，我国大多数的物流企业在物流作业上仍然以人工作业为主。随着业务量的扩大，物流企业应以部分机械设备替代人力，以使物流作业效率得到提高。只要当机械设备对人力的效益替换是合算的时候，就应该多采用机械设备。同样的道理，当经营规模扩大到一定程度，自动化系统的采用也是必然的结果。然而投资过度时，会使单位成本不降反升，其原因是投资费用大，而利用率低，图 11-6 中最右边给出了一个投资过渡的例子。此外，物流技术创新可以降低物流成本，图 11-6 中的虚线清楚地表达了这层意思。

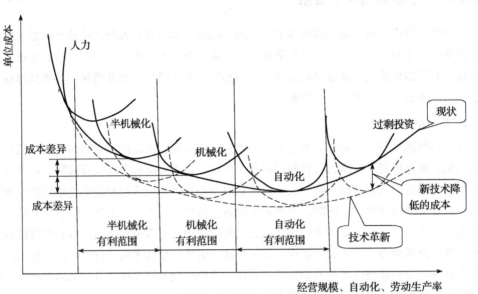

图 11-6　物流设备投资水平与成本的关系

总之，能否正确选择适合企业经营规模的物流设备，在很大程度上是企业发展成功与否的关键。

11.4.3　物流设备投资决策分析

1. 如何择优选购设备

在购置设备时，既要从技术上对比几种设备的优劣，又要通过对比、分析，选择出经济上合理的设备。财务上优选设备的方法主要采用成本折算法。运用这个方法时，首先要了解不同设备在选购时支付的最初一次性投资，然后估算不同设备在投产后平均每年必须支出的维持费。成本折算方法有以下两种形式。

（1）年费用法。它就是把选购设备时一次支出的最初投资，按照复利计算的利率折算成相当于每年投资费用支出，然后根据不同设备的总费用进行对比分析，筛选最优设备。其计算公式为

$$折算费用 = 年维持费 + （资本回收系数 × 设备投资）$$

（2）现值法。现值法每年的维持费可通过现值系数换算成相当于最初一次投资费的数额，然后进行总值比较。其计算公式为

$$折算费用 = 设备项目投资额 + （年金现值系数 × 年维持费用）$$

2. 设备购置一步到位还是分步到位

它所考虑的是，一步到位地选用满足将来生产需要规模的大型设备，还是先购置小型设

备,满足近期生产需要,等到将来产量上去了再增加设备。这是物流企业在设备购置决策中经常举棋不定的问题。一次购进大型设备,一次性投资虽然大,但投产后的年维持费可能相应下降,而如果生产规模不能一步到位,那么形成半负荷状态,也会使成本上升。如果分次选购设备,虽然避免了因半负荷而形成成本提高的弊端,但分次投资的总和也可能比一次投资更高。究竟是选择一步到位好还是分步到好位,可用现值法来评价。

【例11-3】

可供某厂现在生产需要的一台设备,投资现值 P 为120万元,年成本 D 为30万元。预计10年后的产量将成倍增长,到那时尚需再投资120万元,增加一台同样的设备,而年成本将为60万元。如果一次购置大型设备,现在投资为200万元,10年内成本32万元,10年后产量成倍增长时无须再投资,那时年成本为58万元(其最低期望收益率为8%)。评价选用哪种设备合理。

解:设一次性投资购置设备的现值为 P_{W1},分次购置设备的现值为 P_{W2}

$$P_{W1} = 120 + 30(P/A, 0.08, 10) + (120 + 60/i)(P/F, 0.08, 10)$$
$$= 120 + 30 \times 6.710\ 1 + (120 + 60/0.08) \times 0.463\ 19$$
$$= 724\ 128(万元)$$
$$P_{W2} = 200 + 32 \times 6.710\ 1 + 58/0.08 \times 0.463\ 19$$
$$= 750\ 154(万元)$$
$$P_{W1} - P_{W2} = 750\ 154 - 724\ 128 = 26\ 126(万元)$$

(注:年金现值系数 $(P/A, i, n)$,由公式 $[(1+i)^n - 1]/i(1+i)^n$ 求得)。

现值计算结果说明,在本案例中一步到位购置大型设备的方案不经济,应选择小型设备分步到位的方案。

|阅读材料|

设备投资的几种经济决策分析法

1. 寿命周期费用决策法

该方法的要点是:当有 n 个投资方案(如更新、改造、修理、维持原状等)均可满足预定的生产需要时,取寿命周期费用最低的方案。

2. 投资效果决策法

决策者常常会碰到有多个投资项目需要上马而又资金不足的情况,为此需要选择最有利的投资项目先行实施。这时一般都希望能排出各种投资项目的投资效果顺序。寿命周期费用法能够对不同的设备方案进行比较,但是不能得出优者优越的程度,不能回答投资效果大小的问题,从而分析的结论不能参与多项目的排队,这是此方法的一个不足。"投资效果决策法"则可以弥补这一不足,它采用的计算指标可有多种,"投资收益率"是其中较为简单的一种。所谓投资收益率,是指单位投资的年净收益率。

3. 费用效率决策法

应用寿命周期费用法是有前提的，即必须假设各种方案都具有相同的产出，如果产出不相同，必须进行折算，这不仅麻烦，而且有时是难于进行的，这是该方法的一个局限。"费用效率"模型可以不受这种前提的限制，它能综合考虑费用和产出。其可简化表达为：J 方案输出效果总和与 J 方案寿命周期费用之比，在被比较的诸方案中以比值大者为优。

4. 技术参数决策法

前 3 种方法都必须先计算出寿命期内的设备运行费用。但在实际中，这些数据的原始记录普遍缺乏或不够准确。因此，特别希望能够找到一种直观的方法，例如通过测量设备的技术参数就能够做出决策判断（指经济决策）。技术决策比较容易根据技术参数做出，而经济决策转化为技术参数决策则要经过仔细研究。现实中，这种转化在一定条件下是可能的。

◈ 本章小结

物流设备是物流作业工具，是物流系统的物质技术基础。一般来讲，物流设施设备由两大部分构成，即物流设施与物流设备。物流设施既包括各种物流基础性设施，也包括各类枢纽港站，还包括为物流活动提供支持性基础服务的各类通信设施。物流设备一般是指物流活动中使用到的各种物流机械设备，主要有运输设备、储存设备、装卸搬运设备、起重设备、集装单元设备、流通加工设备和物流信息系统设备等。

由于物流设备在使用（或闲置）过程中会发生有形磨损、无形磨损（劣化），因此，需要通过采用维修、现代化改装或更换等补偿方式，来恢复物流设备的生产能力。无论是设备维修、改造，还是设备更新都要讲究经济效果，为此，需要了解和掌握物流设备的各类寿命。物流设备寿命有自然寿命、技术寿命、经济寿命和折旧寿命之分。一台物流设备是否更新，主要不取决于有形磨损的自然寿命，而取决于其经济寿命。物流设备更新有多种方案可供选择，究竟采取什么方案更新、何时更新、用什么样的物流设备更新，一般遵循原有物流设备的余值较大时，继续使用较为有利；当原有物流设备的使用费（维持费）增长较快时，越提前更新越有利的原则。利用投资利润率法、现值法、资金回收期法、费用比较法和终值法等技术经济分析方法，可以有效地确定物流设备的最优更新周期。

物流设备大修是用修理或更换任何零部件（包括基础件）的方法，恢复设备完好技术状况和安全（或接近完全）恢复设备寿命的恢复性修理。对物流设备大修的经济评价主要解决两个问题，一是科学确定物流设备的大修经济界限；二是合理确定物流设备的大修周期。在对物流设备投资进行经济分析时，需要考虑服务性、速送性、空间的有效性利用、规模适当化、库存控制 5 个效果，以及货物种类、货物数量、货物流向、服务标准、季节特点、物流成本 6 个要素。物流设备投资的经济特性曲线反映了物流设备投资水平与成本的关系，可以帮助我们进行有效的决策。如何择优选购物流设备，以及是采取一步到位的物流设备购置方案，还是采取分步到位的购置方案，这需要进行经济分析后才能做出正确的决策。

复习思考题

一、名词解释

物流设备　有形磨损　无形磨损　自然寿命
技术寿命　经济寿命

二、单选题

1. 通常表现为零部件原始尺寸的改变及形状的改变、公差配合性质的改变及精度下降、零部件损坏等，称为（　　）。
   A. 第一类有形磨损
   B. 第二类有形磨损
   C. 经济无形磨损
   D. 技术无形磨损

2. 有形磨损和无形磨损的完全补偿是（　　）。
   A. 维修　　　　　B. 现代化改装
   C. 更换　　　　　D. 保养

3. 一台物流设备是否更新，主要不取决于有形磨损的（　　），而取决于其（　　）。
   A. 自然寿命、技术寿命
   B. 技术寿命、经济寿命
   C. 经济寿命、折旧寿命
   D. 自然寿命、经济寿命

4. 由于不断出现性能更完善、效率更高的新型物流设备而使原有物流设备在性能价格比上显得陈旧落后，被称为（　　），也称为技术无形磨损。
   A. 第一类有形磨损
   B. 第二类有形磨损
   C. 第一类型的无形磨损
   D. 第二类型的无形磨损

5. 在购置设备时，既要从技术上对比几种设备的优劣，又要通过对比、分析，选择出经济上合理的设备。财务上优选设备的方法主要采用（　　）。
   A. 成本折算法　　　B. 内部收益率法
   C. 投资回收期法　　D. 效益费用比法

三、多选题

1. 由于加工工艺不断改进，成本不断降低，生产同样物流设备所需要的社会必要劳动耗费减少了，从而使原有物流设备相应贬值，被称为（　　）。
   A. 第一类型无形磨损
   B. 第二类型无形磨损
   C. 经济无形磨损
   D. 技术无形磨损

2. 由于不断出现性能更完善、效率更高的新型物流设备而使原有物流设备在性能价格比上显得陈旧落后，因而产生的无形磨损，被称为（　　）。
   A. 第一类型无形磨损
   B. 第二类型无形磨损
   C. 经济无形磨损
   D. 技术无形磨损

3. 物流设备从全新状态投入使用，直到其不再具有正常功能，无法继续使用而必须报废为止的整个时间过程，被称为（　　），又称为（　　）。
   A. 自然寿命　　　B. 有效寿命
   C. 技术寿命　　　D. 物质寿命

4. 经济寿命取决于物流设备本身的（　　），以及设备使用的（　　）的变化等。
   A. 物理年限　　　B. 技术进步
   C. 所经历的时间　D. 外部经济环境

5. 在选择物流设备时需要考虑 5 个效果，它们是（　　）。
   A. 服务性
   B. 速送性
   C. 规模适当化
   D. 空间的有效性利用
   E. 库存控制

6. 在对物流设备处理做系统化考虑时，要紧紧抓住物流的（　　）等方面的特点，才能充分发挥选择物流设备时需要的 5

个效果的功用。

A. 货物种类　　B. 服务标准

C. 季节特点　　D. 物流成本

E. 货物数量

7. 针对具体的物流设备，根据其使用及故障规律，一般按（　　）原则，确定其最佳维修周期。

A. 总运行费用最小

B. 极限磨损量

C. 有效度最大

D. 维修费用最少

四、判断题

1. 物流设备的磨损形式不同，补偿磨损的方式也不同。物流设备有形磨损的局部补偿是现代化改装；物流设备无形磨损的局部补偿是维修。（　　）

2. 物流设备的自然寿命是由物流设备的无形磨损所决定的。（　　）

3. 物流设备的有效寿命，主要是由物流设备的有形磨损所决定的。（　　）

4. 设备的大修、项修、小修所需费用可直接计入生产成本。（　　）

5. 经过大修后的设备，由于更换了新的零部件，其性能能够完全恢复到设备的出厂水平。（　　）

五、简答题

1. 简述物流设备的磨损有哪几种主要形式。举例说明。

2. 简述造成无形磨损的原因有哪些。

3. 简述物流设备磨损的补偿形式有哪些。

4. 简述物流设备的寿命分哪几种。

5. 简述物流设备更新的原则是什么。

6. 简述物流设备大修的决策条件是什么。

六、论述题

1. 一台物流设备是否需要更新，主要取决

于哪种寿命？为什么？

2. 为什么说随着大修次数的增加，大修在经济方面的竞争力是逐步减弱的？

七、计算题

1. 有 3 种物流设备，其中 A 设备的购买费用为 100 万元，设备开动费为 8 万元，残值为 4 万元，使用期为 8 年，纳税后现金收入为 78 万元/年，劳务费为 2 万元/年，其他直接费用为 2 万元/年；B 设备的购买费用为 80 万元，设备开动费为 6.7 万元，残值为 2.5 万元，使用期为 5 年，纳税后现金收入为 65 万元/年，劳务费为 3.5 万元/年，其他直接费用为 3 万元。C 设备的购买费用为 60 万元，设备开动费为 5 万元，残值为 1 万元，使用期为 4 年，纳税后现金收入为 40 万元/年，劳务费为 5 万元/年，其他直接费用为 4 万元/年。试用现值法、资金回收期法和终值法对其进行分析（利率 $i=10\%$）。

2. 某物流企业有一台运输设备，其购置价格为 60 000 元。目前市价仍与原值相同，设备按直线法折旧，年折旧率为 6.5%。①当该设备使用 8 年后，需进行一次大修。设修理后大修周期缩短为 6 年，生产率保持不变，每年的维修费用平均比上一修理周期增加 1 000 元。第一次大修预算费用为 25 000 元。若该设备不修理转让给其他单位可得 31 000 元。②当该台设备使用 12 年后需进行第二次大修，设其下一次大修周期缩短至 5 年，每年维修费用平均比第一次大修周期内的费用高 1 300 元。生产率降低系数为 0.95。预算大修费用为 43 000 元，若不修理，转售旧设备可得 15 000 元。试分析该设备第一次大修和第二次大修的经济性。

◈ 案例分析

快递柜市场之争

2010 年，中国邮政铺设了第一个智能包裹投递终端，国内智能快递柜就此诞生并拉开了市场竞争新的序幕。2012 年 9 月，速递易以技术领先优势在中国推出了"速递易"智能快递柜，在电商和物流高速发展的需求下，迅速遍布全国各大城市。几年间，大量的企业涌进终端快递柜市场，中集 e 栈、云柜、收件宝和日日顺相继诞生，智能快递柜呈现百家争鸣局面。2015 年 6 月，顺丰、申通、中通、韵达、普洛斯 5 家快递公司宣布投资 5 亿元成立丰巢科技，用于布局更多城市的智能快递网点。2016 年 10 月，中集 e 栈、富友收件宝、云柜组成创赢联盟，3 家的快递柜网点数量超过了 6 万个，此时市场上形成了以丰巢、速递易和创赢联盟三方为主的智能快递柜。2017 年 7 月，速递易被菜鸟网络和中国邮政参股，中邮资本实现控股，速递易更名为"中邮速递易"，整合后的中邮速递易业务数量已经达到了 8.4 万组。同年 9 月，丰巢宣布收购快递柜企业中集 e 栈，整合后的丰巢快递柜规模将达到 9 万组。至此，中国智能快递柜市场上形成了以丰巢和中邮速递易为主的两强格局。

智能快递柜的出现有效地解决了快递配送最后 100 米的难题，但智能快递柜的投入成本之高也是行业公开的秘密。以一组尺寸为 250 厘米 × 195 厘米 × 50 厘米的智能快递柜为例，起订价格高达 12 000 元，再加上进驻、运营维护等费用，一组快递柜初始运营投资金额至少在 4 万元。按照 10 年折旧计算，一个快递柜每年的成本为 8 000 ~ 10 000 元，其中快递柜造价折旧 4 000 ~ 5 000 元，占成本的 50%；进驻小区费约 3 000 元，占 30% ~ 40%；最后电费及维护相关费用则需要 1 000 元左右。目前，一组快递柜场地使用费最高已涨至每年 8 000 元。

据《电商报》整理丰巢近年来的经营数据发现：截至 2018 年 5 月 31 日，丰巢的资产总额为 63.11 亿元，负债总额为 17.32 亿元，净资产为 45.79 亿元；2018 年 1 ~ 5 月的营业收入为 2.88 亿元，亏损已经达到 2.49 亿元。不难发现，尽管丰巢 2018 年 1 月完成了超过 20 亿元的融资，但在盈利方面着实令人担忧，而丰巢截至目前已在智能快递柜领域中投入了 35 亿元。

资料来源：作者根据多方资料整理而成。

讨论题

1. 快递柜盈利如此艰难，为何我国有那么多的流企业争相采用此项物流设备？

2. 从物流设备经济分析的角度，试探讨选择先进的物流设备是否需要具备一些先决条件？为什么？

第12章
CHAPTER12

物流产业的制度与政策

§ **学习目的与要求**

- 了解美国、日本和欧洲物流的管理体制及产业政策以及世界物流政策的调整趋势
- 理解中国物流政策体系的框架内容
- 熟悉制度在物流产业发展中的作用以及物流产业的重要制度因素
- 掌握物流产业政策的概念、特点及功能
- 掌握物流产业政策的主要内容

§ **引例**

政策法规频现，为物流业发展指明方向

2018 年对物流业而言，注定是一个不寻常的一年。天猫"双 11"当日的物流订单量超过 10 亿单，开启了一个全球物流新时代。随着网络购物的高涨，物流业迎来了繁荣发展时期，但同时也衍生出"成本高、效率低、不环保"等突出问题。为此，国务院、国家发改委、国家邮政局等部门于近年来出台了多部政策法规与发展意见，促进行业标准化、规范化、智能化提升，推动物流行业发展进入量质齐升阶段。

目前我国物流"成本高、效率低、不环保"等问题较为突出。因此，从国家政府到各省市地方政府陆续出台了数十项政策法规，以为促进我国物流行业的健康快速发展提供制度保障。从国家层面来看，2018 年国务院及其相关部委就陆续出台了：《关于推广标准托盘发展单元化物流的意见》《关于推进电子商务与快递物流协同发展的意见》《调整运输结构提高运输效率，降低实体经济物流成本》《推进运输结构调整三年行动计划（2018—2020 年）》《国家物流枢纽布局和建设规划》《关于深入推进无车承运人试点工作的通知》《道路运输安全生产工作计划（2018—2020 年）》《关于物流企业承租用于大宗商品仓储设施的土地城镇土地使用税优惠政策的通知》《关于进一步规范和优化城市配送车辆通行管理的通知》《快递暂行条例》《快递业信用管理暂行办法》《智能快件箱寄递服务管理办法（征求意见稿)》《快递业绿色包装指南（试行)》《快递封装用品》《快递业信用体系建设工作方案》《关于组织实施城乡高效配送专项行动计划通知》《关于提升快递从业人员素质的指导意见》《中华人民共和国电子商务法》《邮件快件实名收寄管理办法》等 20 多项扶持政策与指导。

一个行业应该朝哪个方向发展，从相关政府部门出台的政策中可以管中窥豹。出台的20 多项政策、指导意见从不同的角度为物流业未来 5 年乃至 10 年的发展指明了方向。持续推进物流业降本增效工作，注重中长期目标确立和长效机制建设，通过简政放权、降税清费、补短强基、创新驱动等，加强对行业标准化、规范化、智能化的提升，推动我国物流行业发展进入量质齐升阶段。

顺应大环境，找准发力点，物流企业才能更加准确地把握智慧物流新风向。

资料来源：作者根据多方资料整理而成。

请思考

1. 国家所出台的多项政策，将为我国物流业的发展提供什么契机？
2. 你认为哪些方面的因素有可能影响这些产业政策的有效落实？

现代物流产业是传统和新兴产业形态的结合体，是社会分工深化的结果。物流产业与国民经济其他各产业有着密切的产业联系，是有效实现社会再生产，提高国民经济运行质量和效率，提高国民经济综合实力和竞争力的重要的基础性产业。正因为如此，许多发达国家在很早以前就对物流及物流业的发展给予了高度重视，并在实践中实施了很多支持性政策。

现代物流产业的发展将促进产业升级和结构优化，促进物流活动及资源在区域及国家层面的优化配置，实现国家或区域经济发展的质量、效率和竞争力目标。对于如此浩大的系统工程，没有完善的产业制度和政策作为保障，是无法想象的。

12.1　物流产业发展中的制度因素

物流活动除受到需求和技术等一系列重要因素的影响之外，还受到许多制度因素的影响。因为物流产业的发展不可能孤立于制度和市场环境而独自运行，它们必然受到一系列规则和市场力的激励与约束。

12.1.1　制度的定义及内涵

制度是一种"规范人行为的规则"。制度分为正式制度和非正式制度。正式制度包括政治规则、经济规则和合约，它可做如下排序：从宪法到成文法、普通法，再到明确的细则，最终到确定制约的单个合约。政治规则可广义地定义为政治团体的等级结构，以及它的基本决策结构和支配议事日程的明晰特征；经济规则用于界定产权，即关于财产使用，从中获取收入的权利约束，以及转让一种资产或资源的能力；合约则包含着对交换中一个具体决议的特定条款。

正式制度具有明确的强制性和有意识性。虽然这类规则也是由人们自己制定或选择的，但是这类规则明确以奖赏和惩罚的形式规定什么是可以做的，什么是不可以做的。正式制度的实施需要有一定的实施机制。离开了实施机制，正式制度就形同虚设。

非正式制度主要包括价值信念、伦理规范、道德观念、意识形态等因素，其中意识形态处于核心地位。非正式制度是人类在适应稀缺世界的过程中，经过长期的试错过程与经验积累无意识形成的，具有持久的生命力，并构成代代相传的文化的一部分。非正式制度最重要特征是经验性与自发性。

从历史来看，在正式制度设立之前，人们之间的关系主要靠非正式制度来维持，即使在现代社会，正式制度也只占整个制度很少的一部分，人们的大部分活动仍然受非正式制度的约束。一般来说，非正式制度包括对正式制度的拓展、细化和限制的社会公认的行为规则和内部实施的行为规则。非正式制度的产生减少了衡量和实施成本，使交换得以发生。但是，非正式制度又存在一定的局限性，如果没有正式制度，缺乏强制性的非正式制度，就会提高实施成本，从而使复杂的交换不能发生。在现代社会中，正式的制度与非正式的制度同时发挥着作用。

12.1.2　制度在物流产业发展中的作用

从制度的观点来看，物流产业若要快速发展，不仅需要快速、稳定增长的市场需求来拉动和刺激，还要具备有效率的市场交易制度和高效益的市场交易活动。因此，制度作为一种"规范人行为的规则"，在促进现代物流产业的发展中将起着举足轻重的作用。

1. 规范物流市场秩序

从某种意义上讲，制度的本质是某种特定的信息。因为制度代表一套规则，成为社会共识或一般性的认识基础，从而减少了不确定性和风险，帮助人们估计其他人可能出现的行为，进而矫正自己的行为。

现代物流产业的发展涉及对诸如运输、包装、仓储、配送、货运代理等各物流功能和要素的管理与协调问题，而对这些物流功能和要素的管辖权会涉及诸多政府管理部门，如在我国就要涉及发改委、商务部、交通运输部、民航总局、海关、工商、税务等十几个部门。有了完善的物流制度体系，就可以向物流市场的供需主体及管理主体提供共同遵守的行为规则，规范物流行业管理和物流企业的自律行为，建立自由畅通、规范有序的物流市场，从而促使物流产业按其共同的规则健康、快速地发展。

2. 提高物流组织的效率

诺斯于1963年在分析1600～1850年的250年间世界海洋运输发展中，发现这一时期海洋运输业并没有出现重大技术进步，但海洋运输生产率大幅度提高，主要原因在于海洋运输管理变得更完善，市场经济变得更成熟，也就是航运制度和市场制度发生了变化，从而降低了海洋运输成本，最终使海洋运输生产率有了提高。诺斯指出，即使在没有技术变化的情况下，通过制度创新也能提高生产率和实现经济增长。

3. 协调物流供需主体间的关系

物流产业是物流资源产业化而形成的一种跨行业、跨地域的复合型或聚合型产业，它既涉及运输业、仓储业、装卸业、包装业、加工配送业、物流信息业等行业，又涉及制造业、农业、流通业等领域。要发展涉及如此多的行业和领域的物流产业，并使物流组织有效地运行，就需要有一个科学、有效的协调机制。

这种协调机制不能完全按市场机制来办，应由政府来建立一个与物流相关部门组成的全国性物流协调机构，以协调物流组织间的相互关系。

4. 合理配置物流资源

由于物流组织最初基本涉及基础设施行业，如铁路、公路、水运、邮政、航空等，这些基础设施行业的特点决定了它最初基本由国家经营或私人垄断经营，从而在这些行业形成了行政性垄断或行业垄断。这样既使得物流资源配置不合理，造成物流资源浪费，又使得物流组织运行效率低下，影响了物流产业的发展。因此，我们需要进行制度创新，打破物流产业这种行政性垄断，突破制度性障碍，放松市场准入，鼓励多元竞争，促进物流资源全速合理配置。

5. 影响交易成本

新制度经济学的创始人科斯认为：企业与市场是两种不同但又可以相互替代的交易制度。对追求利益最大化的经济人来说，究竟采取哪种方式以获得所需的物料或服务，取决于哪一种方式的费用较低。由企业自己生产所需的物料和服务，其费用除直接的生产费用之外还有与组织、协调生产相关的管理费用。在市场上购买商品（包括货物和服务），其费用除商品的成交价格之外，不容忽视的还有为获得这些商品所必须付出的交易费用，如搜寻交易对象及其信用状况的信息成本、保证契约执行的监督成本以及对方违约所承受的商业风险等。物流市场上"购买物流服务"的交易费用主要包括：搜寻有关物流服务产品的价格、质量信息及潜在买者或卖者行为方面的信息所花费的成本；签订合同的成本以及在对方违约后寻求法律救济索求赔偿的成本；监督物流服务的履约成本。而合适的制度安排将会有助于降低在物流市场上"购买物流服务"的交易费用，更好地限制不同经济人的机会主义行为。

12.1.3 物流产业的重要制度因素

市场、政府、产权、意识形态和文化传统等制度因素对于一国或地区的物流发展有着直接或间接的重大影响。许多发展经济学家在对发展中国家实践经历的回顾与反思的基础上，提出了新的发展观：不仅要注重资源配置，更要注重有效地利用这些已有的资源；不仅要制定出正确的政策，更要注重构造出执行政策的恰当的制度安排。

1. 市场

市场是一个制度的混合物，它涉及一系列与人的经济活动或经济行为有关的制度安排。这些安排包括对人在经济中的权利界定、保护承诺人的正当经济利益和确立人们经济活动的行为规则，因此市场规则具有重要的激励和约束功能。市场经济是分散决策的、通过价格实现资源配置的机制，它通过制度安排对物流企业的生产和创新给予了强有力的激励；同时又对每一个经济决策者具有约束力，这种约束力使得他要对自己经济决策的后果负责。因此，物流市场是一种重要的制度安排，它主要包括价格机制、供求机制、竞争机制、风险机制及其相互作用机制。

（1）物流市场通过价格机制反映相关要素的变化和物流市场需求的变化来对物流技术变迁的速度与方向产生影响。价格信号会告诉物流企业：什么是消费者真正需要的物流服务；哪些要素资源稀缺，从而需要寻找新的替代物。当创新的物流服务产品带来高额的利润时，意味着这种创新满足了消费者的物流服务需求。这样，当物流企业通过创新去追求更高额的利润时，物流市场也就在调节着人们的技术创新活动，使创新不断地提高人们的空间位移和时间位移的水平与能力。

（2）竞争性市场是物流理念得以产生的最重要激励，而物流市场的竞争机制则是增加物流供给、缓解物流基础设施"瓶颈"制约的根本手段。20世纪50年代，发达国家进入买方市场，使得生产企业把从注重产品生产和销售的观念转变到关注市场需求上，从而实体配送就成了一种有效赢得消费者需求的重要手段。但随着竞争的进一步加剧，企业必须从物品的采购、生产、销售、顾客服务等全过程的角度来考虑企业竞争力的提升，供应物流、销售物流、集成化物流，供应链管理、价值链管理等理念相应得到重视和发展。市场的竞争机制也促进了发达国家的物流基础设施网络的迅速形成和完善，特别是铁路、高速公路的迅速成网。

（3）物流市场可以减少物流技术创新的不确定性。不确定性是创新的内在属性，因而也是制约创新的一大因素。在市场经济下，允许多个企业为某一新产品进行竞争性的研究开发。这种做法，从表面上看会造成一定的资源浪费，但从现实效果来看，这种做法的效率更高。因为：一是在事前并不知道哪条途径会通向成功，数家企业同时进行创新有助于尽快找到创新的捷径；二是数家企业同时进行同一创新，会形成一个竞争性的环境，将大大提高创新的效率；三是市场把创新成功与否的裁决权交给消费者，这既达到了使创新服务于消费者的目的，又达到了引导创新的目的；四是市场具有优胜劣汰机制。竞争会给企业带来很大压力，迫使企业不断创新。

2. 政府

政府是国家统治者用于实现其目标函数的一种重要组织制度安排，国家利益、社会利益以及统治者自身的利益是政府决策的依据。政府将会根据物流产业发展对于本国国民经济和社会发展的促进作用，发挥相应的职能：为物流产业发展确立法律框架、制定国家物流发展战略、制定物流产业政策、加强物流基础设施建设、对物流市场实施一定程度的宏观调控以及物流产业的管制等。

（1）出于对国家利益的考虑，政府往往会对物流行业进行立法和制定国家物流发展战略，来规范和管理本国物流产业的发展。当国家认识到物流产业的发展对于本国发展和提高国际竞争力十分重要时，它就会采取促进物流产业发展的政策，但出于同样的目的，可能会执行相反的政策，如由于国家与国家、地区与地区之间的互相防备，而约束了运输的发展。南美大陆桥胎死腹中就是一例。

（2）政府在决定国家物流产业的发展方向和模式方面的作用是十分关键的。尽管政府并不具备全面实施各种物流技术创新和扩散活动的能力，但作为制度创新方面具有优势的社会组织，它可以通过物流政策调控来选择什么样的物流制度、物流结构和物流发展模式，从而促进物流产业的高速发展和结构优化。当然，政府这种重要作用是正面的还是反面的，是推动物流产业的发展还是阻碍物流产业的发展，将取决于政策的正确与否，也取决于它是否符合经济发展的客观规律。

（3）政府的建设目标和政策措施直接影响着物流基础设施建设，如运输线路的选址、规模和质量。政府往往是物流基础设施投资的一个主要来源，物流基础设施投资规模大，建设周期长，属于资本密集型产业，需要大量的资本投入，且投资形成生产能力和回收投资的时间往往需要许多年。这些特点决定了物流基础设施建设很难由个别企业的独立投资来完成，这也使得几乎大部分的物流基础设施，特别是运输线路、港口的建设与维护都由政府承担。因此国家或各级政府的建设重点以及投资政策对物流基础设施，特别是运输线路、港口的建设、选址、建设规模和质量具有决定性的影响。

（4）政府对物流企业行为的管制是一把双刃剑。合理的管制行为，对维护物流市场秩序，推动物流产业的发展无疑将会起到积极的作用，而一旦措施过当，则会阻碍物流产业的发展。由于管制本身的内在缺陷和管制方法的内在矛盾，会使得政府管制存在着失效的情况。如果政府为了防止物流产业出现过度的竞争而对物流产业进行严格的管制，其结果虽然可以防止出现过度竞争的局面，但有可能提高物流企业的市场进入门槛，容易形成物流产业的行业垄断和为地方保护主义提供借口，从而不仅不能降低社会物流成本，反而增加了企业负担，抑制了物流产业的发展势头。但若政府不对物流产业实施管制，必然会带来不正当的竞争和流通秩序的混乱，物流交易所进行的程度、规模、水平必然受到一定的限制。为此，各级物流产业管理部门必须建立协作机制，统筹各自的产业政策，保证政策之间的一致性，以提高政府管制的效率。

3. 产权

在实践中，一国产权制度对于物流基础设施发展的作用显得尤为突出。从 20 世纪七八十年代开始，在物流基础设施方面出现了一些产权制度方面的变化，如建设—经营—转让（build-operate-transfer，BOT）方式用于物流基础设施发展方面。目前许多国家采用了 BOT 及其他变形的方式，取得了良好的效果。

┊阅读材料┊

BOT

BOT 是指政府通过契约授予私营企业（包括外国企业）以一定期限的特许专营权，许可其融资建设和经营特定的公用基础设施，并准许其通过向用户收取费用或出售产品以清偿贷款，回收投资并赚取利润；特许权期限届满时，该基础设施无偿移交给政府。

1. BOT 项目的特征

（1）私营企业给予许可以取得通常由政府部门承担的建设和经营特定基础设施的专营权（由招标方式进行）。

（2）由获得专营权的私营企业在特许权期限内负责项目的经营、建设、管理，并用取得的收益偿还贷款。

（3）特许权期限届满时，项目公司必须无偿将该基础设施移交给政府。

2. BOT 的 6 种演变形式

（1）建设—拥有—经营（build-own-operate，BOO）。项目一旦建成，项目公司对其拥有所有权，当地政府只是购买项目服务。

（2）建设—拥有—经营—转让（build-own-operate-transfer，BOOT）。项目公司对所建项目设施拥有所有权并负责经营，经过一定期限后，再将该项目移交给政府。

（3）建设—租赁—转让（build-lease-transfer，BLT）。项目完工后一定期限内出租给第三者，以租赁分期付款方式收回工程投资和运营收益，以后再行将所有权转让给政府。

（4）建设—转让—经营（build-transfer-operate，BTO）。项目的公共性很强，不宜让私营企业在运营期间享有所有权，须在项目完工后转让所有权，其后由项目公司进行维护经营。

（5）移交—经营—转让（rehabilitate-operate-transfer，ROT），即修复—经营—转让。项目在使用后，如有损毁，项目设施的所有人进行修复—经营—转让。修复是指在获得政府特许专营权的基础上，对政府陈旧的项目设施、设备进行改造更新，由投资者经营若干年后再转让给政府。

（6）设计—建设—出资—经营（design-build-finance-operate，DBFO），即设计—建设—出资—经营。它是指从项目的设计开始就特许给某一机构进行，直到项目经营期收回投资和取得投资效益。

有效的产权制度安排之所以有利于物流产业的发展，是因为它造成了对创新行为的制度性激励，即通过制度安排，使创新者的个人收益率尽可能地逼近社会收益率。从产权制度来看，我国物流组织有国有物流企业和民营物流企业两大类。由于体制和历史的原因，大多数国有物流企业基本上属于基础性行业如铁路、航空、邮政、公路等部门。在进行现代企业制度产权改革之前，大多数国有物流企业处于效率低下、竞争力较弱、大而不强的状况。但经过20多年的现代企业制度改革，产权清晰、权责分明、政企分开、管理科学的现代企业制度已经在国有物流企业中建立起来，从而使大多数国有物流企业效率明显提高，市场竞争力长足增强，成为中国物流产业的主力军。同样，在改革开放40年的历程中，民营物流企业在受益于市场准入和融资等体制性方面利好的前提下，得到了空前的大发展，涌现出了像顺丰、四通一达等大型民营物流企业，从而基本形成了国有物流企业与民营物流企业共同发展与竞争的良性态势。

4. 观念、意识形态和文化传统

物流产业的发展涉及社会中的诸多不同的因素，其中非正式制度明显地发挥着作用。非正式制度是人们在长期交往过程中无意识形成的规约，一般具有持久的生命力，并构成代代相传的文化中的一部分。它主要包括价值信条、道德观念、伦理规范、风俗习惯和意识形态等内涵，其中意识形态处于主导地位。诺斯认为意识形态既是一种规范制度，又是一种世界观，还是个人与环境达成协议的一种节约成本的工具。他还认为，意识形态是经济增长的一个变量，人们必须建立一个有利于经济增长的成功的意识形态。显然，意识形态不但可以节约交往中的信息费用，而且可以降低强制执行法律或实施其他规定的成本，还可以在思想上形成某种正式制度安排的"先验"模式。

因此，作为人的观念、习俗、意识形态等非正式制度必然会影响物流产业的发展速度、模式、组织结构等。例如"重生产，轻物流""大而全，小而全""肥水不外流"的观念，往往会使许多企业不愿意把一些非核心物流业务进行外包，而乐于自办物流企业，形成

"大而全"和"小而全"的物流企业，这既使得物流市场需求增长受到抑制，也使得物流企业专业化程度和组织效率低下。

12.2　物流产业政策

产业政策作为一种重要的公共产品，是产业发展的制度基础。产业政策可以加速对市场失灵的校正，但也存在政策失灵的现实风险。物流产业政策本质上体现了政府为实现物流产业的发展目标而对物流产业活动所实施的政府干预行为。

12.2.1　物流产业政策的基本内涵

1. 物流产业政策的概念及特点

产业政策是国家为了促进市场机制的发育，纠正市场机制的缺陷及其失败，对特定产业活动以干预和引导的方式施加影响，进而促进国民经济快速协调增长的、带有宏观性和中长期性的经济政策。

物流产业政策就是国家为实现物流产业结构合理化，促进经济发展所采取的宏观管理政策和措施。也可以说，它是国家为扶持物流产业或物流行业而实施的倾斜政策，具有稳定性、干预性、宏观性的特点。

2. 物流产业政策的内容和功能

物流产业政策主要包括物流产业组织政策、物流产业结构政策、物流产业发展政策等，它们相互联系、相互交叉，形成了一个有机的政策体系。物流产业组织政策主要包括物流市场结构政策、物流市场行为政策和物流市场绩效政策；物流产业结构政策主要包括支柱产业政策、衰退行业援助政策、产业发展的技术政策、幼稚产业的保护政策、高新技术产业化政策；物流产业发展政策主要包括物流产业技术政策、物流产业布局政策、物流产业金融政策、物流产业财税政策、物流产业收入分配政策、物流产业外贸政策和绿色物流环保政策等。

产业政策的功能主要是：弥补市场缺陷；有效配置资源；保护幼小民族产业的成长；熨平经济震荡；发挥后发优势，增强适应能力。

3. 物流产业政策的作用和操作手段

（1）物流产业政策的作用主要表现在以下几个方面。

- 通过实施物流产业政策，确定物流产业发展的宏观战略和阶段目标，促进物流产业与其他产业之间的协调发展。
- 扶持弱小的物流企业，改造传统的运输和仓储企业，优化物流产业结构，并推动其向高级化的方向发展，促进现代物流产业空间布局、地区分工协作、资源配置和利用合理化。
- 建立正常的物流市场秩序，提高物流市场绩效，加快物流产业基础硬件设施和软件设施的建设，支持物流产业的高速、高效发展。

（2）物流产业政策的操作手段主要包括以下几个方面。

- 经济手段。它主要有财税措施、金融措施、价格措施、政府采购与收入调节等。
- 法律手段。它主要包括物流主体法（即确立物流主体资格、明确物流主体权利义务和物流产业进入与退出机制的法律规范）、物流行为法（即调整物流主体从事物流活动的行为的法律规范，它是各种物流交易行为惯例法律化的产物）、物流宏观调控法（即调整国家与物流主体之间以及物流主体之间市场关系的法律规范）、物流标准法（即确定物流行业相关技术性标准的法律规范）。
- 行政手段。它主要包括信息指导、行政审批、行政处罚、行政强制、制度改革等。

在新制度经济学家看来，与政府其他政策一样，产业政策同样是利益集团反复博弈公共选择的结果。

12.2.2　物流产业政策的内容

作为体现政府为实现物流产业发展目标而对物流产业活动所实施政府干预行为的物流产业政策，主要包括 3 个方面的内容，即物流产业结构政策、物流产业组织政策和物流产业发展政策。

12.2.2.1　物流产业结构政策

1. 物流产业结构政策的概念

物流产业结构政策，是政府根据一定时期社会经济结构的内在联系，揭示物流产业结构的发展趋势及过程，以及为促进这种结构变化所应采取的政策措施，并按照物流产业结构高度化的演变规律，规定物流产业在国民经济发展中的地位和作用，确定物流产业结构协调发展的比例。它包括对物流产业所采取的扶持、鼓励、调整、保护或限制等政策。

由于物流产业结构高度化的目标是规划、制约物流产业发展的前提，因此物流产业结构政策在物流产业政策体系中居于核心地位。

2. 物流产业结构政策的主要内容

（1）规划物流产业结构高度化的目标。物流产业结构高度化的目标，是物流产业政策尤其是物流结构政策的重要内容。

发达国家的物流产业结构高度化，旨在加快发展后工业社会代表当代先进技术水平的高新技术和服务业；发展中国家的产业结构高度化，旨在巩固基础产业、扶持支柱产业和培育战略产业的发展，加快产业结构转换。

（2）选择物流产业发展主导类型，安排物流产业发展序列。在产业结构高度化目标的前提下，根据物流产业发展阶段和现阶段的需要，按照物流产业各部门在国民经济中的地位和作用，确定一定经济时空下物流产业主导部门的发展序列，这是产业结构政策的又一重要内容。

确定物流产业部门发展序列，是各部门、各地区执行物流产业结构政策的基本依据，也是各项物流产业政策的导向目标。当然，主导部门或主导方面及发展序列会随着科技进步和经济发展阶段的更替而相应变化，因此物流产业结构政策中确定的物流产业序列，应保证物流产业结构高度化目标演进的有序性、连续性和稳定性。

（3）物流产业的保护与扶持政策。保护与扶持政策可分为对外和对内两个部分。在对外经贸关系中，要注意对本国物流产业结构实行贸易保护政策，目的是在对外开放和发展国际经贸中培育本国的物流产业组织，防止不利于本国利益的国际分工格局对本国经济结构的冲击和不良影响，同时防止本国资源的不合理利用。

对内的保护与扶持政策，主要是指对物流产业组织采取的各种优惠性政策，如对国家投资的重点倾斜；财政方面的贴息、减免税、特别折旧等；金融政策方面的措施，如低息贷款、政府保证金、特别产业开发基金等；经济法规方面的措施，如物流产业的振兴与保护法规等。2018 年 5 月 16 日国务院常务会议，审议并通过的《调整运输结构提高运输效率，降低实体经济物流成本》，就是针对解决我国物流产业发展中"成本高、效率低"问题所采取的具体政策。

（4）物流产业的限制政策。物流产业结构政策中的限制政策，主要是针对生产要素和资源的合理利用与节约使用而制定的。限制政策体现了国家在一定时期的技术政策和资源利用政策。为了顺利实现产业结构的高度化，就应当规定必须限制或淘汰的技术和产品。在资源开发和利用方面，产业结构政策中的限制政策对于鼓励开发什么资源，限制开发什么资源都有规定。对某些生产要素和资源开发的限制必然影响到关联产业部门，从而引起产业结构的变动，向着产业结构高度化的目标前进。例如，2018 年 6 月 7 日国务院公布的《打赢蓝天保卫战三年行动计划》（国发〔2018〕22 号）就是针对解决我国物流产业发展中的"不环保"问题所采取的具体政策。

（5）物流产业衰退部门的调整、援助政策。物流产业结构政策，不仅要保护和扶持物流产业的发展，还要对将陷入衰退的物流产业的部门或内容实行调整和援助政策。其目的是帮助和促进衰退部门有秩序地收容，使衰退部门的资源顺利地流向其他部门，实现资源的优化配置。调整、援助政策主要分为两个方面：一是消除生产要素退出障碍的措施；二是有关衰退部门的援助措施。

12.2.2.2　物流产业组织政策

物流业的产业组织政策，是政府为了获得理想的物流服务市场绩效而制定的干预物流业市场结构和市场行为方面的政策。其实质是政府通过协调规模经济与竞争的矛盾，建立正常的市场秩序，提高市场绩效。

1. 物流产业组织政策的主要内容

物流产业组织政策以物流产业组织理论为基础。因此，物流产业组织政策包括物流市场结构政策、物流市场行为政策、物流市场绩效政策 3 个方面的内容。

物流市场绩效构成物流产业组织政策的目标，物流市场结构和物流市场行为是实现物流产业组织政策的前提和途径。从物流产业组织政策的目标来看，特定时期有特定内容，不同时期有着不同的侧重面。这是因为物流市场绩效作为物流产业组织政策的目标，包括物流产业利润率、稳定就业与物价、所得分配公正、技术进步等，所以在不同时期反映出来的情况会有所不同。

针对我国物流市场行为和绩效的现状，物流产业组织政策的重点在于：一是打破条块分割的市场结构，鼓励跨部门、跨行业的物流企业兼并，以实现物流活动的一体化和规模化；二是提高物流市场准入门槛和市场集中度，防止物流市场的无序竞争，这也是解决目前我国物流市场存在问题的有效办法；三是规范物流服务市场行为，提高物流服务信誉，使物流市场在建立初期，就能有一个规范化的市场环境。

2. 物流产业组织政策的手段与实施途径

从物流产业组织政策的手段与实施途径来看，其政策是配套的而不是板块分离的，因此要注意研究各种政策手段之间内在的有机联系。例如，促进竞争政策与限制竞争政策是物流产业组织政策的重要组成部分，但促进竞争可能会带来过度竞争，不利于资源的有效分配；若限制竞争鼓励规模经济的作用，又可能会导致垄断，同样会影响资源分配效率。因此，必须把促进竞争政策与限制竞争政策有机地结合起来。而有机结合的关键是规范、适度的物流市场结构和物流市场行为，最终反映在物流市场绩效与宏观经济效益上。

综上分析，物流产业组织政策就是政府为解决物流产业内企业之间的矛盾，为实现规模经济效益和开展有效竞争而制定的一系列政策的总和，如鼓励企业联合、发展企业集团的政策、反垄断法与反不正当竞争法，等等。

| 阅读材料 |

快递业政策给出的指导性发展方向

对近几年国家针对快递业发展，先后出台《快递业发展"十五"规划》《国务院关于促进快递业发展的若干意见》等14项相关政策，对快递发展方向给出了政策性指导进行归纳，可知以下几个重要方面。

1. 布局："向西、向下、向外"

向西：发展中西部物流，支持企业在中西部地区加强分拨设施建设，加大运输装备和运力投入，落实网点建设标准。

向下：快递下乡，电商下乡，实现乡乡有网点、村村通快递；农村快递、邮政、公共设施等实现共建共享；配合冷链物流大力发展农产品进城，解决最初一公里问题。

向外：顺应"一带一路"契机，发展跨境电商，国际快递；重点建设大型快递航空枢纽、中欧电商专列、国际快件处理中心、海外仓。

2. 业务：发展冷链、仓配一体，高附加值业务，经营末端

冷链物流：配合快递下乡和农产品进城，大力发展冷链物流，建设冷链基础设施。

仓配一体：推动快递和电商的合作，快递进厂，快递进园，发展智能仓储配送一体。

逆向物流：包装材料和废品回收利用，推动"绿色商场"的试点；特殊品物流、高端快递：鼓励快递企业结合自有业务开展高端快递、特殊品物流等高附加值业务。

社区经济、社群经济：鼓励快递企业发展自有电商平台，在配送末端发展社区经济、社群经济。

3. 运输："上机、上船、上车"，重点推广高铁快递，农村试点客运班车共享

高铁快递：政策中普遍提到要推进高铁快递的发展，配套相应的设备设施。

航空枢纽：主要配合国际快递业务和"一带一路"的建设，重点建设现代快递航空

枢纽。

干线陆运：优化完善通行、收费、发票平台和制度；鼓励企业采取甩挂运输、多式联运等提高干线运输效率；淘汰老旧车辆，推广新能源汽车；在农村试点客运班车共享运输。

4. 设施设备技术：处理中心、分拨中心、物流园等建设，自动化改造，新技术应用

新增、扩建、改造物流枢纽、分拨中心、快递园区、国际处理中心、海外仓等重要基础设施，内部设备实现节能、环保、智能、信息化、自动化。

重点应用推广设备：机械化装卸、自动搬运、自动分拣、自动包装、托盘、集装篮、笼车、折叠式嵌套式包装箱、智能终端、智能快件柜、电子运单、物流机器人、无人机、无人车、新能源汽车、新型保鲜减震包装材料、新型分级预冷装置、多温区陈列销售设备、大容量冷却冷冻机械、节能环保多温层冷链运输车、移动冷链箱。

重点应用的技术：移动互联网、物联网、大数据、云计算、虚拟现实、人工智能、数据分单、数据派单、无线射频识别、卫星定位、车辆跟踪、温度监控、智能标签、新材料。

资料来源：https://www.iyiou.com/p/83615.html，节选。

12.2.2.3 物流产业发展政策

物流产业发展政策是围绕物流产业发展，旨在实现一定的物流产业发展目标，而使用多种手段制定的一系列具体政策的总称。物流产业发展政策与物流产业结构政策、物流产业组织政策共同构成物流产业政策体系。在物流产业政策体系中，物流产业发展政策的作用更加直接。因此，物流产业发展政策具有综合性、多样性、一定的识别性和规范约束性的特点。

现代物流的产业发展政策主要包括物流产业技术政策、物流产业布局政策、物流产业金融政策、物流产业财税政策、物流产业收入分配政策、物流产业外贸政策、绿色物流环保政策等。其中，物流业技术政策和布局政策是最基本的政策内容。

1. 物流产业技术政策

物流产业技术政策是指政府对物流产业的技术进步、技术结构选择和技术开发所进行的预测、决策、规划、协调、监督和服务等方面的政策措施。在现代社会经济活动中，物流活动是贯穿于所有生产和服务活动之中的跨度最大的活动，如果没有现代物流技术的支撑，尤其是信息技术、通信技术、网络技术等技术方面的支撑，现代物流业的活动只能停留在传统意义上。因此，物流产业技术政策至少应包括以下几个方面的主要内容。

（1）物流技术发展规划。它是政府根据经济和社会发展对科学技术的要求，对未来时期的物流技术进步做出总体分析，确定物流技术发展的目标和方向，列出重点发展的物流技术领域，并制定具体实施的步骤和时间安排。

（2）物流技术开发政策。物流技术开发是指主要依靠自己的技术力量，进行物流新技术、新工艺的研究、推广工作。物流技术开发政策主要包括物流技术开发的鼓励、保护政策；促进新技术传播与扩散政策；协调基础研究、应用研究和发展研究的政策；促进高新技术开发的政策；提高新技术、新工艺、新产品普及率的政策等。

（3）物流技术结构政策。此项政策旨在为了安排好各种物流技术类型和物流技术层次之间的相互联系与数量比例，实现物流技术结构的合理化。因此，合理的物流技术结构政

策，应根据一定时期的具体国情、资源状况和技术发展规律等各方面因素综合考虑确定。一般来说，要根据劳动者数量和质量状况，考虑是采取先进技术为主，还是以中间技术为主；根据资源状况、资金水平，确定是以提高劳动生产率的技术为主，还是以节约原材料、能源和防治污染的技术为主。

（4）物流技术改造政策。它包括制订物流技术改造总体计划，确定与审查重大技术项目、技改资金的筹集、使用与管理等。

（5）物流技术引进政策。它的重点应放在：加强政府在物流技术引进方面的指导作用；以税收、外汇等优惠政策鼓励和支持多种方式的引进；用经济、法规和必要的行政干预等手段鼓励引进物流关键技术，做好引进物流技术的消化吸收工作。

2. 物流产业布局政策

物流产业的产业布局政策，是为了实现现代物流产业空间合理化而制定的政策。物流产业的合理化，实质上是地区分工协作的合理化、资源地区配置和利用的合理化。因此，物流产业布局政策的目标可归纳为：服务本地区（区域）经济发展，实现社会稳定、生态平衡和国家安全等方面。

从服务经济发展目标来看，物流产业首先应以服务本地区或本国经济发展为目标。因此，区域经济发展规模和水平是物流业布局的基础。其次，物流产业的布局要结合地区物流业基础设施和区位特点来考虑，产业空间布局政策应体现于各中心城市物流园区、物流基地、物流中心的规划与建设之中。最后，物流产业的布局要考虑在整个国家范围内的布局平衡，尤其是要注意不发达地区的物流产业布局。

从社会稳定目标来看，物流产业的产业布局要兼顾民族团结和充分就业。毫无疑问，物流基础设施的建设及物流园区等方面的建设和发展应该能为相关地区提供良好的就业机会。

从生态环境目标来看，物流产业的产业布局应兼顾生态环境与城市交通、城市发展规划。

从国家安全目标来看，物流产业的产业布局则要以整个国家范围来考虑布局原则和规划方案。

物流产业布局政策的主要内容有以下几个方面。

（1）制定合理、有效的地区物流产业政策。地区物流产业政策应当服从国家物流产业总体布局的要求，按照统筹规划、因地制宜、发挥优势、分工合作、协调发展的原则，正确处理国家经济发展与地区经济发展的关系，正确处理地区与地区之间的关系。各地区要选择适合本地条件的发展重点和物流产业发展方向，避免地区间产业结构的趋同化。

（2）合理划分物流产业布局的决策权限。国家宏观物流产业布局和各大经济区域的物流产业布局由中央政府统一规划和组织，会同地方政府有关部门具体实施；各地区内的物流产业布局由地方政府规划、组织与实施。

（3）正确选择地区物流产业的主导发展方向。各地区对物流产业的主导发展方向的选择和优势部门的配置，应充分考虑资源的存量、市场容量、技术成熟度、经济规模以及产业关联度等因素。在配置物流产业的主导发展方向的同时，积极发展专业化协作和配套产业。围绕物流产业的主导发展方向和其配套产业的发展，重视加强基础产业和基础设施的建设，以保证地区各物流产业的协调发展。

（4）鼓励发展地区间的横向联合，推进物流资源优化配置。采取优惠政策，鼓励地区物流资源的横向联合，这对于推进物流资源的优化配置具有十分重要的作用。

地区物流产业布局政策要与国家物流产业结构政策相结合，以实现物流产业政策区域化、区域政策产业化。

3. 物流产业金融政策

一个国家的物流产业发展状况如何，与该国实行的物流金融和货币政策关系极大。从某种意义上说，金融与货币政策可以决定物流产业是兴旺繁荣还是停滞不前。

银行利率的变化、货币供给的波动，都会给物流产业发展带来或多或少的影响。利率变化和信贷投向往往是国家利用金融与货币政策支持地区和主导产业部门的有效杠杆，而货币量的控制也对物流发展产生很大影响。一个稳定的货币供应政策，能防止经济的大起大落，维持长期的供求平衡关系，从而保证物流产业的长期稳定发展。一个合理的金融货币政策，又能对物流产业发展状态进行及时调节。例如在物流产业发展的扩张期和收缩期，国家通过利率和货币供给量的变动，可使物流产业保持动态均衡。

4. 物流产业财税政策

物流产业财税政策是国家运用权力参与经济收入和支出流量的运动，从而达到推动物流产业发展、实现物流产业发展目标的目的。财政收支的基本实现形式有征税、政府投资或政府购买、转移支付 3 种。这 3 种基本形式都对物流产业的均衡发展起着自动稳定器的作用。

在实际中财政政策面临着 3 种选择：一是平衡预算政策，即收入与支出相抵的政策；二是赤字预算政策，即支出大于收入的政策选择，它能刺激社会总需求，促使产业扩张；三是盈余预算政策，即收入大于支出的政策选择，这种政策有利于压缩社会总需求，冷却过热的经济。因此，对于不同的物流产业发展时期，财政政策要给出有益的选择：当经济高涨时期，财政政策应当采取多收少支的姿态，以减少需求，给过热的经济降温；当经济衰退时期，财政政策应当采取少收多支的姿态，以减缓经济衰退的态势。

5. 物流产业收入分配政策

产业收入分配政策是调节社会各集团、各阶层成员收入和经济利益的政策。在物流收入分配中，必须坚持以按劳分配为主体，多种分配方式并存的原则，体现效率优先，兼顾公平，把国家、企业、个人三者的利益结合起来。通过合理的收入分配政策，消除经济发展中收入分配高低过分悬殊的不合理现象，从而促进物流产业经济的高速发展。国家一定时期的财力是有限的，应当在分配方面优先支持那些回报率高的地方、产业，支持和鼓励一部分地方、一些行业和企业先富起来，然后运用这些地方、产业、企业上缴的税收，共同加大对另一些地区尤其是贫困落后地区的投入，加大对新兴产业的投入，从而实现经济的均衡发展和共同富裕的目的。

6. 物流产业外贸政策

物流产业外贸是指物流产业的对外贸易活动，它包括一国与别国进行的物流产品服务及物流劳务的交换活动，如物流设备、技术、劳务等外贸活动。

物流产业外贸政策包括许多方面的内容，如关税和出口税政策、汇率政策、出口刺激和对进出口额的控制政策，等等。

实行一定的物流产业外贸政策，实际上是根据本国的相对优势参与国际市场竞争，通过国际交往来实现物流产业迅速发展与资源合理配置的目的。采取替代进口战略的发展中国家，往往采取逐步提高关税或规定进口限额等措施。另外，汇率的变动对货币发行国的产业发展有很大的影响。汇率的高低取决于货币代表的实际价值和外汇市场对该种货币的供求情况。而货币的供求情况受该货币发行国的国际收支情况和政治、经济因素的影响。世界各国都把汇率作为一项重要的政策工具，通过汇率的调整来促进本国物流产业经济的发展。

7. 绿色物流环保政策

绿色物流环保政策是指政府为了保护环境和生态平衡、合理利用自然资源、防止物流产业污染所采取的，由行政措施、法律措施和经济措施所构成的政策体系。发达国家政府主导的绿色物流政策是从发生源规制、交通量规制和交通流规制 3 个方面进行的。

发生源规制主要是对产生环境问题的来源进行管理。造成环境问题的主要物流形式是货车的普及、物流量的扩大和配送服务的发展。这导致诸如排气污染等环境问题。

交通量规制主要是发挥政府的指导作用。政府推动企业从自用车运输向商业用车运输转化，发展共同配送，建立现代化的物流信息网络，以最终实现物流的效率化。

交通流规制的主要目的是通过建立都市中心地域环状道路、道路停车规制以及实现高度化的交通管制来减少交通阻塞、提高配送效率。实现绿色物流的最佳途径还是智能交通运输系统。智能交通运输系统既体现了政府主导的绿色物流环保政策，又涵盖了民间及企业的绿色物流活动。

12.3　其他国家或地区的物流产业政策介绍

物流产业的发展水平代表着一个国家的经济发展程度。各个国家因为经济发展的历史和经济发展的模式不同，在发展物流产业的过程中积累了各自不同的政策经验。学习发达国家物流产业的发展政策，对研究我国物流产业发展政策具有积极的借鉴意义。

12.3.1　美国物流业的管理体制及产业政策

美国作为市场经济体制最为完善的国家，在物流产业发展过程中，不强调政府的直接管制。政府对物流产业的管理方式主要是利用健全的法律、法规创造公平的竞争环境。此外，政府通过提供良好的宏观物流管理体制、建设高效的运输体系、完善人才培养与教育等辅助性措施推动物流产业发展。

1. 美国物流业的管理体制

（1）国家未设统一管理物流业的专职政府部门。美国联邦层次的物流管理机构主要有各种管制委员会，其中州际商务委员会负责铁路、公路和内河运输的合理运用与协调；联邦海运委员会负责国内沿海和远洋运输；联邦能源委员会负责州际石油和天然气管道运输。美国不存在集中统一的专门管理物流的政府部门，各政府部门依旧按原职能对物流各基本环节（如海运、陆运、空运等）进行分块管理。虽然那些组成物流服务的基本运输服务一般是由联邦政府来管束的，但对物流服务提供者没有一般意义上的专门管束。从政府架构上看，虽然美国运输部统辖国家公路交通安全管理局、联邦航空局、联邦公路管理局、联邦铁路管理局、联邦运送管理局、海运管理局、海岸警备队等政府机构，但"当涉及安全问题时，联邦航空管理局负责联邦航空业；海岸警备队负责海运业，包括国内海运和国际海运；联邦机动车管理局负责商业公路和客运业；联邦铁路管理局负责铁路运输业"。由此可见，各管理局仍是以运输方式的不同各负其责，各管一摊。需要特别提及的是，海运业由于其特殊性，在美国是由联邦海事委员会集中管理的。另外，美国一直设有州际商务委员会，主要职责是制定除法律之外的规章制度，协调州与州之间的贸易矛盾、商业与进出口事务、消费者权益以及交通运输方面的事宜，为交通运输企业提供咨询服务。

（2）联邦法院从法的角度管理物流业。美国是一个较为成熟的法治国家，其健全的法律制度为物流业管理奠定了坚实的基础。立法机构是总的运输政策颁布者、各管理机构的设立和授权者，它们和各州相应机构一起，构成美国全国物流市场的管理机构体系。在美国，大部分物流所涉及的货运业务是根据所签订的正规贸易合同进行的。在这种合同下出现的任何问题，都可由联邦法院根据相关法律来处理，就像处理私人商业纠纷一样。所有货物的承运人必须遵守有关操作人员和运输工具安全的法律。如果要运输危险货物或有害货物，那么联邦法规安全规则中关于包装和运输标志的要求必须得到遵守。

（3）物流行业组织间接促进物流业管理。民间性的物流行业组织，在美国的物流管理体制中也占有一席之地，但它们并不是"管理机构"，而是一种由对物流管理感兴趣的个人组成的非营利性学术组织，主持物流培训集会，并提供物流方面的书籍及其他资料，趋向于进行学术理论方面的研究，而不是实践。美国物流管理协会的主要任务是通过发展、创新和传播物流知识来促进并服务于物流行业的发展，举行年会和研讨会则是其传播与创新物流理论的主要途径。

（4）物流企业依据市场需求自主决定物流业发展战略。应该说，美国作为典型的市场经济类型国家，其政府只负责掌控企业的设立及其行为的合法性。至于企业是否从事物流业务以及其制定任何物流发展战略、经营模式、竞争手段等，则完全由企业自主决定。只要物流企业依法登记即可自主经营，自负盈亏，政府不会多加干预。

（5）物流业人才教育培养体系比较完善。美国已形成了较为完善的物流人才教育培训体系，现已建立包括本科、研究生及职业教育的多层次物流专业教育，许多大学都设置了物流管理专业或附属于运输、营销和生产制造等其他相关专业。美国物流管理委员会建立了美国物流业的职业资格认证制度，如仓储工程师、配送工程师等职业资格认证制度。所有物流人员必须接受职业教育，经过考试获得相关资格后，才能从事物流工作。美国奥尔良州立大学的调查结果表明，物流管理者的受教育程度和专业结构的情况是：大约92%的被调查者有学士学位，41%的人有硕士学位，22%的人有正式的资格证书。美国一些知名企业都设立了物流主管，聘用专业物流人员从事物流管理，而且这种趋势越来越明显。

2. 美国的物流政策法规

美国的立法体系是由宪法、国会的法律、司法判例、政府执行的行政法规和部颁行政规章组成的。美国的公路交通法规体系主要包括公路法系统和运输法系统，两个系统的法规分别汇编于《美国法典：23 公路》和《联邦规章：23》，以及《美国法典：49 运输》和《联邦规章：49》。美国于 1940 年制定了《运输法》，该法律全面阐述了国家对交通运输的政策；1967 年通过《运输部法》成立了专门的运输部；到 1980 年将"鼓励和促进综合联运"作为国家的运输政策写进运输法。美国的水运交通法规体系包括贸易运输法系统、船舶法系统、船员法系统、航道法系统、港口法系统、海上安全法系统和海事审判法系统。继第一部比较完整的航运法规——《1916 年航运法》后，美国先后出台了《1920 年航运法》《1936 年商船法》《商船销售法》《1954 年货载优先法》《1970 年商船法》和《1998 年远洋航运改革法》等法律。这些法律都体现了美国奉行的航运保护性、扩张性政策。

从 20 世纪 80 年代起，美国的运输结构发生了根本性的变化，通过了《机动车辆运输法修正案》《地区运输补助法》《汽车承运人规章制度改革和现代化法案》《斯泰格斯铁路法》这些法规的出台形成了一种运输改革的环境；接着，在 20 世纪 90 年代又相继通过了《多式联运法》《协议费率法》《机场航空通道改善法》和《卡车运输行业规章制度改革法案》，并修改了《1984 年航运法》，推出了《1998 年航运改革法》。这些法律上的改革促进了美国综合运输的发展，在某种程度上都减少了国家对运输业的约束和控制，推动运输业更接近"自由市场的体系"，从而有效地将物流业融于市场经济体系之中。

12.3.2　欧洲物流业的管理体制及产业政策

欧盟为了促进欧洲统一大市场的形成制定并推行了一系列的贸易政策、运输政策、关税政策、货币政策等。其中最有代表意义的是《欧洲统一法》（1993 年）和《马斯特里赫特条约》。随着《欧洲统一法》的颁布，货物、人员、资金在欧共体的 28 个国家内开始自由流动。《马斯特里赫特条约》为欧洲统一货币"欧元"的启动提供了法律上的依据。货币的统一，极大地促进了欧洲物流业的迅速发展。从某种角度来讲，欧洲物流业的迅速发展应该归功于欧洲统一大市场的形成。

1. 政府在物流管理中的作用：监督控制

以德国为例，德国货运管理的部门是联邦货运交通局。联邦货运交通法中规定联邦货运交通局的任务就是监督和控制。为了更好地运用监督功能，联邦货运交通局对所有参加运输的人员不仅在办公室内还在室外（公路、高速公路、停车场）进行监督，其中也包括发货人、中介人或运输公司。联邦货运交通局规定，如违反规定，要受到主管局的惩罚或联邦货运交通局的制裁。

2. 基础设施：政府兴办，民间经营

德国的货运中心是为了提高货物运输的经济性和合理性，以发展综合交通运输体系为主要目的。德国的货运中心建设遵循以下原则：联邦政府统筹规划、州政府扶持建设、企业自主经营的发展模式。

（1）联邦政府统筹规划。联邦政府在统筹考虑交通干线、主枢纽规划建设的基础上，通过广泛调查生产力布局、物流现状，根据各种运输方式衔接的可能，在全国范围内规划物流园区的空间布局、用地规模与未来发展。为引导各州按统一规划建设物流园区，德国交通主管部门还对规划建设的物流园区给予资助，未按规划建设的则不予资助。

（2）州政府扶持建设。州政府提供建设所需要的土地、公路、铁路、通信等交通设施，把物流园区场地出租给物流企业，按股份制形式共同出资，由企业自己选举产生咨询管理委

员会。该委员会代表企业与政府打交道，与其他物流园区加强联系，但不具有行政职能，同时负责兴建综合服务中心、维修保养厂、加油站、清洗站等公共服务设施，为成员企业提供信息、咨询、维修等服务。

（3）企业自主经营。入驻企业自主经营、照章纳税，依据自身经营需要建设相应的库房、堆场、车间，配备相关的机械设备和辅助设施。

以不来梅市货运中心为例，除德国政府设立海关负责进出口货物验关之外，政府在货运中心不再设置其他管理机构，企业自主经营，照章纳税，政府也不再从货运中心成员那里征收除法定税费以外的任何税费。货运中心自身的经营管理机构采取股份制形式，市政府出资25%，货运中心50户经营企业出资75%，由经营的企业选举产生咨询管理委员会，推举经理负责货运中心的管理活动，实际上采取了一种企业"自治"的方式。企业按实有工作人员每人每月向货运中心交纳一定数额的管理费，货运中心不再收取任何费用。货运中心的职能主要是为成员企业提供信息、咨询、维修等服务，代表50家企业与政府打交道，与其他货运中心联系，不具有行政职能。

3. 整体运输安全计划

为了有效监控船舶状态，欧盟各国政府提出了一项整体运输安全计划，希望通过测量船舶的运动、船体的变形情况和海水的状况，提供足够的信息，避免发生事故，或者是在事故发生之后，确定造成事故的原因。

4. 统一标准，协调发展

为提高欧洲各国之间频繁的物流活动效率，欧盟组织之间采取了一系列协调政策与措施，大力促进物流体系的标准化、共享化和通用化。例如，由全欧洲铁路系统及欧盟委员会提出的"在未来20年内，努力建立欧洲统一的铁路体系，实现欧洲铁路信号等铁路运输关键系统的互用"就是这一努力的具体体现。

另外，为了优化整个欧盟地区的物流资源，使之实现资源共享，欧洲还建立了欧洲空运集团，由7个成员国比利时、法国、德国、意大利、荷兰、西班牙和英国组成，并在荷兰的Eindhoven空军基地建立了空运联合协调中心（Air Transport Coordination Cell），该中心在2002年正式开始运作。协调中心的职责是规划并协调空中运输支持、紧急事件处理、空中加油机、重要人物运输和医疗抢救等任务。

5. 扩大行业影响力：行业协会的作用

欧洲的运输与物流业组织——欧洲货代组织（FFE）在2001年的董事会年会上决定，为了整个行业的利益和长远发展大计，将积极在欧洲乃至国际上扩大行业影响力。为此，该组织制定的工作重点是：与技术财产保护协会（TAPA）成员洽商高科技产品在运输、装卸、管理过程中的安全要求，并达成一致意见；向欧盟委员会提交有关行业建议，要求欧盟在交通运输政策"白皮书"中反映出欧洲交通运输行业尤其是物流业的利益；运用先进的经营管理手段（包括IT管理）维护客户的利益，巩固与客户的合作关系。

12.3.3　日本物流业的管理体制及产业政策

日本作为一个重视立法的国家，在物流服务产业发展过程中，不乏各种法律类物流政策，诸如 20 世纪 70 年代对《日本国有铁路法》《道路运输法》的修订，20 世纪 80 年代末颁布的《货物卡车运输事业法》和《货物运输经营事业法》等，都为物流服务产业的发展营造了良好的制度环境。但相比较而言，日本物流服务产业发展的重要特征是政府的主导作用，其具体表现在 1997 年通产省制定的《综合物流施政大纲》和 2001 年日本政府颁布的《新综合物流施政大纲》两个行政类政策文件上。

1. 制定物流服务产业发展方针和总体目标

日本政府发表了促进物流服务产业发展的纲领性文件，以引起全社会对促进物流服务产业发展的重视。1997 年通产省制定的《综合物流施政大纲》，明确了物流服务产业发展的目标并制定了相应措施。该文件致力于以下 3 个物流目标的实现：①日本要在亚太地区提供便利性最高、最具魅力的物流服务。②在不妨碍产业结构竞争力的前提下，降低成本，提供物流服务。③解决有关物流中的能源、环境及交通安全问题。为实现以上目标，日本政府在相互联合的综合措施，适应多样化的要求、扩大选择性，促进竞争、激活市场 3 个方面，采取了有关放宽规章制度、完善社会资本及提高物流系统效率等措施。2001 年 7 月 6 日，日本政府又发布了《新综合物流施政大纲》，进一步明确了其构筑整体高效运行并具有国际竞争力、符合社会效益和有利于国民生活的物流系统的总体目标，并在《新综合物流施政大纲》的第 3 部分确定了实现上述目标的具体政策措施。

2. 完善物流服务产业管理体制

（1）物流服务产业管理体制。日本物流与运输省、通产省、建设省、劳动省、农水省、公正交易委员会等多家官厅有关，其中主要由通产省和运输省共同行使物流管理职能，不存在一个统一的物流管理机构。但日本在物流法规、政策上明确了具体分工：运输省负责运输业界物流基础设施；通产省负责物流机器、工业产品和流通业物流；建设省负责公路物流据点用地；劳动省负责物流业者的雇用；农水省负责食品业物流；公正交易委员会负责有关物流的市场竞争交易条件等。

除了政府的省厅介入物流服务产业的管理以外，行业协会也积极发挥着重要作用。日本物流系统协会作为日本唯一的综合性物流团体，主要从事物流知识普及、调查研究、人才培训、国际学术往来等多方面的活动，在政府和企业之间搭建起沟通的桥梁。

（2）物流服务产业管理制度。在运输业、仓储业发展初期，日本政府曾对这些行业中新企业的进入或老企业规模的扩大都实行严格审查。随着日本物流业相关经济部门、行业基础的具备和竞争力的提升，日本政府对这些行业的规定、管理政策进行了大幅度的调整，以推动行业向效率化、服务多样化方向发展。在《综合物流施政大纲》中，日本政府明确提出"简化有关物流市场的参与、退出规制，在使参与、退出尽可能简便的同时，尽量减少在物流服务内容及价格方面政府的干预，以促进从业者之间的竞争为基本原则"，以及"进一步巩固规制改革成果，继续放宽行业准入资格限制，运费及收费项目限制，通过自我责任管理的形式扩大物流企业的选择范围，促进物流企业自主经营，具体做法可参照《推进规制改革三年计划》，有计划，有步骤地展开"的政策措施。

（3）虽无专职物流管理部门，但有统辖大部分物流环节的政府部门。日本政府的运输省主管陆运、空运、水运的运输行政，还负责对海上保安厅和气象厅以及地方运输局、港湾建设局、地方航空局、航空交通管制部等机构的管理。随着国有铁路的民营化和交通运输体制的变化，日本运输省增设了运输政策局和地域交通局等机构。由此，日本运输省的主要职能由直接的行政管理和指挥，转为交通运输综合政策的设计和组织。运输政策局的职能不仅覆盖了运输省所辖范围内主要运输方式的政策设计、计划制订及城市与区域运输的规划与协调，还包括了现代物流"供应链"概念所涉及的仓储与配送等市场准入方面的管理工作。由此可见，日本运输省的行政职能范围几乎统揽了物流业所覆盖的主要行业，物流业大部分业务环节的活动已在其调控之中。

3. 针对物流服务产业系统层次的政策措施

（1）物流基地和交通运输体系建设。日本政府为了加强对资源的合理配置，对物流基地建设进行严格管理。由通产省、运输省、农林水产省、建设省和经济企划厅 5 省负责制定全国统一的总体构想，并决定究竟具体有哪些城市可以获准建设物流基地。在物流基地规划时，考虑到其国土面积小、国内资源和市场有限、商品进出口量大的实际情况，按照"流通据点集中化"战略在大中城市的郊区、港口、主要公路枢纽区域规划建设物流园地。同时，政府给予主要的财政出资。例如日本和平岛货物中心建设总投资 572 亿日元，其中 70% 由中央财政出资，20% 由东京地方财政出资，10% 由企业出资。

日本政府在《新综合物流施政大纲》中提出要推行多元化运输模式，让各种运输形式既竞争又协作，通过货主自由选择，形成货运量均衡的交通运输体系，以求整体运输的效率化。比如，卡车运输的效率化，要建设好物流据点，干线公路要网络化、干线货物运输要实现共同化。沿海运输的效率化，要实现船舶大型化、行驶高速化等，则必须考虑船舶运输效率与航行安全的一致性，同时也要形成高效运输网络。为此，要求政府各相关部门共同协作，努力构筑综合交通运输体系，重点加强区域交通建设，依据携手共建的计划，把机场、港湾、车站等物流基地与高等级干线公路连成网络，充分发挥综合交通体系的作用，推动多功能交通网络协作事业的向前发展。

（2）物流市场培育。在物流供给方面，日本主要是通过规划建设物流园区、货运中心、配载中心，鼓励社会化、专业化的物流企业发展，使其成为货主、车主之间的纽带和桥梁，成为社会物流资源的整合者、运作者和高质量服务的提供者。《综合物流施政大纲》明确提出要"通过提供公正的物流服务，适应物流市场活跃化、多样化、高度化的要求，开拓新的业态和服务项目，创造具有国际魅力的、充满活力的事业环境"。在物流需求方面，日本政府推行自由经济政策，企业在激烈的市场竞争中，为了自身的生存和发展，必须寻求最有利的流通渠道，采取最有利的经营形式。

4. 物流服务产业的技术进步

（1）新技术开发和利用。日本政府针对本国物流技术的发展状况和需要，分别在其两个施政大纲中提出了政策建议："在陆地、海上、空中运输的所有领域，推进卫星定位系统。另外由于食品等有必要进行低温物流，要配备冷冻车、冷库等低温设施，开发、引进保冷容器等保鲜材料，完善从产地到消费地的冷链系统。开发在一般道路上正常运行，专用道路上自动运行的专用卡车等新型物流设备及技术在公路运输领域，要促进道路交通信息通信系统（VICS）、不停车自动交费系统（ETC）、现代安全汽车（ASV）、行驶支援系统、新交通管理系统（UTMS）、电子车牌（智能车牌）、互联网 ITS（智能交通管理系统）、传感信息系统等新技术的开发和利用。在海运领域，要研究开发新一代内航货船（超级生态船），在努力构筑应用智能技术的超现代化海上交通系统的同时，积极推行现代化货轮海上运输。航空运输领域也要加强新一代航空安全系统建设。此外，作为货物和运输机械的电子化管理手段，要引进和普及今后可能会广泛使用的狭域通信系统（DSRC）和无线移动识别技术。"

（2）物流一体化、信息化和标准化。日本政府为了构筑具有国际竞争力的社会化高效物流体系，在其两个施政大纲中都提出了物流一体化、信息化和标准化对于物流系统建设的重要性，并在物流电子数据交换（electronic data interchange，EDI）方面，公路领域、海运领域、航空货运等交通信息应用方面提出了发展的方向和建设目标。如在物流 EDI 方面，其提出应详细了解、掌握这种 EDI 的利用情况，努力普及使用；同时，国际物流业务要积极开发、引进标准 EDI，要抓紧进行生鲜食品等行业标准 EDI 的普及；此外，与 EDI 相配套的发货、运输、接货作业通用标签（STAR 标签）也要符合标准 JIS（日本工业标准）。在交通信息应用方面，日本要充分发挥地理信息系统的作用，建立各种运输工具通用的物流综合信息系统，同时要促进各运输领域的信息交流。

（3）物流教育与人才培训。日本在进行物流人才培养时，特别关注基本理念、基本方针、培训体系以及年度培训计划制订等。首先，在人才培养的具体方法方面，除了在日本的大专院校进行正规的物流知识与技术学习外，各个企业有各种方法进行人才的培养和培训，主要有在职培训、脱产培训、自学和工作轮岗等。其次，在物流人才培养的实践方面，各个企业与大学合作，使大学接收学生进行培训。例如，三菱电器物流公司承担着日本大型外资超市家乐福的家电商品配送业务，该公司与东京商船大学流通信息专业进行学生的见习制合作，每年夏季接收学生接受物流部门的培训，该公司还从技术部门派出人员作为讲师在这所大学承担有关物流的课程。

12.3.4　各国或地区物流管理体制与产业政策比较与借鉴

通过对美、日、欧物流管理体制与产业政策的分析，我们可以看到国外发达国家的物流管理体制与物流产业发展政策各有特色，其经验值得我们学习与借鉴。

1. 发达国家或地区物流管理体制与产业政策的比较

通过对美、日、欧各国物流管理体制与物流产业政策的介绍和分析，表 12-1 在管理模式、主管机构、代表性物流管理协会、物流政策特点和物流设施管理 5 个方面进行了比较。

表 12-1　发达国家或地区物流管理体制及产业政策的比较

国家或地区	管理模式	主管机构	代表性物流管理协会	物流政策的特点	物流设施管理
美国	市场化模式	无	美国供应链管理协会 美国逆向物流执行委员会	法律类物流政策为主；行政类物流政策为辅	政府宏观把握，企业投资建设运营为主
欧洲	政府监督控制和企业自主经营并举	无	欧洲货代组织（FFE）	积极推行欧洲统一的标准化、共享化和通用化	政府兴办，民间经营
日本	政府主导模式	经济通产省和运输省	日本物流系统协会	行政类物流政策为主	政府统一规划，实行社会化运作

2. 发达国家或地区物流产业发展政策借鉴

纵观美国、日本、欧洲的物流产业发展，虽然各国政府的物流管理模式不尽相同，但各国都在法律类政策基本维护物流领域经济秩序的基础上，通过积极和及时的行政类政策，为物流产业的发展提供引导和扶持。

（1）政府在宏观上重视物流产业的发展。虽然迄今为止，只有日本颁布了针对物流服务产业发展的专门政策文件，但各国政府都在采取相应的政策法规来促进本国物流产业的发展。这些政策法规虽然各有侧重，但从宏观上重视物流产业的发展，通过国家高度的发展战略和相关各部门的管理协调，将物流产业发展纳入国家经济发展体系，在相关的扶持政策和积极创造良好的物流发展环境等适应物流产业发展方向和目标方面都是一致的。

（2）强调协调的物流产业管理体制。从国外物流产业管理体制的现状分析，主要具有宏观调控、管理分散、组织科学、协调统一等方面的特点。各国对物流产业并未进行集中管理，而是根据其经营的具体内容，通过物流各个环节的不同政府部门管理协调配合，形成全国、地方畅通的物流管理系统，共同管理物流活动。例如美国，物流涉及的安全、航空、公路、铁路、水运、工农业产业、商业贸易、海关等多个部门，从基础设施建设、运营到通关、运输组织、仓储管理、安全管理等，均由相关的部门统辖管理，表现出很高的效率。日本的状况与欧美略有不同，虽然它也没有成立专门的物流管理机构，但其通产省和运输省的行政范围几乎统揽了物流产业所覆盖的主要行业，其工作包括了物流产业"供应链"概念所涉及的仓储业与配送业的相关政策制定和市场准入等方面的管理工作，物流产业大部分业务环节的活动已在其调控之中，但从其具体管理活动分析，除去单个管理部门的管理范围有所区别外，管理活动的方式基本相同。

这些都表明，无论美国还是日本，都不存在一个专门的机构或部门来管理物流，各部门对物流活动的管理主要通过政策、法规、市场准入、安全控制等表现出来，但各个管理部门分工明确，效率很高，其体现了政府各部门考虑到并遵循了物流产业的复合性特征和发展理念。由此看来，我国物流管理体制和机制改革的关键是，各部门要遵循物流产业的复合性特征和发展理念，建立起物流产业从宏观管理到行业管理的有机体系，实现管理上的科学、合理分工。

（3）充分发挥物流协会等中介机构的管理作用。现代物流的跨行业、跨地区经营决定了行业协调十分困难。由此在物流产业的发展过程中，孕育出了大量的物流管理中介组织，它们在现代物流管理中扮演着不容忽视的角色。国外物流产业的发展充分发挥了物流协会的组织和桥梁作用，赋予协会在物流市场中进行协调、咨询、服务与沟通的职能，使协会真正成为政府和企业之间的纽带，使行业协会在物流产业发展中发挥协调和行业自律的作用，协助政府推动物流产业的发展。例如，就美国物流服务产业的发展而言，物流行业组织在物流管理体制中的作用功不可没，美国物流管理协会通过举行年会和研讨会，发展、创新和传播物流知识来为物流行业服务。而日本物流系统协会在政府与企业之间的行业管理功能更趋明显，例如它配合政府拟定有关日本物流系统标准、提出发展政策建议等。

（4）针对物流产业系统层次的建设。国外各国政府都十分重视物流基础设施的规划和建设，特别是重视具有战略意义的物流枢纽设施、物流基地等的规划建设，以促进物流产业的形成和服务水平的提高。此外，它们还大力发展综合运输体系，以全面提高各种运输方式之间的协调性，确保物流在运输环节的畅通。

　　物流产业是集先进的运输技术、信息技术、仓储技术、包装技术和高技术管理人才为一体的技术密集型产业。因此，物流产业的发展离不开技术的进步、信息的共享和标准化以及人才的培养。国外物流产业发展的实践充分证明，要促进现代物流产业的发展，必须重视物流技术和人才培养。

12.3.5　世界物流政策的调整趋势

　　21世纪以来，经济全球化进程进一步加快，物流全球化、智能化的趋势愈加明显，尤其是全球范围内的环境压力越来越大，要求各国政府适时调整物流发展战略，转移物流政策的重点，转变以往只着眼于国内物流的狭隘思路，把实现全球化、智能化、环保型物流作为制定物流政策的基本原则和出发点。概括起来，世界物流业政策的调整趋向主要体现在以下几个方面。

1. 经济性管制放宽，社会性管制趋严

　　美国、英国、日本、法国等这些自由度较高的市场经济国家纷纷对传统物流管制政策进行调整，或降低管制程度，或缩小管制范围，或取消管制等。同样，中国、东南亚新兴工业国家或地区也放宽了传统的物流管制项目。从总体上说，放宽管制是世界性潮流。值得注意的是，所谓放宽管制，主要是放宽经济性管制，而不是放宽社会性管制。所谓经济性管制，就是对各类物流经营者的市场进入进行管制，以及对价格、收费标准、服务水平等进行管制。它主要包括两类：一类是针对商品或服务进行的质的管制；另一类是针对商品服务的供给者（企业）数量和商品、服务的供给量而进行的管制。前者主要是指商品或服务的价格、质量管制；后者主要指新企业的进入及其供给量的管制，尤其对新企业进入物流市场更是管制的重点。实践证明，放宽经济性管制的政策，对促进现代物流业的快速发展起到了积极作用。

　　与经济性管制不同，各国对社会性管制不但没有放松，反而更加严格。社会性管制主要是指对企业经营所产生的各种外部不经济的管制，如物流设施、网点空间布局、交通安全、环境污染、噪声与振动及能源消耗等方面的管制。例如，禁止货运车辆超载行驶，对违反者不仅要追究车辆拥有者与使用者的责任（主要是罚款），也要追究司机的责任。另外，对货运车辆的二氧化碳、氮氧化合物及粉尘排放量的限制标准也越来越严格。同时，对货运车辆的安全性限制也日趋严格，普遍强化了货运车辆的安全检查制度，而且对违反驾驶时间、让司机疲劳驾驶的经营者给予刑事处分。

2. 物流业政策重点突出，发展目标更加明确

　　（1）完善基础设施。不论经济如何发展，物流方式和技术如何变化，发展铁路、公路、管道、港口、机场、车站等物流基础设施始终是各国物流政策的一个重点。物流基础设施具有公共物品的性质，而且总是供不应求。这就需要利用社会公共机构和民间力量来扩大物流基础设施的供给能力，特别需要政府制定相应的政策，以保证物流基础设施的需求。各国有关物流基础设施建设方面的政策主要涉及3个方面的内容：一是从法律上保证政府对物流基础设施的投资建设；二是从政策上鼓励民间参加物流基础设施的投资建设；三是从规划上保

证物流基础设施空间布局的合理化。

（2）重视智能化。智能化的前提是信息化和自动化。物流智能化的促进政策主要包括物流信息化和物流自动化政策，重点是支持和鼓励开发、应用物联网技术、条形码技术、电子订货系统、电子数据交换系统、供应链管理系统、智能交通系统、自动收费系统、自动分检系统、自动存取系统、货物跟踪系统、数字化地图，以及实现设备和信息标准化等。

（3）突出环境保护。资源的过度消耗使人们的生存环境和经济运行受到了严重挑战。在此背景下，由有关国家和人士发起与倡导的一场旨在保护地球环境、保护自然资源的"绿色革命"，开始在生产、流通以及消费领域蓬勃开展，并且很快风靡全球。各行各业从产品的研制、生产、包装、运输、销售、消费，到废弃物回收和再利用的整个生命周期内，都在考虑环境保护问题。"绿色物流"作为可持续发展模式，已经成为21世纪引领现代物流业发展的新潮流。为此，世界各国纷纷调整国内物流政策，制定物流环境保护政策，这些政策具有两个显著特点：一个是对造成环境污染的物流设施、设备、工具和物流行为的管制越来越严格，越来越具体，如设置环境保护税，收取车辆排污费；另一个是从政策上支持那些有利于减少环境污染的物流设施、设备、工具的开发和应用。

（4）物流政策目标明确。一些国家的物流政策不但重点突出，而且有许多数字化目标，如对城市货运汽车的装载率、高峰期的车速、标准化托盘的使用率、集装箱运输费用、汽车专用道路畅通率、铁路与航运货物的比例、集装箱进出货场时间等都做出了明确的规定。

3. 取消外资进入限制，加强国际物流合作

WTO成员纷纷改善本国（地区）的物流政策环境，主动调整物流政策，努力同世贸组织接轨。主要政策包括：强化国际物流功能，提高国际物流效率，放宽国际物流资本的进入限制，加强区域物流国际合作；改善国际干线航线、国际枢纽港、国际海运集装箱码头、多功能国际货物运输码头等物流设施条件；实行通关手续一体化、自动化、港口24小时开放等制度。

4. 行业自律组织日臻完善

为了更好地适应现代物流业的发展要求，世界各国普遍建立了物流行业自律组织，既有全国性的行业自律组织，也有区域性的行业自律组织，还有专业性的行业自律组织，即协会、学会、联合会，如德国物流协会（BVL）、德国联邦采购物流协会（BME）、法国物流协会、美国供应链管理协会（CSCMP）、美国物流协会、美国运输与物流协会、英国皇家物流与运输协会、日本物流系统协会等。在许多国家，这些行业自律组织已经成为物流政策主体的主要成员之一，主动参与物流行业的管理和运作。

:阅读材料:

芬兰物流业管理体制

芬兰物流业主管部门为芬兰交通通信部，该部负责制定芬兰交通和通信政策，包括海陆空交通系统、交通安全、交通与环保、通信及海事和气象研究政策等，其工作重点是通过立法、制定长期规划等确保芬兰的交通通信系统高效、安全、可持续地运转。在国际合作方

面，该部参与欧盟在交通、通信方面的有关立法工作，与北欧其他国家、俄罗斯和波海国家的合作尤其紧密。

芬兰工商联合会（EK）是芬兰最重要的行业组织之一，其前身为1992年成立的芬兰工业与雇主中央联盟（TT），2005年代表制造业和服务业的组织合二为一，成立EK。EK拥有43家分会，约16 000家会员企业，其中96%是中小企业，这些企业的产值占芬兰GDP的70%，出口占芬兰出口总额的95%，拥有职工95万人。该联合会内设9个部门，其中，商业设施部设有物流处，为成员企业提供与物流相关的运输、物流加工、土地规划、物流基础设施建设、融资、研发等政策咨询服务，并代表成员企业向政府部门及议会游说，同时还与欧盟相关协会保持联系，参与国际合作。

资料来源：中华人民共和国商务部网站。

12.4 中国物流产业政策体系

目前，现代物流业已经引起了中国各级领导、各级政府的高度重视。中央和地方政府也相继出台了众多相关的物流发展政策，特别是2009年3月发布的《物流业调整和振兴规划》，为进一步完善我国的物流产业政策体系起到决定性的作用。一般而言，产业政策主要由产业结构政策、产业组织政策、产业发展政策3个方面构成。在此，我们则根据产业政策的功能将物流政策体系划分为支持性、引导性和发展性政策3个组成部分（见图12-1）。

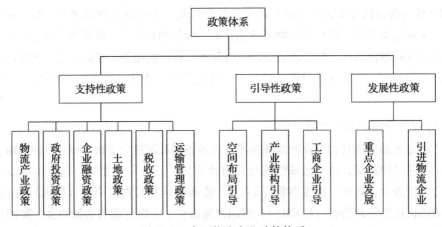

图12-1 中国物流产业政策体系

12.4.1 支持性政策体系

物流是一个复合型产业。物流产业的发展与基础设施的建设以及相关的配套环境息息相关。支持性政策体系旨在为物流产业提供一个发展的基础平台，其主要包括以下几个方面。

（1）物流产业政策。我国政府应进一步完善现有的物流产业政策体系，努力将阻碍物流畅通的各类不符合市场竞争原则，违反国家法律法规规定的地方保护、区域封锁、行业垄断、市场分割的政策废除，建立统一开发、公平竞争、规范有序的现代物流市场体系；规范物流业市场行为，建立物流服务质量标准及行业规范。

（2）政府投资政策。对于建设投资规模较大的物流基础设施及配套设施、公共信息平台等公共建设项目，政府通过投资、补贴等方式参与建设。

（3）企业融资政策。我国政府应充分发挥金融机构在扶持现代物流企业发展中的杠杆调节作用，降低物流企业融资成本；支持物流企业利用境内外资本市场融资或募集资金发展社会化、专业化的物流企业；对资产质量好、经营管理好、具有成长潜力的物流企业鼓励上市；鼓励各类金融机构对效益好、有声誉的物流企业给予重点支持。

（4）土地政策。我国政府应通过出台优惠的土地政策，整合存量资源，优化物流产业空间布局，鼓励物流企业入驻相关的物流园区，充分发挥政府在物流产业发展中的宏观调控作用，避免物流企业的重复建设，提高资源利用率。

（5）税费政策。现代物流产业包括不同服务业态和经营类别，如运输业、仓储业、多式联运及物流代理、流通加工、物流信息及咨询。税务部门应针对物流产业不同的业态提供合理的，有利于物流业持续、稳定发展的税目及税率。

（6）运输管理政策。我国政府应开辟物流绿色通道，提供市区通行和停靠的便利；进一步提高货物运输、配送效率，优化各物流节点之间的转运环节，支持物流企业提供"一体化、门到门"的先进物流服务，实现"货畅其流"。

12.4.2　引导性政策体系

物流产业在我国仍处于"导入期"，各地方在物流基础设施的建设过程中仍然存在一定的盲目性。引导性政策体系旨在为物流产业提供一个理性发展的平台，具体体现在引导不同区域物流产业的合理分工，引导物流节点的合理规划，解决工商企业"大而全、小而全"这种商业运作体制所带来的问题，提高企业物流的运作水平，引导传统的运输企业、仓储企业向发展现代物流转轨，指导物流企业在政府宏观规划的指导下有序发展。引导性政策主要包括以下几个方面。

（1）空间布局引导政策。从国家宏观环境来分析，我国经济的发展过程呈现出明显的区域特征，中央政府可以根据东、中、西部不同的物流需求制定相关的区域物流产业发展引导政策。从各区域的环境来分析，地方政府也应该根据自身的经济发展模式，构建科学、合理的现代物流体系，制定相关的土地、服务等优惠政策，引导不同类型的物流企业入驻相应的物流园区，避免重复建设，达到规模经济效益，促进物流企业发挥协同发展优势。

（2）优化物流产业结构引导政策。我国政府应通过各种支持性政策，引导不同类型的物流企业合理分布、共同发展，优化物流产业结构，在未来的几年内，构建以公路、铁路、航空、水运货运企业为基础的立体高效的物流产业结构，大力发展多式联运型物流企业。

（3）工商企业剥离物流业务引导政策。我国政府应通过政策实施，引导工商企业剥离物流业务，提高物流活动社会化、专业化水平，促进工商企业提高其核心竞争能力，支持工商企业进行内部产权改造和制度建设，以提升企业管理能力；鼓励工商企业进行资产重组，整合各种物流资源，成立独立核算、自负盈亏的物流公司，充分降低物流成本，提高物流运作效率。

12.4.3 发展性政策体系

物流企业是物流产业的市场主体，物流产业的成熟与相关物流企业的发展壮大是同步的。发展性政策旨在为物流产业提供一个产业升级平台，其主要包括以下两个方面。

（1）鼓励重点物流企业做大做强政策。在对物流企业进行考评的基础上，我国政府应通过资金支持、土地、税收等优惠政策扶持重点物流企业的发展，鼓励物流企业走整合、兼并的道路，做大做强，促进物流产业的结构升级。

（2）引入国外一流物流企业的政策。我国政府应创造公平、公正的物流企业竞争环境，积极引进国外一流物流企业，扩大物流领域的对外开放，鼓励国外大型物流企业根据我国法律、法规的有关规定设立分公司或办事处。

此外，物流产业政策体系的制定和实施也需要一定的保障措施，如资金保障、体制保障等。随着我国物流政策体系的完善，物流将日益发挥其国民经济"支柱型"产业的优势。

阅读材料

《关于推进电子商务与快递物流协同发展的意见》

2018年1月23日，国务院办公厅印发《关于推进电子商务与快递物流协同发展的意见》。核心内容为：电子商务与快递物流协同发展仍面临政策法规体系不完善、发展不协调、衔接不顺畅等问题。为全面贯彻党的十九大精神，深入贯彻落实习近平新时代中国特色社会主义思想，落实新发展理念，深入实施"互联网＋流通"行动计划，提高电子商务与快递物流协同发展水平。

《意见》从以下6个方面开出了18条"处方"：强化制度创新，优化协同发展政策法规环境；强化规划引领，完善电子商务快递物流基础设施；强化规范运营，优化电子商务配送通行管理；强化服务创新，提升快递末端服务能力；强化标准化智能化，提高协同运行效率；强化绿色理念，发展绿色生态链。每一条都是针对当前面临的实际问题，明确了国家邮政局与各部委、各地人民政府等在快递行业发展中应承担的责任，为两个行业下一步更好地协同发展提供了强有力的保障，指明了方向。

📖 本章小结

制度作为一种"规范人行为的规则"，分为正式制度和非正式制度。它的作用表现在规范物流市场秩序、提高物流组织的效率、协调物流供需主体间的关系、合理配置物流资源以及影响交易成本等方面，对促进现代物流产业的发展起着举足轻重的作用。市场、政府、产权、意识形态和文化传统等制度因素对于一国或地区的物流发展有着直接或间接的重大影响。

物流产业政策就是国家为实现物流产业结构合理化，促进经济发展所采取的宏观管理政策和措施。它具有稳定性、干预性和宏观性的特点。物流产业政策主要包括物流产业组织政策、物流产业结构政策、物流产业发展政策等,它们相互联系、相互交叉,形成一个有机的政策体系。产业组织政策主要包括物流市场结构政策、物流市场行为政策和物流市场绩效政策;产业结构政策主要包括支柱产业政策、衰退行业援助政策、产业发展的技术政策、幼稚产业的保护政策、高新技术产业化政策;产业发展政策主要包括物流产业技术政策、物流产业布局政策、物流产业金融政策、物流产业财税政策、物流产业收入分配政策、物流产业外贸政策和绿色物流环保政策等。物流产业政策的操作手段主要包括经济手段、法律手段和行政手段。

美国政府对物流产业的管理方式主要是利用健全的法律、法规创造公平的竞争环境,同时通过提供良好的宏观物流管理体制,建设高效的运输体系,完善人才培养与教育等辅助性措施来推动物流产业的发展。因此,美国政府对物流产业的管理体制是市场化模式,实施的政策是以法律类物流政策为主,以行政类物流政策为辅。欧洲对物流产业的管理体制则是采取政府监督控制和企业自主经营并举的方式。注重政府在物流管理中的监督控制作用;对物流基础设施实施

政府兴办民间经营、整体运输安全计划、统一标准协调发展、扩大行业协会在物流产业发展中的影响力等,都是欧洲物流管理体制及产业政策的特色。日本对物流产业的管理体制及产业政策采取的是政府主导模式,以行政类物流政策为主的方式。日本政府通过制定物流服务产业发展方针和总体目标,完善物流服务产业管理体制以及实施针对物流服务产业系统层次的政策措施来规范日本物流产业的发展。政府在宏观上重视物流产业的发展,强调协调的物流产业管理体制,充分发挥物流协会等中介机构的管理作用,加强针对物流产业系统层次的建设,是美国、日本、欧洲等发达国家或地区发展各自物流产业值得我们借鉴的经验。经济性管制放宽、社会性管制趋严,物流政策重点突出、发展目标更加明确,取消外资进入限制、加强国际物流合作,行业自律组织日臻完善等是当前世界物流政策调整的趋势。

构建由支持性政策体系、引导性政策体系和发展性政策体系等三大模块组成的中国物流产业政策体系,将会对促进中国物流产业的发展起到积极的推动作用。

❖ 复习思考题

一、 名词解释

物流产业政策 物流产业结构政策 物流产业组织政策 物流产业发展政策 社会性管制

二、 单选题

1. 在物流产业政策体系中,( )的作用具有更加的直接性。
   A. 物流产业结构政策
   B. 物流产业组织政策
   C. 物流产业发展政策
   D. 物流产业保护与扶持政策
2. 在运输业、仓储业发展初期,日本政府

曾对这些行业中新企业的进入或老企业规模的扩大都实行( )。
   A. 严格审查
   B. 许可登记
   C. 企业自主决策
   D. 一般性审查
3. 美国、日本、欧洲各国政府都采取相应的政策法规来促进本国物流产业的发展,但迄今为止,只有( )颁布了针对物流服务产业发展的专门政策文件。
   A. 美国   B. 日本
   C. 欧洲   D. 德国
4. 为了更好地促进物流产业的发展,美国、

英国、日本、法国等这些自由度较高的市场经济国家纷纷对传统物流管制政策进行调整，其根本举措是（ ）。

A. 放宽经济性管制

B. 放宽社会性管制

C. 降低管制程度

D. 取消管制

5. 产业政策可以加速对市场失灵的校正，但同时存在（ ）的现实风险。

A. 竞争不足　　B. 管制失灵

C. 过渡干预　　D. 政策失灵

6. 由于物流产业结构的目标是规划、制约物流产业发展的前提，因此物流产业结构政策在物流产业政策体系中居于（ ）地位。

A. 领导　　B. 核心

C. 统治　　D. 基础

三、多选题

1. 对一国或地区的物流发展有着直接或间接重大影响的制度因素主要有市场、政府、（ ）等因素。

A. 产权　　B. 意识形态

C. 文化传统　　D. 政策

2. 物流产业政策是国家为扶持物流产业或物流行业而实施的倾斜政策，具有（ ）的特点。

A. 动态性　　B. 宏观性

C. 干预性　　D. 稳定性

3. 我国物流产业政策的功能主要体现在（ ）、熨平经济震荡、发挥后发优势、增强适应能力等方面。

A. 弥补市场缺陷

B. 有效配置资源

C. 保护幼小民族产业的成长

D. 熨平经济震荡

4. 德国的货运中心是为了提高货物运输的经济性和合理性，以发展综合交通运输体系为主要目的。其建设遵循（ ）

原则的发展模式。

A. 联邦政府统筹规划

B. 州政府扶持建设

C. 企业自主经营

D. 统一标准

5. 日本物流与运输省、通产省、建设省、劳动省、农水省等多家官厅有关，其中主要由（ ）共同行使物流管理职能，但不存在物流省这样一个统一的管理机构。

A. 通产省　　B. 农水省

C. 劳动省　　D. 运输省

6. 从国外物流产业管理体制的现状来看，无论是美国还是日本，都不存在一个专门的机构或部门来管理物流，各部门对物流活动的管理主要通过政策、法规、（ ）等来实现的。

A. 宏观调控　　B. 安全控制

C. 协调统一　　D. 市场准入

四、判断题

1. 美国设立有集中统一的专门管理物流的政府部门，负责对物流各基本环节（如海运、陆运、空运等）进行统一管理。（ ）

2. 日本物流主要由物流省来实施统一的管理。（ ）

3. 在经历1984年的机构改革之后，日本运输省的主要职能发生了重大变化，其行政职能范围几乎统揽了物流业所覆盖的主要行业，物流业大部分业务环节的活动已在其调控之中。（ ）

4. 在美国，由于海运业的特殊性，它是由海运管理局和海岸警备队共同管理的。（ ）

五、简答题

1. 简述制度在物流产业发展中具有哪些方面的作用。

2. 简述影响物流产业发展的重要制度因素

有哪些。

3. 简述物流产业政策的主要内容包括哪些方面。

4. 简述物流产业政策的操作手段主要包括哪些。

5. 简述经济性管制的内涵。

六、 论述题

1. 当前世界物流政策的发展趋势有哪些?
2. 试论述美国物流产业的政策。
3. 试论述中国物流产业政策的框架体系。
4. 试论述日本物流产业的政策。

案例分析

政策暖风频吹，冷链物流何去何从

由于我国冷链物流起步晚，受行业集中度不高、缺乏统一监管、硬件设施不完备、冷链标准不统一、信息化水平低、专业人才缺乏等方面制约，行业始终忍受着"痛点"，做冷链物流的企业很多，做成规模且做得好的少之又少。公路运输市场中很多企业还使用"冰块＋棉被"的方式，或者将普通车改装后从事冷链运输，使冷链物流运输环节出现"断链"问题，生鲜食品出现20%左右的腐损率，损失1 000多亿元的物流成本。"前进两步，后退一步"似乎更像冷链物流这个婴儿蹒跚学步的节奏，如何打破行业禁锢，消除行业痛点，成为冷链物流行业所面临的难题。

2017年，注定将被称为"冷链政策年"。上半年，冷链物流就迎来了国家层面的指导意见——国务院办公厅发布的《关于加快发展冷链物流保障食品安全促进消费升级的意见》。《意见》中明确指出，到2020年，初步形成全程温控、标准规范、运行高效、安全绿色的冷链物流服务体系；同时，大力推广先进的冷链物流理念与技术，加快培育一批技术先进、运作规范、核心竞争力强的专业化规模化冷链物流企业。随后，国务院、商务部、发改委、农业部、交通部、财政部等多部委陆续出台政策，从不同层面以最高级别的指导部署推动冷链物流行业健康发展。以此为导引，7月广东省，8月黑龙江省，9月贵州省，10月河南

省，12月海南省；紧接着2018年1月浙江省，2月山东省、陕西省、辽宁省、云南省、天津市，3月吉林省，4月广西壮族自治区、新疆维吾尔自治区，5月青岛市、石家庄市，6月沈阳市等省市也相继发布地方冷链物流发展规划，带动冷链产业投资、加速产业升级。

另外，2017年电商平台的生鲜交易显得格外红火。京东数据显示，仅在春节期间，其生鲜类商品销售额就同比增长了4倍，进口生鲜销量增幅更是超过14倍。BCG《2016中国生鲜消费趋势报告》也指出，在未来几年内，中国生鲜品类线上销售增长将持续保持迅猛势头。中国生鲜电商市场规模在实现了从2012年的40亿元人民币猛增至2016年950亿元人民币的规模后，预计2020年将达到6 000亿元规模。冷链物流作为保障生鲜质量的必要环节，必将跟随生鲜电商的大热而迅猛发展。同时，工业品、化工冷链、电子产品冷链、社会冷链等工业级冷链也是冷链物流的重要服务对象。这些工业级的冷链虽然很少出现在大众眼中，但因毛利高、竞争少等优势，其发展前景也不容小觑。

根据中华航运报道，现阶段中国综合冷链流通率仅20%左右，损耗率超过20%，冷链利润率仅8%。而在美国、日本等发达国家，冷链流通率达95%以上，损耗率低于5%，冷链利润率高达20%～30%。虽然

中国冷链物流的发展与国外有差距，但也正说明中国冷链事业的发展空间巨大。

进入 2018 年以来，冷链市场进一步蜕变，全民冷链需求爆发、基础设施体系日益完善、新技术对产业驱动强劲……这些都预示着冷链物流行业将迎来蝶变升维的新格局。

资料来源：作者根据多方资料整理而成。

讨论题

1. 如此众多层级的政策出台，将会对我国冷链物流发展产生什么样的深远影响？

2. 根据案例介绍，你认为从国家到各省市政府有必要重复出台如此众多关于冷链物流发展方面的政策吗？

第 13 章
CHAPTER13

物流绩效评价

§ 学习目的与要求

- 了解物流绩效评价的原则
- 理解物流绩效指数的基本内涵及其构成
- 理解物流绩效评价体系的设计要求
- 熟悉物流绩效评价的概念和内涵
- 掌握物流绩效评价的步骤、指标体系构成以及方法

§ 引例

箭牌的物流绩效管理

玛氏箭牌糖果（中国）有限公司，是由美国箭牌糖类公司与全球领先的糖果和消费品公司之一玛氏公司在 2008 年 4 月合并而成立的，目前在中国设有两家独资企业：箭牌糖果（中国）有限公司和玛氏箭牌糖类（上海）有限公司。

针对国内快速消费品市场所面临的两类情况。公司物流管理部门决定摒弃总包物流商的思路，选择物流分包的策略：一是地域宽广，地区差异大，偏远地区或小城市物流基础设施不足；二是国内还没有一家第三方物流公司可提供全国性的服务的挑战，且尝试将分销物流整体外包给一家或少数几家国内外著名的物流公司后而未达预期效果。这种策略是将公司总仓到区域配送中心（regional distribution center, RDC）的转仓按照运输方式分包给几家供应商，每个区域尽量选择一家本地化的中小型物流公司负责本区域 RDC 的仓储配送业务，这样箭牌公司就可以确保自己是每个物流服务商的 VIP 客户，可得到最好的服务。

分包策略的确给公司带来了比较高的性价比，但相比只承包给两三家物流公司来说，加大了管理上的难度。如何才能对这些供应商进行统一管理和考核，则成为摆在公司物流管理部门所面临的突出问题。为此，公司物流管理部门在成功实施仓库管理系统后，于 2007 年引进了供应链绩效管理系统（supply chain performance management system，SPMS）。实施SPMS的目标就是：利用财务业绩、生产率业绩、质量业绩等指标体系对物流供应链各操作环节，如客户反应、存货计划和管理、运输、仓储进行电子化综合评估，通过持续的创新和实施不断提升物流绩效，推动箭牌公司向世界级的物流管理标杆水平迈进。

对箭牌而言，SPMS的导入，就像是提供了一把无形的"尺子"，一方面给分供方提供了公平、公正、公开竞争的平台；另一方面加强并简化了对各地物流公司的有效监管和考核。箭牌借助于SPMS的绩效评估结果，采取末位淘汰制度，对现有物流供应商优胜劣汰，培养了一批绩效优异、能力突出的物流合作伙伴，与箭牌共同成长。

资料来源：作者根据多方资料整理而成。

请思考

1. SPMS的使用对提升玛氏箭牌公司的物流绩效管理有何促进作用？
2. 玛氏箭牌公司对其物流供应商的绩效管理思想对我国企业有何启示作用？

物流绩效评价是对物流价值的事前计划与控制以及事后的分析与评估，以衡量物流运作系统里活动过程的投入与产出状况的分析技术和方法。恰如期分的物流绩效评价体系能给组织带来管理优势，否则适得其反。

13.1 物流绩效评价概述

人们从事任何一项工作，都要通过对该活动所产生的效果进行衡量和评判，以便以评价的结果为基础，形成相应的对策，从而影响人们对被评价事物的心态与行为取向。

13.1.1 物流绩效评价的相关概念

随着国际竞争和各国贸易依存性的加剧，物流管理成为企业和国家增强竞争能力的重要方式。各国的决策者均意识到仅仅在企业层面考虑物流管理已经远远不够，由于战略管理的发展，物流管理已转向行业和国家层面，提高物流绩效成为有效融入全球价值链、维持经济增长、提升国家竞争力的核心力量和决定因素。

1. 物流绩效的相关概念

现代物流的研究有三大学说——黑大陆学说、物流冰山学说和第三利润源学说，关于对物流"利润观"的研究带动了物流绩效的研究。就物流绩效而言，从不同视角出发有不同的定义。

（1）从组织绩效的角度，物流绩效关注成本和顾客服务水平，测度的指标有效率、效用、质量、生产率、创新等指标。

（2）从企业的角度，企业物流绩效是指在一定的经营期间内企业的物流经营效益和经营者的物流业绩，即企业根据客户要求在组织物流运作过程中的劳动消耗和劳动占用与所创造的物流价值的对比关系。

（3）从国际贸易的角度，物流绩效是实现连接经济与市场供应链的可靠性。

（4）从供应链的角度，物流绩效是指完成进出口活动的成本、时间和复杂性。

概括而言，物流绩效是各相关主体为实现其组织自身目标和社会目标而采取的计划、组织、控制等管理活动的过程（行为）和结果的总和。

2. 物流绩效评价的概念与意义

物流绩效评价是对多属性体系结构描述的物流系统做出全局性、整体性评价。它是对整个物流结构中特定过程进行的定量衡量，设计最佳的物流系统及其组成部分关键取决于进行绩效衡量的标准是什么。物流绩效评价是反映一定顾客服务水平下的物流运行状况。

具体来说，物流绩效评价的意义主要表现在以下几个方面。

（1）物流绩效评价具有统一而客观的参照标准，这有利于消除或减少由个人主观因素带来的绩效评价中的不公正、不全面和不客观现象。

（2）通过绩效评价，有利于帮助管理人员及其他活动主体树立正确的价值观和行为取向，激发他们的积极性和主动性，及时发现物流与供应链管理过程中存在的疏漏、缺陷和问题，为改善物流与供应链管理系统经济上的合理性和可行性提供依据。

（3）通过绩效评价，有利于物流管理机构的日常管理，如有利于对管理人员的工作质量进行评估和考核，有利于奖勤罚懒、奖优罚劣，并可作为管理人员确定岗位、调整工资和评定职称的参考依据。

（4）通过绩效评价，可以使物流管理本身的效用在某种程度上得到揭示，从而有利于发挥物流管理的作用，引起企业对物流管理工作的重视和监督，尽可能地降低物流管理过程中的费用，提高经济效益。

总之，物流绩效评价具有强烈的导向效应，是驱动人们行为和促进这些行为合理化的内部动力。特别是在当前市场竞争日趋激烈的情况下，通过绩效评价，有利于物流运行主体认清形势、把握方向，有利于物流运行主体抓住机遇、迎接挑战；在国家层面提升物流绩效，能充分发挥物流业作为国民经济动脉系统的作用，高效衔接生产、流通和消费，提高国民经济运行效率；从行业层面提升物流绩效，有利于推动行业提质增效，加速产业转型升级；在企业层面提升物流绩效，能改善企业管理效率，增加企业盈利。

13.1.2　物流绩效评价的 3 个层面

国内外学者从不同的维度探讨了物流绩效评价的研究框架，总体而言可归纳为以下 3 个层面：国家物流绩效评价、行业物流绩效评价和企业物流绩效评价。

1. 国家物流绩效评价

国家物流绩效评价是对一个国家物流供应链绩效所做出的全局性、整体性评价。

在国家物流绩效评价层面，世界银行与芬兰图尔库经济学院合作提出了国家物流绩效指数，为各国政府制定物流业发展政策提供了参考依据。

物流绩效指数是以面向全球范围内的货运代理行和快运公司进行的问卷调查为基础的，是由世界银行开发的用以衡量一个国家物流供应链绩效的一种基准测试工具。其中，国际物流绩效指数调查内容包括以下 6 个方面：海关清关效率、基础设施、国际运输、物流能力与竞争力、货物追踪、时效性。国内物流绩效指数调查包括以下 4 个方面：基础设施、服务、边境手续与时间、供应链可靠性。

物流绩效指数是首个对各国物流绩效发展水平的综合评价指标。

国家物流绩效评价能够有效地帮助一个国家物流战略的政策制定者，充分了解本国不同时期的物流绩效水平及其在国际中的地位，从而能够做到有效理解和分解物流绩效的组成部分，这对于提高国家物流绩效的效率和优先投资物流薄弱环节至关重要。

阅读材料

典型国家物流绩效的评价体系

欧美发达国家已构建了成熟的物流绩效评价体系，用于衡量国家物流绩效的发展情况（见表 13-1）。

表 13-1   典型国家的物流绩效评价体系

国家	国家物流绩效内容摘要
美国	交通运输部制定，以安全、良好的维修状态、经济竞争力、宜居社区和环境可持续性为战略目标，细化物流绩效评价指标，并通过经济全球化实施全球物流战略
英国	交通运输部制定，以环境影响、安全、经济、可接入性、整合等为战略目标，并确定 25 个评价指标
日本	2001 年制定了《新综合物流实施大纲》，建立了"目标 – 对策 – 指标"的国家物流绩效评估框架，构建高效、适应循环型社会的物流体系
澳大利亚	物流协会制定，从政治、经济、社会和技术 4 个维度出发，构建具有澳大利亚特色的区域物流发展评价指标体系
新加坡	致力于发展全球性的整合物流港，在国家物流绩效评价中侧重海运、国际贸易、创新等相关指标体系

2. 行业物流绩效评价

行业物流绩效评价是对一个国某个具体行业物流供应链绩效所做出的全局性、整体性评价。它用以反映一定顾客服务水平下的某个行业整体物流运行状况。行业物流绩效评价集中于构建某一行业的物流绩效标杆，以帮助行业内的企业识别自己的劣势，通过与行业领先者对标，提高竞争力。

3. 企业物流绩效评价

企业物流绩效评价是对某个具体企业物流供应链绩效所做出的全局性、整体性评价。它是为达到降低企业物流成本的目的，运用特定的企业物流绩效评价指标，比照统一的物流评价标准，采取相应的评价模型和评价计算方法，对企业对物流系统的投入和产效（产出和效益）所做出的客观、公正和准确的评判。

13.1.3 物流绩效评价的原则

物流绩效评价是一项复杂的系统工程，涉及供应链上的每一个物流运行主体，包括这些物流运行主体之间，以及这些物流运行主体内部各要素之间错综复杂的影响关系。这些要素之间可能相互促进，也可能相互制约，或者二者兼备，并随着环境的调整而不断发展变化。尤其是每一个物流运行主体都是独立的经济实体，分别有自己的发展目标和生存原则。因此，要想对物流绩效做出客观、公正、科学、合理的评价，必须注意遵循以下原则。

1. 多层次、多渠道和全方位评价

多方搜集信息，实行多层次、多渠道和全方位的评价，既有助于尽可能全面和有重点地反映物流供应链绩效，也有助于增强绩效评价的可操作性。在实践中，经常综合运用上级考核、专家评价、同级评价、下级评价、职员评价、客户评价等多种形式。

2. 短期绩效与长期绩效、近期绩效与远期绩效相结合

短期绩效与长期绩效、近期绩效与远期绩效是分别就物流供应链绩效涉及的时间长短、远近而言的，其间均存在着辩证统一的关系。在进行绩效评价时，我们不仅要考虑短期、近期的绩效，更要重视长期、远期的绩效。在物流供应链管理中，某些行为从短期或近期的角度来看，可能绩效甚微或者无绩效可言，但从长期或远期的角度考虑，它对规范供应链上下游物流运行主体的行为，促进物流运行主体间的资源共享和"共赢"，推动供应链的协调发展无疑具有重大的意义。在物流供应链绩效评价中，将短期与长期、近期与远期正确地结合起来，有助于企业提高自觉性，减少盲目性，使物流供应链管理水平稳步提高，有助于物流运行主体对社会资源的生产、流通、分配和消费活动做出更大的贡献。

3. 静态评价与动态评价相结合

绩效评价不仅要对影响物流供应链绩效的各种内部因素进行静态考察和分析评价，还要动态地研究这些因素之间以及这些因素与外部因素之间的相互影响关系。由于供应链是一系列复杂协调活动的结果，其整体绩效不仅取决于政府干预措施，也取决于企业和公众社会的努力程度。因此，我们在进行绩效评价时，一定要在相对稳定的基础上应用动态和发展的观念，才能解决所面临的难题。

4. 宏观绩效与微观绩效相结合

从所涉及的范围来看，物流与供应链绩效可分为宏观绩效和微观绩效两种。宏观绩效是物流与供应链管理活动从全社会的角度来考察时的总的绩效；微观绩效是指物流与供应链管理活动从企业与供应链系统本身的角度来考察时的绩效，二者既相互矛盾又彼此统一。从矛盾性来看，微观绩效为了显示自己的基础性作用，必然会做出种种努力，以突出个体，包括要求减少来自宏观层面的控制和干预，而宏观绩效为了发挥自己的主导作用，也必然会对微观层面施加种种限制性措施，以抑制其个性化发展。从统一性来看，微观绩效是宏观绩效的基础，离开了微观绩效，宏观绩效就要落空；宏观绩效又对微观绩效起着导向作用，微观绩效只有在符合宏观绩效的前提下，才能得到有效的发挥。

13.1.4　物流绩效评价的设计要求

| 阅读材料 |

《城乡配送绩效评价指标体系》主要内容

2018 年 11 月 7 日，商务部联合公安部、交通运输部、国家邮政局、供销合作总社印发

了《城乡配送绩效评价指标体系》（以下简称《指标体系》）。该《指标体系》针对城市和企业，分别设定绩效评价指标。

"城市绩效评价指标"着重对试点城市在推进城乡高效配送发展中采取的措施和取得的成效进行综合评估，注重实效性，围绕基础设施、运行效率、技术应用、发展环境4个方面设置了13项指标，并对各项指标赋予标准和适当的权重。

"企业绩效评价指标"结合企业经营管理与创新发展实际，注重可操作性，围绕网点布局、运作效率、技术应用、绿色发展、模式创新5个方面设置了16项指标，并对各项指标赋予标准和适当的权重。

资料来源：《城乡配送绩效评价指标体系》，商办流通函〔2018〕389号。

1. 设计要求

任何一个体系的设计都同组织结构有着密不可分的关系。适应物流系统经营的组织结构，有助于实施适当控制，同时组织结构也影响信息的流向与流量。物流绩效评价体系被设计在整个组织结构之内，这个体系的设计必须满足以下要求。

（1）准确。要想使评价结果具有准确性，与绩效相关的信息就必须准确。在评价过程中，计量什么、如何计量，都必须十分清楚，才能做到准确量化。

（2）及时。只有及时获取有价值的信息，才能及时评价，及时分析。滞后的信息会使评价失真或无效。因此，何时计量以及以什么样的速度将计量结果予以报告是物流绩效评价体系的关键。

（3）可接受。物流绩效评价体系，只有被人们所接受才能发挥其作用，而不被人们所接受或者被动地接受下来，就称不上是有价值的体系。勉强被接受，所获得的可能是不准确、不及时、不客观的信息。所以在体系设计时必须满足使用者的需求。

（4）可理解。能够被用户理解的信息才是有价值的信息。难以理解的信息会导致各种各样的错误，所以确保信息的清晰是设计物流绩效评价体系的一个重要方面。

（5）反映系统的特性。一个有效的物流绩效评价系统，必须能够反映系统独有的特性。从控制的观点出发，绩效评价的焦点一般集中在评价公司及经理上，以确定被评价的物流系统的业绩及效益。

（6）目标一致性。有效的物流绩效评价体系目标与企业发展战略的目标应该是一致的。

（7）可控性与激励性。物流绩效评价指标与发展战略目标对管理者的评价必须限制在其可控范围之内，只有在这样公平的状态下，管理者才能接受。即使某项指标与战略目标非常相关，只要评价对象无法实施控制，他就没有能力对该项指标的完成情况负责，因此应尽量避免非可控指标。另外，指标水平应具有一定的先进性、挑战性，这样才能激发其工作潜能。

（8）应变性。良好的绩效评价体系，应对物流系统战略调整及内外部的变化非常敏感，并且体系自身能够做出较快的相应调整，以便灵活应对变化。

2. 设计注意事项

物流系统在设计绩效评价体系时必须满足上述8项要求的大部分，除此之外，还应注意下列问题。

（1）经济效益指标不可过高或过低。物流系统是服务性系统，特别是针对物流中心或配送中心，其经营方略是整体利益最大，经济效益指标过高会使物流运行主体无法接受。但是经济效益指标也不能过低，因为过低会失去评价的意义。国际上物流绩效评价的主要指标是销售的增长、市场份额及利润。

（2）在利用评价结果与同行业进行比较性分析以及在设计绩效评价体系时，如果物流系统的价格有较强的竞争力但是客户不多，要注意彼此间的可比性。

（3）财务绩效评价结果较好，而股票价格毫无起色，需要审查体系设计的指标和标准是否合适。

（4）评价体系兼顾短期效益最大化和长远效益最大化，实现物流系统的可持续发展，获取长期利益。

（5）不可过分注重财务性评价，非财务性的绩效评价也不能忽视，因为它能更好地反映物流运行主体所创造的财务报酬，如顾客满意程度、交货效率、订发货周期等。

13.2 国家物流绩效指数

2007年，世界银行发布了物流绩效指数（logistics performance index，LPI）专用于衡量陆上贸易供应链效率或物流绩效。该指数旨在帮助各国分析其在物流方面所面临的机遇和挑战，以及如何提高物流绩效。LPI是一个互动基准工具，由世界范围内的陆上运营商（全球货运代理和快递运营商）根据其对所在国家的深入了解，以及在全球物流环境中与其他国家的交易和经验做定性评估，并将物流链中关键组成部分的绩效数据作为补充，反馈给世界银行联合学术机构，并由其制定LPI。

13.2.1 物流绩效指数体系及框架

物流绩效指数（LPI）是世界银行自2007年以来每两年提出一次的指标体系。截至2018年年底，世界银行共发布了2007年、2010年、2012年、2014年、2016年和2018年的LPI数据，并公布了各个国家在各个年份的LPI的6个分项指标的具体数据。通过分析LPI以及LPI的6个分项指标，可以比较不同国家之间物流绩效的差异以及同一国家不同物流绩效方面之间的差异，帮助不同国家采取对应的措施以提高物流绩效。

1. 物流绩效指数体系

世界银行物流绩效指数主要用以下6个指标对物流绩效进行定性和定量测量，以对各个国家物流绩效进行分析。

- 海关和边境管理清关的效率（海关，customs）。
- 贸易和运输基础设施的质量（基础设施，infrastructure）。
- 安排具有竞争性价格货运的便利性（安排货运的便利性，ease of arranging shipments）。
- 物流服务（货运、代理和海关报关）竞争力和质量（物流服务质量，quality of logistics services）。

- 追踪与追溯货物运输的能力（追踪与追溯，tracking and tracing）。
- 货物运输在既定或预期时间内的到货率（及时性，timeliness）。

物流绩效指数评分采用 5 分制，1 分最差，5 分最佳。一国的 LPI 得分越高，意味着其贸易成本越低，其在全球价值链中的作用也越大。

2. 物流绩效指数体系的框架

物流绩效指数体系中的 6 个指标要素是基于近期的理论和实证研究以及从事国际货运代理业务的物流专业人士的实践经验而确定的。海关和边境管理清关的效率、物流服务（货运、代理和海关报关）竞争力和质量、贸易和运输基础设施的质量 3 项指标代表供应链的输入，而安排具有竞争性价格货运的便利性、追踪与追溯货物运输的能力、货物运输在既定或预期时间内的到货率 3 项指标代表供应链的输出，并对应 LPI 中的成本、可靠性和时间。图 13-1 将 6 个 LPI 指标纳入两大类别进行描绘。

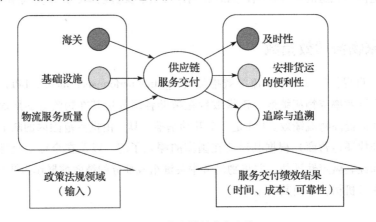

图 13-1　物流绩效指标框架

在图 13-1 中，政策法规领域显示了供应链的主要输入项（海关、基础设施和物流服务质量）。服务交付绩效结果（对应 LPI 指标中的时间、成本的可靠性——及时性、安排货运的便利性以及追踪与追溯）。

3. 物流绩效指数得分的分布类型

物流绩效指数和 6 项分项指标均采取 5 分制评分，分值越高代表绩效水平越好。图 13-2 显示了 LPI 得分的累积性分布。垂直线标示 5 个分区的分界线：各个分区包含同样数目的 LPI 评分国家，最底部的 5 分区 LPI 得分最低，最顶部的 5 分区 LPI 得分最高。据此 LPI 得分分布分为以下 4 类（在所有版本的 LPI 报告中均采用这一分类法）。

（1）物流不友好。它包括存在严重物流限制的国家，如最不发达国家（LPI 最底部的 5 分区）。

（2）不完全绩效者。它包括带有一定物流限制的国家，最常见于中低收入国家（LPI 的第三个和第四个 5 分区）。

（3）一致的绩效者。它包括在其收入组中物流绩效得分较高的国家（LPI 的第二个 5 分区）。

（4）物流友好。它包括高绩效国家，大多数为高收入国家（LPI 最顶部的 5 分区）。

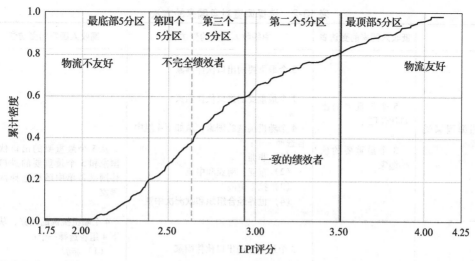

图 13-2 LPI 分值的累计分布图（2016 年）

13.2.2 物流绩效指数方法

由于物流具有许多维度，所以衡量与总结各国的物流绩效具有很大的挑战性。检查与物流过程相关的时间和成本，如港口处理、报关、运输等项目，是一个良好的开端，在许多情况下，这类信息均有登记记录。由于各国供应链之间存在差异，这些信息也无法简单地汇总成一个单一的稳定跨国数据。最重要的是，许多良好物流的关键因素（如过程透明度、服务质量、可预测性和可靠性）不能仅靠时间和成本信息来加以评估。为此，物流绩效指数的调查分为国际物流绩效指数调查和国内物流绩效指数调查。

1. 国际物流绩效指数

LPI 调查的第一部分（第 10 问～第 15 问）为国际 LPI 提供原始数据。每个调查受访者基于 6 个物流绩效的核心构成要素，为 8 个海外市场评分。表 13-2 显示了选择调查对象国家的方法。

6 个物流绩效的核心构成要素分别为：

（1）海关和边境管理清关的效率。在调查问卷第 10 问中，从"非常低"（1 分）至"非常高"（5 分）进行打分。

（2）贸易和运输基础设施的质量。在调查问卷第 11 问中，从"非常低"（1 分）至"非常高"（5 分）进行打分。

（3）安排具有竞争性价格货运的便利性。在调查问卷第 12 问中，从"非常难"（1 分）至"非常易"（5 分）进行打分。

（4）物流服务的竞争力和质量。在调查问卷第 13 问中，从"非常低"（1 分）至"非常高"（5 分）进行打分。

（5）追踪与追溯货物运输的能力。在调查问卷第 14 问中，从"非常低"（1 分）至"非常高"（5 分）进行打分。

（6）货物运输在既定或预期时间内的到货率。在调查问卷第 15 问中，从"几乎从不"（1 分）至"几乎总是"（5 分）进行打分。

表 13-2   选择调查对象国家的方法

	低收入国家的受访者	中等收入国家的受访者	高收入国家的受访者
沿海国家受访者	5 个最重要的出口伙伴国家 + 3 个最重要的伙伴国家	3 个最重要的出口伙伴国家 + 1 个最重要的进口伙伴国家 + 4 个随机挑选的国家，从如下 4 组中各选择一个： (1) 非洲 (2) 东亚、南亚和中亚 (3) 拉丁美洲 (4) 世界经合组织和欧洲次中亚	从 5 个最重要的出口伙伴国家和 5 个最重要的进口伙伴国家名单中随机选择两个国家 + 4 个随机挑选的国家，从如下 4 组各选择一个： (1) 非洲 (2) 东亚、南亚和中亚 (3) 拉丁美洲 (4) 世界经合组织和欧洲次中亚
内陆国家受访者	4 个最重要的出口伙伴国家 + 2 个最重要的进口伙伴国家 + 2 个大陆桥国家	3 个最重要的出口伙伴国家 + 1 个最重要的进口伙伴国家 + 2 个大陆桥国家 + 2 个随机挑选的国家，从如下两组各选择一个： (1) 非洲、东亚、中亚和拉丁美洲 (2) 世界经合组织和欧洲次中亚	

物流绩效指数（LPI）由上述 6 项指标利用主要构成要素分析（PCA）构建而成，PCA 是一种用于降低数据集维度的标准统计技术。

国际 LPI 报告是物流业绩效的综合指标，它将 6 个核心绩效构成要素的数据组合成一个单一的综合衡量指标。

2. 国内物流绩效指数

LPI 调查的第二部分是国内 LPI，其中受访者提供他们工作所在国物流环境的定性和定量信息。

第 17 问 ~ 第 22 问要求受访者从 5 个绩效类别中选择一个。例如在第 17 问中，受访者可以描述他们国家的"港口收费"为"非常高""高""平均""低"或者"非常低"。表 13-3 显示了部分国内 LPI 调查的内容。

表 13-3   部分国内 LPI 调查内容

序号	问 题		回答类型				
第 17 问	费用和收费水平	港口收费	非常高	高	平均	低	非常低
		航空收费	非常高	高	平均	低	非常低
		公路运输费用	非常高	高	平均	低	非常低
		铁路运输费用	非常高	高	平均	低	非常低
		仓储和转运费用	非常高	高	平均	低	非常低
		代理费用	非常高	高	平均	低	非常低

（续）

序号	问　题		回答类型				
第 18 问	基础设施质量	港口	非常高	高	平均	低	非常低
		机场	非常高	高	平均	低	非常低
		公路	非常高	高	平均	低	非常低
		铁路	非常高	高	平均	低	非常低
		仓储和转运设施	非常高	高	平均	低	非常低
		电信和信息技术	非常高	高	平均	低	非常低
第 19 问	服务质量与竞争力	公路	非常高	高	平均	低	非常低
		铁路	非常高	高	平均	低	非常低
		空运	非常高	高	平均	低	非常低
		海运	非常高	高	平均	低	非常低
		仓储、转运与配送	非常高	高	平均	低	非常低
		货运代理人	非常高	高	平均	低	非常低
		海关机构	非常高	高	平均	低	非常低
		质量标准监察机构	非常高	高	平均	低	非常低
		健康/卫生与动植物检疫机构	非常高	高	平均	低	非常低
		报关经济人	非常高	高	平均	低	非常低
		贸易与运输协会	非常高	高	平均	低	非常低
		收货人与托运商	非常高	高	平均	低	非常低
第 20 问	处理过程效率	进口商品清关与交付	几乎总是	经常	有时	极少	几乎没有
		出口商品清关与交付	几乎总是	经常	有时	极少	几乎没有
		海关清关透明度	几乎总是	经常	有时	极少	几乎没有
		其他边境机构透明度	几乎总是	经常	有时	极少	几乎没有
		及时、充分提供法规变化的信息	几乎总是	经常	有时	极少	几乎没有
		对于依从性高的贸易商快速清关	几乎总是	经常	有时	极少	几乎没有
第 21 问	主要延误原因	强制仓储/转运	几乎总是	经常	有时	极少	几乎没有
		装船前检查	几乎总是	经常	有时	极少	几乎没有
		海运转船	几乎总是	经常	有时	极少	几乎没有
		犯罪活动（如偷盗货物）	几乎总是	经常	有时	极少	几乎没有
		要求非正式支付	几乎总是	经常	有时	极少	几乎没有
第 22 问	2015 年以来物流环境变化	海关清关手续	大幅改善	改善	照常	恶化	严重恶化
		其他官方清关手续	大幅改善	改善	照常	恶化	严重恶化
		贸易和运输基础设施	大幅改善	改善	照常	恶化	严重恶化
		电信和信息技术基础设施	大幅改善	改善	照常	恶化	严重恶化
		私营物流服务	大幅改善	改善	照常	恶化	严重恶化
		物流相关法规	大幅改善	改善	照常	恶化	严重恶化
		要求非正式支付	大幅改善	改善	照常	恶化	严重恶化

　　国家 LPI 评分是由所有受访者对于一个指定国家反映出来的对数平均值取幂。这种方法相当于取几何平均值。地区 LPI 评分、收入群体 LPI 评分和 LPI 5 分区评分是相关国家 LPI 评分的简单平均值。

13.3　物流绩效评价的步骤及指标体系

针对不同层面的物流绩效评价，其所实施的步骤与指标体系存在着较大差异，如对国家物流绩效评价，目前采取的评价是物流绩效指标（LPI），而行业物流绩效评价目前并没有公开、公认可行的评价方式。所以，本节及之后关于"物流绩效评价"方面的内容都是围绕"企业的物流绩效评价"层面所展开的。

13.3.1　物流绩效评价的实施步骤

1. 确定评价工作实施机构

（1）评价组织机构。评价组织机构直接组织实施评价，负责成立评价工作组，并选聘有关专家组成专家咨询组。评价组织机构既可以是企业自己，也可以是社会中介机构。但无论谁来组织实施评价，对工作组及专家咨询的任务和要求应给以明确的规定。

（2）参加评价工作的成员应具备的基本条件。参加评价工作的成员应具有较丰富的物流管理、财务会计、资产管理及法律等专业知识。专家咨询组的专家还应具有一定的工程技术方面的知识，熟悉物流绩效评价业务，有较强的综合分析判断能力。评价工作主持人员应具有较长的经济管理工作经历，并能坚持原则，秉公办事。专家咨询组的专家应在物流领域中具有高级技术职称，有一定的知名度和相关专业的技术资格。

2. 制订评价工作方案

由评价工作组根据有关规定制订物流系统评价工作方案。方案经评价组织机构批准后开始实施，并送达至专家咨询组的每位专家。

3. 收集并整理基础资料和数据

根据评价工作方案的要求及评分的需要收集、核实及整理基础资料和数据。

（1）选择物流行业同等规模的评价方法及评价标准值。

（2）收集连续三年的会计决算报表、有关统计数据及定性评价的基础材料，并确保资料的真实性、准确性和全面性。

4. 评价计分

运用计算机软件计算评价指标的实际分数是进行物流绩效评价的关键。具体步骤如下：

（1）按照核实准确的会计决算报表及统计数据计算定量评价指标的实际值。

（2）根据选定的评价标准，计算出各项基本指标的得分，形成"物流绩效初步评价计分表"。

（3）利用修正指标对初步评价结果进行修正，形成"物流绩效基本评价计分表"。

（4）根据已核实的定性评价基础材料，参照绩效评议指标参考标准进行评议打分，形成"物流绩效评议计分汇总表"。

（5）将"物流绩效基本评价计分表"和"物流绩效评议汇总表"进行校正、汇总，得出综合评价的实际分数，形成"物流绩效得分总表"。

（6）对财务效益、资产营运、偿债能力、发展能力4个部分的得分情况进行基本评价，计算各部分的分析系数。

（7）对评价的分数和计分过程进行复核。为了确保计分准确无误，必要时用手工计算校验。

5. 评价结论

评价结论是指评估组织机构将绩效基本评价得分与物流产业中相同行业及同规模的最高分数进行比较，将4个部分内容的分析系数与相同行业的系数进行对比，然后对物流绩效进行分析判断，形成综合评价结论，并听取物流系统有关方面负责人的意见，进行适当的修正和调整。

6. 撰写评价报告

评价报告主要内容包括评价结果、评价分析、评价结论及相关附件等。评价报告要送专家咨询组征求意见，评价项目主持人签字，报送评价组织机构审核认定；如果是委托中介机构进行评价需要加盖单位公章。

7. 进行工作总结

将工作背景、实践地点、基本情况、评价结果、工作中的问题及措施、工作建议等形成书面材料建立评价工作档案，同时进行备案。

13.3.2 物流绩效评价的指标体系

|阅读材料|

中国物流业景气指数

中国物流业景气指数体系（LPI）主要由业务总量、新订单、从业人员、库存周转次数、设备利用率、平均库存量、资金周转率、主营业务成本、主营业务利润、物流服务价格、固定资产投资完成额、业务活动预期12个分项指数和一个合成指数构成。其中，合成指数由业务总量、新订单、从业人员、库存周转次数、设备利用率5项指数加权合成，这个合成指数称为中国物流业景气指数。物流业景气指数反映物流业经济发展的总体变化情况，以50%作为经济强弱的分界点，高于50%时，反映物流业经济扩张；低于50%，则反映物流业经济收缩。

物流业景气指数调查采用PPS（probability proportional to size）抽样方法，按照物流行业对物流业主营业务收入的贡献度，确定各行业的样本数。在此基础上，兼顾样本的区域分布、企业类型分布、规模分布。

物流业景气指数调查问卷涉及业务总量、新订单、库存周转次数、设备利用率、从业人员、平均库存量、资金周转率、主营业务成本、主营业务利润、物流服务价格、固定资产投资完成额、业务活动预期12个问题。对每个问题分别计算扩散指数，即正向回答的企业个数百分比加上回答不变的百分比的一半。

13.3.2.1　物流经济效益指标

物流经济效益指标有两种：一是基本指标；二是修正指标。

1. 基本指标

基本指标是评价物流企业绩效的核心指标，也是主要定量指标，用于完成物流企业绩效的初步评价。

（1）净资产收益率。净资产收益率是指物流企业在一定时期内的净利润与平均净资产的比率，它体现了投资者投入企业的自有资本获取净收益的能力，突出反映了投资与报酬的关系，是评价企业经营效益的核心指标。其计算公式为

$$净资产收益率 = 净利润 / 平均净资产 \times 100\%$$

式中，净利润是指物流企业税后利润，即利润总额减去应交所得税后的净额；平均净资产是指物流企业年初所有者权益同年末所有者权益的平均数，它包括实收资产、资本公积、盈余公积和未分配利润。

一般情况下，物流企业净资产收益率越高，企业自有资本获取收益的能力越强，运营效益越好，对企业投资者及债权人的保证程度越高。

（2）总资产报酬率。总资产报酬率是指企业一定时间内获得的报酬总额与平均资产总额的比率。它表示物流企业包括净资产和负债在内的全部资产的总体获利能力，是评价企业资产运营效益的重要指标，其计算公式为

$$总资产报酬率 = (利润总额 + 利息支出) / 平均资产总额 \times 100\%$$

式中，利润总额是指物流企业实现的全部利润，包括企业当年营业利润、补贴收入、营业外收支净额及所得税等各项内容，如为亏损，以"－"号表示；利息支出是指物流企业在经营过程中实际支付的借款利息、债券利息等；平均资产总额是指物流企业资产总额年初数与年末数的平均值。

一般情况下，总资产报酬率越高，物流企业投入产出的水平越好，企业的资产运营越有效。物流企业可将此指标与市场资本利率进行比较，如果该指标大于市场利率，则表明企业可以充分利用财务杠杆，进行负债经营，获取尽可能多的收益。

（3）资产负债率。资产负债率是指物流企业一定时期负债总额同资产总额的比率。它表示企业总资产中有多少是通过负债筹集的。该指标是评价物流企业负债水平的综合指标。其计算公式为

$$资产负债率 = 负债总额 / 资产总额 \times 100\%$$

式中，负债总额是指物流企业承担的各项短期负债和长期负债；资产总额是指物流企业拥有各项资产价值的总和。

资产负债率是国际公认的衡量企业负债偿还能力和经营风险的重要指标。国内比较保守的经验判断一般为不高于50%，国际上一般公认60%比较好。过高的资产负债率表明财务风险太大；过低的负债率表明对财务杠杆利用不够。

（4）已获利息倍数。已获利息倍数又称利息保障倍数，是指物流企业一定时期息税前利润与利息支出的比值。它反映物流企业偿还债务的能力。其计算公式为

$$已获利息倍数 = 息税前利润 / 利息支出$$

式中，息税前利润是指物流企业当年实现的利润总额与利息支出的合计数。

$$息税前利润 = 利润总额 + 实际利息支出$$

该指标越高，表明物流企业的债务偿还越有保证；越低则表明没有足够的资金来源偿还债务利息。国际上公认的企业已获利息倍数为3，但是不同行业有不同的标准界限，一般不得低于1，否则企业债务风险会很大。

2. 修正指标

修正指标是对基本指标评价后所形成的初步评价结果进行修正，以形成较为全面的物流企业绩效评价基本结果而设立的指标。它由几项具体的定量指标构成。

（1）资本保值增值率。资本保值增值率是指物流企业本年年末所有者权益扣除客观增值因素后与年初所有者权益的比率，它表示物流企业当年资本在企业自身努力下的实际增减变动情况，是评价企业财务效益状况的辅助指标。其计算公式为

$$资产保值增值率 = 扣除客观因素后的年末所有者权益 / 年初所有者权益 \times 100\%$$

式中，扣除客观因素后的年末所有者权益中扣除的部分是指我国1994年发布的《国有资产保值增值考核试行办法》中规定的客观因素。

资本保值增值率越高，表明企业的资本保全状况越好；所有者权益的增长越大，债权人的债务越有保障，企业发展后劲越强。如果指标为负值，表明企业资本受到侵蚀，没有实现资本保全，损害了所有者的权益，也妨碍了物流企业的进一步发展。

（2）成本费用利润率。成本费用利润率是指物流企业一定时期的利润总额同物流企业成本费用总额的比率。其计算公式为

$$成本费用利润率 = 利润总额 / 成本费用总额 \times 100\%$$

式中，成本费用总额是指物流企业营业成本、营业费用、财务费用之和。

成本费用利润率越高，表示物流企业为获得收益所付出的代价越小，成本费用控制得越好，获利能力越强。

（3）库存周转率。库存周转率是评价物流企业购入存货、入库保管、销售发货等环节的管理状况的综合性指标，它是在一定时期内销售成本与平均库存的比率，用时间表示库存周转率就是库存周转天数。其计算公式为

$$库存周转率（次） = 销售成本 / 平均库存$$

$$库存周转天数 = 360 / 库存周转率 = 平均库存 \times 360 / 销售成本$$

式中，销售成本是指企业销售产品、商品或提供服务等经营实际成本；平均库存是指库存年初数与库存年末数的平均值。

物流企业必须重视库存周转率的分析研究，计算本指标的目的在于针对库存控制中存在的问题，促使物流企业在保证经营连续性的同时提高资金使用率，增强企业短期偿债能力。库存周转率在反映库存周转速度及库存占用水平的同时，也反映物流企业运转状况。一般情况下，该指标值越高，表示物流企业运转状况良好，有较高的流动性，库存转换为现金或应收账款的速度快，库存占用水平低，物流企业的变现能力强。另外，运用该指标时，物流企业还应考虑进货批量、季节性变动及库存结构等。

（4）不良资产比率。不良资产比率主要反映物流企业的资产的质量。它是物流企业年末不良资产总额占年末资产总额的比重，是从企业资产管理的角度对企业资产运营状况进

行的修正。其计算公式为

$$不良资产比率 = 年末不良资产总额 / 年末资产总额 \times 100\%$$

式中，年末不良资产总额是指物流企业资产中难以参加正常经营运转的部分，包括 3 年以上应收账款、积压商品物资和不良投资等；年末资产总额是指企业资产总额的年末数。

一般情况下，该指标越高，表明物流企业不能参加正常经营运转的资金越多，资金利用率越差。不良资产比率等于零是最佳水平。

（5）流动比率。流动比率是企业一定时期内流动资产同流动负债的比率，反映物流企业短期债务偿还能力。其计算公式为

$$流动比率 = 流动资产 / 流动负债 \times 100\%$$

式中，流动资产是指物流企业可以在 1 年或超过 1 年的一个营业周期内变现或被耗用的资产。

流动负债是指偿还期限在 1 年或超过 1 年的一个营业周期内的债务。

流动比率越高，表明流动资产流转得越快，偿还流动负债能力越强。但是，流动比率并非越高越好，如果比率过大，表明物流企业流动资产占用较多，影响企业经营资金周转率和获利能力。我国公认的标准比率为 2:1。

（6）速动比率。速动比率是物流企业在一定时期内速动资产同流动负债的比率。速动比率用来衡量企业的短期偿债能力，评价物流企业流动资产变现能力的强弱。其计算公式为

$$速动比率 = 速动资产 / 流动负债 \times 100\%$$

式中，速动资产是指扣除库存后流动资产的数额，即速动资产 = 流动资产 - 库存。

速动资产包括现金、各种存款、有价证券和应收账款等资产。这些资产能在较短时间内变为现金。速动比率较流动比率更能表明一个企业对短期债务的偿还能力。我国公认的标准比率为 1:1，过高会造成资金浪费，资金使用效率低；过低则企业偿债能力弱，财务风险大，不利于吸引投资者。

13.3.2.2 物流运作质量指标

物流运作质量指标主要有运输经济性指标、运输可靠性指标、货物储存质量指标、货物仓储经济性指标等。

1. 运输经济性指标

（1）单位运输成本。它用来评价企业运输作业效益高低和综合管理水平。

$$单位运输成本 = 运输费用 / 货物周转量$$

运输费用包括燃料、养路、工资、修理等费用支出。货物周转量是运输作业的工作量，它是车辆完成的各种货物的货运量与其相应运输距离乘积之和。

（2）运输费用效益。

$$运输费用效益 = 经营盈利额 / 运输费用支出额 \times 100\%$$

2. 运输可靠性指标

（1）正点运输率。准时运送物资是物资流转的一种保证。正点运输率指标是对此项管理工作的评价，它反映运输工作的质量，促进企业做好运输调度管理，采用先进的看板运输管理技术，保证物资流转的及时性。

$$正点运输率 = 正点营运次数 / 营运总次数 \times 100\%$$

（2）无缺损运率。

$$无缺损运率 = 无缺损运输次数 / 运输总次数 \times 100\%$$

在运输过程中，注意对货物的保护，降低货物可能的损坏，这显然对顾客和服务提供商都有好处。

3. 货物储存质量指标

（1）账货相符率。它是指在货物盘点时，仓库货物保管账面上的货物储存量与相应库存实有数量的相互符合程度。品名、规格、等级、产地、编号、数量等不一致的情况均属账货不符。

$$账货相符率 = 账货相符笔数 / 储存货物总笔数 \times 100\%$$

（2）收发货差错率。它是指在报告期收发货差错累计笔数与同一时期收发货总笔数之间的比率，常用百分比来表示。

$$收发货差错率 = 收发货差错累计笔数 / 收发货累计总笔数 \times 100\%$$

4. 货物仓储经济性指标

储存的经济性指标主要指有关储存的成本和效益指标，它可以综合反映仓库的经济效益水平，可用储存费用水平指标来反映。

$$储存费用(元/吨) = 储存费用总额(元) / 货物周转量(吨)$$

储存费用水平是仓库经济核算的主要经济指标之一。它可以综合地反映仓库的经济成果、劳动生产率、技术设备利用率、材料和燃料节约情况和管理水平等。

13.3.2.3　物流服务质量指标

（1）客户满意度。它是指客户对物流企业所提供的物流服务的满意程度，是指物流企业向客户所提供的物流服务没有得到抱怨的次数与物流企业提供服务的总次数之比。

$$客户满意度 = (物流企业中服务次数 - 客户抱怨次数) / 物流企业中服务次数 \times 100\%$$

（2）客户保持率。它反映物流企业的市场保持状况，是指一定时期内保留或维持同老客户的业务关系比例。

$$客户保持率 = (企业当期客户数量 - 企业当期新增客户数量) / 企业上期客户数量 \times 100\%$$

一般而言，客户保持率越高越好。据统计，客户保持率每增加5%，企业的利润会增加25% ~95%。由此可见，物流企业经营的绩效如何与客户满意水平有着直接的关系，客户满意水平越高，则客户保持率越高，企业的绩效就越好。

（3）客户获得率。它反映物流企业拓展市场的绩效，是指一定时期内物流企业吸引或赢得新客户或业务量的比例。

$$客户获得率 = 当期新增客户或业务量 / 上期客户或业务量 \times 100\%$$

（4）订单满足率。它反映企业满足顾客需求的情况，可以用一定时期内满足顾客订货需求的次数占顾客总订货次数之比来表示：

$$满足订货率 = 一定时间内满足顾客订货的次数 / 一定时间内顾客订货总次数 \times 100\%$$

根据物流企业经营项目的不同，这里的订单主要是指顾客要求物流企业提供运输、仓储等服务的订单。

13.3.2.4　企业发展潜力指标

企业发展潜力指标主要有市场实力和员工素质。

1. 市场实力

（1）市场增长率。它是指物流企业本期物流收入与前期物流收入的差额与前期物流收入之比，反映了企业在市场中的发展速度。

$$市场增长率 = （本期物流总收入 - 前期物流收入）/ 前期物流收入 \times 100\%$$

（2）市场开拓能力是指新客户开发能力。随着物流企业的竞争越来越激烈，生存空间越来越小，物流企业是否有能力保留已有的市场，并不断开拓新的生存空间尤为重要。

$$新客户开发能力 = 一定时期内新开发的客户数量 / 一定时期内客户总数量 \times 100\%$$

2. 员工素质

（1）员工的知识结构。它反映物流企业的员工文化素质及员工接受教育的程度，是指物流企业的员工所具备的知识水平，可根据员工所拥有的学历层次进行评价。

$$员工的知识结构 = 企业某一学历层次员工数量 / 企业全体员工数量 \times 100\%$$

（2）员工流动率。它是影响客户服务质量的一项重要因素，对员工满意度的评价可采用员工流动率指标来衡量。员工流动率可以用一定时期内（通常为一年）企业重要人事变动的百分比来计算与评价。

$$员工流动率 = 员工辞职数 / 全体员工数 \times 100\%$$

它主要反映了员工对企业的满意度，也反映了企业在智力资本投资方面的损失，尤其是那些长期在企业工作，掌握企业许多具体业务技能与技巧的员工更是如此。

（3）员工生产效率。它是指一定时期内每个员工平均创造的收入或每个员工创造的价值增值。

$$员工生产率 = 企业一年内的运营收入或净利润 / 企业全体员工数 \times 100\%$$

13.4　物流绩效评价的主要方法

绩效评价的方法有很多种，各种方法都有它的适用范围、优缺点。下述4种方法常在物流绩效评价中选用。

13.4.1　排列法

排列法也叫排队法，在绩效评价中，对评价对象做比较，进行最优到最差的排列。例如，在对5个规模大致相同、类型相似的配送中心进行绩效评价时，先从这5个配送中心中评价出一个绩效最好的和一个绩效最差的，接下来再评出第二个好的和第二个差的。这种方法以评价对象的综合绩效为基础，按其总体效益和业绩进行排列比较，评出最好、次好、中等、较差和最差。这种方法简便，常被广泛采用。

排队法的缺点是：

- 不是按评价对象的工作绩效与每项评价标准进行对照比较评分，而是根据总体的综合绩效进行比较，缺乏可信度和精确度。
- 无法鉴别处在中间状态的评价对象之间的差别。
- 在同一物流系统中的不同单位或部门之间无法进行排列比较。

13.4.2　等级法

等级法是先制定具体的评价标准，在进行绩效评价时，根据已制定的有关各项评价标准来评价每一个评价对象的业绩和效益。所谓等级评价法是，首先明确并确定物流系统的评价项目及其影响因素；然后对每个评价项目制定出具体的评价标准及要求，再对每一项又设立评分等级数，一般分为 5 个等级，最优的为 5 分，次之为 4 分，依次类推；最后，把各项得分汇总，总评分越高，工作绩效就越好。这种评价方法比排列法科学。但是对每个评价对象有关方面都要确定相应的评价项目及评分标准，按其重要程度设置权数，评价工作量大而繁重，而且权数不易设置准确。

13.4.3　层次分析法

层次分析法（analytic hierarchy process，AHP）是对一些较为复杂、较为模糊的问题做出决策的简易方法，它特别适用于那些难于完全定量分析的问题。它是美国运筹学家萨蒂（T. L. Saaty）教授于 20 世纪 70 年代初期提出的一种简便、灵活而又实用的多准则决策方法。

人们在进行社会的、经济的以及科学管理领域问题的系统分析中，常常面临的是一个由相互关联、相互制约的众多因素构成的复杂但往往缺少定量数据的系统。层次分析法为这类问题的决策和排序提供了一种新的、简洁而实用的建模方法。

运用层次分析法建模，大体上可按以下 4 个步骤进行：①建立递阶层次结构模型；②构造出各层次中的所有判断矩阵；③进行层次单排序及一致性检验；④进行层次总排序及一致性检验。

物流绩效评价层次包括目标层、第一准则层、第二准则层、决策层。模型的目标层是对物流企业进行绩效评价，其评价是通过比较来实现的；准则层根据评价侧重点不同可以进行调整；决策层表明可以就同类企业进行评价，也可根据企业自身不同的时间段进行评价。物流绩效评价层次如图 13-3 所示。

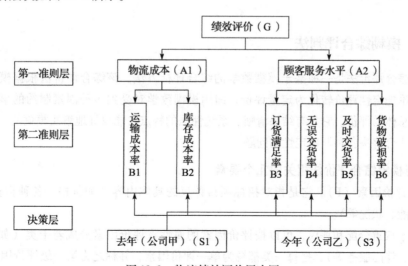

图 13-3　物流绩效评价层次图

假设物流企业甲在 2019 年 1 月底运用该模型对企业进行绩效评价。在评价期该企业通过各种渠道获得了本市另外两个类似物流企业的相关数据，甲物流企业做了二维绩效评价，其结果如下（见表 13-4 和表 13-5）。

表 13-4　横向绩效评价

目标层 G 得分		第一准则层 A 层权重	第二准则层 B 层之权重	决策层 S 评分（百分制）		
				甲	乙	丙
甲	85.2	A1(0.55)	B1(0.481)	87.2	90.1	86.8
			B2(0.519)	85.4	90.5	92.5
乙	91.1		B3(0.395)	80.2	98.1	82.5
		A2(0.45)	B4(0.260)	93.6	94.5	81.8
丙	85.3		B5(0.205)	75.0	82.1	88.4
			B6(0.140)	90.1	85.4	92.6

表 13-5　纵向绩效评价

目标层 G 得分		第一准则层 A 层权重	第二准则层 B 层之权重	决策层 S 评分（百分制）	
				2018 年上半年	2017 年上半年
2018 年上半年	85.2	A1(0.55)	B1(0.481)	87.2	80.5
			B2(0.519)	85.4	79.2
2017 年上半年	81.6		B3(0.395)	80.2	85.1
		A2(0.45)	B4(0.260)	93.6	86.5
			B5(0.205)	75.0	72.1
			B6(0.140)	90.1	92.3

由表 13-4 和表 13-5 可以看出：2018 年上半年与 2017 年同期相比，有较大进步，但在同类企业中的绩效评价并不理想。二维评价给予的提示是：虽然该企业在经营规模和效益上有所扩大，但在市场竞争力上不占优势，对客户的吸引力小于同行，对在评价中占较大比重的库存成本率和订货满足率明显小于同行。该企业要想获取更大的市场份额，就必须加强这两个方面的控制。

13.4.4　模糊综合评判法

模糊综合评价法是一种基于模糊数学的综合评标方法。该综合评价法根据模糊数学的隶属度理论把定性评价转化为定量评价，即用模糊数学对受到多种因素制约的事物或对象做出一个总体的评价。它具有结果清晰、系统性强的特点，能较好地解决模糊的、难以量化的问题，适合解决各种非确定性的问题。

1. 与模糊综合评价法相关的几个要素

（1）评价因素（F）。它是指对招标项目评议的具体内容（如价格、各种指标、参数、规范、性能、状况等）。

为便于权重分配和评议，可以按评价因素的属性将评价因素分成若干类（如商务、技术、价格、伴随服务等），把每一类都视为单一评价因素，并称之为第一级评价因素（F1）。第一级评价因素可以设置下属的第二级评价因素（例如，第一级评价因素"商务"可以有下属的第二级评价因素：交货期、付款条件和付款方式等）。第二级评价因素可以设置下属的第三级评价因素（F3）。依此类推。

（2）评价因素值（Fv）。它是指评价因素的具体值。例如，某投标人的某技术参数为120，那么，该投标人的该评价因素值为120。

（3）评价值（E）。它是指评价因素的优劣程度。评价因素最优的评价值为1（采用百分制时为100分）；欠优的评价因素，依据欠优的程度，其评价值大于或等于零、小于或等于1（采用百分制时为100分），即 $0 \leqslant E \leqslant 1$（采用百分制时 $0 \leqslant E \leqslant 100$）。

（4）平均评价值（Ep）。它是指评标委员会成员对某评价因素评价的平均值。

平均评价值(Ep) = 全体评标委员会成员的评价值之和 / 评委数

（5）权重（W）。它是指评价因素的地位和重要程度。

第一级评价因素的权重之和为1，每一个评价因素的下一级评价因素的权重之和为1。

（6）加权平均评价值（Epw）。它是指加权后的平均评价值。

加权平均评价值(Epw) = 平均评价值(Ep) × 权重(W)

（7）综合评价值（Ez）。它是指同一级评价因素的加权平均评价值（Epw）之和。综合评价值也是对应的上一级评价因素的值。

2. 模糊综合评价法的特点

（1）相互比较。以最优的评价因素值为基准，其评价值为1；其余欠优的评价因素依据欠优的程度得到响应的评价值。

（2）可以依据各类评价因素的特征，确定评价值与评价因素值之间的函数关系（即隶属度函数）。确定这种函数关系（隶属度函数）有很多种方法，如F统计方法、各种类型的F分布等。当然，我们也可以请有经验的评标专家进行评价，直接给出评价值。

在招标文件的编制中，应依据项目的具体情况，有重点地选择评价因素，科学地确定评价值与评价因素值之间的函数关系以及合理地确定评价因素的权重。

3. 模糊综合评价法的应用程序

（1）设定各级评价因素（F）。具体做法为：①设定第一级评价因素；②依据第一级评价因素的具体情况，如有需要，设定下属的第二级评价因素；③根据第二级评价因素的具体情况，如有需要，还可以设定下属的第三级评价因素。

（2）确定评价细则。它是指确定评价值与评价因素值之间的对应关系（函数关系）。

（3）设定各级评价因素的权重（W）分配。

（4）评标。

|阅读材料|

政府与船主的博弈

18世纪末期，英国政府决定把犯了罪的英国人统统发配到澳大利亚去。

一些私人船主承包从英国往澳大利亚大规模地运送犯人的工作。英国政府实行的办法是以上船的犯人数支付船主费用。当时，那些运送犯人的船只大多是一些很破旧的货船改装的，船上设备简陋，没有什么医疗药品，更没有医生，船主为了牟取暴利，尽可能地多装人，使船上条件十分恶劣。一旦船只离开了岸，船主按人数拿到了政府的钱，对于这些人能否远涉重洋活着到达澳大利亚就不管不问了。有些船主为了降低费用，甚至故意断水断食。3年以后，英国政府发现：运往澳大利亚的犯人在船上的死亡率达12%，其中最严重的一艘船上424个犯人死了158个，死亡率高达37%。英国政府花费了大笔资金，却没能达到大批移民的目的。

英国政府想了很多办法。每一艘船上都派一名政府官员监督，再派一名医生负责犯人和医疗卫生，同时对犯人在船上的生活标准做了硬性的规定。但是，死亡率不仅没有降下来，有的船上的监督官员和医生竟然也不明不白地死了。原来一些船主为了贪图暴利，贿赂官员，如果官员不同流合污就被扔到大海里喂鱼了。政府支出了监督费用，却照常死人。

政府又采取新办法，把船主都召集起来进行教育培训，教育他们要珍惜生命，要理解去澳大利亚开发是为了英国的长远大计，不要把金钱看得比生命还重要。但情况依然没有好转，死亡率一直居高不下。

一位英国议员认为政府的目的是把犯人安全地送到澳大利亚，而政府政策的缺陷在于政府给予船主报酬是以上船人数来计算的，犯人能都安全地抵达澳大利亚跟船主没有任何关系。他提出从改变政策开始：政府的目的是让犯人安全地抵达澳大利亚，那么就以到澳大利亚上岸的人数为准计算报酬，不论在英国上船装多少人，到了澳大利亚上岸的时候再清点人数支付报酬，这样政府的目标就成为船主们的目标。

问题迎刃而解。船主主动请医生跟船，在船上准备药品，改善生活，尽可能地让每一个上船的人都健康地到达澳大利亚。一个人就意味着一份收入。

自从实行上岸计数的办法以后，船上的死亡率降到了1%以下。有些运载几百人的船只经过几个月的航行竟然没有一个人死亡。

资料来源：http://blog.sina.com.cn/s/blog_885d40d80100xqw9.html。

❖ 本章小结

物流绩效评价是对多属性体系结构描述的物流系统做出全局性、整体性评价。物流绩效评价可从国家物流绩效评价、行业物流绩效评价和企业物流绩效评价3个层面展开。多层次、多渠道和全方位评价，短期绩效与长期绩效、近期绩效与远期绩效相结合，静态评价与动态评价相结合、宏观绩效与微观绩效相结合是物流绩效评价时必须注意遵循的3个原则。物流绩效评价的设计必须满足8个要求，重视6个注意事项。

物流绩效指数主要由海关和边境管理清关的效率、贸易和运输基础设施的质量、安排具有竞争性价格货运的便利性、物流服务

竞争力和质量、追踪与追溯货物运输的能力、货物运输在既定或预期时间内的到货率6个指标构成，用以对物流绩效进行定性和定量测量，以分析各个国家物流绩效状况。其中，海关和边境管理清关的效率、贸易和运输基础设施的质量、物流服务竞争力和质量3项指标代表供应链的输入，而安排具有竞争性价格货运的便利性、追踪与追溯货物运输的能力、货物运输在既定或预期时间内的到货率3项指标则代表供应链的输出。物流绩效指数和6项分项指标均采取5分制评分，分值越高代表绩效水平越好。根据各国家LPI分值的不同，可分为物流不友好、不

完全绩效者、一致的绩效者和物流友好4类国家。物流绩效指数的调查分为国际物流绩效指数调查和国内物流绩效指数调查。

确定评价工作实施机构、制订评价工作方案、收集并整理基础资料和数据、评价计分、评价结论、撰写评价报告、进行工作总结是物流绩效评价实施的7个基本步骤。物流经济效益指标有两种：一是基本指标；二是修正指标。

绩效评价的方法有很多种，各种方法都有它的适用范围、优缺点。排列法、等级法、层次分析法和模糊综合评判法4种方法是既简单又比较常用的物流绩效评价方法。

复习思考题

一、名词解释

物流绩效评价 物流绩效指数（LPI）国家物流绩效评价 行业物流绩效评价 企业物流绩效评价

二、单选题

1. 下列企业物流绩效评价的指标中属于基本指标的是（　　）。
   A. 库存周转率　　B. 速动比率
   C. 净资产收益率　D. 资本保值增值率
2. 下列企业物流绩效评价的指标中属于修正指标的是（　　）。
   A. 已获利息倍数　B. 资产负债率
   C. 净资产收益率　D. 不良资产比率
3. （　　）是首个对各国物流绩效发展水平的综合评价指标。
   A. 物流绩效指数　B. 净资产收益率
   C. 营业增长率　　D. 总资产报酬率
4. 先制定具体的评价标准，再进行绩效评价时，以已制定的有关各项评价标准来评价每一个评价对象的业绩和效益的物流绩效评价方法是（　　）。
   A. 排列法　　　　B. 等级法
   C. 层次分析法　　D. 模糊综合评判法
5. 下列指标中不能直接用来反映企业的偿债能力的指标是（　　）。
   A. 速动比率　　　B. 流动比率
   C. 已获利息倍数　D. 不良资产比率
6. 物流绩效指数采取5分制评分，分值越

高代表绩效水平越好，在LPI得分累积性分布图中处于LPI最顶部5分区的是（　　）。
   A. 物流不友好　　B. 物流友好
   C. 不完全绩效者　D. 一致的绩效者

三、多选题

1. 物流绩效评价体系被设计在整个组织结构之内，这个体系的设计必须满足以下要求（　　）。
   A. 准确、及时
   B. 可理解
   C. 反映系统的特性
   D. 应变性
2. 下列企业物流绩效评价的物流运作质量指标中属于运输可靠性指标的是（　　）。
   A. 正点运输率　　B. 单位运输成本
   C. 无缺损运率　　D. 运输费用效益
3. 下列企业物流绩效评价的指标中不属于基本指标的是（　　）。
   A. 净资产收益率　B. 库存周转率
   C. 资产负债率　　D. 成本费用利润率
4. 下列绩效评价指标中哪些指标过高会损害企业的绩效和发展（　　）。
   A. 成本费用利润率
   B. 已获利息倍数
   C. 不良资产比率
   D. 资产负债率
5. 下列物流系统绩效评价实施步骤中的先

后排序为（　　）。

A. 收集并整理基础资料和数据

B. 制订评价工作方案

C. 确定评价工作实施机构

D. 评价计分

6. 物流绩效评价可从（　　）等层面展开。

A. 国家物流绩效评价

B. 行业物流绩效评价

C. 企业物流绩效评价

D. 社会物流绩效评价

7. 物流绩效指标框架，在政策法规领域显示供应链的主要输入项有（　　）。

A. 海关　　　　B. 及时性

C. 服务质量　　D. 基础设施

四、判断题

1. 微观绩效和宏观绩效二者既相互矛盾又彼此统一，从统一性来看，宏观绩效是微观绩效的基础，离开了宏观绩效，微观绩效就要落空；微观绩效又对宏观绩效起着导向作用，宏观绩效只有在符合微观绩效的前提下，才能得到有效的发挥。（　　）

2. 物流绩效指数是反映一定顾客服务水平下的某个行业整体物流运行状况的综合评价指标。（　　）

3. 客户保持率反映物流企业的市场保持状况，它是指一定时期内保留或维持同老客户的业务关系比例，即客户保持率＝

（企业当期客户－企业当期新增客户）/企业当期客户×100%。（　　）

4. 修正指标是对基本指标评价后所形成的初步评价结果进行修正，以形成较为全面的物流企业绩效评价基本结果而设立的指标。企业的库存周转率属于修正指标。（　　）

5. 资本保值增值率越高，表明企业的资本保全状况越好；所有者权益的增长越大，债权人的债务越有保障，企业发展后劲越强。（　　）

6. 流动比率越高，表明流动资产流转得越快，偿还流动负债能力越强。因此，流动比率越高越好。（　　）

五、简答题

1. 简述物流绩效评价原则。

2. 简述物流绩效评价的设计要求。

3. 简述物流绩效指数体系的构成。

4. 简要介绍评价企业物流绩效的排列法。

5. 简述模糊综合评价法的特点。

6. 简述物流绩效评价的意义。

六、论述题

1. 如何才能设计出科学、有效的物流绩效评价体系？

2. 论述现代物流企业应该如何进行物流绩效评价。

3. 试比较企业物流绩效评价的几种主要方法，评价各自的优缺点以及适用范围。

◈ 案例分析

德邦快递创新性的员工奖励机制

2018年1月16日，德邦快递在上海证券交易所挂牌上市，正式登陆A股资本市场，简称"德邦股份"，股票代码603056。同年7月2日，公司品牌名称正式由"德邦物流"更名为"德邦快递"。截至2018年12月，德邦快递全国转运中心总面积超过

168万平方米，网点10 000余家，覆盖全国96%的区县、94%的乡镇，网络覆盖率行业领先，为客户提供标准定价、一单到底的快递服务。目前，德邦正从国际快递、跨境电商、国际货代三大方向切入我国港澳台地区及国际市场，已开通我国港澳台地区以及美

国、欧洲、日韩、东南亚、非洲等国家线路，全球员工人数超过 14 万名。

德邦快递成立于 1996 年，致力于成为以客户为中心，覆盖快递、快运、整车、仓储与供应链、跨境等多元业务的综合性物流供应商。"物尽其流，人尽其才"是德邦成立以来一直倡导的公司使命。2001 年进入零担市场，此时的零担市场其实已经非常饱和。但是德邦硬是在这个竞争激烈、服务又严重散乱差的市场里，建立起自己细致、规范的服务标准，在行业里独树一帜。

德邦靠的是什么？答案是卓越的管理。管理创新，一直是德邦在堪称"最苦最累"的物流快递业长期制胜的关键。坚持大件快递和增值服务的德邦，久而久之让客户形成了新的消费习惯：小件货发顺丰，大件货发德邦。这也是德邦在坚持差异化增值服务、精细化管理之外，坚持深耕大件快递市场才等来的行业机会。德邦规范的管理给客户带来了优质的服务，而优质的服务又给德邦带来了较高的溢价。从 2014 年到现在，德邦的年复合增长率都超过了 100%。

服务好顾客，重在做两件事：一是在业务上服务好顾客，二是公司服务好服务顾客的员工。为此，德邦建立起了一整套完善的奖励体系，在制度层面和精神层面对员工都有相应的奖励机制，以鼓励快递员提供更质优的服务，进而为用户带去更好的快递体验。

在制度层面，德邦对五星快递员设置了相应的标准，如不仅要大件快递送货上楼，还要经过服务投诉少、时效快、运费合理、包装合格等 20 多个考核指标。而五星快递员获得的不仅是荣誉，还有实实在在的奖励。在德邦 2018 年年会上，崔维星拿出重磅大奖，用价值 820 万元的黄金，奖励过去为客户做出优异服务的 82 名"五星快递员"。

在精神层面，公司会针对一年内无投诉，且累计星级靠前的 50 人举办集体婚礼。除此之外，在员工家属方面，德邦快递也做足了工作。例如，截至目前，德邦已经连续十几年给员工家属发放"工资"；德邦员工的小孩从出生到上大学的 20 年里，将得到德邦给予的各种补贴，包括员工的生子贺礼以及小孩的营养费、教育费用等。

2018 年 9 月 3 日，德邦董事长崔维星又在德邦第一期员工持股计划宣贯会上明确了该激励计划的两个特点：一是激励范围大，激励人数多；二是公司业绩越好，个人收益越多。

2018 年，德邦要在大件快递的领域，再次提升终端客户体验的高度，建立领先全行业的服务高标准。

资料来源：作者根据多方资料整理而成。

讨论题

1. 德邦快递创新性的员工奖励机制对提高其物流绩效有什么作用？

2. 如何理解"管理创新"给德邦快递带来的高溢价？

第 14 章
CHAPTER14

物流经济发展

§ 学习目的与要求

- 了解全球物流发展的趋势、绿色物流过程的环境影响评价
- 理解全球物流发展的影响因素、物流创新的方式
- 熟悉逆向物流的流程环节、物流创新的内容
- 掌握全球物流和绿色物流的内涵与特点

§ 引例

天猫"双 11"的绿色物流

2018 年 11 月，菜鸟在全国 200 个城市投入 5 000 多个绿色回收台，推动"菜鸟回箱计划"，鼓励快递纸箱循环使用。公众只需要通过高德地图，搜索"菜鸟回箱计划"，找到附近的回收点，捐赠纸箱后，使用手机淘宝、支付宝、菜鸟裹裹的 App 在菜鸟驿站扫码，回箱一次可以兑换 37 克蚂蚁森林流量。同时，消费者在手机淘宝上搜索"城市环保大使"，点赞绿色回收行为，能为所在城市添加绿色能量。绿色能量第一名的城市将获得百万元公益金。

浙江大学城市学院是最早加入今年回箱计划的学校之一。2018 年"双 11"期间，该学院菜鸟驿站日包裹量最高达平时 4 倍，但依然井然有序。因为通过提前预测和任务协同，驿站在批量包裹抵达前做好准备，对包裹量超大的站点协调场地和人手。升级后的回箱计划，也得到同学们的积极参与。进入"双 11"，该学院菜鸟驿站每天回收纸箱最多能达到 700 个，直接可以二次利用的纸箱达到近三成。

2018 年"双 11"，杭州有 80 多个回收点，从 11 月 8 日开始，全国线下回收纸箱近 500 万个，线上点赞及捐箱的人数突破 65 万。

事实上，科技也是 2018 年"双 11"绿色物流的一大亮点。菜鸟自主研发的智能箱型设计和切箱算法，已面向行业开放。通过使用高科技，可减少仓内 15% 的包材使用。截至目前，这一算法已经被累计用在 5.1 亿个包装纸箱和快递袋上。

菜鸟正在协同全行业，以天猫"双11"为契机，借助高科技，加速绿色物流升级，持续对绿色投入，同时也呼吁商家、消费者和更多物流企业参与绿色物流，让每一个包裹都绿起来。

资料来源：经多方资料整理而成。

请思考
1. 你认为什么是绿色物流？
2. 联系实际，分析天猫实施绿色有何意义。

14.1 全球物流经济

随着全球经济的发展，企业的发展很快，许多企业都在推行国际战略，在世界范围内寻找商机，寻找最好的生产基地，这必然将企业的经济领域由一个地区、一个国家扩展到多个国家和多个地区之间。由此，企业的全球物流也就日趋重要。

14.1.1 全球物流的含义及特点

1. 全球物流的含义

全球物流是不同国家之间的物流，这种物流是国际贸易的一个必然组成部分，各国之间的相互贸易最终通过全球物流来实现。全球物流是现代物流系统中重要的物流领域，近十几年有很大发展，也是一种新的物流形态。

┊阅读材料┊
我国全球物流的发展现状

2009~2015年，中国国内生产总值由345 629亿元增长至685 506亿元；全社会固定资产投资由224 599亿元增长至562 000亿元，年均复合增长率达到16.5%；对外贸易规模不断扩大，出口总额由1.2万亿美元增长至2.27万亿美元，年均复合增长率为11.2%，进口总额由1.0万亿美元增长至1.68万亿美元，年均复合增长率为9.0%。

我国的全球物流量和对外贸易是同步增长的，2009~2015年，全国社会物流总额由96.7万亿元增至219.2万亿元，年均复合增长率达到14.6%，反映了我国物流总需求的强劲增长趋势。从构成上来看，工业品物流是我国社会物流最重要的组成部分。2015年，工业品物流总额达到204万亿元，占社会物流总额的比重为93.1%；进口货物物流总额为10.4万亿元，占社会物流总额的比重为4.7%。

国际上普遍以全社会物流总费用占GDP的比例来评价整个经济体的物流效率，社会物流总费用占GDP的比例越低，代表该经济体物流效率越高，物流产业越发达。2009~2015年，全国社会物流总费用与GDP的比率由18.1%下降至16.0%，物流效率整体上呈现出提高态势。但与发达国家物流总费用占GDP的比例约10%相比，我国物流成本仍处于较高水平，降低了生产企业产品的竞争力，影响了国民经济的运行效率，未来仍有较大的进步空间。

资料来源：中国产业信息网。

从企业角度来看，近十几年跨国企业发展很快，不仅是已经国际化的跨国企业，即便是一般有实力的企业也在推行国际战略，企业在全世界寻找贸易机会，寻找最理想的市场，寻找最好的生产基地，这就将企业的经济活动领域由地区或国家扩展到国际范围。这样一来，企业的全球物流也提到议事日程上来，企业必须为支持这种国际贸易战略，更新自己的物流观念，扩展物流设施，按全球物流要求对原来的物流系统进行改造。

对跨国公司来讲，全球物流不仅由商贸活动决定，也是本身生产活动的必然产物。企业国际化战略的实施，使企业分别在不同国度中生产零件、配件，又在另一些国家中组装或装配整机，企业的这种生产环节之间的衔接也需要依靠全球物流。

由此可见，从本质上来说，所谓的全球物流，也就是国际物流，是指生产和消费分别在两个或两个以上的国家独立进行时，为克服生产和消费之间的空间距离与时间距离，对物资进行物理性移动的一项国际商品交易，从而完成国际商品交易的最终目的，即实现卖方交付单证、货物和收取货款，而买方接受单证、支付货款和收取货物的贸易对流。

根据国家标准《物流术语》（GB/T18354—2006）的定义，国际物流（international logistics）是指跨越不同国家或地区之间的物流活动。

2. 全球物流的特点

全球物流是跨国界、跨地区的物流活动，随着世界经济的飞速发展，国际贸易不断表现出一些新的趋势和特点，从而对全球物流也提出了更新、更高的要求。目前，全球物流具有以下特点。

（1）物流系统范围的广泛性。它主要体现在全球物流不但体现地域和空间的广阔性，而且其所涉及的内外因素更多，所需的时间更长。

（2）物流环境的差异性。它主要表现在全球物流系统需要在几个不同法律、人文、习俗、语言、科技、设施的国家环境下运行，这无疑大大增加了物流的难度和系统的复杂性。

（3）物流过程的高风险性。由于全球物流市场广阔、线长面广、中间环节多、运行环境复杂，因此其所面临的政治风险（如罢工、战争等）、经济风险（如汇率风险和利率风险）和自然风险（如台风、暴雨等）就更多。

（4）运输方式组合的多样性。由于地理范围大，运输距离长，全球物流往往是远洋运输、航空运输、铁路运输、公路运输等多种运输方式的合理组合。运输方式选择和组合的多样性是全球物流的一个显著特征。

（5）物流标准的统一性。物流设施设备以及物流信息传递技术的统一标准，是全球物流简单化、有效化的基石。

14.1.2　全球物流发展的影响因素

随着经济全球化的日益发展，全球化大生产、大流量、大贸易、大循环的经济格局逐步形成，与国际惯例同步是物流发展不可逆转的大趋势。目前，全球经济环境中，一方面存在着推动全球物流的有利因素；另一方面也存在着阻碍全球物流发展的不利因素。

1. 推动全球物流发展的有利因素

促进全球物流发展的有利因素有很多，主要有以下几个方面。

（1）经济增长。随着经济的发展和新技术的开发，制造业和物流业的效率不断提高。在这种环境下，企业通过全球化向其他发达地区和发展中国家扩展可增加收入和利润。这类扩展需要把全球化制造与全球化营销能力综合起来，从而刺激全球物流的迅速发展。

（2）技术。信息通信技术（information communications technology，ICT）是刺激企业国际化的第二个因素。一方面，发达的网络把世界各国的产品展示给国际消费者，刺激了全球范围的需求；另一方面，ICT 的日益普及也不断加快订货需要的传输速度、生产速度、装运进度和海关清关速度等，使整个完成周期缩短。

（3）区域化。开辟新市场以维持增长的需要，是鼓励企业在国际寻找客户的主要动力。为促进地区贸易和保护贸易伙伴免遭外部的竞争，各国纷纷开始通过条约方式使合伙形式组织化。奥恩梅"三足鼎立"的观点认为，当今的世界正在演化成为三大贸易区域：欧洲、北美和环太平洋地区。虽然各区域并不限制与其他地区的贸易，但它们的协定在强烈地鼓励和促进区域内贸易。这些地区通过降低关税、缩减海关所要求的通关货运单证，以及支持公共运输和搬运系统等来便利区内贸易，其最终目的是要使区内的运输待遇如同起运地和目的地在同一个国家内一样。

（4）供应链观念。供应链观念越来越深入人心，企业发现可以利用外部资源承担范围很广的物流活动以减少资金配置。为此，企业更愿意与全球化供应商一起发展联盟，因为这些全球化供应商能够以合理的成本在诸如国际联合运输和转运、国际运输、物流单证以及便利作业等方面提供专门知识和物流服务。

（5）解除管制。20 世纪的最后 20 年，由美国发起的对运输业解除管制的措施如今已遍及全球，随之在全球范围内发生的有关多式联运所有权和经营权、私有化以及沿海航行权和双边协定等的变化，使得各国间的营销安排和联盟安排大大地提高了运输的灵活性。例如，美国 UPS 公司通过所有权、共同营销和共同作业协定等适当方式，目前已具备了为 190 多个国家服务的能力。所有权、共同营销和共同作业协定的安排，不仅有助于提高国际装运交付效率，促进贸易，还为提高一站式物流服务的可能性打下基础。政府间的安排与合作促进并改善运输服务，同时降低运输费率，最终将有利于国际贸易的开展，进而增加物流作业量。

2. 影响全球物流发展的不利因素

影响全球物流发展的不利因素主要有以下几个。

（1）市场和竞争。市场和竞争力方面的壁垒主要有市场进入限制、定价和关税等。

市场进入限制是指通过立法或司法实践对进口商品制造壁垒来限制市场准入。在实践方面的壁垒例子，如欧洲实施当地实际到位制度，该项制度要求以市场为基础的制造工厂和配送设施在还没有进入市场前就需要安置完毕；在立法上阻止进入的例子，如日本实施当地零售商"投票"制度，以表示是否愿意接受新的零售商，特别是外国零售商进入其市场。

定价和关税是一些与经营有关的壁垒。国际上的定价受汇率影响很大，汇率的变化往往会影响物流需求。例如，当欧元对美元的比价在上升时，取低成本战略的厂商就会储备零件，以充分利用有利的汇率。另外，由于贸易流量以及流向会不断地随关税的变化而变化，因此关税会对物流计划起到一定的阻碍作用。

（2）金融壁垒。全球物流中的金融壁垒产生于预测和机构的基础结构。在任何情况下进行预测都十分不易，在全球环境下预测尤其困难。国内预测面临的挑战是要在顾客趋势、竞争行为和季节性波动的基础上进行销售量与销售金额的预测，而在全球环境下，这些预测还必须结合汇率、顾客行为以及复杂的政府政策等因素。机构的基础结构壁垒产生于在如何协调中间人作业方面的差异，其中包括银行、保险公司、法律顾问和运输承运人等。金融上的不确定因素加上机构上的不确定因素，使得厂商难以规划其产品需求和金融需求，其结果便是，厂商不得不增加存货、增加运输的前置时间，以及增加全球物流作业的金融资源。

（3）物流渠道差异。物流渠道的差异是指运输和材料搬运设备、仓库设施和港口设施以及通信系统中的差异。尽管集装箱化可以提高标准化，但在全球运输设备中，诸如运输工具的尺度、能力、重量和轨道规格等方面还存在着较大的差异。在这种情况下，产品要跨越国界，就必须从不同的运输工具上或集装箱里卸下来再将它们装进去，这势必增加运输成本和运输时间。

14.1.3　全球物流发展的趋势

全球物流的发展趋势与全球经济的发展趋势是一脉相承的。从宏观经济来看，在今后相当长的一段时间内，世界经济发展不平衡依然存在，发展中经济体的增长动力强劲，区域经济发展方兴未艾，环境保护问题日益突出；从微观角度来看，企业国际化进程加快，企业间的国际战略联盟来势迅猛，企业的价值链延伸、规模扩大，产业集中度提高；从技术进步角度来看，ICT进一步发展，新型生产组织方式将得到更广泛的应用。这些变化都会影响到全球物流的发展趋势。

1. 全球物流系统更加集成化

传统物流一般只是货物运输的起点到终点的流动过程。而现代物流，从纵向看，它将传统物流向两头延伸并注入新的内涵，即从最早的采购物流开始，经生产物流再进入销售领域，其间经过包装、运输、装卸、仓储、加工等过程到最终送达用户手中，甚至最后还有回收物流，整个过程包括了产品出"生"入"死"的全过程。从横向看，它将社会物流和企业物流、全球物流和国内物流等各种物流系统，通过利益输送、股权控制等形式有机地组织在一起，即通过统筹协调、合理规划来掌控整个商品的流动过程，以满足各种用户的需求和不断变化的需要，争取做到效益最大和成本最小。全球物流的集成化，是将整个物流系统打造成一个高效、通畅、可控制的流通体系，以此来减少流通环节、节约流通费用，达到实现科学的物流管理、提高流通的效率和效益的目的，以适应在经济全球化背景下"物流无国界"的发展趋势。可以说，现代物流市场的竞争已经演变成一群物流企业与另一群物流企业的竞争、一个供应链与另一个供应链的竞争、一个物流体系与另一个物流体系的竞争。物流企业所参与的全球物流系统的规模越大,物流的效率就越高,物流的成本就越低,物流企业的竞争力就越强,这是一种既有竞争又有合作的"共赢"关系。

全球物流的集成化趋势,是一个国家为适应国际竞争正在形成的跨部门、跨行业、跨区域的社会系统,是一个国家流通业走向现代化的主要标志,也是一个国家综合国力的具体体现。当前,全球物流向集成化方向发展主要表现在两个方面:一是大力建设物流园区。物流园区建设有利于实现物流企业的专业化和规模化,发挥它们的整体优势和互补优势。二是加快物流企业整合。物流企业整合,特别是一些大型物流企业跨越国境展开"横联纵合"式的并购,或形成物流企业之间的合作并建立战略联盟,有利于拓展全球物流市场,争取更大的市场份额,加速本国物流业深度地向国际化方向发展。

2. 全球物流管理更加网络化

在系统工程思想的指导下,以现代信息技术提供的条件,强化资源整合和优化物流过程是当今全球物流发展的最本质特征。信息化与标准化这两大关键技术对当前全球物流的整合与优化产生了革命性的影响。同时,由于标准化的推行,使信息化的进一步普及获得了广泛的支撑,使全球物流可以实现跨国界、跨区域的信息共享,物流信息的传递更加方便、快捷、准确,加强了整个物流系统的信息连接。现代全球物流就是在信息系统和标准化的共同支撑下,借助于储运和运输等系统的参与,借助于各种物流设施的帮助,形成了一个纵横交错、四通八达的物流网络,使全球物流覆盖面不断扩大,规模经济效益更加明显。

3. 全球物流标准更加统一化

全球物流的标准化是以全球物流为一个大系统,制定系统内部设施、装备、工具等各个分系统的技术标准;制定系统内分领域的包装、装卸、运输、配送等方面的管理标准;以系统为出发点,研究各分系统与分领域中技术标准与管理标准的配合性;按配合性要求,统一全球物流系统的标准;研究全球物流系统与其他相关系统的配合问题,谋求全球物流大系统标准的统一。随着经济全球化的不断深入,各国都很重视本国物流与全球物流的相互衔接问题,努力使本国物流标准与全球物流的标准体系相一致。

跨国公司的全球化经营,正在极大地影响着物流全球性标准的建立。一些全球物流行业和协会,在国际集装箱和EDI技术发展的基础上,开始进一步对物流的交易条件、技术装备规格,特别是在单证、法律条件、管理手段等方面推行统一的国际标准,使物流的国际标准更加深入地影响国家标准,使国家物流日益与全球物流融为一体。

4. 全球物流配送更加精细化

随着现代经济的发展,产业、部门、企业间的交换关系和依赖程度越来越错综复杂,物流是联系这些复杂关系的交换纽带,它使经济社会的各部分有机地连接起来。在市场需求瞬息万变和竞争环境日益激烈的情况下,物流系统必须具有更快的响应速度和协同配合能力。更快的响应速度,要求物流企业必须及时了解客户的需求信息,全面跟踪和监控需求的过程,及时、准确、优质地将产品和服务递交到客户手中。协同配合能力,要求物流企业必须与供应商和客户实现实时沟通与协同,使供应商对自己的供应能力有预见性,能够提供更好的产品、价格和服务;使客户对自己的需求有清晰的计划性,以满足自己生产和消费的需要。全球物流为了达到零阻力、无时差的协同,需要做到与合作伙伴间业务流程的紧密集成,加强预测、规划和供应,共同分享业务数据、联合进行管理执行以及完成绩效评估等。

只有这样，才能使物流作业更好地满足客户的需要。由于现代经济专业化分工越来越细，相当一些企业除了自己生产一部分主要部件外，大部分部件需要外购。为适应制造厂商的生产需求，以及多样、少量的生产方式，"第三方物流"和专业化物流服务企业随之涌现并加速发展，使得全球物流服务功能更强大，服务质量更精细。

5. 全球物流园区更加便利化

为了适应国际贸易的急剧扩大，许多发达国家都致力于港口、机场、铁路、高速公路、立体仓库的建设，一些全球物流园区也应运而生。这些园区一般选择靠近大型港口和机场兴建，依托重要港口和机场，形成处理国际贸易的物流中心，并根据国际贸易的发展和要求，提供更多的物流服务。例如，日本为了提高中心港口和机场的全球物流功能，重点在京滨港、名古屋港、大阪港、神户港进行超级中枢港口项目建设，对成田机场、关西机场、羽田机场进行扩建，并在这些国际中心港口和空港附近设立物流中心，提高国际货物的运输和处理能力。全球物流和国家物流，实际上是货物在两个关税区的转接和跨国界的流动，要实现国内流通体系和国际流通体系的无障碍连接，必须减轻全球物流企业的负担、简化行政手续、提高通关的便利化程度。日本在这方面实行了同一窗口办理方式，简化了进出口以及机场港口办理手续，迅速而准确地进行检疫、安全性和通关检查。因此，全球物流园区的便利化发展，不仅有赖于物流企业的努力，而且特别倚重于政府的支持。而如何围绕机场、港口建立保税区、保税仓库，提供"点到点"服务、"一站式"服务，则是全球物流中心规划必须深入考虑的问题。

6. 全球物流更加现代化

全球物流的支点离不开运输与仓储。而要适应当今国际竞争的快节奏特点，仓储和运输都要现代化，通过实现高度的机械化、自动化来提高物流的速度和效率。全球运输的最主要方式是海运，其次是空运，也会存在一些其他运输方式。因此，全球物流要求建立海路、空运、铁路、公路的"立体化"运输体系，来实现快速便捷的"一条龙"服务。为提高物流的便捷化，当前各国都在采用先进的物流技术，开发新的运输和装卸机械，大力改进运输方式，如应用现代化物流手段和方式，发展集装箱运输、托盘技术等。以自动化、信息化、智能化为代表的新技术被广泛应用于物流管理的各个环节，基于互联网、信息技术和电子商务的电子物流蓬勃兴起。各国的物流企业更热衷于将各种新技术有机地融入具体物流运作当中，因而能在世界上率先实现高度的物流集成化和便利化，从而确保物流企业的利润和投资收益持续增加，进而诱发新的研究开发投资，形成良性循环。

总之，融合信息技术与交通运输现代化手段的全球物流，对世界经济运行将继续产生积极的影响。

14.2 绿色物流

绿色物流理念是针对环境问题提出的。经济的快速发展，物流量的不断增加，传统粗放式的物流模式越来越威胁着地球的生态环境。20世纪90年代，绿色物流这一理念孕育而生。绿色物流不仅是保护地区环境的必然选择，也是物流产业可持续发展的必然趋势。

14.2.1　绿色物流的内涵与特点

绿色物流是近十几年来基于"绿色革命"的可持续发展政策所提出的一个新课题，它是从环境和可持续发展的角度建立的环境共生型的物流管理系统。

1. 绿色物流的内涵

物流的发展，与绿色生产、绿色营销和绿色消费等绿色经济活动紧密衔接。随着供应链管理理论的发展，绿色供应链、生态供应链的概念也应运而生，绿色物流理论是改变由"资源—产品—废弃物排放"所构成的开环型物质单向流动模式，而构成"资源—产品—再生资源"的闭环型物质流动系统。

在国家标准《物流术语》（GB/T 18354—2006）中，绿色物流定义为"在物流过程中抑制物流对环境造成危害的同时，实现对物流环境的净化，使物流资源得到最充分利用"。

绿色物流作为一种能抑制物流活动对环境的污染，减少资源消耗，利用先进的物流技术规划和实施运输、仓储、装卸搬运、流通加工、包装、配送等作业流程的物流活动，具有以下 5 个方面的内涵。

（1）集约资源。这是绿色物流的本质内容，也是物流业发展的主要指导思想之一。通过整合现有资源，优化资源配置，企业可以提高资源利用率，减少资源浪费。

（2）绿色运输。运输过程中的燃油消耗和尾气排放，是物流活动造成环境污染的主要原因之一。因此，通过对运输线路进行合理布局与规划、提高车辆装载率等措施，可以为打造绿色物流提供支持。

（3）绿色仓储。绿色仓储，一方面要求仓库选址要合理，有利于节约运输成本；另一方面，仓储布局要科学，使仓库得以充分利用，实现仓储面积利用的最大化，减少仓储成本。

（4）绿色包装。借助于可提高包装材料回收利用率的绿色包装技术，能够有效地控制资源消耗，避免环境污染。

（5）废弃物物流。废弃物物流是指在经济活动中失去原有价值的物品，根据实际需要对其进行搜集、分类、加工、包装、搬运、储存等，然后分送到专门处理场所后形成的物流活动。

2. 绿色物流的特点

（1）可持续发展是绿色物流的最终目标。绿色物流的目标除了实现企业的盈利、满足客户需求外，还追求节约能源、保护环境的经济属性和社会属性相一致的目标。

（2）绿色物流的活动范围涵盖产品的整个生命周期。从生命周期的不同阶段来看，绿色物流的活动表现为物资供应物流的绿色化、生产物流的绿色化、销售物流的绿色化、产品回收及废弃物处理的绿色化。因此，绿色物流的活动范围涵盖产品的整个生命过程。

（3）绿色物流的行为主体多样化。绿色物流的行为主体包括政府、公众和具有物流活动的各行各业。这些行为主体的环境意识和战略对他们所在的供应链物流的绿色化将产生重要的推动作用或抑制作用。因此，与物流系统相关的政策法规、消费者督导、企业自律等也是实施绿色物流战略的宏观管理策略。

绿色物流是对物流过程的优化，以实现资源的更高效率利用，实现环保和节能。绿色物流的应用是国家经济利益、社会利益和环境利益的必然需要。

｜阅读材料｜

客观约束让物流不得不绿

从经济环境来看，我国能源生产和消费之间有很大的差距，这个缺口还在进一步增加。2017年年初，BP集团发布的《BP世界能源展望（2017版）》指出，到2035年中国在全球能源消费中的占比仍将超过25%，中国仍将是世界最大能源净进口国，中国能源进口依存度将从2015年的16%升至2035年的21%。能源已成为制约我国发展的重要因素。同时，《2016环境状况公报》显示，我国环境承载力也已达上限，环境污染存量和增量都在延续，环境质量进一步恶化的趋势还未得到根本扭转。

从政治环境来看，十七大报告把建设生态文明作为全面建设小康社会的新要求之一，十八大报告将生态文明建设纳入建设中国特色社会主义事业"五位一体"的总布局，十九大报告更是对生态文明建设进行了多方面的深刻论述，将建设生态文明提升为"千年大计"并首次提出了"社会主义生态文明观"，从价值、理念层面对生态文明建设提供了支撑。

从技术环境来看，工信部、科技部、环保部3部委自2014年开始联合发布《国家鼓励发展的重大环保科技装备目录》，引导我国环保科技和服务向专业化、多元化和市场化转变，我国环保产品质量和性能大幅度提高，有些还形成了自主知识产权的品牌，物流行业具备绿色发展的技术条件。

从社会环境来看，随着低生活水平的不断提升，从求温饱到盼环保，从谋生计到要生态，老百姓的环保意识越来越强，与此同时，互联网促进了公众环境意识的进一步觉醒，也使得公众参与环境保护的方式更加多元、自主和开放。企业绿色发展，已经成为企业重要的社会责任。

资料来源：http://www.ayijx.com/news/infodetail/7478.html，2019-02-18，节选。

14.2.2　绿色物流的理论基础

绿色物流是以经济学一般原理为基础，建立在可持续发展理论、生态经济学理论、生态伦理学理论基础上的物流科学发展观。

1. 可持续发展理论

（1）生态持续。生态持续要求改变单纯追求经济增长、忽视生态环境保护的传统发展方式，切实保持整个生命保障系统的完整性，保护生物多样化，保护人类赖以生存的大气、淡水、海洋、土地、森林等自然资源不受污染和肆意侵害，积极治理和恢复遭到破坏与污染的环境。

（2）经济持续。经济持续要求通过产业结构调整和开发应用高新技术，转变经济增长方式，改善质量，优化配置，节约能源，降低消耗，增加效益，实行清洁生产和文明消费，减少有害废弃物的流出和排放，使经济和发展既能满足当代人需要，又不至于对后代人构成危害。

（3）社会持续。社会持续要求以提高人类生活质量为目的，积极促进社会向文明、公正、安全、健康的方向发展。为此，必须控制人口数量、提高人口质量；合理调节社会分配关系，消除贫富不均和两极分化；大力发展教育、文化、卫生事业，提高全体人民的科学文化素质和健康水平；建立和完善社会保障体系，保持社会政治稳定。

由此可见，可持续发展既不是单指经济发展或社会发展，也不是单指生态持续，而是生态—经济—社会三维复合系统的可持续。这个系统是以生态可持续为基础、经济可持续为主导、社会可持续为根本的可持续发展。

2. 生态经济学理论

生态经济学理论是研究再生产过程中，经济系统与生态系统之间的物流循环、能量循环和价值增值规律及其应用的科学。物流是社会再生产过程中的重要一环，物流过程中不仅有物质循环利用、能源转化，而且有价值的实现。因此，物流涉及了经济与生态环境两大系统，架起了经济效益和生态环境效益之间彼此联系的桥梁。经济效益涉及目前和局部的更密切相关的利益，而环境效益关系宏观和长远的利益。经济效益和环境效益是对立统一的。后者是前者的自然基础和物质源泉，而前者是后者的经济表现形式。绿色物流对物流中的经济行为、经济关系及规律与生态系统之间的相互关系进行研究，以谋求在生态平衡、经济合理、技术先进条件下的生态与经济的最佳结合以及协调发展。

3. 生态伦理学理论

生态伦理学是从道德角度研究人与自然关系的交叉学科，它根据生态学提示的自然与人相互作用的规律性，以道德为手段，从整体上协调人与自然环境的关系。生态伦理迫使人们对物流中的环境问题进行深刻反思，从而产生了一种强烈的责任心和义务感。为了子孙后代的切身利益，为了人类更健康和安全地生存与发展，人类需要维护生态平衡。

14.2.3　逆向物流

"逆向物流"（reverse logistics）这个名词最早由詹姆斯·斯托克（James Stock）在 1992 年给美国物流管理协会（council of logistics management）的一份研究报告中提出。后来，随着人们环保意识的增强，环保法规约束力度的加大，逆向物流的经济价值也逐步提高，促使人们对逆向物流内涵的理解进一步深化。

1. 逆向物流的内涵

根据国家标准《物流术语》（GB/T18354—2006）中的定义，逆向物流也称反向物流，是指从供应链下游向上游的运动所引发的物流活动。

从定义中可以看出，它与《物流术语》（GB/T18354—2001）中的定义相比，其内涵有了全面的深化与拓展，概括起来主要体现在以下 5 个方面的内容。

- 逆向物流是将原材料、半成品、制成品及相关信息，由供应链下游的消费一端返回上游的生产一端的过程。

- 实施逆向物流的目的是重新获得废弃产品或有缺陷产品的使用价值，或者对最终的废弃产品进行正确的处置。
- 逆向流动的对象是产品、用于产品运输的容器、包装材料及相关信息，将它们从供应链终点沿着供应链渠道的反方向流动到相应的各个节点。
- 为了实现物流的目的，必须对退回产品进行回收、分类、检验、拆卸、再生产及报废处理等活动。
- 尽管逆向物流是指物品的实体流动，但同正向物流一样，逆向物流中也伴随着资金流、信息流和商流的运动。

2. 逆向物流的类别

按成因、途径和处置方式的不同，根据不同的产业形态，逆向物流被区分为投诉退货、终端使用退货、商业退回、维修退回、生产报废和副品以及包装6大类。表14-1显示了6类主要逆向物流的特点。

表14-1 逆向物流的类别

类别	内容	周期	驱动因素	处理方式	例证
投诉退货	运输短少、偷盗、质量问题、重复运输等	短期	市场营销客户满意服务	确认检查，退换货补货	电子消费品，如手机、DVD机、录音笔等
终端使用退货	经完全使用后需处理的产品	长期	• 经济市场营销	• 再生产、再循环	• 电子设备的再生产，地毯循环，轮胎修复
			• 法规条例	• 再循环	• 白色和黑色家用电器
			• 资产恢复	• 再生产、再循环、处理	• 电脑元件及打印机硒鼓
商业退回	使用商品退回还款	短到中期	市场营销	再使用、再生产、再循环、处理	零售商品积压库存，时装、化妆品
维修退回	缺陷或损坏产品	中期	市场营销法规条例	维修处理	有缺陷的家用电器、零部件、手机
生产报废和副品	生产过程的废品和副品	较短期	经济法条例	再循环、再生产	药品行业、钢铁业
包装	包装材料和产品载体	短期	经济法规条例	再使用、再循环	托盘、条板箱、器皿、包装袋

3. 逆向物流的流程环节

逆向物流主要包括以下6个流程环节。

（1）回收。回收是将顾客所持有的产品通过有偿或无偿的方式返回销售方。这里的销售方可能是供应链上的任何一个节点，如来自顾客的产品可能返回到上游的供应商、制造商，也可能是下游的配送商、零售商。

（2）检验与处理决策。该环节是对回收品的功能进行测试分析，并根据产品结构特点以及产品和各零部件的性能确定可行的处理方案，包括直接再销售、再加工后销售、分拆后零部件再利用和产品或零部件报废处理等，然后对各方案进行成本效益分析，以确定最优处理方案。

（3）分拆。它是指按产品结构的特点，将产品分拆成零部件。

（4）再加工。它是指对回收产品或分拆后的零部件进行加工，以恢复其价值。再加工意味着将已经使用过的或存在各类其他问题的退回产品进行加工，从而转换成两次可用产品的生产过程。这一过程有清洁、替换和再组装。例如，已使用地毯再循环生产的尼龙，已使用电脑和复印机的零件再生产等。

（5）再分销。它是指将可再度使用的产品返回潜在市场并进行物理上的转移到未来使用者手中的过程。这个过程包括销售（租赁、服务合同等）、运输和储存活动。材料的循环使用和再生产的复印机租赁是典型例子。

（6）报废处理。对那些没有经济价值或严重危害环境的回收品或零部件，通过机械处理、化学处理、地下掩埋或焚烧等方式进行销毁。

具体而言，逆向物流包括以下 5 种情况。

- 直接再售产品流：回收→检验→配送。
- 再加工产品流：回收→检验→再加工。
- 再加工零部件流：回收→检验→分拆→再加工。
- 报废产品流：回收→检验→处理。
- 报废零部件流：回收→检验→分拆→处理。

| 阅读材料 |

利乐公司的逆向物流

利乐公司是全球食品加工与包装解决方案的主要提供商，通过与国内外很多知名的食品加工企业，包括蒙牛等知名企业的合作，将利乐包装安全、创新、环保的理念贯彻到产品的包装设计与提供中。利乐包装是目前国内逆向物流发展较为成功的企业，其逆向物流模式流程如下。

1. 对利乐包装销售出去的包装纸、包装盒等产品进行回收

针对当前部分地区采取随意丢弃、焚烧或者填埋等方法处理外包装，导致环境污染等问题加剧的情况，利乐包装注重构建包装回收网络和标准化平台，对于其在全球销售的包装产品进行回收。但是，目前为止，利乐包装在欧盟地区的回收率超过70%，而在国内仅有不足20%的回收，这就表示其逆向物流的第一步。废品回收在国内执行困难，而在西方发展较快，这也与国内绿色物流发展的大环境不足有关。

2. 构建多元化收集渠道

利乐包装在确定回收废品后，建立了包括分拨点、新建专业收集点、社会收集点等主要渠道为主的废品回收渠道。供应商可以在自销售终端回收利乐包装，并采取与原有供应链相

反的操作渠道将废品回送到利乐公司，进行后续处理。利乐包装还与社会上的收集点签订长期的代理回收协议，对利乐包装进行回收。此外，利乐包装近年来逐步开始倡导建立行业协会来强化收集信息平台建设，辅助其逆向物流发展。

3. 构建标准化的回收机制

为了更好地完成逆向物流要求，利乐包装在每一个不同产品的回收中，都设定了标准化的回收机制，具体包括：将包装内产品清理干净，不包含废塑料、金属物及泥土、石块等非利乐包装产品；利乐包装回收后，通过特定技术对包装进行再利用处理，即进行其他非食品包装的研发与生产，从而促进了废品回收基础上的一个再生资源利用循环。这对于利乐包装的绿色供应链构建与拓展非常有利。

资料来源：根据相关资料整理而成。

14.2.4　绿色物流过程的环境影响评价

14.2.4.1　物流过程的环境影响分析

物流活动主要由物资的运输、储存、装卸搬运、流通加工、包装、信息处理等工作环节构成，而这些工作也正是物流活动的基本职能，它囊括了产品从生产到消费的物理性流通的全过程。随着物流的发展，各种物流活动作用于环境的痕迹越来越明显，其中不乏诸多消极影响。

1. 运输对环境的影响

运输是物流活动中最重要、最基本的活动。运输对环境的影响主要表现在：一是运输工具消耗了大量能源；二是运输基础设施建设占用了大量土地资源，其在建设过程中或多或少都会对自然风景、地形地貌及生态系统带来干扰甚至造成破坏；三是运输行为会引发环境危害。例如，运输导致的大气污染、噪声污染、土壤和水体污染等，特别是运输不当所引发的危险品爆炸、泄漏事故造成的环境污染等更是不容忽视。

2. 储存对环境的影响

储存是物流业创造时间价值的重要手段。在现实中，为了对储存物进行维护保养，通常会使用化学药剂、物品表面的喷涂防护等技术措施，而这些技术措施有可能会损害储存地周边的生态环境。若储存方式不科学，则可能导致储存物因损坏、变质遭到废弃，或危险储存物（如易燃品、易爆品、化学危险品等）发生爆炸、泄漏，这些都将会对环境带来不良影响。

3. 装卸搬运对环境的影响

装卸搬运是物流活动中发生频率最高的活动。作业方式不当将导致无效装卸和无效搬运的增加，这实际上是对人力资源和能源动力的极大浪费。过度地、不必要地装卸搬运，会增加物品的破坏、散失和损耗，同时也容易导致自然资源的浪费及环境的污染。装卸机械在作业过程中所排出的冷却液、润滑液等物质也会对周边的环境造成污染。

4. 流通加工对环境的影响

流通加工具有较强的生产性，对环境的影响主要表现在：一是分散的流通加工活动会降低资源的利用率，造成资源的浪费或过度消耗；二是分散加工所产生的边角废料收集难度较大，不利于集中和再利用处理，同时可能伴随着较严重的废气、废水和废弃物污染；三是流通加工中心选址的合理与否会引发环境问题，若选址不当，不但会使加工费用增加、有效资源浪费，还有可能因为运输量的增加导致污染。

5. 包装对环境的影响

包装是物流过程的起点，对环境的影响主要体现在：一是包装占用和消耗了大量的资源；二是包装会导致一定程度的污染。在包装环节，不可避免地产生了大量的废弃物，这些废弃物及其处理对环境保护带来了巨大的压力。据有关资料统计，在全球每年产生的固体废弃物中，包装废弃物约占其中的1/3，是城市垃圾的重要组成部分。

6. 信息处理环节对环境的影响

在过去，物流的信息处理环节被公认为对环境影响较小，几乎没有负面影响。但是，随着科学技术的发展，物流信息处理环节对环境的扰动效应增大，并成为环境污染的新因素。近年来，物流信息技术有了飞跃性的发展，射频技术（RF）、全球卫星定位系统（GPS）等先进技术在物流活动中的运用越来越广泛，而这些技术所依赖的技术设备会产生电磁波辐射污染。

14.2.4.2　物流过程的绿色评价

物流过程的绿色评价就是把物流过程中每一个功能要素的环境输入输出作为基本数据，然后汇总分析，既进行总量控制又防止环境负担在各功能要素之间不合理的转移。

物流过程的绿色评价可采用国际标准化组织（International Organization for Standardization，ISO）在环境管理体系中推荐使用的生命周期评价（life cycle assessment，LCA）方法。

LCA 是一种用于评估与产品有关的环境因素及其潜在影响的技术，通过识别与定量化所使用的能源和原材料以及向环境释放的废物，从而评价与产品、工艺和活动有关的环境负荷及它们的环境影响。一个完整的 LCA 包括 4 个步骤：目标与范围定义、清单分析与数据收集、生命周期影响评价和改进评价。

1. 目标与范围定义

目标定义是要清楚地说明开展此项生命周期评价的目的和意图。物流过程中绿色评价的主要目标有：分析、评价物流系统的资源、能源利用及环境污染排放的状况，诊断物流系统对环境的危害程度；根据清单分析结果，识别物流过程中环境危害最大的功能要素，通过改善物流工具或重组物流管理模式，寻求物流过程减少污染排放、降低资源消耗的途径。

范围的确定要足以保证研究的广度、深度与要求的目标一致，涉及的项目有标准化单位、系统边界、时间范围、影响评价范围、数据质量要求等。

标准化单位表示单位的物流服务产出，是整个物流过程绿色评价的基石。建立标准化单位的主要目的在于使评价系统的输入和输出标准化。从另一个角度考虑，所有功能要素均为完成物流服务而发生，它们统一于创造价值这一点。

系统边界即物流过程的边界，包括运输、装卸搬运、储存、包装、流通加工、信息处理等功能要素，以及由这些功能要素组合而成的复杂要素。

2. 清单分析与数据收集

清单分析是量化和评价物流活动在整个生命周期内的资源与能量使用以及环境释放的过程。在物流过程的绿色评价中，一个完整的清单分析能为所有与物流过程相关的投入产出提供一个总的概况。完成清单分析一般需要 3 个基本步骤：数据收集、计算、结果分析。

数据收集包括物流过程各个阶段的物质/能量消耗，以及向水体、大气和土壤中排放的各类污染物。数据收集的第一步是确定物流过程的功能单元，包括运输、装卸搬运、储存、包装、流通加工和信息处理；第二步是确定针对每个功能单元所要收集的数据种类，如每个功能要素的电力、燃油输入，服务输出，以及污染物排放。

计算步骤的工作：是将收集到的数据按功能要素、资源、污染物进行汇总，并按标准化单位进行数据标准化。

结果分析步骤：是对计算结果进行概括性的描述、比较与分析。

3. 生命周期影响评价

影响评价是物流过程绿色评价的关键阶段，首先要进行绿色与非绿色的界定，其次才是影响评价。当清单分析与数据收集阶段所得到的物流过程环境排放数据符合物流系统环境影响评价标准体系的要求时，物流过程被认为是绿色的。

国际标准化组织、美国环境毒理学和化学学会以及美国环保局都倾向于将影响评价定为"三步走"的模型，即分类、特征化和量化。

（1）分类。分类是将清单中的输入和输出数据组合成相对一致的环境影响类型。影响类型通常包括资源耗竭、生态影响和人类健康三大类，在每一大类下又有许多亚类。生命周期各阶段所使用的物质、能量和所排放的污染物经分类整理后，可作为胁迫因子。

（2）特征化。特征化主要是开发一种模型，这种模型能够将清单提供的数据和其他辅助数据转译成描述影响的叙词。

（3）量化。确定不同环境影响类型的相对贡献大小或权重，以期得到总的环境影响水平。

4. 改进评价

改进评价是识别、评价并选择能减少研究系统整个生命周期内能源和物质消耗以及环境释放机会的过程。这些机会包括改变产品设计、原材料的使用、工艺流程、消费者使用方式及废物管理等。

14.3　物流创新

物流创新是指在物流活动中，引入新的经营管理概念，实施新的经营管理方法，运用新的科学技术手段，对物流管理和物流运营进行改造和革新，从而全面提高物流活动的效率，取得最大化的企业经济效益和社会效益的创新活动实践。

14.3.1　物流创新的内容

物流创新是对整个物流过程进行全方位的革新，创新活动融入物流活动的各个方面、各个环节。概括起来，物流创新主要有物流制度创新、物流管理创新和物流技术创新。

1. 物流制度创新

物流制度创新是指在现有的经济生活环境条件下，通过创立新的更具有效激励效能的制度来提高制度效率及其合理性的创新活动。物流制度创新的直接效果是激发人们的积极性和创造性，并以制度化的方式加以固化，使之持续发挥作用。由此可见，物流制度创新是基础，所有创新活动都依赖于制度创新的积淀和持续激励。

物流制度创新的要点如下。

（1）体制创新的要点是切实发挥市场机制在物流产业中的基础性调节作用。

（2）中介组织创新的要点是使物流产业形成独立自治的行业协会，建立起自我约束、为企业提供全方位物流服务的社会经济组织。

（3）产业政策创新包含两层含义，一是提升物流产业政策的地位；二是使之成为在物流领域表达"鼓励、发展或者限制、抑制"的平台。

2. 物流管理创新

物流管理创新是创造一种新的、更有效的方法来整合企业内外资源，以实现既定管理目标的活动。物流管理创新是一项复杂的系统工程，是企业的管理者根据物流市场和社会变化，利用新思维、新技术、新方法、新机制，创造一种新的、更有效的物流资源组合方式，以适应和创造市场，从而促进企业物流效益的不断提高。

物流管理创新主要有物流经营创新、物流管理组织创新、物流管理模式创新以及物流管理技术和方法创新。

3. 物流技术创新

物理技术创新是指创新技术在企业中的应用过程，新技术在企业生产中的应用一般通过创新产品和创新的生产工艺两种方式体现出来。

物流技术创新的要点如下。

（1）物流基础设施创新的要点是流通产业中商流、物流、信息流和资金流所必须具备的硬件支持系统：在提高数量和改善质量上增加投入，从传统设施为主走向现代设施为主，用现代装备武装物流企业。

（2）物流技术手段创新的要点是运用 ICT 技术全面提升与整合商流、物流、信息流和资金流，大幅度增加科技含量，促进流通业从慢节奏、高成本的传统流程走向快节奏、低成本的现代流程。

物流制度创新、物流管理创新、物流技术创新虽各有其特定的内容和特点，但必须紧密相连，才能实现物流活动的高效率和高效益。技术创新是核心，制度创新是前提，管理创新是保障。

14.3.2　物流创新的方式

14.3.2.1　理念创新

理念是一切行动的先导，物流企业的经营理念决定着物流创新的思路、范围、深度和最终结果，积极转变经营理念将是进行物流创新首先要解决的问题。理念创新是对企业从事经营时遵循的基本原则、规范和思路所进行的创新。

物流企业经营应坚持两个基本理念：整体优化和一体化物流服务。

1. 整体优化

整体优化是指导物流产业发展的基本理念。所谓优化，即创造使各相关利益主体都能接受的利益增量。它涉及两个层面的内涵：一是必要的利益增量；二是该利益增量在相关利益主体之间的合理分配。两者缺一不可。物流产业正是在这样的优化理念指导下发展的。

整体优化实现方式是多种多样的，从大的方面来看，包括时间上的优化和空间上的优化。优化的标准不在于时间和空间本身，而在于时间与空间相联系时所带来的利益总量，只要整合后实现的利益总量大于整合前的利益总量，以及相关的利益主体都能从中获得可接受的效益，则意味着优化，否则不构成优化。

2. 一体化物流服务

要发展一体化物流，首先要认清一体化物流与功能性物流在服务性质、服务目标和客户关系上的本质区别，树立全新的服务理念。

（1）一体化物流服务不是功能性服务的简单组合，而是综合管理功能的解决方案。根据美国物流管理协会的定义，一体化物流是运用综合、系统的观点将从原材料供应到产品分发的整个供应链作为单一的流程，对构成供应链的所有功能进行统一管理，而不是分别对各个功能进行管理。一体化物流不是单纯地提供运输、仓储、配送等功能性物流服务的组合，扮演物流参与者的角色，而是需要将多个物流功能进行整合，对客户物流运作进行总体设计和管理，扮演物流责任人的角色。

由于物流功能之间存在成本的交替损益，因此，一体化物流服务不是简单地就功能服务进行报价，而是要以降低客户物流总成本为目标制订解决方案，并根据优化的方案进行整体服务报价。然而功能性物流企业只专注于自己所能提供的功能性服务成本的降低，而不能从整个供应链的角度来"管理移动和静止的库存"。因此，它们只能得到有限的成本节省，且难以持续；不能提供优化整个或大部分供应链的物流解决方案，最多只是提供次优方案。

所以，一体化物流服务的市场竞争，实际上是物流解决方案合理性的竞争。物流企业在开发一体化物流项目时，必须对目标客户的经营状况、物流运作及竞争对手的情况等有全面透彻的了解，根据物流企业自身优势找出客户物流有待改善的地方，为客户定制物流解决方案。

（2）一体化物流服务的目标，不仅要降低客户物流成本，还要全面提升客户价值。实际上，货主企业的不同管理者对物流价值的理解各不相同。运营总监做出物流外包的依据是第三方物流更加优惠的服务价格与企业自我运作高成本之间的差别优势；市场总监则看重第三方物流在提升服务、增强现有的以及新增的市场能力方面的重要作用；信息总监则常常因能够利用第三方物流的系统与技术资源，避免自建系统不断升级带来的风险和成本而高兴。

总体而言，物流外包可使企业资源专注于核心竞争力，做更多自己擅长的业务，从而使企业可不必拥有物流资源就能够实现对物流环节的控制，并得到"一站式"的物流服务。因此，物流企业在开发一体化物流项目时，一方面不要简单地与客户或竞争对手对比服务价格，而是要让客户全面了解物流服务所带来的价值；另一方面要由企业高层管理人员与客户的物流总监或更高层管理人员商讨物流合作问题，以便在物流价值方面达成共识。

（3）一体化物流服务的客户关系，不是此消彼长的价格博弈，而是双赢的合作伙伴。物流企业在开发一体化物流项目时，应避免与客户纠缠于针对功能性服务收费的讨价还价，而是要从客户物流运作的不足切入，共商改进之策，让客户先认识到物流企业的服务能带来的好处，再商谈合理的服务价格。实际上，客户因为物流合理化而发展壮大，物流外包规模自然会相应扩大，双方合作的深度与广度也会随之增加，物流服务的收益和规模效益必然会提高，这就是双赢的合作伙伴关系。

|阅读材料|

物流互联网

物流互联网就是实体物理世界的物流系统与线上互联网世界的物流信息系统实现一体化融合的互联网。在这个系统中，互联网成为物流实体运作的主导与控制核心，成为物流系统的"大脑"和神经系统，并通过物流信息互联网向网下物流系统延伸和无缝对接，实现物理世界物流系统全方位的互联互通。目前，物流互联网的飞速发展已经引发了一场新的物流领域的革命，使现代物流真正进入"智慧物流时代"。

物联网技术是物流互联网的基础，现代物流的自动识别领域是物联网技术的发源地。基于RFID/EPC和条码自动识别等技术、各类传感器的感知技术、GPS/GIS的定位追踪技术，实现了物流系统的信息实时采集与入网，实现了"物与物自动通信"（M2M），从而使得物理世界的实体物流网络"地网"能够与虚拟世界的互联网的"天网"对接与融合。

互联网与移动互联网是物流互联网的中枢系统，是物流实体世界的"神经系统"。进入互联网的物流信息通过在互联网中集合、运算、分析、优化、运筹，再通过互联网分布到整个物流系统，实现对现实物流系统的管理、计划与控制。

大数据、云计算是物流互联网的智慧分析与优化系统，是物流互联网的大脑，是物流信息系统的计算与分析中心。其计算与分析模式是分布式的和网格式的云计算模式，适应了现代物流实体网络体系的运作。

智能物流技术装备是物流互联网的运作关键。物流互联网的实体运作与应用要通过各类智能设备来完成。智能设备是指嵌入了物联网技术产品的物流机械化和自动化的设备，也可以是普通的物流技术产品，其核心是这些设备与技术产品一定是可以实时接入互联网，如嵌入了智能控制与通信模块的物流机器人、物流自动化设备；嵌入了RFID的托盘与周转箱；安装了视频及RFID系统的货架系统等。

资料来源：王继祥. 物流互联网与智慧物流系统发展趋势［J］. 物流技术与应用，2015（3）：83-86.

14.3.2.2　服务创新

服务创新是物流创新的重要内容。无论是提升客户价值的目标还是获取增量效益的目标的实现，最终都归结于物流服务对物流需求的满足程度。服务创新主要包括服务内容创新和服务方式创新。

1. 服务内容创新

（1）由基本服务向增值服务延伸。传统物流服务是通过运输、仓储、配送等功能实现物品空间与时间的转移，这是许多物流服务商都能提供的基本服务，难以体现不同服务商之间的差异，也不容易提高服务收益。而增值物流服务能根据客户需求，在各项功能的基本服务基础上延伸出增值价值，以个性化的服务内容体现出与市场竞争者的差异性。

　　例如，运输的延伸服务主要有运输方式与承运人选择、运输路线与计划安排、货物配载与货运招标等；仓储的延伸服务主要有集货、包装、配套装配、条码生成、贴标签、退货处理等；配送的增值服务主要有 JIT 工位配送、配送物品的安装、调试、维修等销售支持等。

　　增值服务实际上是将企业物流外包的领域由非核心业务不断地向核心业务延伸。一般来说，企业确定物流外包领域时，首先选择运输、仓储、配送等非核心业务，然后逐步延伸到订单处理、组配、采购等介于核心与非核心之间的业务，最后可能涉及售后支持等核心业务，随着与第三方物流合作关系的深入，企业会不断地扩大外包范围，最终只专注于研究与开发、生产、销售等最为核心的环节。

　　(2) 由功能服务向管理服务延伸。物流管理服务不是要求在客户的管理下完成多个物流功能，而是通过参与客户的物流管理，将各个物流功能有机地衔接起来，实现高效的物流系统运作，帮助客户提高对物流管理水平的控制能力，为采购、生产和销售提供有效支撑。因此，物流管理服务是要在物流管理层面的服务内容上做文章，包括客户物流系统优化、物流业务流程再造、订单管理、库存管理、供应商协调、最终用户服务等，从而为客户提供增值化的物流解决方案，实现对客户的"一站式"服务。

　　企业只有以更多的进取心和冒险精神看待物流外包，才能发现其真正的价值。外包企业预期从第三方物流得到的关键增值利益来自供应链创新，通过创新提高企业的竞争力和营利性。而要做到这一点，外包企业必须与第三方物流提供商建立共同目标、共享利益与共担风险的战略合作伙伴关系。所以，第三方物流提供商由物流功能服务向管理服务延伸，不仅可以为客户带来更大的利益，还可以密切与客户的合作关系。

　　(3) 由实物流服务向信息流、资金流服务延伸。物流管理的基础是物流信息，是用信息流控制实物流，因此物流服务创新必须能在提供实物流服务的同时，提供信息流服务，否则只能算是物流功能承担者，而不是物流管理者。物流信息服务包括预先发货通知、送达签收反馈、订单跟踪查询、库存状态查询、货物在途跟踪、运行绩效监测、管理报告等内容。

│小知识│

物流企业基础服务与增值服务相关因素的比较分析

　　物流企业基础服务与增值服务相关因素的比较分析如表 14-2 所示。

表 14-2　物流企业基础服务与增值服务相关因素

	基础服务	增值服务
服务内容	仓储、运输为主的基础服务	以信息化为依托的仓库、运输延伸服务
服务向导	以自身企业服务能力为向导	以客户需求、帮助客户企业成长而自己发展壮大为向导
顾客满意度	一般	较高
经营模式	粗放型、标准化服务	精益型、个性化服务
服务成本	一般	较高
服务收益	低附加值	高附加值
相互转化程度	难	一般
与客户企业的合作关系	较松散	较紧密
进入壁垒	低	高

2. 服务方式的创新

服务方式是物流供需双方在物流服务产品交易过程中一起选择的，它的灵活性和科学性在一定程度上影响着双方未来交易与合作的稳定性。

（1）从短期交易服务到长期合同服务。功能性物流服务通常采用与客户"一单一结"的交易服务方式，物流企业与客户之间是最短期的买卖关系。而物流服务创新提供商与客户之间建立的是长期合作关系，需要与客户签订一定期限的服务合同。

（2）从完成客户指令到实行协同运作。传统物流是作业层面的功能性服务，通常只需要单纯地按照客户指令完成服务功能。而物流服务创新提供商由于要参与客户的物流管理、运作与客户共同制订的物流解决方案，因此双方需要共同拟定绩效衡量指标、监测与评估制度、奖惩办法，注重项目运作细节，尤其是对例外情况的处理，通过自始至终的有效沟通渠道，以保证按照项目管理模式协同完成物流运作。

（3）从提供物流服务到进行物流合作。物流供应商可以基于自己的专业技能、信息技术等为客户提供管理服务，因此可以根据客户的需求和双方的战略意图，探讨在物流资产、资金技术方面与客户进行合作，以取得双赢的效果。

- 系统接管客户物流资产。如果客户在某地区已经有车辆、设施、员工等物流资产，而物流企业在该地区需要建立物流系统，则可以全盘买进客户的物流资产，接管并拥有客户的物流系统甚至接受客户的员工。接管后，物流系统可以在为该客户服务的同时为其他客户服务，通过资源共享以改进利用率并分担管理成本。例如东方海外物流公司系统接管旺旺集团在杭州的仓库，将其改造为东方海外华东区域物流中心。

- 与客户签订物流管理合同。物流企业可以与希望自己拥有物流设施（资产）的客户签订物流管理合同，在为这些客户服务的同时，利用其物流系统为其他客户服务，以提高利用率并分担管理成本。例如，和黄天百物流为北京物美商城提供的物流管理服务。

- 与客户合资成立物流公司。第三方物流提供商对具有战略意义的目标行业，常常会根据客户的需求，与客户建立合资物流公司。这样既使客户保留物流设施的部分产权，在物流作业中保持参与，以加强对物流过程的有效控制，又注入了第三方物流的资本和专业技能，使第三方物流提供商在目标行业的物流服务市场竞争中处于有利地位。这种方式在汽车、电子等高附加值行业中较为普通。例如，TNT 物流与上海汽车工业公司合资成立上海安吉天地物流公司。

14.3.2.3 技术创新

物流技术创新可以分为物流硬技术创新和软技术创新。

1. 物流硬技术创新

物流硬技术创新主要包括：运输技术创新、仓储技术创新、装卸搬运技术创新和包装技术创新等。此外，现代物流硬技术创新还应包括物流设备设施创新及计算机网络通信等方面的创新。

（1）运输技术创新。随着现代运输技术的发展，在陆上运输领域中出现了重载卡车、重载列车、集装箱拖车、先进安全汽车、电子车牌等；海上领域将开发出高速船舶、超级生态船及高效率的新海上交通系统；航空领域将会出现超大型运输高速飞机、新型航空报案系统等。

（2）仓储技术创新。现代化仓储技术具有节约土地、节约空间、自动化和高效率等特点，其代表技术有自动化立体仓库、自动分拣系统等。

（3）装卸搬运技术创新。装卸搬运技术朝着更省力、更智能、更效率的方向发展，其中标志性的创新有托盘和叉车、自动导引小车（automatic guided vehicle）等。

（4）包装技术创新。物流包装技术创新的最终目标是除了能保护商品的功能之外，还必须有利于提高物流效率，实现包装成本最小化，并符合社会效益的需求。

2. 物流软技术创新

近几年来，物流软技术创新主要体现在以下几个方面。

（1）条码技术。它是在计算机和信息技术的基础上产生和发展起来的融编码、识别、数据采集、自动录入和快速处理等功能于一体的新兴信息技术。它的应用解决了数据输入和数据采集的"瓶颈"问题，有力地促进了物流体系各个环节作业的自动化、机械化，对物流各环节的计算机管理起着基础性的作用。它具有输入速度快、可靠性高、采集信息量大、灵活实用、条码设备易于操作、条码标签易于制作、效率高、成本低等优点。

（2）全球定位系统（global positioning system，GPS）技术。它是一种基于卫星通信技术的定位系统，用于获得地理位置信息以及准确的通用协调时间。运输行业利用 GSM 公用数字移动通信作为信息传输媒介，应用 GPS 的定位技术、计算机技术、网络技术等手段和互联网资源，结合运用电子地图地理信息系统，实时显示车辆的实际位置，实现对车辆的状态监视、调度管理、报警求助和信息咨询等功能，并利用 GPS 和电子地图任意放大、缩小、还原、换图，可以随着目标的移动，使目标始终保持在屏幕上。同时，它还可以实现多窗口、多车辆、多屏幕同时跟踪，利用该功能可对重要车辆和货物进行跟踪服务。

（3）地理信息系统（geographical information system，GIS）技术。它是以地理空间数据库为基础，采用地理模型分析方法，适时地提供多种空间的和动态的地理信息，是一种为地理研究和地理决策服务的计算机技术系统。GIS 将图形管理系统和数据管理系统有机地结合起来，对各种空间信息进行收集、存储、分析，形成一种可视化表达的信息处理与管理系统。GIS 的基本功能是将表格型数据转换为地理图形显示，然后对显示结果进行浏览、操作和分析。其显示范围可以从洲际地图到非常详细的街区地图，显示对象包括人口、销售情况、运输线路以及其他内容。它主要应用于数字物流的建立、物流分析与模拟、交通指挥与控制等。

（4）射频（radio frequency，RF）技术。它是一种基于电磁理论的通信技术，是一种具有远距离传输能力的高频电磁波。在供应链运营环境下，从采购、存储、生产制造、包装、装卸搬运、运输、流通加工、配送、销售到服务，都是供应链上环环相扣的业务环节和流程，它们之间既相辅相成又相互制约。然而，在实际物体的移动过程中，这些环节都处于运动和松散的状态，信息和方向常常随实际活动在空间和时间上移动与变化，从而影响企业实时、精准地了解和掌握整个供应链上的商流、物流、信息流与资金流等的流向和变化。射频技术正是有效解决供应链上各项业务运作数据的输入/输出、业务过程的控制与跟踪，以及减少出错率等难题的一种新技术。它适用于物料跟踪、运载工具和货架识别等要求非接触数据采集和交换的场合，借助于非接触式的方式从射频识别卡上采集数据，采集的数据可直接通过射频通信方式传送到主计算机，由主计算机对各种物流数据进行处理，以实现对物流全过程的控制。

❖ 本章小结

从本质上来说，所谓的全球物流就是国际物流，它是跨越国界、跨越地区的物流活动。目前，全球物流具有物流系统范围的广泛性、物流环境的差异性、物流过程的高风险性、运输方式组合的多样性、物流标准的统一性和物流信息的先进性等特点。在全球经济环境中，一方面存在着推动全球物流的有利因素；另一方面也存在着阻碍全球物流发展的不利因素。促进全球物流发展的因素主要有5个方面，它们分别是：经济增长、技术、供应链观念、区域化及解除管制；影响全球化物流发展的3大壁垒是：市场和竞争、金融壁垒和物流渠道差异。全球物流系统更加集成化、全球物流管理更加网络化、全球物流标准更加统一化、全球物流配送更加精细化、全球物流园区更加便利化、全球物流更加现代化将是全球物流发展的趋势。

绿色物流理念的提出是针对环境问题提出的。绿色物流是指在物流过程中抑制物流对环境造成危害的同时，实现对物流环境的净化，使物流资源得到充分利用。它包含着集约资源、绿色运输、绿色仓储、绿色包装、废弃物物流等内涵。绿色物流是以经济学一般原理为基础，建立在可持续发展理论、生态经济学理论、生态伦理学理论基础上的物流科学发展观。逆向物流，又称反向物流，是指从供应链下游向上游的运动所引发的物流活动。逆向物流被区分为投诉退货、终端使用退货、商业退回、维修退回、生产报废和副品和包装6大类。回收、检验与处理决策、分拆、再加工、再分销和报废处理是逆向物流的6个基本流程环节。物流活动主要由物资的运输、储存、装卸搬运、流通加工、包装、信息处理等工作环节组成，各环节对环境都有负面影响。物流过程的绿色评价可采用LCA评价。

物流创新是指在物流活动中，引入新的经营管理概念，实施新的经营管理方法，运用新的科学技术手段，对物流管理和物流运营进行改造与革新，从而全面提高物流活动的效率，取得最大化的企业经济效益和社会效益的创新活动实践。物流创新的内容概括起来有物流制度创新、物流管理创新和物流技术创新。物流创新的方式主要有理念创新、服务创新、技术创新。

❖ 复习思考题

一、名词解释

全球物流　绿色物流　废弃物物流　逆向物流　物流创新

二、单选题

1. 全球物流的核心是（　　）。

A. 信息技术的发展

B. 跨国界的活动

C. 时空观念的改变

D. 四海为家的居民

2. 物流的信息处理环节对环境的负面影响是（　　）。

A. 电磁波辐射污染

B. 大气污染

C. 噪声污染

D. 水体污染

3. 绿色物流的最终目标不包括下列哪项（ ）。

A. 保护环境　　B. 可持续发展

C. 实现企业盈利　D. 节约资源

4. 现代物流企业物流创新的核心是（ ）。

A. 物流技术创新　B. 物流制度创新

C. 物流管理创新　D. 物流方式创新

5. 下列技术创新中属于软技术创新的是（ ）。

A. ASS　　　　B. AGV

C. JIT　　　　D. RF

6. 下列选项中不属于物流服务方式创新的内容是（ ）。

A. 从短期交易服务到长期合同服务

B. 从完成客户指令到实行协同运作

C. 从提供物流服务到进行物流合作

D. 由实物流服务向信息流、资金流服务延伸

三、多选题

1. 全球物流是（ ）的物流活动，随着世界经济的飞速发展，国际贸易不断表现出一些新的趋势和特点。

A. 跨国界　　　B. 跨企业

C. 跨地区　　　D. 跨部门

2. 绿色物流的应用是国家（ ）的必然需要。

A. 企业利益　　B. 经济利益

C. 社会利益　　D. 环境利益

3. 促进全球物流发展的有利因素是（ ）。

A. 经济发展

B. 技术发展

C. 供应链观念的改变

D. 管制解除

4. 全球物流要求建立（ ）的"立体化"运输体系。

A. 铁路　　　　B. 公路

C. 海路　　　　D. 空运

5. 现代物流企业进行物流创新的主要方式有（ ）。

A. 理念创新　　B. 服务创新

C. 技术创新　　D. 业务创新

6. 下列选项中属于技术创新中硬技术创新的是（ ）。

A. 仓储技术创新　B. 包装技术创新

C. 条码技术　　　D. 运输技术创新

7. 物流管理创新的主要内容包括（ ）。

A. 物流经营创新

B. 物流管理组织创新

C. 物流管理技术创新

D. 物流管理模式创新

四、判断题

1. 制度创新是基础，所有创新活动都依赖于制度创新的积淀和持续激励。（ ）

2. 跨国公司实施全球物流仅仅是由于商贸活动全球化的需要所决定的。（ ）

3. 绿色物流的目的就是要降低物流活动对环境的破坏。（ ）

4. 物流设施设备和物流信息传递技术的统一标准是全球物流的一个显著特征。（ ）

5. 包装技术创新属于物流硬技术创新。（ ）

6. 企业物流的整体优化涉及两个层面的内涵：一是必要的利益增量；二是该利益增量在相关利益主体之间的合理分配，两者达到其中之一即可谓之优化。（ ）

五、简答题

1. 简述全球物流的影响因素有哪些。

2. 简述全球物流的发展有哪些趋势。

3. 简述逆向物流主要包括哪些流程环节。

4. 简述绿色物流具有哪些特点。

5. 简述物流创新的实现方式。

6. 简述物流创新的内容。

六、论述题

1. 查找资料，谈谈你如何理解全球物流发

展的趋势。

2. 绿色物流是以保护环境为目标，那么就违背了企业利润最大化的目标，既然如此企业也就没有必要开展物流活动。这样的理解对吗？如果不对，请阐述你的观点。

3. 结合实例，谈谈物流制度创新、物流管理创新和物流技术创新三者之间的辩证关系。

案例分析

中国全球物流的发展布局

"十一五"以来，中国物流业保持较快增长，服务能力显著提升，基础设施条件和政策环境明显改善，现代产业体系初步形成，物流业已成为国民经济的重要组成部分。

全国社会物流总额从 2013 年的 197.8 万亿元增加到 2017 年的 252.8 万亿元，年均增长 7.2%；社会物流总费用从 2013 年的 10.2 万亿元增加到 2017 年的 12.1 万亿元，年均增长 6.2%，总费用占 GDP 的比例从 2013 的 18% 逐年下降为 16.6%、16%、14.9%，2017 年为 14.6%；全年货运总量从 2013 年的 451 亿吨上升到 2017 年的 471 亿吨。中国已经是全球最大的物流市场国，物流业务总收入从 2013 年的 3.9 万亿元增长到 2017 年的 8.8 万亿元。工业企业与批发零售企业物流费用率已从 2013 年的 8.4% 略有下降到 2016 年的 8.1%（其中工业为 8.6%，批发零售为 7.4%）；物流业景气指数从 2013 年的 53.1% 上升到 2017 年的 55.3%，平稳发展。物流业作为国民经济的基础性、战略性产业进一步显现，在供给侧结构性改革中的作用日益明显。

传统运输业、仓储业加速向现代物流业转型，制造业物流、商贸物流、电子商务物流和国际物流等领域专业化、社会化服务能力显著增强，服务水平不断提升，现代物流服务体系初步建立。我国大多数物流企业建立了管理信息系统，物流信息平台建设快速推进。物联网、云计算等现代信息技术开始应用，装卸搬运、分拣包装、加工配送等专用物流装备和智能标签、跟踪追溯、路径优化等技术迅速推广。

物流基础设施投入从 2013 年的 3.6 万亿元上升到 2017 年的 6.1 万亿元，铁路营业里程 12.7 万公里，其中高铁 2.5 万公里，占世界总量的 66.3%；公路总里程 477.15 万公里，其中高速公路 13.6 万公里；港口万吨级以上泊位 2 713 个，民航运输机场 229 个。

随着国际产业转移步伐的不断加快和服务贸易的快速发展，全球采购、全球生产和全球销售的物流发展模式正在日益形成，国际竞争日趋激烈。这些迫切要求我国形成一批深入参与国际分工、具有国际竞争力的跨国物流企业，畅通与主要贸易伙伴、周边国家便捷高效的国际物流大通道，形成具有全球影响力的国际物流中心，以应对日益激烈的全球物流企业竞争。

中国《物流业发展中长期规划（2014—2020 年）》主要有其中以下几个方面。

第一，鼓励物流企业通过参股控股、兼并重组、协作联盟等方式做大做强，鼓励运输、仓储等传统物流企业向上下游延伸服务，推进物流业与其他产业互动融合，协同发展。鼓励物流企业与制造企业深化战略合作，建立与新型工业化发展相适应的制造业物流服务体系，形成一批具有全球采购、全球配送能力的供应链服务商。支持快递业整合资源，与民航、铁路、公路等运输行业联动发展，加快形成一批具有国际竞争力的大型快递企业，构建覆盖城乡的快递物流服务体系。支持航空货运企业兼并重组、做强做大，提高物流综合服务能力。

第二，打破条块分割和地区封锁，减少行政干预，建立统一开放、竞争有序的全国物流服务市场：全面推进全国主要高速公路不停车收费系统建设；推进综合交通运输体系建设，合理规划、布局物流基础设施，完善综合运输通道和交通枢纽节点布局，构建便捷、高效的物流基础设施网络，促进多种运输方式顺畅衔接和高效中转，提升物流体系综合能力。

第三，优化航空货运网络布局，加快国内航空货运转运中心、连接国际重要航空货运中心的大型货运枢纽建设；推进"港站一体化"，实现铁路货运站与港口码头无缝衔接；完善物流转运设施，提高货物换装的便捷性和兼容性；加快推进联通国内、国际主要经济区域的物流通道建设，大力发展多式联运，构建能力匹配的集疏运通道，配备

现代化的中转设施，建立多式联运信息平台。完善港口的铁路、公路集疏运设施，提升临港铁路场站和港站后方通道能力，努力形成京沪、京广、欧亚大陆桥、中欧铁路大通道、泛亚铁路、长江黄金水道等若干条货畅其流、经济便捷的跨区域物流大通道。按照建设丝绸之路经济带、海上丝绸之路、长江经济带等重大战略规划要求，加快推进重点物流区域和联通国际国内的物流通道建设，重点打造面向中亚、南亚、西亚的战略物流枢纽及面向东盟的陆海联运、江海联运节点和重要航空港，建立省际和跨国合作机制，促进物流基础设施互联互通和信息资源共享。

资料来源：作者根据多方资料整理而成。

讨论题

1. 怎样看待中国的全球物流规划？
2. 如何理解"港站一体化"？

参 考 文 献

［1］　白世贞. 物流运筹学［M］. 北京：中国物资出版社，2006.

［2］　蔡改成. 仓储与库存管理实务［M］. 武汉：武汉理工大学出版社，2007.

［3］　陈立天，杨国荣. 物流经济学［M］. 北京：北京理工大学出版社，2007.

［4］　陈治亚，方晓平. 物流经济学［M］. 长沙：湖南人民出版社，2011.

［5］　陈跃华. 设备磨损的补偿方式及其经济分析［J］. 宁夏机械，2006（2）.

［6］　崔晓文. 物流经济学［M］. 北京：清华大学出版社，2008.

［7］　柴田悦子. 新时代的物流经济［M］. 凌宇，译. 北京：中信出版社，2013.

［8］　安芮. 物流经济学［M］. 北京：电子工业出版社，2013.

［9］　冯耕中，李雪燕，汪寿阳. 物流成本管理［M］. 北京：中国人民大学出版社，2014.

［10］　郭伟业. 物流服务营销［M］. 上海：同济大学出版社，2008.

［11］　海峰，程志，江琪斌. 物流产业政策体系研究［J］. 中国储运，2005（3）.

［12］　华蕊，马常红. 物流服务学［M］. 北京：中国物资出版社，2006.

［13］　华中生. 物流服务运作管理［M］. 北京：清华大学出版社，2009.

［14］　贺登才，刘伟华. 现代物流服务体系研究［M］. 北京：中国物资出版社，2011.

［15］　戢守峰，金玉然. 物流经济学［M］. 北京：中国物资出版社，2009.

［16］　纪红任，游战清，等. 物流经济学［M］. 北京：机械工业出版社，2007.

［17］　金汉信，等. 仓储与库存管理［M］. 重庆：重庆大学出版社，2008.

［18］　金荣蕾，陈洪冰，颜廷芬. 浅谈设备更新的经济性选择［J］. 江苏冶金，2007（10）.

［19］　刘徐方，张淑谦. 物流经济学［M］. 2版. 北京：清华大学出版社，2017.

［20］　秦四平，刘子玲. 物流经济学［M］. 北京：北京交通大学出版社，2014.

［21］　让－弗朗索瓦·阿维斯，等. 世界银行物流绩效评价指标报告：2014年联结以竞争：全球经济中的货物物流［M］. 王波，译. 北京：中国财富出版社，2016.

［22］　梁军. 采购管理［M］. 北京：电子工业出版社，2006.

［23］　廖素娟. 第三方物流服务管理［M］. 北京：中国铁道出版社，2009.

［24］　林勇. 供应链库存管理［M］. 北京：人民交通出版社，2008.

［25］　陆松福. 物流需求的弹性概念及其应用［J］. 中国市场，2007（15）.

［26］　陆松福. 物流供给的弹性分析［J］. 中国市场，2007（2）.

［27］　缪元莹. 物流运输管理实务［M］. 成都：四川大学出版社，2008.

［28］　任志鹏. 国内外物流管理体制和产业政策研究［D］. 上海：上海海事大学学位论文，2007.

［29］　舒辉. 物流学［M］. 北京：机械工业出版社，2015.

［30］　舒辉. 物流与供应链管理［M］. 上海：复旦大学出版社，2014.

［31］　帅斌. 物流经济［M］. 2版. 成都：西南交通大学出版社，2008.

［32］　孙军. 物流经济学［M］. 北京：清华大学出版社，2012.

［33］　田青，郑力，缪立新. 物流产业经济学［M］. 南京：南京大学出版社，2007.

［34］　王槐林. 采购管理与库存控制［M］. 北京：中国物资出版社，2008.

［35］　汪传雷，刘宏伟．物流成本管理［M］．合肥：合肥工业大学出版社，2016.

［36］　王丽华．区域物流规划中的物流需求分析研究［D］．西安：长安大学硕士学位论文，2005.

［37］　魏际刚．物流经济分析——发展的角度［M］．北京：人民交通出版社，2005.

［38］　吴晓辉．物流经济学［M］．北京：国防工业出版社，2007.

［39］　吴群琪，张圣忠．物流经济［M］．北京：人民交通出版社，2005.

［40］　吴添祖，虞晓芬，龚建立．技术经济学概论［M］．3 版．北京：高等教育出版社，2010.

［41］　喻小贤，陆松福．物流经济学［M］．北京：人民交通出版社，2007.

［42］　杨芳．物流成本管理［M］．北京：清华大学出版社，2014.

［43］　赵弘志．物流成本管理［M］．北京：清华大学出版社，2014.

［44］　赵刚，周凌云．物流成本分析与控制［M］．北京：清华大学出版社，2014.

［45］　赵晓波．库存管理［M］．北京：清华大学出版社，2008.

［46］　邹龙主．物流运输管理［M］．重庆：重庆大学出版社，2008.

推荐阅读

中文书名	作者	书号	定价
供应链管理（第5版）	马士华等	978-7-111-55301-4	39.00
供应链管理（第2版）	王叶峰	978-7-111-52425-0	35.00
供应链物流管理（原书第4版）	唐纳德 J. 鲍尔索克斯（Donald J. Bowersox）等	978-7-111-45565-3	59.00
供应链物流管理（英文版·原书第4版）	唐纳德 J. 鲍尔索克斯（Donald J. Bowersox）等	978-7-111-47345-9	59.00
物流学	舒辉	978-7-111-49905-3	40.00
物流管理概论	王勇	978-7-111-54639-9	35.00
现代物流管理概论	胡海清	978-7-111-58576-3	39.00
物流经济学（第2版）	舒辉	978-7-111-50312-5	35.00
采购与供应链管理（原书第9版）	肯尼斯·莱桑斯（Kenneth Lysons）等	978-7-111-59951-7	89.00
采购与供应管理（原书第13版）	米歇尔 R. 利恩德斯（Michiel R. Leenders）等	978-7-111-27379-0	65.00
物流系统规划与设计	陈德良	978-7-111-54660-3	35.00
物流系统规划与设计：理论与方法	王术峰	978-7-111-58897-9	39.00
运输管理	王术峰	978-7-111-59221-1	39.00
电子商务物流	刘常宝	978-7-111-60671-0	35.00
电子商务物流管理（第2版）	杨路明	978-7-111-44294-3	39.00
社交商务：营销、技术与管理	埃弗雷姆·特班（Efraim Turban）等	978-7-111-59548-9	89.00
电子商务安全与电子支付（第3版）	杨坚争等	978-7-111-54857-7	35.00
网上支付与电子银行（第2版）	帅青红等	978-7-111-50024-7	35.00
区块链技术与应用	朱建明	978-7-111-58429-2	49.00
企业资源计划（ERP）原理与实践（第2版）	张涛	978-7-111-50456-6	36.00
ERP原理与实训：基于金蝶K/3 WISE平台的应用	王平	978-7-111-59114-6	49.00
SAP ERP原理与实训教程	李沁芳	978-7-111-51488-6	39.00
企业资源计划（ERP）原理与沙盘模拟：基于中小企业与ITMC软件	刘常宝	978-7-111-52423-6	35.00
商业数据分析	杰弗里 D. 坎姆（Jeffrey D. Camm）等	978-7-111-56281-8	99.00
新媒体营销：网络营销新视角	戴鑫	978-7-111-58304-2	55.00
网络营销（第2版）	杨路明	978-7-111-55575-9	45.00
网络营销	乔辉	978-7-111-50453-5	35.00
网络营销：战略、实施与实践（原书第5版）	戴夫·查菲（Dave Chaffey）等	978-7-111-51732-0	80.00
生产运作管理（第5版）	陈荣秋，马士华	978-7-111-56474-4	50.00
生产与运作管理（第3版）	陈志祥	978-7-111-57407-1	39.00
运营管理（第4版）（"十二五"普通高等教育本科国家级规划教材）	马风才	978-7-111-57951-9	45.00
运营管理（原书第12版）	威廉·史蒂文森（William J. Stevens）等	978-7-111-51636-1	69.00
运营管理（英文版·原书第11版）	威廉·史蒂文森（William J. Stevens）等	978-7-111-36895-3	55.00
运营管理（原书第14版）	理查德 B. 蔡斯（Richard B. Chase）等	978-7-111-49299-3	90.00
运营管理基础（原书第5版）	马克 M. 戴维（Mark M. Davis）等	978-7-111-46650-5	59.00

推荐阅读

中文书名	作者	书号	定价
创业管理（第4版）（"十二五"普通高等教育本科国家级规划教材）	张玉利等	978-7-111-54099-1	39.00
创业八讲	朱恒源	978-7-111-53665-9	35.00
创业画布	刘志阳	978-7-111-58892-4	59.00
创新管理：获得竞争优势的三维空间	李宇	978-7-111-59742-1	50.00
商业计划书：原理、演示与案例（第2版）	邓立治	978-7-111-60456-3	39.00
生产运作管理（第5版）	陈荣秋，马士华	978-7-111-56474-4	50.00
生产与运作管理（第3版）	陈志祥	978-7-111-57407-1	39.00
运营管理（第4版）（"十二五"普通高等教育本科国家级规划教材）	马风才	978-7-111-57951-9	45.00
战略管理	魏江等	978-7-111-58915-0	45.00
战略管理：思维与要径（第3版）（"十二五"普通高等教育本科国家级规划教材）	黄旭	978-7-111-51141-0	39.00
管理学原理（第2版）	陈传明等	978-7-111-37505-0	36.00
管理学（第2版）	郝云宏	978-7-111-60890-5	45.00
管理学高级教程	高良谋	978-7-111-49041-8	65.00
组织行为学（第3版）	陈春花等	978-7-111-52580-6	39.00
组织理论与设计	武立东	978-7-111-48263-5	39.00
人力资源管理	刘善仕等	978-7-111-52193-8	39.00
战略人力资源管理	唐贵瑶等	978-7-111-60595-9	45.00
市场营销管理：需求的创造与传递（第4版）（"十二五"普通高等教育本科国家级规划教材）	钱旭潮	978-7-111-54277-3	40.00
管理经济学（"十二五"普通高等教育本科国家级规划教材）	毛蕴诗	978-7-111-39608-6	45.00
基础会计学（第2版）	潘爱玲	978-7-111-57991-5	39.00
公司财务管理：理论与案例（第2版）	马忠	978-7-111-48670-1	65.00
财务管理	刘淑莲	978-7-111-50691-1	39.00
企业财务分析（第3版）	袁天荣	978-7-111-60517-1	49.00
数据、模型与决策	梁樑等	978-7-111-55534-6	45.00
管理伦理学	苏勇	978-7-111-56437-9	35.00
商业伦理学	刘爱军	978-7-111-53556-0	39.00
领导学：方法与艺术（第2版）	仵凤清	978-7-111-47932-1	39.00
管理沟通：成功管理的基石（第3版）	魏江等	978-7-111-46992-6	39.00
管理沟通：理念、方法与技能	张振刚等	978-7-111-48351-9	39.00
国际企业管理	乐国林	978-7-111-56562-8	45.00
国际商务（第2版）	王炜瀚	978-7-111-51265-3	40.00
项目管理（第2版）（"十二五"普通高等教育本科国家级规划教材）	孙新波	978-7-111-52554-7	45.00
供应链管理（第5版）	马士华等	978-7-111-55301-4	39.00
企业文化（第3版）（"十二五"普通高等教育本科国家级规划教材）	陈春花等	978-7-111-58713-2	45.00
管理哲学	孙新波	978-7-111-61009-0	49.00
论语的管理精义	张钢	978-7-111-48449-3	59.00
大学·中庸的管理释义	张钢	978-7-111-56248-1	40.00